崇明文库 崇明中青年刑事法文库
吴宏耀 主编

司法改革
新时代与再进阶

刘树德 著

中国政法大学出版社

2023·北京

声　明　1. 版权所有，侵权必究。
　　　　2. 如有缺页、倒装问题，由出版社负责退换。

图书在版编目（CIP）数据

司法改革：新时代与再进阶/刘树德著. —北京：中国政法大学出版社，2023.5
ISBN 978-7-5764-0855-3

Ⅰ.①司… Ⅱ.①刘… Ⅲ.①司法制度－体制改革－研究－中国 Ⅳ.①D926.04

中国国家版本馆CIP数据核字(2023)第043688号

书　名	司法改革：新时代与再进阶 SIFA GAIGE: XINSHIDAI YU ZAIJINJIE
出版者	中国政法大学出版社
地　址	北京市海淀区西土城路25号
邮　箱	fadapress@163.com
网　址	http://www.cuplpress.com（网络实名：中国政法大学出版社）
电　话	010-58908466(第七编辑部) 010-58908334(邮购部)
承　印	固安华明印业有限公司
开　本	720mm×960mm　1/16
印　张	29.25
字　数	493千字
版　次	2023年5月第1版
印　次	2023年5月第1次印刷
定　价	98.00元

迈进新时代的司法改革（代前言）

2017年召开的党的十九大正式宣布，"中国特色社会主义进入了新时代，这是我国发展新的历史方位"。正如习近平总书记在报告中所说，"这个新时代，是承前启后、继往开来、在新的历史条件下继续夺取新时代中国特色社会主义伟大胜利的时代，是决胜全面建成小康社会，进而全面建设社会主义现代化强国的时代，是全国各族人民团结奋斗、不断创造美好生活、逐步实现全体人民共同富裕的时代，是全体中华儿女勠力同心、奋力实现中华民族伟大复兴中国梦的时代，是我国日益走近世界舞台中央、不断为人类作出更大贡献的时代"。[1] 与之同步，司法改革亦迈进新时代。

立足新时代，要全面充分科学地总结好既有司法改革的成就与经验。正如十九大报告指出的，"全面深化改革取得重大突破。蹄疾步稳推进全面深化改革，坚决破除各方面体制机制弊端。改革全面发力、多点突破、纵深推进，着力增强改革系统性、整体性、协同性，压茬拓展改革广度和深度，推出一千五百多项改革举措，重要领域和关键环节改革取得突破性进展，主要领域改革主体框架基本确立。中国特色社会主义制度更加完善，国家治理体系和治理能力现代化水平明显提高，全社会发展活力和创新活力明显增强"。[2] 司法改革作为全面深化改革的重要组成部分，"出台一系列重大方针政策，推出一系列重大举措，推进一系列重大工作，解决了许多长期想解决而没有解决的难题，办成了许多过去想办而没有办成的大事"，[3] 同样取得了"重大突破"和"突破性进展"，使得中国特色

---

[1] 参见习近平：《决胜全面建成小康社会 夺取新时代中国特色社会主义伟大胜利——在中国共产党第十九次全国代表大会上的报告》，人民出版社2017年版，第10~11页。

[2] 参见习近平：《决胜全面建成小康社会 夺取新时代中国特色社会主义伟大胜利——在中国共产党第十九次全国代表大会上的报告》，人民出版社2017年版，第3~4页。

[3] 参见习近平：《决胜全面建成小康社会 夺取新时代中国特色社会主义伟大胜利——在中国共产党第十九次全国代表大会上的报告》，人民出版社2017年版，第8页。

司法改革：新时代与再进阶

社会主义司法制度更加完善，审判体系和审判能力现代化水平明显提高。可以说，新时代的司法改革无疑在自改革开放以来四十余年的司法改革光辉历程上谱写了新的篇章。党的十八大以来，以习近平同志为核心的党中央逐步完善了以学习党史、新中国史、改革开放史、社会主义发展史为主要内容的"四史"学习教育总体思路。正如习近平总书记2015年8月23日在致第二十二届国际历史科学大会的贺信中所说，"重视历史、研究历史、借鉴历史，可以给人类带来很多了解昨天、把握今天、开创明天的智慧"。"今天，我们回顾历史，不是为了从成功中寻求慰藉，更不是为了躺在功劳簿上、为回避今天面临的困难和问题寻找借口，而是为了总结历史经验、把握历史规律，增强开拓前进的勇气和力量。"[1]既然"党的十八大以来，我们站在新的历史起点上部署推动全面深化改革，既取得很多重大历史性成就，也创造和积累了很多改革的新鲜经验"（习近平总书记在2018年11月14日中央全面深化改革委员会第5次会议上的讲话），那么，我们有必要全面、充分、科学地总结好四十余年司法改革所取得的显著成就、形成的有益经验，适时地借鉴编写《改革开放简史》的做法来编撰《人民法院司法改革史》，为增强社会主义道路自信、理论自信、制度自信、文化自信提供重要依据。

立足新时代，要严格切实推进既有改革举措的落地见效。正如十九大报告指出的，"社会矛盾和问题交织叠加，全面依法治国任务依然繁重，国家治理体系和治理能力有待加强……一些改革部署和重大政策措施需要进一步落实"。无论是改革方案，还是立法成果，贵在落实，贵在实效。对此，习近平总书记在中央深改组或者中央深改委系列会议上均有关于"抓改革落实"的论述，例如，2014年1月22日中央深改组第1次会议指出，"要抓落实，三中全会各项具体改革举措，要有时间表，一项一项抓落实，以多种形式督促检查，指导和帮助各地区各部门分解任务、落实责任"；2015年1月30日中央深改组第9次会议指出，"地方各级党委要着力抓好有关重要改革部署的具体落实，抓好调查研究、问题反馈、实践创新。在细化落实中央确定的重大改革措施时，要结合实际，因地制宜，一环紧扣一环，一步紧跟一步，盯住干、马上办、改到位"；2016年1月11日中央深改组第20次会议指出，"改革牵头部门是落实中央部署具体改革任务的责任主体，部门主要领导对改革统筹协调、方案质量、利益调整、督促落实有直接责任，要

---

[1]《改革开放简史》编写组编著：《改革开放简史》，人民出版社、中国社会科学出版社2021年版，第378页。

全程过问，每一个环节都要有可落实、可核实的硬性要求"，"对中央部署的重大改革举措，要结合本地实际实化细化，时时关心，时时跟踪，盯住不放，狠抓落实"；2017年3月24日中央深改组第33次会议指出，"主要负责同志要做好实化细化工作，对症下药，推动改革精准落地。要一竿子抓到底，从抓改革方案制定入手，一直抓到部署实施、政策配套、督察落实"，"要完善改革落实机制，抓住人民群众最关心最直接最现实的利益问题，推动落实主体责任，建立健全科学合理的改革评价机制，发挥改革督察作用，把改革举措效益充分发挥出来，不断增强人民群众获得感"；2018年1月23日中央深改组第2次会议指出，要"着力补齐重大制度短板，着力抓好改革任务落实，着力巩固拓展改革成果，着力提升人民群众获得感，不断将改革推深做实，推进基础性关键领域改革取得实质性成果"；2019年1月23日中央深改委第6次会议强调，"改革工作重点要更多放到解决实际问题上，发现问题要准，解决问题要实。要抓好任务统筹，精准推进落实，加强调查研究，坚持问题导向，画好工笔画，提出的改革举措要直击问题要害，实现精确改革。改革方案落地过程中要因地制宜，逐层细化，精准有效，改什么、怎么改都要根据实际来，不能一刀切"；2020年2月14日中央深改委第12次会议强调，"要坚持结果导向，聚焦重点、紧盯实效，开展重要领域改革进展情况评估检查，克服形式主义、官僚主义，一个领域一个领域盯住抓落实"；2021年2月19日中央深改委第18次会议指出，"要有钉钉子精神，落实落细改革主体责任，抓好制度建设这条主线，既要在原有制度基础上继续添砖加瓦，又要在现有制度框架内搞好精装修，打通制度堵点、抓好制度执行，推动解决实际问题"，等等。

可以说，习近平总书记的这些论述涉及落实主体、落实机制、落实方法、落实战术、落实效果等诸多方面，无疑可用于指导既已出台司法改革举措的落实工作。案例指导制度改革、裁判文书说理改革、审判权力运行机制改革、案件繁简分流机制改革、认罪认罚从宽制度改革，等等，最高人民法院均已出台一份或者多份改革文件，关键的"最后一公里"就是落实，即确保从"纸面上的（法）规定"转变为"实践中的行动"。当然，这些改革举措在具体推进落实过程中可能会遇到新的问题与挑战，例如，就认罪认罚从宽制度而言，还存在适用范围太窄、值班律师虚置、量刑建议单方决定等，[1]需要及时地应对与解决。

---

[1] 参见闵春雷：《回归权利：认罪认罚从宽制度的适用困境及理论反思》，载《法学杂志》2019年第12期。

司法改革：新时代与再进阶

立足新时代，要适时调整已不符合实践需要的司法改革举措。"实践是检验真理的标准"，改革方案推出的具体改革举措是否科学、可行、有效，均要接受实践的检验。实事求是地说，个别改革举措或者因当时决策设计者认识不到位等主观方面因素的影响或者因经济社会文化等方面发展变化的制约，需要被终止、调整或者优化。例如，2014年10月23日十八届四中全会通过的《中共中央关于全面推进依法治国若干重大问题的决定》（以下简称《依法治国决定》）提出，"保障人民群众参与司法。坚持人民司法为人民，依靠人民推进公正司法，通过公正司法维护人民权益。在司法调解、司法听证、涉诉信访等司法活动中保障人民群众参与。完善人民陪审员制度，保障公民陪审权利，扩大参审范围，完善随机抽选方式，提高人民陪审员制度公信度。逐步实行人民陪审员不再审理法律适用问题，只参与审理事实认定问题"。2015年4月24日最高人民法院和司法部发布的《人民陪审员制度改革试点方案》规定："探索人民陪审员参审案件职权改革。开展试点，积累经验，逐步探索实行人民陪审员不再审理法律适用问题，只参与审理事实认定问题，充分发挥人民陪审员富有社会阅历、了解社情民意的优势，提高人民法院裁判的社会认可度。人民陪审员在案件评议过程中独立就案件事实认定问题发表意见，不再对法律适用问题发表意见。审判长应将案件事实争议焦点告知人民陪审员，引导人民陪审员围绕案件事实认定问题发表意见，并对与事实认定有关的证据资格、证据证明力、诉讼程序等问题及注意事项进行必要的说明，但不得妨碍人民陪审员对案件事实的独立判断。人民陪审员和法官共同对案件事实认定负责，如果意见分歧，应当按多数人意见对案件事实作出认定，但是少数人意见应当写入笔录。如果法官与人民陪审员多数意见存在重大分歧，且认为人民陪审员多数意见对事实的认定违反了证据规则，可能导致适用法律错误或者造成错案的，可以将案件提交院长决定是否由审判委员会讨论。"基于长达三年[1]的改革试点经验，全国人大常委会于

---

[1] 经最高人民法院申请，全国人大常委会批准人民陪审员制度改革试点期限由二年延长至三年。按照最高人民法院2017年4月向全国人大常委会提交的对《关于延长人民陪审员制度改革试点期限的决定（草案）》的说明，参审范围、事实与法律问题的区分、参审的具体程序尚待进一步研究，是改革试点延期一年的主要原因（殷泓："人民陪审员制度改革试点拟延期一年"，载《光明日报》2017年4月25日，第3版）。正如有学者所言，"为期三年的改革试点并未找到事实与法律问题区分的根本办法，在我国司法体制改革历程中，改革试点延期情形极为少见，足见本项改革的疑难之处"（参见高翔：《陪审员参与民事案件事实认定研究》，人民法院出版社2021年版，第59页）；"改革试点过程中遇到的一个比较复杂的难题是如何区分事实审与法律审"（参见魏晓娜：《人民陪审员制度改革研究》，中国政法大学出版社2022年版，第126页）。

迈进新时代的司法改革（代前言）

2018年4月27日审议通过的《人民陪审员法》[1]第21条、第22条作了区别性的规定，即"人民陪审员参加三人合议庭审判案件，对事实认定、法律适用，独立发表意见，行使表决权""人民陪审员参加七人合议庭审判案件，对事实认定，独立发表意见，并与法官共同表决；对法律适用，可以发表意见，但不参加表决"。正如达马什卡所言，"程序创新的命运在很大程度上并不取决于那些喜欢欣赏规则之完备性的法律人。改革的成败主要取决于新规则与某一特定国家的司法管理模式所植根于其中的文化和制度背景的兼容性"。[2]因此，既已出台的改革举措，凡是呈现出不兼容（既可能表现为与情理法传统不兼容，[3]也可能表现为具体改革举措之间的不匹配）、不适应（既可能表现为落后于政治经济社会文化等的发展变化，也可能表现为超出现阶段的国情[4]）、不科学、不经济的"症候"的，就要本着"宽容在改革创新、先行先试中出现的失误，最大限度调动干部群众的积极性、主动性、创造性"（2019年7月24日中央深改委第9次会议）的精神，主动、及时、实事求是地予以终止或者作出调整。

立足新时代，要继续推出适应国家治理体系和治理能力现代化发展需要的司法改革举措。十九大报告强调，"坚持全面深化改革……必须坚持和完善中国特色社会主义制度，不断推进国家治理体系和治理能力现代化，坚决破除一切不合时宜的思想观念和体制机制弊端，突破利益固化的藩篱，吸收人类文明有益成果，构建系统完备、科学规范、运行有效的制度体系，充分发挥我国社会主义制度优越性"。[5]2019年10月31日十九届四中全会通过的《中共中央关于坚持和完善

---

[1] 为表述方便，本书中涉及的我国法律直接使用简称，省去"中华人民共和国"字样，例如《中华人民共和国人民陪审员法》简称为《人民陪审员法》，全书统一，不再说明。

[2] 参见［美］米尔伊安·R.达玛什卡：《司法和国家权力的多种面孔——比较视角中的法律程序》，郑戈译，中国政法大学出版社2015年版，第45页。

[3] 基于"情理法传统并非和中华法系一样已经成为历史遗存，它以观念、意识、评价、诉求等形态在事实上影响着当代法律的制定与实施"（参见张杰：《社会主义法治视野下情理法传统的重拾与反思》，中国社会科学出版社2021年版，第219~220页）的境况，先前借鉴域外的有益经验所推出的个别性改革举措（如法官逐级遴选制度）未能发挥出其应有的正向效能，甚至推行受阻。

[4] 例如，《中共中央关于全面深化改革若干重大问题的决定》提出了"推动省以下地方法院、检察院人财物统一管理，探索建立与行政区划适当分离的司法管辖制度"的决策部署，其中财物的省级统一管理模式并未在全国一体地推行，"建立与行政区划适当分离的司法管辖制度"亦未见实质性的突破，只是在北京、上海两个直辖市各自成立了北京市第四中级人民法院和上海市第三中级人民法院，集中管辖某些类型案件。

[5] 参见习近平：《决胜全面建成小康社会 夺取新时代中国特色社会主义伟大胜利——在中国共产党第十九次全国代表大会上的报告》，人民出版社2017年版，第21页。

中国特色社会主义制度、推进国家治理体系和治理能力现代化若干重大问题的决定》提出，"坚持和完善中国特色社会主义制度、推进国家治理体系和治理能力现代化的总体目标是，到我们党成立一百年时，在各方面制度更加成熟更加定型上取得明显成效；到二〇三五年，各方面制度更加完善，基本实现国家治理体系和治理能力现代化；到新中国成立一百年时，全面实现国家治理体系和治理能力现代化，使中国特色社会主义制度更加巩固、优越性充分展现"。可见，国家治理体系和治理能力现代化尚是一个相对较长的过程，这就意味着改革仍在路上。正如 2021 年 11 月 11 日十九届六中全会通过的《中共中央关于党的百年奋斗重大成就和历史经验的决议》所指出的，"改革只有进行时、没有完成时，停顿和倒退没有出路，必须以更大的政治勇气和智慧推进全面深化改革，敢于啃硬骨头，敢于涉险滩，突出制度建设，注重改革关联性和耦合性，真枪真刀推进改革，有效破除各方面体制机制弊端"。就司法领域改革而言，十九大报告提出，"深化司法体制综合配套改革，全面落实司法责任制，努力让人民群众在每一个司法案件中感受到公平正义"。[1] 十九届四中全会决定提出，"健全社会公平正义法治保障制度……深化司法体制综合配套改革，完善审判制度、检察制度，全面落实司法责任制，完善律师制度，加强对司法活动的监督，确保司法公正高效权威，努力让人民群众在每一个司法案件中感受到公平正义"。下一步，一是要从具体制度层面细化落实好中央深改委已经作出的改革方案，例如，2021 年 9 月 17 日最高人民法院根据中央全面深化改革委员会审议通过的《关于完善四级法院审级职能定位的改革方案》（中政委〔2021〕45 号）和第十三届全国人大常委会第 30 次会议作出的《全国人民代表大会常务委员会关于授权最高人民法院组织开展四级法院审级职能定位改革试点工作的决定》（人大常委会字〔2021〕38 号）制定发布了《关于完善四级法院审级职能定位改革试点的实施办法》（法〔2021〕242 号），具体规定了"完善行政案件级别管辖制度""完善案件提级管辖机制""改革再审程序""完善最高人民法院审判权力运行机制"等方面的内容。二是要适应政治经济社会文化等的发展，及时推出具有填补空白意义的创新性改革举措。正如美国学者所言，"在各种追求卓越的人类愿望中，包括追求最高经济效率的欲求中，也都包含着灵活性以及对变化中的境况作出回应的

---

〔1〕 参见习近平：《决胜全面建成小康社会 夺取新时代中国特色社会主义伟大胜利——在中国共产党第十九次全国代表大会上的报告》，人民出版社 2017 年版，第 39 页。

属性。因此，社会设计中的一个普遍存在的问题便是如何把握支持性结构与适应性流变之间的平衡"。[1]换言之，司法改革始终要处理好司法体制的稳定性与发展性的平衡。例如，2021年5月18日，最高人民法院审判委员会审议通过了《人民法院在线诉讼规则》，共39条，具体涵盖了在线诉讼法律效力、基本原则、适用条件、适用范围，以及从立案到执行等主要诉讼环节的在线程序规则。该规则就是在坚持我国既有民事诉讼法基本原则、价值和主体结构的基础之上，适应信息化时代和智慧法院建设需要的重要司法解释，为世界智慧司法提供了具有创新性的中国方案。三是要在"精装修"阶段强化机制性改革（有别于体制性改革）层面的制度建设。2021年2月19日中央深改委第18次会议指出，"要有钉钉子精神，落实落细改革主体责任，抓好制度建设这条主线，既要在原有制度基础上继续添砖加瓦，又要在现有制度框架内搞好精装修，打通制度堵点、抓好制度执行，推动解决实际问题"。正如有学者所言，"裁判过程的开放性必须依靠制度化的手段加以实现，并最终将其变成形式合理性的一部分，也就是说裁判过程的开放性需要依靠一系列特殊制度加以保障，否则长期以非制度化的方式使裁判过程或主动或被动呈现出开放性的事实将最终反噬司法的权威与公信力"。[2]"裁判过程的开放性必须依靠制度化"，其他诸多领域的司法改革举措均需要不断地修改完善具体制度，例如，随着《数据安全法》《个人信息保护法》的出台，关于裁判文书上网公开司法解释中个人信息隐名处理、敏感类信息的表述方式等方面的规定均需要作出修改；随着《依法治国决定》"加强和规范司法解释和案例指导，统一法律适用标准"的改革部署和《人民法院组织法》对最高人民法院发布指导性案例职责的明确规定，2010年11月最高人民法院制定的《关于案例指导工作的规定》无论是规范位阶还是具体内容均有必要作出调整。

"实践发展永无止境，解放思想永无止境，改革开放永无止境"（《中共中央关于全面深化改革若干重大问题的决定》，以下简称《深化改革决定》）。司法改革进入新时代，需要包括理论界、实务界在内的社会各界的共同努力，方能在改革方案的科学设计、有序运行、良好效果等方面再进阶，从而为增强中国特色社会主义道路自信、理论自信、制度自信、文化自信作出应有的贡献。

---

[1] 参见［美］富勒：《法律的道德性》，郑戈译，商务印书馆2005年版，第35页。

[2] 参见张杰：《社会主义法治视野下情理法传统的重拾与反思》，中国社会科学出版社2021年版，第213页。

目 录

迈进新时代的司法改革（代前言）   001

上 篇

第一章
司法（审判）权的三维思考   003
    一、关于司法（审判）权的"纯化"   003
    二、关于司法（审判）权的"优化"   009
    三、关于司法（审判）权的"统化"   013

第二章
司法体制改革"综合配套"的三重思考   018
    一、"综合配套"的思想基础   018
    二、"综合配套"的方法论基础   022
    三、"综合配套"的实践论基础   033

第三章
设置互联网法院的三点思考 … 043
  一、设置互联网法院的本体思考——专门属性 … 043
  二、设置互联网法院的机能思考——功能定位 … 047
  三、设置互联网法院的延伸思考——集中管辖 … 050

第四章
法院案件繁简分流的法理思考 … 060
  一、繁简分流的理念价值论 … 061
  二、繁简分流的工具价值论 … 073
  三、繁简分流的路径对策论 … 080

第五章
刑事案件繁简分流的一体化思考 … 090
  一、犯罪的多元分层 … 091
  二、刑事诉讼程序的多层构建 … 096
  三、审判组织/法官的多种配置 … 101

第六章
案例指导制度如何加强和规范？
——一个实践刑法学视野的回应 … 109
  一、关于"裁判要点"的定位 … 109
  二、关于"裁判要点"的提炼 … 111
  三、关于"裁判要点"的运用 … 149
  四、关于"裁判要点"的编纂 … 156
  五、申论：实践（刑）法学的使命担当 … 160

第七章

"程序主导"与"审判中心"的关系厘定与合理定位
——认罪认罚从宽制度的政治力学分析　163

一、"程序主导"与"审判中心"关系失调的四种样态　163

二、"程序主导"与"审判中心"关系失调的影响外溢　165

三、"程序主导"与"审判中心"关系失调的原因归结　171

四、"程序主导"与"审判中心"关系失调的政治力学分析　176

五、"程序主导"与"审判中心"关系的优化调整　180

第八章

审委会议决刑事个案场域的辩护律师之定位
——以审委会民主集中制为视角　184

一、审委会"民主集中制"的语境与内涵　184

二、检察长列席审委会会议议决刑事个案的实践困境　191

三、辩护律师参与审委会会议个案议决的实践扫描及价值阐述　193

四、质疑与回应：辩护律师参与审委会会议的障碍解析　199

五、辩护律师参与审委会会议制度的初步构建　201

六、结语　205

第九章

民事诉讼证据裁判说理的内涵延展与逻辑进路
——以《最高人民法院关于民事诉讼证据的若干规定》修正为中心　206

一、证据说理的具象化展示——第107号指导性案例　206

二、证据裁判说理的内涵延展　210

三、新规背景下证据裁判说理的逻辑进路　218

第十章

刑事裁判文书如何进行事实说理?

——"三环九步法"的构建　　226

一、事实说理不清的实践扫描　　226

二、事实说理的裁判行为基础　　231

三、事实说理的裁判逻辑基础　　233

四、事实说理"三环九步法"的构建　　236

五、申论：价值判断在事实说理中的适用空间　　241

第十一章

量刑说理如何运用类案?

——量刑参考机制的再构建　　245

一、量刑类案参照的逻辑基础　　246

二、量刑中大样本类案参照的功能衔接　　251

三、量刑参考机制的再构建　　256

第十二章

量刑如何精细化说理?

——以被害人过错的要素量化为中心　　263

一、被害人过错说理要素的量化分析　　263

二、被害人过错影响量刑理论基础的反思　　273

三、被害人过错说理要素的拟定　　280

下　篇

司法改革话语宜区分"检"与"法"

——品读《论司法体制改革》的一点感想　　295

检察学视野下检察改革的镜鉴

　　——品读《刑事法研究（第五卷·检察学）》有感　　300

走进讲堂的司法改革话语

　　——品读《法政讲堂》有感　　305

言说司法的法理追问

　　——品读《司法沉思录》有感　　309

司法改革路上"平衡"的寻求

　　——品读《司法改革的知与行》有感　　314

大众化司法的政治底色

　　——品读《从司法为民到大众司法》有感　　318

司法面相的政治之维

　　——品读《司法的普遍原理与中国经验》有感　　324

政法委制度：新制度主义的政治学分析

　　——品读《政法委制度研究》有感　　328

宪法"民主集中制"条款深度诠释的标杆

　　——品读《健全宪法实施和监督制度若干重大问题研究》有感　　333

民主集中制：审委会与检委会视角的"同"与"异"

　　——品读《检察委员会制度研究》引发的一点思考　　338

审判委员会功能的变化与追问

　　——品读《审判委员会研究》有感　　342

附　录　　347

　附件一　最高人民法院司法改革纲要性文件　　347

　附件二　最高人民法院司法责任制改革文件　　407

　附件三　出访日本考察司法改革报告　　436

后　记　　448

上 篇

第一章
司法（审判）权的三维思考

十八届四中全会通过的《依法治国决定》"明确全面推进依法治国的指导思想和总体要求，深刻阐明党的领导和依法治国的关系等法治建设的重大理论和实践问题，针对法治工作中群众反映强烈的突出问题提出强有力的措施，对社会主义法治国家建设作出顶层设计"，[1]是一份重要的纲领性文件，必将对全面推进依法治国具有巨大的指导意义。就国家权力的角度而言，《依法治国决定》对立法权、行政权、审判权、检察权、军事权等方面均作出了若干改革部署和制度性安排。此文仅就司法（审判）权的"纯化""优化""统化"作些粗浅的思考。

一、关于司法（审判）权的"纯化"

按照洛克和孟德斯鸠的观点，国家权力在理想类型上被划分为立法权、行政权和司法权，并分别由议会、政府和法院行使。进入近现代以来就已出现这样的趋势，即同一种权力间或由不同机构来行使，例如，经济领域和社会管理领域的许多立法事项由行政机关负责。与此同时，某一机构具体行使哪些权力，与各国的宪政安排、政法传统、吏治习惯、官僚体制、管制水平等方面有着直接或者间接的关联。

就我国法院的职权而言，既存在不同历史阶段的演变，也存在宪法法律文本规定与运行现实之间的差别。前者如我国 1954 年《人民法院组织法》第 34 条、第 35 条、第 40 条规定，法院的助理审判员由上级司法行政机关任免（1979 年《人民法院组织法》仍是如此规定），最高人民法院的助理审判员由司法部任免；人民陪审员的名额、任期和产生办法由司法部制定；各级人民法院的人员编制和办公机构由司法部另行规定。而 1983 年《人民法院组织法》第

---

[1] 参见习近平总书记《关于〈中共中央关于全面推进依法治国若干重大问题的决定〉的说明》。

37条规定："各级人民法院按照需要可以设助理审判员,由本级人民法院任免。"后者如1982年《宪法》规定:人民法院是国家的审判机关。1983年《人民法院组织法》第二章规定人民法院的职权主要是:各级法院审判案件;基层法院指导人民调解委员会工作;最高人民法院对于在审判过程中如何具体应用法律、法令的问题,进行解释。但在目前实践中,法院的职责涉及审判、执行、司法行政、审判管理、政工党建、组织人事、纪检监察、外事、新闻宣传、基建、档案等诸多方面,进而形成集"审判权"与其他相关职权于一身的"复合体"。[1]

针对此种状况,《依法治国决定》提出,"完善司法体制,推动实行审判权和执行权相分离的体制改革试点","改革司法机关人财物管理体制,探索实行法院、检察院司法行政事务管理权和审判权、检察权相分离"。可以说,这两项改革举措就具有"纯化"法院权力的功能。

(一)审判权和执行权相分离

理论界和实务界对此大致存在以下三种观点。[2]

第一,"深化内分"。例如,有观点认为,结合当前执行工作实际,应坚持内部执行权细分的改革模式,即中级人民法院执行机构设立执行指挥中心(行使统一管理、统一指挥等职能)、执行裁决庭(审理实体纠纷)、执行实施庭(行使执行实施权)和执行监督庭(受理当事人执行申诉),案件和人员较少的基层法院考虑只设执行指挥中心和执行实施庭(执行裁决由民事审判庭行使,执行监督由审判监督庭负责),主要理由是:(1)执行实施权外分缺乏执行工作实际的支撑;(2)执行实施权外分影响执行效率;(3)执行实施权外分使执行工作更易受地方行政权的影响;(4)现有执行人员是否分离,均会影响执行实施权外分;(5)执行实施权外分的改革成本大。[3]有观点认为,民事执行权属

---

[1] 域外法院也存在类似的现象,法院除行使审判权以外,还间或行使由审判权派生出来的其他权力,例如执行权、审判辅助事项管理权、司法解释制定权、非讼事务的处理权(如不动产登记、检验遗嘱、指定监护、制止家庭暴力、管理信托、处理无主财产、宣告失踪和死亡、主持公司清算和商事拍卖、监督公司整顿、监督死者的遗产管理)。参见肖建国:"民事执行权和审判权应在法院内实行分离",载《人民法院报》2014年11月26日,第5版。

[2] 参见2015年4月14日于安徽合肥召开的最高人民法院审判权和执行权相分离改革研讨会。

[3] 参见吴小鹏:"'审执分离'应坚持内部细分的改革模式",载《人民法院报》2015年4月29日,第8版。

于司法权，应由人民法院来行使；民事执行权和审判权的分离，应当在人民法院内部进行。若将民事执行权定位为行政权，交由行政机关行使，会带来以下后果：一是严重损害人民法院的司法权威；二是严重损害执行效率，带来巨大的改革成本。[1]有观点认为，执行裁决权是一种判断权和裁量权，属于司法权的范畴；执行实施权是一种行政权，上下级之间是一种指挥和服从的关系。在人民法院内部审判权和执行权相分离，建立相对独立的强制执行机构，既可充分发挥执行实施权作为行政权的制度优势，形成上下统一领导、统一指挥的执行体制，又可避免执行裁决权与执行实施权简单分割而影响执行效率、损害司法公信力。[2]

第二，有限外分，即区分刑事执行、民事执行和行政执行。其中，民事执行权宜由法院行使。例如，有观点认为，比较考察德国、奥地利、法国、瑞典、日本、韩国、英国、美国等8个国家的做法可知，民事执行权的配置均没有完全脱离法院。[3]我国民事执行机构脱离法院弊多利少，理由是：（1）将引起国家体制的严重混乱，或者严重损害民事执行的效率；（2）将加重当事人的负担；（3）不利于解决目前存在的执行难问题。[4]

第三，彻底外分。例如，有观点认为，效率最高的改革方式就是审判权与执行权的彻底分离模式，即将执行权交由司法行政机关管理，为其配置资源，并通过立法建立法院与司法行政机关之间执行事项方面的协调机制，是事半功倍之举。[5]

在笔者看来，上述分歧的存在，既与《依法治国决定》文本的模糊有关，也与各自的立场、视角及问题意识的不同有关。从法院权力"纯化"而言，此处重点强调以下几点：其一，法院先前推进的执行改革贯彻了区分审判权与执行权，进而区分执行裁决权与执行实施权的思路。中华人民共和国成立初期，

---

[1] 参见肖建国："民事执行权和审判权应在法院内实行分离"，载《人民法院报》2014年11月26日，第5版。

[2] 参见贺小荣："依法治国背景下司法改革的路径选择"，载《人民法院报》2014年10月31日，第5版。

[3] 参见谭秋桂："域外民事执行权配置方式的考察与思考"，载《人民法院报》2015年2月11日，第8版。

[4] 参见谭秋桂："执行机构脱离法院违反民事执行基本规律"，载《人民法院报》2014年12月3日，第5版。

[5] 参见孙宏艳："审判权与执行权分离的模式选择"，载《法制日报》2014年12月10日，第10版。

我国采行审执合一模式，审判权和执行权统一由法院业务庭行使。20世纪90年代，我国开始实行审执分离模式，法院开始设立执行庭，专门行使执行权。2000年开始，法院改执行庭为执行局。2004年，最高人民法院提出探索建立执行实施权和裁决权两权分离、相互制约、相互协调的执行权运行机制。2008年，最高人民法院执行局开始对各级法院执行局实施垂直监督和指导。其二，无论是刑事执行权、民事执行权还是行政执行权，均是针对法院裁判（刑事裁判、民事裁判、行政裁判）具体内容的实现而言的，既不同于单纯的审判权（针对案件的审理），又不同于单纯的行政权（执行过程中会涉及裁判事项）。[1]为此，执行权（执行裁决权和执行实施权）是统一——外分离，还是区分——内分离，外分时是另行设立专门的执行机构还是交由现有的司法行政机关，内分时是在执行局下分设执行裁决庭和执行实施庭还是由业务庭兼履执行裁决和执行庭专门负责执行实施，确需从公正和效率两个方面仔细斟酌。[2]其三，评价"外分"与"内分"利弊的理据要全面科学，避免片面的认识。例如，"内分"时就要考虑现行法院"一把手"体制和"民主集中制"之下的审判权与执行权"复合并存"所带来的监督制约不理想，以及执行难、执行乱等给审判权威、司法公信带来的损害；"外分"时就要考虑法院在审判环节仅单纯地考虑审判（偏重过程公正）而放弃或者怠慢于考量判决的可执行性，势必带来更多的"空判"，等等。

（二）法院行政事务管理权和审判权相分离

2002年党的十六大报告[3]提出，"改革司法机关的工作机制和人财物管理体制，逐步实现司法审判和检察同司法行政事务相分离"。2014年党的十八届

---

[1] 有学者认为，《依法治国决定》将执行权作为司法职权对待，并没有将其定性为行政权。参见谭秋桂："执行机构脱离法院违反民事执行基本规律"，载《人民法院报》2014年12月3日，第5版。在我看来，执行权的权力属性如何界定，是司法权还是行政权，是单一权（能）还是复合权（能），有必要进行全面科学的研究。

[2] 正如有学者指出的，推动此项改革过程中，关键要厘清法官与执行员的职能定位，在分工明确的前提下防止把应由法官负责的业务分离给承担行政性执行权力的执行员。参见张永红："审判权和执行权相分离体制改革中应当注意的问题——基于英国模式的思考"，载《法律适用》2015年第5期。

[3] 2002年11月党的十六大通过了《全面建设小康社会，开创中国特色社会主义事业新局面》的报告。需要指出的是，2007年10月15日党的十七大报告《高举中国特色社会主义伟大旗帜 为夺取全面建设小康社会新胜利而奋斗》以及2012年11月党的十八大报告《坚定不移沿着中国特色社会主义道路前进 为全面建成小康社会而奋斗》没有提出类似的要求。

四中全会《依法治国决定》重新提出,"改革司法机关人财物管理体制,探索实行法院、检察院司法行政事务管理权和审判权、检察权相分离。"

　　立足于法院视角而言,一个国家的司法行政事务大体上可分为内外两个层面:一是法院外部的司法行政事务,由专门的司法行政机关管理;二是法院内部的司法行政事务,由法院自我管理或者由司法行政机关管理或者法院与司法行政机关分别管理相关事务。[1]就法院内部行政司法事务而言,各国存在着差别,大体上包括以下方面:一是与审判案件直接相关的司法行政工作,如立案登记、诉讼费用、生效判决的执行、司法鉴定等;二是管理法院的组织人事工作,如法官人选的考察、推荐以及现任法官的派遣、考评、晋升、福利、保障、司法考试、法官培训、法官惩戒,法院其他工作人员的编制、工作分配、考评等;三是负责法院机构设置;四是管理法院经费和物质装备、基础设施建设和保障;五是外部事务协调,包括与议会、政府等部门之间的关系协调、上下级法院之间关系的协调;六是管理法院的其他行政事务,如制定有关司法行政的规范性文件、总结交流审判工作经验、法院的司法统计、法院文书档案管理等。[2]正如有学者所言,"这些事务性工作(即指司法行政事务——笔者注)在各国至少有一部分是由或必须由法院自己承担,尽管由于各国的制度不同,各国法院所承担的这类工作的总量会有所不同"。[3]按照韦伯理想类型的立场,域外法院内部行政事务的管理大致分为两种:一是以英国、加拿大、德国、法国为代表的法院外部分离模式,具体细分为两种情形,即以英国为代表的独立机构管理[4]和以加拿大、德国、法国为代表的由司法部或者司法部主导的司法委员会管理(各国在司法委员会依托的主体、机构的性质、职能、对"人"的管

---

〔1〕参见张建伟:"司法机关人财物:谁来管,如何管",载《中国党政干部论坛》2015年第4期。

〔2〕参见孙业群:"法院司法行政事务管理权研究",载《中国司法》2004年第7期。

〔3〕参见苏力:《送法下乡——中国基层司法制度研究》,中国政法大学出版社2000年版,第62页。转引自肖宏:"中国司法转型期的法院管理转型——兼对司法行政权与司法审判权在法院内部分离管理的论证",载《法律适用》2006年第8期。

〔4〕在英国,为法院(法官)提供行政支持的是法院事务管理局。该局成立于2008年,在体制上属于司法部,是一个受首席大法官和司法部长(司法大臣)"双重领导"的相对独立的行政机构。其职能包括立案、案件管理、法院人财物的管理、动产扣押、强迁和强制交付执行等案件的执行等。该局实行委员会负责制,具体由三名非执行委员(其中一名担任委员会主席)、三名法官(代表首席大法官)、一名司法部官员(代表司法大臣)、四名执行委员(来自法院事务管理局,其中一名担任首席执行官)组成,委员会同时对司法大臣和首席大法官负责。其工作人员是英国政府的司法行政人员,是公务员。参见张永红:《英国强制执行法》,复旦大学出版社2014年版,第239页。

理等方面均有所不同);[1]二是以美国、日本、韩国、俄罗斯为代表的法院内部分离模式,具体细分为两种情形,即以美国、俄罗斯为代表的成立全国司法管理委员会作为法院最高管理决策机构和以日本、韩国为代表的由最高法院的大法官组成司法管理委员会行使本院和下级法院的司法管理决策权。[2]就我国法院而言,大体上经历了从外部分离到内部分离的反复演变发展过程:从清末变法至中华人民共和国成立初期,法院内部的司法行政事务是由独立的专门司法行政机关负责,早在1906年设立的法部就是具有现代意义的司法行政机关。1949年《中央人民政府司法部试行组织条例》规定的司法部15项职能中有12项涉及法院内部司法行政事务。此种做法一直保留到1957年前司法行政机关被撤销。从1979年司法行政机关恢复到1982年机构改革,法院内部司法行政事务仍由司法行政机关负责。1982年后,法院内部行政司法事务改由法院自己管理,1983年修订的《人民法院组织法》以立法的形式对其予以法律化。此后,随着实践的发展,法院内部司法行政所涉的领域越来越广泛,与之相适应,承担相关司法行政事务工作的内设机构也越来越多,[3]使得《人民法院组织法》等有关法院职权的"文本"与实践中法院职权"现实"之间的差异日益增大。

《依法治国决定》为何在时隔十余年后重新提出"法院行政事务管理权和审判权相分离"的改革课题、[4]此项改革的正当性及其目的性何在、[5]此项改

---

[1] 参见肖宏:"中国司法转型期的法院管理转型——兼对司法行政权与司法审判权在法院内部分离管理的论证",载《法律适用》2006年第8期。

[2] 参见谭世贵、梁三利:"构建自治型司法管理体制的思考——我国地方化司法管理的问题与出路",载《北方法学》2009年第3期。

[3] 以最高人民法院为例,截至2015年5月,业务庭具体包括1个立案庭、5个刑庭、4个民庭、1个环境资源审判庭、1个行政庭、1个审监庭、1个赔偿办、1个执行局;其他机构包括办公厅、政治部、研究室、审判管理办公室、监察局(纪检组)、外事局、行装局、机关党委、离退休干部局、司改办、新闻局、国家法官学院、中国应用法学研究所、人民法院报社、人民法院出版社、机关服务中心、中国法官协会、中国女法官协会、咨询委员会。

[4] 自党的十六大提出此改革课题以来,中央先后进行了两轮司法体制改革,最高人民法院经历了"二五"和"三五"改革,但均未破题,也即此项改革任务较长时间处在"悬置"状态。

[5] 有学者指出,十八届三中全会《深化改革决定》确定的人财物省级统管,没有将司法行政机关可以发挥的作用考虑在内;司法机关的人财物管理,在性质上属于司法行政事务,可否由司法行政机关发挥相应的作用,此问题没有得到充分讨论。参见张建伟:"司法机关人财物:谁来管,如何管",载《中国党政干部论坛》2015年第4期。

革又该如何探索推进，[1]等等，均值得深入研究，此处不作讨论。仅从法院权力"纯化"来看，此段论述是非常有见地和精辟的，即"对法院事务不区分性质，统统采取行政化的管理模式，不仅使司法审判权与司法行政权产生了混淆，也造成了法官和行政官员的角色混同。其更大的危害在于行政化管理模式造成了行政权对审判权的入侵，使法院具体行使审判权但又处于最低权力层级的法官不得不屈从于更高一级或更大一点的权力主体，这不仅抹杀了审判活动的特点，也扼杀了法官应当具备的司法人格，使法院不成其为法院，法官不成其为法官，其终极性的后果是形成影响审判权独立，从而造成司法不公的体制内障碍"，亦即形成"行政化审判制度"。[2]确实如此，在现行国家机关"一把手"体制和"民主集中制"决策模式的背景下，为了避免因法院审判权与非审判职权"复合并存"而形成的"路径依赖"或者"习惯性思维"的消极影响，《依法治国决定》重新提出"法院司法行政事务管理权和审判权相分离"的改革任务，即合理区隔审判权与法院司法行政事务管理权各自的运行空间，进而基于各自的运行特点和规律分别采取相应的管理模式、设置匹配的机构，实行适宜的权力运行和制约机制，这无疑具有正当性和科学性。

二、关于司法（审判）权的"优化"

十八届三中全会《深化改革决定》提出，"全面深化的总目标是完善和发展中国特色社会主义制度，推进国家治理体系和治理能力"。《依法治国决定》提出，"全面推进依法治国，总目标是建设中国特色社会主义法治体系，建设社会主义法治国家。这就是，在中国共产党领导下，坚持中国特色社会主义制度，贯彻中国特色社会主义法治理论，形成完备的法律规范体系、高效的法治实施体系、严密的法治监督体系、有力的法治保障体系，形成完善的党内法规体系，坚持依法治国、依法执政、依法行政共同推进，坚持法治国家、法治政府、法治社会一体建设，实现科学立法、严格执法、公正司法、全民守法，促进国家治理体系和治理能力现代化"。在"国家治理体系"中，按照学者的观点，司法治理（juristocracy）相比于其他治理方式而言具有五个方面的优点：一是司法借

---

[1] 例如，是采取法院内分离还是法院外分离，内分时如何科学设置相关的内设机构，外分时法院内部行政事务中哪些可以外分，等等，均是值得深入研究的问题。

[2] 参见苏力："论法院的审判职能与行政管理"，载《中外法学》1999年第5期。

助于专业技术性,具有去政治化的效果,有助于减少和弱化政治冲突;二是司法机构的中立性和解决纠纷的程序性,有助于当事人和社会公众对于裁决结果的接受和认可,从而可防止纠纷扩大和冲突激化;三是司法机构通过具体诉讼可以把许多群体之间的冲突分解为不同的单个纠纷,有助于防止纠纷群体化和冲突组织化;四是司法机构在解决纠纷的过程中,借助时间的冷却效应,可以缓解当事人和公众的情绪;五是在推进社会和政治改革过程中,诉诸司法判决比通过立法和行政决策更隐蔽,从而有助于减少改革的阻力和对抗。[1]立足于此,《依法治国决定》将司法提高到如此高的地位,并如此强调司法在"建设社会主义法治国家"中的重要作用,[2]即"公正是法治的生命线。司法公正对社会公正具有重要引领作用,司法不公对社会公正具有致命破坏作用",[3]实乃当然。

为了真正更好地发挥司法在法治建设中的作用,《依法治国决定》提出了"优化"司法(审判权)的改革举措,具体包括以下方面。

(一)优化司法(审判)权与党权的关系

《依法治国决定》在"深刻阐明党的领导和依法治国的关系等法治建设的重大理论和实践问题"的基础上,围绕加强和改进党对全面推进依法治国的领导提出"三统一""四善于",并作出了系统部署。其中,针对审判权与党权的关系,提出的要求包括:(1)"各级党政机关和领导干部要支持法院、检察院依法独立公正行使职权。建立对领导干部干预司法活动、插手具体案件处理的记录、通报和责任追究制度。任何党政机关和领导干部都不得让司法机关做违反法定职责、有碍司法公正的事情,任何司法机关都不得执行党政机关和领导干部违法干预司法活动的要求。对干预司法机关办案的,给予党纪政纪处分;造成冤假错案或者其他严重后果的,依法追究刑事责任。"(2)"各级领导干部要对

---

[1] 参见高鸿钧:"德沃金法律理论评析",载《清华法学》2015年第2期。
[2] 有学者认为,《依法治国决定》进一步强调了司法在法治中的重要作用,具体表现包括:(1)变立案审查制为立案登记制,做到"有案必立、有诉必理",实际上是确立了法院"不得拒绝审判"的重要法治原则;(2)推进以审判为中心的诉讼制度改革,严格规范了司法行为,突出强调了司法的正规性、程序性和公开性;(3)强化司法人员的职业化和专业素质,加强司法监督机制和责任追究制度,旨在保障司法的公正性和公信力;(4)建立巡回法庭和跨区办案制度,旨在防止司法中的地方保护主义,维护司法的统一性;(5)加强对人权的司法保障,突出强调司法机构在保护公民权利中的重要作用。参见高鸿钧:"德沃金法律理论评析",载《清华法学》2015年第2期。
[3] 习近平总书记在《关于〈中共中央关于全面推进依法治国若干重大问题的决定〉的说明》中又强调,"司法是维护社会公平正义的最后一道防线"。

法律怀有敬畏之心,牢记法律红线不可逾越、法律底线不可触碰,带头遵守法律、带头依法办事,不得违法行使权力,更不能以言代法、以权压法、徇私枉法";(3)"党委要定期听取政法机关工作汇报,做促进公正司法、维护法律权威的表率";(4)"各级人大、政府、政协、审判机关、检察机关的党组织要领导和监督本单位模范遵守宪法法律,坚决查处执法犯法、违法用权等行为";(5)"各级党委政法委要把工作着力点放在把握政治方向、协调各方职能、统筹政法工作、建设政法队伍、督促依法履职、创造公正司法环境上,带头依法办事,保障宪法法律正确统一实施",等等。

(二)优化司法(审判)权与行政权的关系

各级人大选举产生并监督"一府两院"是我国现行宪法的宪政安排。政府是国家的行政机关,主要行使行政权;法院是国家的审判机关,主要行使审判权。受宪制架构、法律安排、治理传统、国情等各方面因素的影响,现行政府行政权与法院审判权之间的关系仍存在诸多值得改善的空间。《依法治国决定》提出了以下改革要求:(1)"健全行政机关依法出庭应诉、支持法院受理行政案件、尊重并执行法院生效裁判的制度"。(2)"完善行政诉讼体制机制,合理调整行政诉讼案件管辖制度,切实解决行政诉讼立案难、审理难、执行难等突出问题"。(3)"完善对涉及公民人身、财产权益的行政强制措施实行司法监督制度"。(4)"健全行政裁决制度,强化行政机关解决同行政管理活动密切相关的民事纠纷功能";"强化对行政权力的制约和监督。加强党内监督、人大监督、民主监督、行政监督、司法监督、审计监督、社会监督、舆论监督制度建设,努力形成科学有效的权力运行制约和监督体系,增强监督合力和实效"。(5)"健全行政执法和刑事司法衔接机制,完善案件移送标准和程序,建立行政执法机关、公安机关、检察机关、审判机关信息共享、案情通报、案件移送制度,坚决克服有案不移、有案难移、以罚代刑现象,实行行政处罚和刑事处罚无缝对接",等等。

(三)优化司法(审判)权与检察权、侦查权的关系

在现行宪法体制下,法院是国家的审判机关,检察院是国家的监督机关。我国《刑事诉讼法》规定,公检法三机关在刑事诉讼活动中各司其职、互相配合、互相制约。从司法实践来看,无论是审判权与检察权的关系,还是审判权与侦查权的关系,均存在有损于司法公信力提升的问题。《依法治国决定》对此方

面提出了以下改革要求：（1）"完善对限制人身自由司法措施和侦查手段的司法监督，加强对刑讯逼供和非法取证的源头预防，健全冤假错案有效防范、及时纠正机制"。（2）"推进以审判为中心的诉讼制度改革，确保侦查、审查起诉的案件事实证据经得起法律的检验。全面贯彻证据裁判规则，严格依法收集、固定、保存、审查、运用证据，完善证人、鉴定人出庭制度，保证庭审在查明事实、认定证据、保护诉权、公正裁判中发挥决定性作用"。（3）"完善检察机关行使监督权的法律制度，加强对刑事诉讼、民事诉讼、行政诉讼的法律监督"，等等。

（四）优化司法（审判）权与个人权利/社会权力的关系

审判权是国家权力，属于公权（power）的范畴；个人权利（right）属于私权的范畴；而社会权力属于公权（power）与私权（right）之间的形态，例如"媒体权力"有"第四权力"之称。《依法治国决定》提出了以下改革要求：（1）"强化诉讼过程中当事人和其他诉讼参与人的知情权、陈述权、辩护辩论权、申请权、申诉权的制度保障"。（2）"落实终审和诉讼终结制度，实行诉访分离，保障当事人依法行使申诉权利"。（3）"完善惩戒妨碍司法机关依法行使职权、拒不执行生效裁判和决定、藐视法庭权威等违法犯罪行为的法律规定"。（4）"切实解决执行难，制定强制执行法，规范查封、扣押、冻结、处理涉案财物的司法程序。加快建立失信被执行人信用监督、威慑和惩戒法律制度。依法保障胜诉当事人及时实现权益"。（5）"依法规范司法人员与当事人、律师、特殊关系人、中介组织的接触、交往行为。严禁司法人员私下接触当事人及律师、泄露或者为其打探案情、接受吃请或者收受其财物、为律师介绍代理和辩护业务等违法违纪行为，坚决惩治司法掮客行为，防止利益输送"。（6）"构建开放、动态、透明、便民的阳光司法机制，推进审判公开、检务公开、警务公开、狱务公开，依法及时公开执法司法依据、程序、流程、结果和生效法律文书，杜绝暗箱操作。加强法律文书释法说理，建立生效法律文书统一上网和公开查询制度""司法机关要及时回应社会关切，规范媒体对案件的报道，防止舆论影响司法公正"。（7）"在司法调解、司法听证、涉诉信访等司法活动中保障人民群众参与。完善人民陪审员制度，保障公民陪审权利，扩大参审范围，完善随机抽选方式，提高人民陪审公信度。逐步实行人民陪审员不再审理法律适用问题，只参与审理事实认定问题"。（8）"健全社会矛盾纠纷预防化解机制，完善调解、仲裁、行政裁决、行政复议、诉讼等有机衔接、相互协调的多元化纠纷解决机制。加强行业性、专业性人民调解组织建设，完善人民调解、行政调解、司法调解联动工作体系"，等等。

(五) 优化司法 (审判) 权主体间的关系

审判权主体间的关系，既包括上下级法院之间的关系，也包括同一法院之间不同主体或者审判组织之间的关系。《依法治国决定》提出了以下改革要求：(1) "完善审级制度，一审重在解决事实认定和法律适用，二审重在解决事实法律争议、实现二审终审，再审重在解决依法纠错、维护裁判权威"。(2) "明确司法机关内部各层级权限，健全内部监督制约机制。司法机关内部人员不得违反规定干预其他人员正在办理的案件，建立司法机关内部人员过问案件的记录制度和责任追究制度。完善主审法官、合议庭、主任检察官、主办侦查员办案责任制，落实谁办案谁负责"。(3) "明确各类司法人员工作职责、工作流程、工作标准，实行办案质量终身负责制和错案责任倒查问责制，确保案件处理经得起法律和历史检验"，等等。

三、关于司法 (审判) 权的"统化"

我国《宪法》"序言"部分强调，"中华人民共和国是全国各族人民共同缔造的统一的多民族国家"；第5条第2款规定："国家维护社会主义法制的统一和尊严。"可以说，以统一法制来维护国家统一是和平时期的最好方式。在建设社会主义法治国家的过程中，司法 (权) 在维护社会主义法制统一方面会发挥越来越大的作用。为此，《依法治国决定》从以下方面提出了诸多有助于司法 (审判) 权"统化"的改革举措。

(一) 司法 (审判) 权运行方面的"统化"

每个国家或者地区根据各自的宪制架构、法律传统、司法制度、国 (区) 情等方面的不同，设置不同的法院和确立不同的审级制度。根据现行《人民法院组织法》及诉讼法律的规定，我国设置四级法院 (即基层人民法院、中级人民法院、高级人民法院、最高人民法院)，并实行二审终审制度。其中，最高人民法院通过审判案件、制定司法解释和具有解释内容的非司法解释性文件、颁布指导性案例、出台司法政策、下发会议纪要等制度化或者非制度化的手段和机制，在维护法制统一方面担当着重要职责。《依法治国决定》提出了以下改革举措：(1) "最高人民法院设立巡回法庭，审理跨行政区域重大行政和民商事案件";(2)"加强和规范司法解释和案例指导,统一法律适用标准"。

(二) 党对司法工作领导方面的"统化"

正如《依法治国决定》所强调的,"党的领导是中国特色社会主义最本质的特征,是社会主义法治最根本的保证";"坚持党的领导,是社会主义法治的根本要求,是党和国家的根本所在、命脉所在,是全国各族人民的利益所系、幸福所系,是全面推进依法治国的题中应有之义。党的领导和社会主义法治是一致的,社会主义法治必须坚持党的领导,党的领导必须依靠社会主义法治。只有在党的领导下依法治国、厉行法治,人民当家作主才能充分实现,国家和社会生活法治化才能有序推进"。既然司法建设是社会主义法治国家建设的重要组成部分,司法权运行的好坏直接关系社会主义法治国家建设的成效,司法公信力的提升直接影响国家公信力的水平,那么,党应当加强和完善对司法(审判)工作的领导。显然,《依法治国决定》提出的以下改革要求直接或者间接地有助于司法(审判)权的"统化":(1)"必须坚持党领导立法、保证执法、支持司法、带头守法,把依法治国基本方略同依法执政基本方式统一起来,把党总揽全局、协调各方同人大、政府、政协、审判机关、检察机关依法依章程履行职能、开展工作统一起来,把党领导人民制定和实施宪法法律同党坚持在宪法法律范围内活动统一起来,善于使党的主张通过法定程序成为国家意志,善于使党组织推荐的人选通过法定程序成为国家政权机关的领导人员,善于通过国家政权机关实施党对国家和社会的领导,善于运用民主集中制原则维护中央权威、维护全党全国团结统一"。(2)"健全党领导依法治国的制度和工作机制。完善保证党确定依法治国方针政策和决策部署的工作机制和程序。加强对全面推进依法治国统一领导、统一部署、统筹协调"。(3)"加强党对立法工作的领导,完善党对立法工作中重大问题决策的程序。凡立法涉及重大体制和重大政策调整的,必须报党中央讨论决定……法律制定和修改的重大问题由全国人大常委会党组向党中央报告",等等。

(三) 立法对司法影响方面的"统化"

立法和司法是法治过程的两个重要环节,法律体系和司法体系是法治体系的重要组成部分。立法制定规范,司法适用规范;立法是从事实到规范的抽象化、一般化过程,司法是从规范到事实的具体化、个别化的过程;立法分配正义,司法校正正义;立法注重一般正义,司法关注个别正义。总之,立法直接制约和影响司法,法律规范是否体系化、统一化、科学化和有效化,直接或者间接地不同程度地影响到司法（审判）权的统一行使。《依法治国决定》在第二部分"完善以宪法为核心的中国特色社会主义法律体系，加强宪法实施"中提出了诸多"增强法律法规的及时性、系统性、针对性、有效性"的改革要求，具体包括：（1）"健全宪法实施和监督制度……完善全国人大及其常委会宪法监督制度，健全宪法解释程序机制。加强备案审查制度和能力建设，把所有规范性文件纳入备案审查范围，依法撤销和纠正违宪违法的规范性文件，禁止地方制发带有立法性质的文件"。（2）"健全有立法权的人大主导立法工作的体制机制，发挥全国人大及其常委会在立法工作中的主导作用。建立由全国人大相关专门委员会、全国人大常委会法制工作委员会组织有关部门参与起草综合性、全局性、基础性等重要法律草案制度。增加有法治实践经验的专职常委比例。依法建立健全专门委员会、工作委员会立法专家顾问制度"。（3）"加强和改进政府立法制度建设，完善行政法规、规章制定程序，完善公众参与政府立法机制。重要行政管理法律法规由政府法制机构组织起草"。（4）"明确立法权力边界，从体制机制和工作程序上有效防止部门利益和地方保护主义法律化。对部门争议较大的重要立法事项，由决策机关引入第三方评估，充分听取各方意见，协调决定，不能久拖不决。加强法律解释工作，及时明确法律规定含义和适用法律依据。明确地方立法权限和范围，依法赋予设区的市地方立法权"。（5）"加强人大对立法工作的组织协调，健全立法起草、论证、协调、审议机制，健全向下级人大征询立法意见机制，建立基层立法联系点制度，推进立法精细化……完善立法项目征集和论证制度。健全立法机关主导、社会各方有序参与立法的途径和方式。探索委托第三方起草法律法规草案"。（6）"健全立法机关和社会公众沟通机制……探索建立有关国家机关、社会团体、专家学者等对立法中涉及的重大利益调整论证咨询机制。拓宽公民有序参与立法途径，健全法律法规规章草案公开征求意见和公众意见采纳反馈机制，广泛凝聚社会共识"，等等。对此，有学者作了如下的评价，从《依法治国决定》开始，法律体系开始要往一元化的方向走，即"法律一元化"这个和现代法治国家相协调、相一致的基本原则，开始被导入政治生活领域。显然，此种"法律一元化"的走势势必为司法（审判）权的"统化"奠定良好的规范基础。[1]

---

[1] 需要指出的是，此处的"一元化"是针对以宪法为核心的整个法律体系的所有规范的协调性或者不冲突性而言的，并非指现行复合立法体制下各个地方立法（规范）的无差别化。

(四) 法律职业共同体建设方面的"统化"

制度固然重要，法治相比于人治要显得优位和可行，但"人"的因素（包括施加者和受动者、司法者和参与者，等等）永远需要予以重视。为此，《依法治国决定》强调，"全面推进依法治国，必须大力提高法治工作队伍的思想政治素质、业务工作能力、职业道德水准，着力建设一支忠于党、忠于国家、忠于人民、忠于法律的社会主义法治工作队伍，为加快建设社会主义法治国家提供强有力的组织和人才保障"。同时，《依法治国决定》提出的下列有关加强法律职业共同体建设方面的改革要求，必将从"人"的方面为司法（审判）权的"统化"提供强有力的保障：（1）"完善法律职业准入制度，健全国家统一法律职业资格考试制度，建立法律职业人员统一职前培训制度"。（2）"初任法官、检察官由高级人民法院、省级人民检察院统一招录，一律在基层法院、检察院任职。上级人民法院、人民检察院的法官、检察官一般从下一级人民法院、人民检察院的优秀法官、检察官中遴选"。（3）"坚持用马克思主义法学思想和中国特色社会主义法治理论全方位占领高校、科研机构法学教育和法学研究阵地，加强法学基础理论研究，形成完善的中国特色社会主义法学理论体系、学科体系、课程体系，组织编写和全面采用国家统一的法律类专业核心教材，纳入司法考试必考范围"，等等。

(五) 司法（审判）权保障方面的"统化"

我国《宪法》第 131 条规定："人民法院依照法律规定独立行使审判权，不受行政机关、社会团体和个人的干涉。"应当说，此条在司法实践中并未完全得到有效实施。其原因是多方面的，例如，"人大—政府—法院"的同级并存设置以及法院人财物均受同级党委及相关部门管控；"在中央统一领导下，充分发挥地方的主动性、积极性的原则"落实的体制性、机制性安排欠缺；社会主义市场经济体制下市场竞争机制诱发地方政府在 GDP 等各方面展开有序或者无序、正当或者不正当竞争；"包干吃饭"的财政体制；中央事权与地方事权划分得不明晰；[1]

---

[1] 《深化改革决定》提出，"建立事权和支出责任相适应的制度。适度加强中央事权和支出责任，国防、外交、国家安全、关系全国统一市场规则和管理等作为中央事权；部分社会保障、跨区域重大项目建设维护等作为中央和地方共同事权，逐步理顺事权关系；区域性公共服务作为地方事权。中央和地方按照事权划分相应承担和分担支出责任。中央可通过安排转移支付将部分事权支出责任委托地方承担。对于跨区域且对其他地区影响较大的公共服务，中央通过转移支付承担一部分地方事权支出责任"。

等等，进而造成"国家设在地方的法院"异化为"地方法院"、[1]司法裁判的"同案异判"[2]等有违法治基本规律的现象。为此，《深化改革决定》和《依法治国决定》提出了以下有助于改变此种局面的改革要求：（1）"改革司法管理体制，推动省以下地方法院、检察院人财物统一管理"；[3]（2）"探索建立与行政区划适当分离的司法管辖制度，保证国家法律统一正确实施"；（3）"探索建立知识产权法院"；（4）"最高人民法院设立巡回法庭，审理跨行政区域重大行政和民商事案件"；（5）"探索设立跨行政区划的人民法院和人民检察院，办理跨地区案件"，等等。

  司法权作为现代法治国家权力的重要组成部分，往往由一个国家的宪法作出原则性或者具体性的规定，[4]继而在法院组织法、诉讼法等法律中具体化。我国《宪法》在坚持人民代表大会制度的前提下对司法（审判）制度作了一系列规定，总体上是适合我国国情的。但随着社会主义市场经济体制的健全和建设社会主义法治国家基本方略的推进，"司法体制不完善、司法职权配置和权力运行机制不科学、人权司法保障制度不健全"[5]的问题日益突出。为此，《依法治国决定》围绕着司法（审判）权的"三化"，即"纯化""优化"和"统一化"，提出了诸多改革要求和任务。随着这些改革任务的理性科学民主设计和规范有序有效推进，[6]必将更有力地保证公正司法，提高司法公信力，促进国家治理体系和治理能力的现代化。

---

[1]　参见刘树德：《司法改革：深水区与细说理》，法律出版社 2015 年版，第 44 页以下。
[2]　参见刘树德："刑事司法语境下的'同案同判'"，载《中国法学》2011 年第 1 期。
[3]　有学者认为，此项改革只是司法体制改革的近景措施，未来的司法体制改革还需要迈向司法机关人财物由中央机构统一管理。参见张建伟："司法机关人财物：谁来管，如何管"，载《中国党政干部论坛》2015 年第 4 期。
[4]　各个国家的宪法对司法权及司法制度的规定，详略不一。参见孙谦、韩大元主编：《司法机构与司法制度》，中国检察出版社 2013 年版。
[5]　参见习近平总书记《关于〈中共中央关于全面推进依法治国若干重大问题的决定〉的说明》。
[6]　部分学者从改革方法论层面对近期司法改革工作提出了一些批评性意见，例如，有学者认为，当前司法改革存在五大隐忧，即（1）"在'在政治正确'的桎梏下画地为牢，拒斥现代司法文明的基本规律；（2）司法改革闭门造车，不给社会讨论、批判空间；（3）司法改革的碎片化，顶层设计为部门设计；（4）未经成熟试错即上升为所谓的经验盲目推广；（5）部分改革措施理论逻辑混乱不清"。参见秦前红："当前司法改革存在的五大隐忧"，载 http://qinqianhong.blog.21ccom.net/？p＝275，2015 年 4 月 24 日。此外，实务界和理论界有关司法改革的"牛鼻子"是"司法责任制"还是"法官员额制"抑或是"司法人员分类管理制"的纷争，某种程度也反映了改革方法论方面的欠缺。

第二章

司法体制改革"综合配套"的三重思考

十九大报告在第六部分"健全人民当家作主制度体系,发展社会主义民主政治"的"深化依法治国实践"中提出,"深化司法体制综合配套改革,全面落实司法责任制,努力让人民群众在每一个司法案件中感受到公平正义"。此处就司法体制改革的"综合配套"谈点初见。

一、"综合配套"的思想基础

十九大的一项重大成就是形成了"习近平新时代中国特色社会主义思想"。习近平新时代中国特色社会主义思想,是我们党围绕"从理论和实践结合上系统回答新时代坚持和发展什么样的中国特色社会主义、怎样坚持和发展中国特色社会主义"的重大时代课题,"坚持以马克思列宁主义、毛泽东思想、邓小平理论、'三个代表'重要思想、科学发展观为指导,坚持解放思想、实事求是、与时俱进、求真务实,坚持辩证唯物主义和历史唯物主义,紧密结合新的时代条件和实践要求,以全新的视野深化对共产党执政规律、社会主义建设规律、人类社会发展规律的认识,进行艰辛理论探索,取得重大理论创新成果",是"马克思主义中国化最新成果,是党和人民实践经验和集体智慧的结晶,是中国特色社会主义理论体系的重要组成部分,是全党全国人民为实现中华民族伟大复兴而奋斗的行动指南"。

十九大报告为深刻阐述新时代中国特色社会主义思想的精神实质和丰富内涵所提出的"八个明确"和"十四个坚持",无疑是深化司法体制综合配套改革的行动指南。其中,"六个明确"和"五个坚持"更是直接指导深化司法体制综合配套改革的思想基础。"六个明确"包括:(1)明确坚持和发展中国特色社会主义,总任务是实现社会主义现代化和中华民族伟大复兴,在全面建成小康社会的基础上,分两步走在本世纪中叶建成富强民主文明和谐美丽的社会主义现代化强国;(2)明确新时代我国社会主要矛盾是人民日益增长的美好生活需要和不平衡不充分的发展之间的矛盾，必须坚持以人民为中心的发展思想，不断促进人的全面发展、全体人民共同富裕；（3）明确中国特色社会主义事业总体布局是"五位一体"、战略布局是"四个全面"，强调坚定道路自信、理论自信、制度自信、文化自信；（4）明确全面深化改革总目标是完善和发展中国特色社会主义制度、推进国家治理体系和治理能力现代化；（5）明确全面推进依法治国总目标是建设中国特色社会主义法治体系、建设社会主义法治国家；（6）明确中国特色社会主义最本质的特征是中国共产党领导，中国特色社会主义制度的最大优势是中国共产党领导，党是最高政治领导力量，提出新时代党的建设总要求，突出政治建设在党的建设中的重要地位。"五个坚持"包括：（1）坚持党对一切工作的领导。党政军民学，东西南北中，党是领导一切的。必须增强政治意识、大局意识、核心意识、看齐意识，自觉维护党中央权威和集中统一领导，自觉在思想上、政治上、行动上同党中央保持高度一致，完善坚持党的领导的体制机制，坚持稳中求进工作总基调，统筹推进"五位一体"总体布局，协调推进"四个全面"战略布局，提高党把方向、谋大局、定政策、促改革的能力和定力，确保党始终总揽全局、协调各方。（2）坚持以人民为中心。人民是历史的创造者，是决定党和国家前途命运的根本力量。必须坚持人民主体地位，坚持立党为公、执政为民，践行全心全意为人民服务的根本宗旨，把党的群众路线贯彻到治国理政全部活动之中，把人民对美好生活的向往作为奋斗目标，依靠人民创造历史伟业。（3）坚持全面深化改革。只有社会主义才能救中国，只有改革开放才能发展中国、发展社会主义、发展马克思主义。必须坚持和完善中国特色社会主义制度，不断推进国家治理体系和治理能力现代化，坚决破除一切不合时宜的思想观念和体制机制弊端，突破利益固化的藩篱，吸收人类文明有益成果，构建系统完备、科学规范、运行有效的制度体系，充分发挥我国社会主义制度优越性。（4）坚持人民当家作主。坚持党的领导、人民当家作主、依法治国有机统一是社会主义政治发展的必然要求。必须坚持中国特色社会主义政治发展道路，坚持和完善人民代表大会制度、中国共产党领导的多党合作和政治协商制度、民族区域自治制度、基层群众自治制度，巩固和发展最广泛的爱国统一战线，发展社会主义协商民主，健全民主制度，丰富民主形式，拓宽民主渠道，保证人民当家作主落实到国家政治生活和社会生活之中。（5）坚持全面依法治国。全面依法治国是中国特色社会主义的本质要求和重要保障。必须把党的领导贯彻落实到依法治国全过程和各方面，坚定不移走中国特色社会主义法治道路,完善以宪法为核心的中国特色社会主义法律体系,建设中国特色社会主义法治体系,建设社会主义法治国家,发展中国特色社会主义法治理论,坚持依法治国、依法执政、依法行政共同推进,坚持法治国家、法治政府、法治社会一体建设,坚持依法治国和以德治国相结合,坚持依法治国和依规治党有机统一,深化司法体制改革,提高全民族法治素养和道德素质。

上述论述至少从以下方面为深化司法体制综合配套改革提供了理念指引。

(一) 改革的目的

改革的目的具体包括三个层次:(1)第一层直接目的是"努力让人民群众在每一个司法案件中感受到公平正义";(2)第二层中阶目的是"完善和发展中国特色社会主义制度、推进国家治理体系和治理能力现代化"(即全面深化改革的总目标);(3)第三层最终目的是"实现社会主义现代化和中华民族伟大复兴,在全面建成小康社会的基础上,分两步走在本世纪中叶建成富强民主文明和谐美丽的社会主义现代化强国"。2017年8月29日中央深改组第38次会议审议通过的《关于上海市开展司法体制综合配套改革试点的框架意见》(以下简称《框架意见》)对"总体要求"中的如下内容作了适切的呼应:"努力让人民群众在每一个司法案件中都感受到公平正义","形成更多可复制、可推广的经验做法,为进一步完善和发展中国特色社会主义司法制度奠定坚实基础","努力实现更公正、更高效、更专业、更权威的司法,推进国家治理体系和治理能力的现代化","为实现'两个一百年'奋斗目标和中华民族伟大复兴的中国梦提供坚强司法保障"。

(二) 改革的主体

十八届三中全会《深化改革决定》强调"人民是改革的主体",具体包括以下几点:(1)司法改革要坚持人民主体地位,要依靠人民创造司法伟业,"人民是历史的创造者,是决定党和国家前途命运的根本力量"。这也是十八届三中全会《深化改革决定》所强调的,"坚持以人为本,尊重人民主体地位,发挥群众首创精神,紧紧依靠人民推动改革,促进人的全面发展"。(2)司法改革要践行全心全意为人民服务的根本宗旨,坚持司法(包括司法改革)为民,坚持改革始终为了人民日益增长的美好生活需要。这也是十八届四中全会《依法治国决定》所强调的,"必须坚持法治建设为了人民、依靠人民、造福人民、保护人民,以保障人民根本权益为出发点和落脚点,保证人民依法享有广泛的权利和自由、承担应尽的义务,维护社会公平正义,促进共同富裕。"《框架意见》的"基本原则"就包括"坚持人民司法为人民",即"以保障人民根本利益为出发点和落脚点,积极回应人民群众对司法工作的新要求、新期待,依靠人民推进公正司法,通过公正司法维护人民权益,推进建设完备的法律服务体系,不断满足人民群众日益增长的司法需求"。(3)司法改革要坚持群众路线,即十八届三中全会《深化改革决定》所强调的,"要坚持党的群众路线,建立社会参与机制,充分发挥人民群众积极性、主动性、创造性,充分发挥工会、共青团、妇联等人民团体作用,齐心协力推进改革"。无论是改革方案的设计,还是改革的实施,抑或是改革的效果评估,均要贯彻人民立场和群众路线。正如2017年7月19日习近平总书记在中央深改组第37次会议上所强调的,"在评价改革成效上要坚持群众立场,关键要看办成了多少事,解决了多少实际问题,群众到底认不认可、满不满意"。

(三)改革的场域

改革的场域具体包括以下方面:(1)基础性,即改革必须以"坚持和完善中国特色社会主义制度"为基础,以"充分发挥我国社会主义制度优越性"为前提。这就是十八届三中全会《深化改革决定》所强调的,"要坚持党的领导,贯彻党的基本路线,不走封闭僵化的老路,不走改旗易帜的邪路,坚定走中国特色社会主义道路,始终贯彻改革正确方向"。根据新时代的要求,继续保持改革精神,坚持正确的改革立场,确保改革不变质、不走样。(2)全面性,即"全面深化改革""坚决破除一切不合时宜的思想观念和体制机制弊端"。此次改革不是某一方面、某一领域改革单兵突进,而是各方面改革协调推进、形成合力。(3)系统性,即改革要"突破利益固化的藩篱,吸收人类文明有益成果,构建系统完备、科学规范、运行有效的制度体系"。

可以说,十九大报告基于"改革进行时,没有完成时"的科学判断和继往开来的务实立场,相比于十八大以来的"深化司法体制改革,促进社会公平正义"的论断而言,作出的新表述有着以下三个鲜明特点:一是从"深化司法体制改革"递进到"深化司法体制综合配套改革";二是凸显"全面落实司法责任制";三是从抽象的"促进社会公平正义"发展为具体的"努力让人民群众在每一个司法案件中感受到公平正义"。[1]

---

[1] 参见刘传稿:"在新起点上深化司法体制综合配套改革——访中国社会科学院法学研究所研究员熊秋红",载《人民检察》2017年第21期。

二、"综合配套"的方法论基础

习近平新时代中国特色社会主义思想是马克思主义中国化最新成果，无疑为全面深化改革提供了科学的方法论基础。习近平总书记2013年7月21日至23日在湖北考察发展工作时就强调指出，全面深化改革要处理好"五个关系"，即要处理好解放思想和实事求是的关系；要处理好整体推进和重点突破的关系；要处理好顶层设计和摸着石头过河的关系；要处理好胆子要大和步子要稳的关系；要处理好改革、发展和稳定的关系。

2013年11月12日十八届三中全会通过的《深化改革决定》提出，"全面深化改革的总目标是完善和发展中国特色社会主义制度，推进国家治理体系和治理能力现代化。必须更加注重改革的系统性、整体性、协同性，……"；"中央成立全面深化改革领导小组，负责改革总体方案设计、统筹协调、整体推进、督促落实"。前述"五关系论"尤其是"三性论"始终贯穿全面深化改革的过程，此处摘录的中央深改组相关会议论述就是很好的例证。表2-1中列举的中央全面深化改革领导小组会议（十八届38次，十九届2次，以下简称"中央深改组会议"）和中央全面深化改革委员会会议（截至2021年12月17日共召开23次，以下简称"中央深改委会议"），有的从全面改革的层面重申改革的"三性"，有的立足某单项改革要注意改革的"配套"或者"协同"；有的从改革试点来论述，有的从改革督察落实来论述；有的从改革方案制订来提出，有的从改革主体责任角度来提出；有的从"全面"与"重点"的关系角度来切入，有的从"整体"与"分类"的关系角度来切入，等等。

表2-1 中央深改组或深改委相关会议论述（摘录）

序号	会议时间	会议次数	"系统性、整体性、协同性"相关论述摘录	评注
1	2014年2月28日	十八届中央深改组第2次会议	深化司法体制和社会体制改革，要注重改革举措的配套衔接，注重分类推进，强化任务落实……	改革"配套"

续表

序号	会议时间	会议次数	"系统性、整体性、协同性"相关论述摘录	评注
2	2014年12月2日	十八届中央深改组第7次会议	这（最高人民法院设立巡回法庭，设立跨行政区划人民法院、人民检察院——引者注）是新生事物，新开门面要站在高起点上，有整体性考虑和系统性设计，创造可复制、可推广的机制制度	改革"整体性"和"系统性"
3	2014年12月30日	十八届中央深改组第8次会议	涉案财物处置涉及不同诉讼领域、不同执法司法环节，是一项跨部门、跨地方的复杂工作，政策性、操作性要求都很高，各地区各部门要牢固树立大局意识，加强协作配合，尽快探索建立涉案财物集中管理信息平台，完善涉案财物处置信息公开机制	涉案财物处置改革的"协作配合"
4	2015年1月30日	十八届中央深改组第9次会议	党的十八届四中全会着眼于解决影响司法公正、制约司法能力的深层次问题，着眼于破解影响法治社会建设的体制机制障碍，对深化司法体制和社会体制改革作出了全面部署，专门制订一个实施方案非常必要。实施方案明确了各项改革任务的政策取向、责任分工、时间进度、成果要求，特别注意把握三中全会、四中全会有关司法体制和社会体制改革举措的内在联系，注重统筹政策、方案、力量、进度，以确保改革任务相互协调、改革进程前后衔接、改革成果彼此配套。各有关部门要自觉支持改革，主动把配套政策和保障措施落实到位	改革"统筹"
5	2015年4月1日	十八届中央深改组第11次会议	党的十八届四中全会重要举措实施规划（2015—2020年），是今后一个时期推进全面依法治国的总施工图和总台账。要组织好规划实施，注重政策统筹、方案统筹、力量统筹、进度统筹，确保改革任务相互协调、改革进程前后衔接、改革成果彼此配套，及时解决实施中的矛盾问题，努力把各项重要举措落到实处；要抓好改革方案的进度统筹、质量统筹、落地统筹，厘清各项改革的"联络图"和"关系网"，增强改革的有序性	改革"统筹"

续表

序号	会议时间	会议次数	"系统性、整体性、协同性"相关论述摘录	评注
6	2015年9月15日	十八届中央深改组第16次会议	要把法律规定的律师执业权利切实落实到位，建立健全配套的工作制度和救济机制，依法保障律师在辩护、代理中所享有的各项执业权利，确保侵犯律师执业权利的行为能够得到及时纠正	保障律师执业权利改革"配套"
7	2015年10月13日	十八届中央深改组第17次会议	要着力完善制度、健全机制、搭建平台、强化保障，推动各种矛盾纠纷化解方式的衔接配合，建立健全有机衔接、协调联动、高效便捷的矛盾纠纷多元化解机制	多元化纠纷解决机制改革"协调"
8	2016年1月11日	十八届中央深改组第20次会议	全面深化改革头三年是夯基垒台、立柱架梁的三年，2016年要力争把改革的主体框架搭建起来。要牢牢扭住全面深化改革各项目标，落实主体责任，厘清责任链条，拧紧责任螺丝，提高履责效能，打通关节、疏通堵点、激活全盘，努力使各项改革都能落地生根	改革"主体框架"与"全盘"
9	2016年2月23日	十八届中央深改组第21次会议	要抓督办协调，把部门协调难度大、政策关联度高的改革举措作为重点，谋划改革举措出台时机和节奏，协调解决改革推进中的矛盾和问题	改革"协调"
10	2016年3月22日	十八届中央深改组第22次会议	要准确把握改革试点方向，把制度创新作为核心任务，发挥试点对全局改革的示范、突破、带动作用；要加强试点工作统筹，科学组织实施，及时总结推广；推进改革要树立系统思想，推动有条件的地方和领域实现改革举措系统集成；要把住顶层设计和路线图，注重改革举措配套组合，使各项改革举措不断向中心目标靠拢。特别是同一领域改革举措要注意前后呼应、相互配合、形成整体	改革试点"统筹"与改革"系统集成"

续表

序号	会议时间	会议次数	"系统性、整体性、协同性"相关论述摘录	评注
11	2016年6月27日	十八届中央深改组第25次会议	要准确把握改革内在联系，提高改革系统集成能力	改革"系统集成"
12	2016年8月30日	十八届中央深改组第27次会议	当前和今后一个时期，是全面深化改革的施工高峰期，是落实改革任务的攻坚期，抓谋划、抓统筹、抓落实的任务依然艰巨繁重。要按照既定的时间表、路线图，更加注重发挥经济体制改革的牵引作用，更加有针对性地解决各领域、各层面、各环节的矛盾和问题，强化基础支撑，注重系统集成，完善工作机制，严格督察落实，不断提高改革精准化、精细化水平，坚定不移把全面深化改革推向前进；要抓试点、求突破，加强试点工作统筹，及时评估试点的成效、经验和问题，对证明行之有效的经验和做法，要及时推广应用	改革"系统集成"
13	2016年10月11日	十八届中央深改组第28次会议	要综合考虑各方面利益关系，深入调查研究，广泛听取意见，使提出的改革方案最大限度符合实际、符合改革要求，真正解决问题；既要抓具体改革举措推进落实，又要抓牵头改革任务统筹协调	改革"统筹协调"
14	2016年11月1日	十八届中央深改组第29次会议	对一些矛盾和问题多、攻坚难度大的改革，各地区各部门主要负责同志要亲自挂帅，顾全大局，握指成拳，合力攻坚	改革"综合配套"的责任主体
15	2016年12月5日	十八届中央深改组第30次会议	做好年度工作总结，既要兼顾全面，又要突出重点，既要讲成绩，也要说问题，要把改革年度账本点清楚，把抓改革落实的战术打法弄清楚，把改革成效理清楚，把改革遇到的矛盾和问题搞清楚	"全面"与"重点"的关系

续表

序号	会议时间	会议次数	"系统性、整体性、协同性"相关论述摘录	评注
16	2016年12月30日	十八届中央深改组第30次会议	2017年是全面深化改革向纵深推进的关键一年,要统筹协调各方面改革工作,增强改革定力,加强改革协同,完善抓落实的工作机制和办法,把责任压实、要求提实、考核抓实,推动改革落地见效	改革"协同"
17	2017年2月6日	十八届中央深改组第32次会议	党政主要负责同志抓改革,具有重要示范作用,……对一些重大改革,其他层面协调难度大的,要敢于接烫手山芋,加强统筹协调,做好思想政治工作,营造良好氛围	改革"综合配套"的责任主体
18	2017年3月24日	十八届中央深改组第33次会议	党政主要负责同志要抓思路,统筹各项改革任务,带领大家一起定好盘子、厘清路子、开对方子,对攻坚难度大、影响面广、同老百姓关系密切的改革任务要亲自上手、负责到底;要加强改革协同,突出抓重点难点,配套推进其他改革,要处理好难易关系,有的时候要从易处着手,有的时候要下决心先啃硬骨头,根据改革任务的特点和实际情况灵活把握	改革"综合配套"的责任主体
19	2017年5月23日	十八届中央深改组第35次会议	要加强改革试点工作统筹,分析各个改革试点内在联系,合理把握改革试点工作节奏。对具有基础性、支撑性的重大制度改革试点,要争取早日形成制度成果。对关联度高、互为条件的改革试点,要统筹协调推进。对领域相近、功能互补的改革试点,可以开展综合配套试点,推动系统集成	改革试点中的"综合配套"
20	2017年6月26日	十八届中央深改组第36次会议	注重系统性、整体性、协同性是全面深化改革的内在要求,也是推进改革的重要方法。改革越深入,越要注意协同,既抓改革方案协同,也抓改革落实协同,更抓改革效果协同,促进各项改革举措	重申改革"三性"

续表

序号	会议时间	会议次数	"系统性、整体性、协同性"相关论述摘录	评注
			在政策取向上相互配合、在实施过程中相互促进、在改革成效上相得益彰，朝着全面深化改革总目标聚焦发力。改革能不能做到协同推进，方案设计是前提。要加强对改革方案的整体规划，既统筹考虑战略、战役层面的问题，又统筹考虑战斗、战术层面的问题。已经出台总体方案的，要抓紧推出相关配套文件和实施细则。少数尚未形成总体方案的重点领域改革，要加快顶层设计，尽快拿出总体方案。涉及政策配套的改革方案，相互要留有制度接口，时间节点要能衔接得上。改革成效要靠实践检验，既要看单项改革的成效，也要看改革的综合成效。各有关方面要对已经出台的改革方案经常"回头看"，既要看相关联的改革方案配套出台和落实情况，又要评估改革总体成效，对拖了后腿的要用力拽上去，对偏离目标的要赶紧拉回来	
21	2017年7月19日	十八届中央深改组第37次会议	要加强试点工作的分类指导，已完成试点任务的要尽快在面上推广，已取得阶段性成果的要及时总结推广，进展缓慢和管理不规范的要督促整改落实，综合配套性强的要注意系统集成，实践证明有效的要及时形成相关法律成果	改革试点中"综合配套性强的要注意系统集成"
22	2017年8月29日	十八届中央深改组第38次会议	在上海市率先开展司法体制综合配套改革试点，要坚持党对司法工作的领导，坚持法治国家、法治政府、法治社会一体建设，坚持满足人民司法需求、遵循司法规律，在综合配套、整体推进上下功夫，进一步优化司法权力运行，完善司法体制和工作机制，深化信息化和人工智能等现代科技手段运用，形成更多可复制可推广的经验做法，推动司法质量、司法效率和司法公信力全面提升；党的十八大以来的5年，是全面深化改	上海"综合配套试点"方案的"基本原则"之一就是"综合配套、整体推进"

续表

序号	会议时间	会议次数	"系统性、整体性、协同性"相关论述摘录	评注
			革夯基垒台、积厚成势、攻坚克难、砥砺奋进的5年，也是改革集中推进、全面深入、成果显著、积累经验的5年；5年来，面对艰巨复杂的改革任务，党中央举旗定向、谋篇布局，以前所未有的决心和力度推进全面深化改革，对全面深化改革作出一系列重大战略部署。我们坚持从体制机制层面入手，统筹谋划改革任务，改革涉及范围之广、出台方案之多、触及利益之深、推进力度之大前所未有	
23	2017年11月20日	十九届中央深改组第1次会议	继续统筹推进各领域各方面改革；按照党中央确定的全面深化改革的总目标，着力增强改革的系统性、整体性、协同性，保持工作力度和连续性，有计划有秩序推进落实	重申改革"三性"
24	2018年1月23日	十九届中央深改组第2次会议	统筹推进党的十八大以来部署的改革举措和党的十九大部署的改革任务，更加注重改革的系统性、整体性、协同性，着力补齐重大制度短板，着力抓好改革任务落实，着力提升人民群众获得感，不断将改革推深做实，推进基础性关键领域改革取得实质性成果	重申改革"三性"
25	2018年3月28日	十九届中央深改委第1次会议	各级党委要加强对改革工作的领导，强化组织协调能力，确保党中央改革决策部署落到实处	强调"党的领导"
26	2018年7月6日	十九届中央深改委第3次会议	全面深化改革，必须更多抓落实、见成效。每项工作都要定责追责到人。要激发制度活力，敢于突破，主动作为，在优化资源配置上下功夫，用制度来盘活资源、提高效能	注重"责任"
27	2018年9月20日	十九届中央深改委第4次会议	加强党对改革工作的领导，不仅要体现在议事决策上，也要体现在抓落实、见成效上。各地区各部门要把贯彻落实党	强调"党的领导"

续表

序号	会议时间	会议次数	"系统性、整体性、协同性"相关论述摘录	评注
			中央改革决策部署作为政治任务，以严明的纪律确保改革扎实推进	
28	2018年11月4日	十九届中央深改委第5次会议	要拿出实实在在的行动，在抓改革落实上下更大气力，关键是找准问题、抓住问题、解决问题。既要关注整体面上改革推进落实情况，也要善于从小处切口、点上发力，确保问题发现一个就能解决一个。地方抓落实要从全局高度把握党中央战略意图，使地方改革更好融入国家改革发展大局，把党中央要求搞准，把存在突出问题搞准，做实改革举措，提高改革效能，切忌形式主义、官僚主义	强调"整体"
29	2019年1月23日	十九届中央深改委第6次会议	改革工作重点要更多放到解决实际问题上，发现问题要准，解决问题要实。要抓好任务统筹，精准推进落实，加强调查研究，坚持问题导向，画好工笔画，提出的改革举措要直击问题要害，实现精确改革。改革方案落地过程中要因地制宜，逐层细化，精准有效，改什么、怎么改都要根据实际来，不能一刀切。特别是直接面向基层群众的改革，要把抓改革落实同做群众工作结合起来，讲究方式方法，确保群众得实惠	强调"统筹"
30	2019年3月19日	十九届中央深改委第7次会议	要发挥督察促落实作用，避免多头督察、重复检查	强调"督察"
31	2019年5月29日	十九届中央深改委第8次会议	改革工作中要统筹全局、整体推进，结合实际、突出重点。衡量改革的有效性要从国家改革发展全局出发，既看单项改革执行落实情况，也从战略层面统筹考虑相关制度的集成效果。要把关系经济发展全局的改革、涉及重大制度创新的改革、有利于提升群众获得感的改革放在突出位置，优先抓好落实	强调"统筹"

续表

序号	会议时间	会议次数	"系统性、整体性、协同性"相关论述摘录	评注
32	2019年7月24日	十九届中央深改委第9次会议	弘扬真抓实干作风,推进工作要实打实、硬碰硬,解决问题要雷厉风行、见底见效,以钉钉子精神抓好攻坚难度大、影响面广、同老百姓关系密切的改革任务	强调"作风"
33	2019年9月9日	十九届中央深改委第10次会议	统筹制度改革和制度运行,处理好顶层设计和分层对接的关系,搞好上下左右、方方面面的配套,注重各项改革协调推进,使各项改革相得益彰,发生"化学反应",把制度优势转化为治理效能	强调"统筹"
34	2019年11月26日	十九届中央深改委第11次会议	要在精准谋划、精准实施上下足功夫,改革解决什么问题、什么时候推出、对制度建设有什么作用都要做到心中有数。要把握不同改革的特点性质,坚持出台方案、健全机制、推进落实一起抓。落实改革方案要因地制宜、有的放矢,不搞上下"一般粗",不搞"一刀切"。要聚焦制度是否有效运转开展督察,看改革是否实现目标集成、政策集成、效果集成	强调"督察"
35	2020年2月14日	十九届中央深改委第12次会议	要坚持结果导向,聚焦重点、紧盯实效,开展重要领域改革进展情况评估检查,克服形式主义、官僚主义,一个领域一个领域盯住抓落实	注重"评估检查"
36	2020年9月1日	十九届中央深改委第15次会议	要做好党的十八届三中全会以来改革任务落实情况的总结评估,把总结评估同谋划"十四五"时期改革思路结合起来,同汇聚深化改革的强大力量结合起来	注重"总结评估"
37	2020年11月2日	十九届中央深改委第16次会议	对党中央已经部署、已经出台改革方案的举措,要结合实际深入抓好落实,不搞形式主义。地方抓落实要深刻领会党中央战略意图,既找准定位,又突出特色,有条件的地区要奋力走在前列	强调"结合实际"

第二章 司法体制改革"综合配套"的三重思考

续表

序号	会议时间	会议次数	"系统性、整体性、协同性"相关论述摘录	评注
38	2020年12月30日	十九届中央深改委第17次会议	要把推进改革同防范化解重大风险结合起来，深入研判改革形势和任务，科学谋划推动落实改革的时机、方式、节奏，推动改革行稳致远	强调"科学谋划"
39	2021年2月19日	十九届中央深改委第18次会议	要把加强改革系统集成、推动改革落地见效摆在更加突出的位置。要有钉钉子精神，落实落细改革主体责任，抓好制度建设这条主线，既要在原有制度基础上继续添砖加瓦，又要在现有制度框架内搞好精装修，打通制度堵点、抓好制度执行，推动解决实际问题	注重"责任"
40	2021年11月24日	十九届中央深改委第22次会议	要加强分类指导、分步实施，针对不同类型、不同规模的学校，在做好思想准备、组织准备、工作准备的前提下，成熟一个调整一个，推动改革落到实处	强调"类型化"

正如学者所论，"整体论的观点表明，一个系统的不同部分不应相互独立地加以研究。只有根据各个部分的相互联系，而且最终根据它们与整体的关系，才能得到理解"，[1]"整体具有部分及其总和所没有的新的属性或行为模式，用部分的性质或模式不可能全面解释整体的性质和模式"，[2]"系统论思维方式是以各种知识当中得到认可并固定下来的相互关系为出发点的"。[3]"系统性""整体性""协同性"均属于系统论的范畴，只是各自立足点有所不同而已。

需指出的是，此轮深化改革在注重"全面论"的同时强调"重点论"。十

---

[1] 参见[英]帕特里克·贝尔特：《二十世纪的社会理论》，瞿铁鹏译，上海译文出版社2002年版，第1~2页。另有学者指出，"整体论方法和整体思维则强烈地依赖于潜意识层次的认识活动，较多地依靠直观和顿悟，属于非逻辑思维范畴。即使对问题作出深入的分析，即使掌握了科学的综合方法，有些整体特性仅靠分析综合仍无法把握，还需要靠人脑的直观顿悟，使潜意识层次的认知成果通过非逻辑方式转化为显意识层次的认知"。参见苗东升：《系统科学精要》，中国人民大学出版社2006年版，第50页。

[2] 参见苗东升：《系统科学精要》，中国人民大学出版社2006年版，第56页。

[3] 参见于晓青：《法理与学说作为法源之研究》，复旦大学出版社2017年版，第120页。

八届三中全会《深化改革决定》强调,"坚持……整体推进和重点突破相促进,提高改革决策科学性,广泛凝聚共识,形成改革合力。"习近平总书记多次在中央深改组会议上强调了"重点论",例如,2015 年 1 月 30 日十八届中央深改组第 9 次会议,"要抓住在司法体制和社会体制改革全局中居于基础性和制度性地位、牵一发而动全身的重点事项进行攻坚,以重点事项突破带动改革全面开展";2016 年 1 月 11 日十八届中央深改组第 20 次会议,"要加强对各领域改革的全面评估,坚持问题导向,把各领域具有四梁八柱性质的改革明确标注出来,排出优先序,重点推进,发挥好支撑作用。特别是要把国有企业、财税金融、科技创新、土地制度、对外开放、文化教育、司法公正、环境保护、养老就业、医药卫生、党建纪检等领域具有牵引作用的改革牢牢抓在手上,坚持抓重点和带整体相结合、治标和治本相促进、重点突破和渐进推动相衔接,精准发力、持续用力,推动改革不断取得新成效";2016 年 2 月 23 日十八届中央深改组第 21 次会议,"全面深化改革是系统工程,头绪多,任务重,上来就必须有气势,先集中力量把主要改革举措推出来,然后集中力量一项一项抓好落实";2016 年 3 月 22 日十八届中央深改组第 22 次会议,"要注重把各领域基础性改革抓在手上,分清轻重缓急,集中用力,持续发力,推动各项基础性制度不断完善,确保把全面深化改革的基础框架搭起来";2016 年 6 月 27 日十八届中央深改组第 25 次会议,"目标任务要抓实,围绕体制机制创新,自觉运用改革思维和改革办法推进各项工作,区分轻重缓急,优先推进、重点保障党中央明确的重要改革任务、地方破解发展难题迫切需要的改革任务、同群众切身利益紧密相关的改革任务";2016 年 11 月 1 日十八届中央深改组第 29 次会议,"面对改革的复杂形势和繁重任务,要牵住改革'牛鼻子',既抓重要领域、重要任务、重要试点,又抓关键主体、关键环节、关键节点";"要坚持问题导向,哪里矛盾和问题最突出,哪个疙瘩最难解,就重点抓哪项改革";2018 年 1 月 23 日十九届中央深改组第 2 次会议,"改革要突出重点,攻克难点,在破除各方面体制机制弊端、调整深层次利益格局上再拿下一些硬任务,重点推进国企国资、垄断行业、产权保护、财税金融、乡村振兴、社会保障、对外开放、生态文明等关键领域改革"。

可以说,此轮深化改革正是坚持了科学的方法论指导,方才有了习近平总书记在 2017 年 8 月 29 日十八届中央深改组第 38 次会议上强调的"改革新篇章",即"5 年来,面对艰巨复杂的改革任务,党中央举旗定向、谋篇布局,以前所未有的决心和力度推进全面深化改革，对全面深化改革作出一系列重大战略部署。我们坚持从体制机制层面入手，统筹谋划改革任务，改革涉及范围之广、出台方案之多、触及利益之深、推进力度之大前所未有"；"党的十八大以来的 5 年，是全面深化改革夯基垒台、积厚成势、攻坚克难、砥砺奋进的 5 年，也是改革集中推进、全面深入、成果显著、积累经验的 5 年"。

三、"综合配套"的实践论基础

习近平总书记在十九大召开前最后一次中央深改组会议（2017 年 8 月 29 日第 38 次会议）上强调，"要继续高举改革旗帜，站在更高起点谋划和推进改革，坚定改革定力，增强改革勇气，总结运用好党的十八大以来形成的改革新经验，再接再厉，久久为功，坚定不移将改革进行到底"。[1]十九大围绕党和国家事业发展新要求，对全面深化改革提出了新任务，部署了一大批力度更大、要求更高、举措更实的改革任务，其中就包括深化司法体制综合配套改革，[2]全面落实司法责任制，努力让人民群众在每一个司法案件中感受到公平正义的部署。无论是学界还是实务界，均高度关注和积极参与针对这一表述的法理内涵和政策主旨的解读与把握。例如，官方权威人士解读认为，"在司法体制改革主体框架确立后，深化综合配套改革，是提高改革整体效能、防止改革走回头路的重大举措"。[3]或者认为，"完善司法责任制是中央部署的司法体制改革主体框架的重要基石，是决定改革成败的关键环节"；"关于'全面落实司法责任制'的要求，是深入推进司法体制改革的重大部署，是坚持一张蓝图汇到底，将党的十八大以来中央确定的司法体制改革部署落地见效、全面决胜的集结号和动员令"；"全面落实司法责任制的目标就是建设公正高效权威的社会主义司法制度，努力让人民群众在每一个司法案件中感受到公平正义"。[4]有学者认

---

[1] 参见徐家新："坚定不移推进司法责任制为核心的综合性改革落地见效"，载《人民司法（应用）》2017 年第 31 期。

[2] 2017 年 7 月，习近平总书记对中央政法委在贵阳召开的司法体制改革推进会作出重要指示，要求推动司法改革综合配套改革试点，提升司法的整体效能。参见蒋惠岭："全面深化司法体制综合配套改革"，载《法制日报》2017 年 12 月 6 日，第 11 版。

[3] 参见汪永清："深化依法治国实践"，载《党的十九大报告辅导读本》编写组编著：《党的十九大报告辅导读本》，人民出版社 2017 年版，第 281 页。

[4] 参见姜伟："全面落实司法责任制"，载《党的十九大报告辅导读本》编写组编著：《党的十九大报告辅导读本》，人民出版社 2017 年版，第 294 页、第 297 页。

为,"司法体制综合配套改革障碍的突破关键在党,迫切需要借助党组织这只强有力的手来堵塞法律制度在关系网络社会运行过程中频繁出现的'结构洞(structural holes)',或者说在结构洞上架桥把松散的各个组成部分联结在一起","把治理格局从分节化的'莲藕结构'转变成九九归一式的'蜂窝结构'"。[1]或者认为,"深化司法体制综合配套改革"涉及多方面内容,从主体上看,包括公检法司等;从覆盖面上看,既包括司法管理体制改革,也包括司法管理机制改革;从程度上看,既包括目前尚未完成的一些体制改革,也包括诸多的技术性改革。其首先应当围绕四项基础性改革展开,延伸性地进行司法人员分类管理制度改革、司法权力运行机制改革、司法人员职业保障制度改革和司法机关人财物省级统管制度改革,其次与四项基础性改革相配套,还需要进行多元纠纷化解、案件繁简分流机制改革和科技应用机制改革。其具有以下意义:(1)明确了在司法体制改革的主体框架已经确立后,司法体制改革面临的主要任务是进行内外部"精装修",要在"综合配套,整体推进"上下功夫;(2)意味着司法体制改革在推进方式上发生了变化,过去采取渐进纵深和单项推进为主的方式,对于改革的内容选择在一定程度上存在碎片化的倾向,未来则要采取"整体"推进(重在集成)和"协同推进"(重在形成合力)的方式;(3)指出了司法体制改革最终要通过系统集成来提高整体性能,形成科学完善的司法体制机制。[2]或者认为,做好司法体制的配套改革具体包括以下11个方面:(1)进一步优化司法职权配置;(2)健全司法事务管理机制;(3)完善司法人事管理制度;(4)改革法官养成机制;(5)完善司法监督考核评估机制;(6)深化科技在司法中的应用;(7)完善诉讼程序机制;(8)完善多元化纠纷解决机制;(9)加快法律职业建设;(10)建设法治文化和环境;(11)全面改革司法行政制度。[3]可以说,上述不同角度、不同深度的解读有助于理解和把握十九大报告对司法体制改革的部署和要求。

从实践来看,"综合配套论"已经从宏观的改革部署落实到微观的具体方案。2017年8月29日十八届中央深改组第38次会议审议通过的《框架意见》,

---

[1] 参见季卫东:"法治新思考与'四梁八柱'的整体框架",载《法制日报》2017年12月13日,第11版。

[2] 参见刘传稿:"在新起点上深化司法体制综合配套改革——访中国社会科学院法学研究所研究员熊秋红",载《人民检察》2017年第21期。

[3] 参见蒋惠岭:"全面深化司法体制综合配套改革",载《法制日报》2017年12月6日,第11版。

分别就权力机制、治理机制、人事机制、环境机制方面的配套改革等作出部署。[1]《框架意见》指出，在上海市率先开展司法体制综合配套改革试点，进一步优化完善司法工作相关配套制度，努力实现更公正、更高效、更专业、更权威的司法，推进国家治理体系和治理能力的现代化；要坚持党对司法工作的领导，坚持法治国家、法治政府、法治社会一体建设，坚持满足人民司法需求、遵循司法规律，在综合配套、整体推进上下功夫，进一步优化司法权力运行，完善司法体制和工作机制，深化信息化和人工智能等现代科技手段的运用，形成更多可复制可推广的经验做法，推动司法质量、司法效率和司法公信力全面提升。《框架意见》主要从以下方面提出了改革措施，具体包括：进一步优化司法职权配置；统筹推进内设机构改革和办案组织建设；推进以审判为中心的刑事诉讼法制度改革；强化人权司法保障；提升办案质量；完善司法绩效考评；加强对司法执法活动的监督；完善法律服务行业监管；健全多元化纠纷解决机制；深入推进案件繁简分流机制；加强司法信息化建设；提升司法辅助工作现代化水平；拓展司法服务中心功能；加强思想政治建设；深化法官检察官员额管理；推行司法人才储备及符合司法人员职业特点的招录制度；完善遴选工作；健全司法人员职业培训制度；实行司法人员单独职务序列管理；推动市以下地方法院检察院财物统一管理；完善职业保障，推进法律职业共同体建设；维护裁判终局性；提升司法执行力；防止不当舆论干扰司法；保护司法人员履职安全及尊严。2017年11月1日上海市高级人民法院制定了关于贯彻落实《框架意见》的实施方案，进一步细化了改革内容，具体包括：规范审判权力运行机制；完善院庭长办案制度化、常态化机制；完善审判监督管理新机制；完善法律统一适用约束规范机制；加强审判执行工作标准化建设；建立健全审判执行监督预警机制；完善法官奖惩制度；深入推进跨行政区划法院建设；深化知识产权审判体制机制改革；深化自贸区审判体制机制改革；推进金融审判体制机制改革；服务保障上海国际航运中心建设；推进破产审判方式改革；深化家事审判方式改革；完善环境资源类案件管辖制度；研究涉网络案件集中管辖试点；稳妥推进法院内设机构改革；推进庭审实质化；完善非法证据排除启动、调查和认定机制；健全完善证人、鉴定人、侦查人员出庭作证制度；完善"上海刑事案件智能辅助办案系统"；研发"上海民事、行政案件智能辅助办案系统"；

---

[1] 参见蒋惠岭："全面深化司法体制综合配套改革"，载《法制日报》2017年12月6日，第11版。

依法保障律师执业权利；完善司法救助制度；完善分案制度；优化送达程序；推进认罪认罚从宽制度改革试点；规范民事简易程序、小额程序适用；深化民商事庭审方式改革；完善行政简易程序适用；完善执行案件繁简分流；大力推进多元化纠纷解决机制改革；健全律师调解工作机制；探索实行在线调解；推进裁判文书改革；探索审判辅助事务社会化；持续深化"阳光司法、透明法院"建设；积极推进庭审网络直播公开；打造诉讼服务中心"升级版"；稳妥推进跨域诉讼服务；完善上海法院"12368"诉讼服务智能平台；完善上海法院律师服务平台；健全员额管理制度；完善法官遴选制度；严格执行法官宪法宣誓和任职承诺制度；建立健全各类司法人员职业培训制度；探索实行符合司法人员职业特点的招录机制；完善审判业绩考核制度；严格落实法官员额退出机制；实行司法人员单独职务序列管理；推动市以下地方法院财物统一管理；健全符合司法人员职业特点的工资收入保障体系；抓好信息化建设新三年规划的实施；提升信息资源数据质量；推动数据资源共享开放；健全法官智能移动办案系统；推进电子卷宗随案同步生成全面应用；推进大数据语音识别技术广泛应用；维护裁判终局性；完善涉诉信访制度；健全完善第三方参与涉诉信访矛盾化解机制；落实被执行人财产报告、执行公告悬赏及相关配套制度；完善网络拍卖工作机制；完善联合惩戒失信被执行人机制；完善行政机关负责人出庭应诉制度；健全完善新闻舆论引导机制；完善法官履职安全保障制度；构建完善司法公信力评估体系；加强上海司法智库建设。

此处立足于"综合配套"试点经验的复制推广，拟对十九大报告的这一高度概括表述谈几点浅见。

(一)"三句话"的关系

"深化司法体制综合配套改革"与"全面落实司法责任制"是手段，"努力让人民群众在每一个司法案件中感受到公平正义"是目标，形成手段—目的的关系。"深化司法体制综合配套改革"又是"全面落实司法责任制"的基础和保障，也就是说，司法责任制能否全面落实，更大程度上取决于司法体制综合配套改革能否深化。

(二)"综合配套"关键词

"综合配套"具体可从以下方面来加以理解：

其一，为何要"综合配套"？"综合"即从整体上看事物，而整体是指"对任何事物的认识,均习惯于从宏观的角度出发,并且从任何角度均能从宏观上去把握事物的类似全息原理的整体。整体观的思维模式要求人们对宇宙万物要从其最宏观的方面去认识把握,而不是从某一点,凭主观概念去判断、推理,因为微观的现象往往会阻碍人们去认识宏观、把握宏观,容易造成只见树木、不见森林的狭隘认识"。[1](1) 改革阶段发展的需要。十八大报告的表述为"深化司法体制改革",十九大报告强调"深化司法体制综合配套改革",符合任何事物的发展规律。正如实务界人士所言,"随着改革进入攻坚期和深水区,单兵突进的'碎片化'改革已难以胜任改革需要,必须依靠系统性的思维、全局化的视野和协同作战的智慧,才能为新阶段的改革发展革除羁绊、扫清障碍、指明方向"。[2](2) 既有改革任务使然。2017年11月20日十九届中央深改组第1次会议指出,"党的十八大以来已经推出改革方案的要狠抓落实,还没有完成的改革任务要紧抓快干,已经落实的还要巩固改革成果"。无论是"狠抓落实"还是"紧抓快干"抑或是"巩固成果",均需要"综合配套"。例如,司法责任制改革属于"已经推出方案"的情形,其完善落实"要求素质、权力、责任、保障相统一,与完善司法人员分类管理、健全司法人员职业保障、推动省以下地方法院检察院人财物统一管理等改革举措依存度高、耦合性强,是相互关联的有机整体,需要同步推进"。[3]《依法治国决定》提出的"完善司法体制,推动实行审判权和执行权相分离的体制改革试点""探索实行法院、检察院司法行政事务管理权和审判权、检察权相分离""改革司法机关人财物管理体制"[4]"探索设立跨行政区划的人民法院和人民检察院,办理跨地区案件",等等,均属于全部或者部分未完成的改革任务。显然,这些改革任务之所以全面或者部分未完成,无疑与"综合配套"的难度密切相关。法官员额制、办案团队制、院庭长办案制、人民陪审制、案件繁简分流、多元化纠纷解决机制等

---

〔1〕 参见吕嘉戈:"中国文化中的整体观方法论与形象整体思维",载《中国文化研究》1998年第1期。

〔2〕 参见徐家新:"坚定不移推进司法责任制为核心的综合性改革落地见效",载《人民司法(应用)》2017年第31期。

〔3〕 参见姜伟:"全面落实司法责任制",载《党的十九大报告辅导读本》编写组编著:《党的十九大报告辅导读本》,人民出版社2017年版,第293页。

〔4〕 "部分地方已经建立起省级财政经费统一管理机制,为省级法院统筹法官员额、调配司法资源创造了有利条件。"这意味着有些地方还尚未建立省级财政经费统一管理体制。参见徐家新:"坚定不移推进司法责任制为核心的综合性改革落地见效",载《人民司法(应用)》2017年第31期。

属于需要"巩固成果"的情形，无论是《法官法》《人民法院组织法》《刑事诉讼法》《民事诉讼法》等的修改，还是《人民陪审员法》、多元化纠纷解决机制促进法等的制定均需要"综合配套"的立法理念。（3）改革新任务之所需。习近平总书记指出，"改革只有进行时、没有完成时"（2017年8月29日十八届中央深改组第38次会议）。理由是，一方面，正如有学者所言，"中国特色社会主义制度从探索到形成只有几十年时间，各方面的具体制度还远未成熟或定型，仍然有不少缺点和不足。比如，一些体制机制对新形势新任务'不适应''不管用'，新旧制度过渡交替期间出现'制度漏洞''制度缺失'，制度之间未能形成合力甚至相互冲突，一些制度没有得到有效贯彻执行甚至流于形式，等等。[1]也就是说，在具体制度成熟或定型之前，改革始终处在新征程上"。另一方面，随着改革的深入会发生"涟漪效应"，触发新的问题与矛盾，这时又需要以改革的思维和"综合配套"的理念来解决改革过程中出现的新问题。例如，下列这些问题均直接或者间接地与此轮司法改革相关联：认真研究完善最高人民法院巡回法庭案件管辖制度；稳妥推进铁路运输法院改造为跨行政区划法院，合理构建跨行政区划法院的上诉机制，适时地在地广人稀、案件量少的地方就设立跨县区基层法院、跨地市中级人民法院进行试点；在合法、安全的前提下积极探索开展司法辅助事务外包，推动形成专门队伍和社会力量共同探索破解司法工作难题的新局面；加快智慧法院建设，努力构建人力与科技深度融合的司法权运行新模式，等等。[2]

其二，"综合配套"什么？具体包括以下几个方面：（1）司法体制本身的"综合配套"。以刑事司法为例，其涉及法院体制、检察体制、刑事侦查体制、刑事执行体制，《依法治国决定》提出，"健全公安机关、检察机关、审判机关、司法行政机关各司其职，侦查权、检察权、审判权、执行权相互配合、相互制约的体制（机制）"。（2）司法体制与司法行政体制的"综合配套"。《依法治国决定》提出，"探索实行法院、检察院司法行政事务管理权和审判权、检察权相分离"。（3）司法体制与立法体制的综合配套。《依法治国决定》提出，"实现立法和改革决策相衔接，做到重大改革于法有据、立法主动适应改革

---

〔1〕 参见《党的十九大报告学习辅导百问》编写组编著：《党的十九大报告学习辅导百问》，党建读物出版社、学习出版社2017年版，第42页。

〔2〕 参见徐家新："坚定不移推进司法责任制为核心的综合性改革落地见效"，载《人民司法（应用）》2017年第31期。

和经济社会发展需要"。司法体制改革的深化推进和成果巩固,确实需要"良法"的保障。例如,随着社会主义市场经济体制的深入推进、人工智能等信息技术与司法审判工作有机融合步伐的日趋加快,过去许多以计划经济时代、工业社会乃至农业社会为立法背景、担当让中国富起来使命的法律均需要立法机关"立改废释并举,增强法律法规的及时性、系统性、针对性、有效性",以适应市场经济时代、信息社会的需要,更好地履行让中国强起来的使命。[1]

(4)司法体制与党政体制的综合配套。若将司法体制称为"小系统",那么"党政体制"就是"大系统"。司法体制改革作为政治体制改革的重要组成部分,既需要其他政治体制改革的综合配套(例如,党的领导体制、纪检体制、监察体制、公务员管理体制),也需要经济体制(如财税体制)、社会体制(如民间基层自治体制)、文化体制(如新闻舆论体制)等方面改革的综合配套。

(5)司法体制与司法工作机制的综合配套。若将司法体制称为"骨架",那么司法工作机制就是"血脉",两者之间必须综合配套,方能确保旺盛的生命力。

(三)"全面落实"关键词

此处可以借鉴"全面深化改革"的"全面"的含义,即"表明改革不是某一领域、某一方面单兵突进,而是全面系统改革,必须加强顶层设计,使各方面改革协调推进,形成合力",[2]"全面落实司法责任制",就意味着(以法院为例):(1)作为"牛鼻子"的司法责任制改革部署、理念和内容应得到全面落实。《深化改革决定》提出,"完善主审法官、合议庭办案责任制,让审理者裁判、由裁判者负责";《依法治国决定》提出,"完善主审法官、合议庭、主任检察官、主办侦查员办案责任制,落实谁办案谁负责"。(2)作为改革成果制度化的规范性文件内容应得到全面落实,例如,2015年9月21日最高人民法院发布的《关于完善人民法院司法责任制的若干意见》(法发〔2015〕13号)、2017年4月10日发布的《关于加强各级人民法院院庭长办理案件工作的意见(试行)》(法发〔2017〕10号)、2017年7月25日发布的《最高人民法院司

---

〔1〕例如,《民事诉讼法》中有关法庭笔录必须由书记员记录等规定已明显不适应电子诉讼的需要;三大诉讼制度确定二审终审制度的当时背景和考量因素肯定也已发生很大变化,必然地要求作出更符合当下中国实际的重新安排设计;《人民法院组织法》有关专门人民法院的规定是否适用于互联网法院,无疑也值得思考,等等。

〔2〕参见《党的十九大报告学习辅导百问》编写组编著:《党的十九大报告学习辅导百问》,党建读物出版社、学习出版社2017年版,第42页。

法责任制实施意见（试行）》（法发〔2017〕20号），等等。（3）作为司法责任制根本遵循的"三化"应得到全面落实。2017年8月29日十八届中央深改组第38次会议通过的《关于加强法官检察官正规化专业化职业化建设全面落实司法责任制的意见》为全面落实司法责任制指明了前进方向，提供了根本遵循。全面落实司法责任制，"正规化"是基础，"专业化"是关键，"职业化"是保障。[1]就"落实"而言，此处可以总结归纳习近平总书记在中央深改组系列会议上有关"抓改革落实"的论述：2014年1月22日第1次会议，"要抓落实，三中全会各项具体改革举措，要有时间表，一项一项抓落实，以多种形式督促检查，指导和帮助各地区各部门分解任务、落实责任"；2014年8月18日第4次会议，"做好下一步工作，关键是要狠抓落实""实施方案要抓到位""实施行动要抓到位""督促检查要抓到位""改革成果要抓到位""宣传引导要抓到位"；2014年9月29日第5次会议，"要把抓改革举措落地作为重要政治责任，强化主责部门和一把手责任，要敢于担当，主动作为"；2014年12月30日第8次会议，"要明确各部门各单位落实改革方案的责任和要求，提高改革方案穿透力，以钉钉子精神抓好落实"；2015年1月30日第9次会议，"地方各级党委要着力抓好有关重要改革部署的具体落实，抓好调查研究、问题反馈、实践创新。在细化落实中央确定的重大改革措施时，要结合实际，因地制宜，一环紧扣一环，一步紧跟一步，盯住干、马上办、改到位"；2015年7月1日第14次会议，"要把好改革方案的主旨和要点，把准相关改革的内在联系，结合实际实化细化，使各项改革要求落地生根"；2015年8月18日第15次会议，"要坚定不移抓好落实，不打折扣，不能遇到矛盾和问题就绕着走、遇到困难就打退堂鼓。对改革遇到的新情况新问题，要及时研究、提出对策、积极化解"；2015年12月9日第19次会议，"改革工作能不能落实到位，落实责任是关键。要抓好部门和地方两个责任主体，把改革责任理解到位、落实到位，以责促行、以责问效，抓紧抓实改革方案制定、评估、督察、落实等各个环节，做到全程跟进、全程负责、一抓到底"；2016年1月11日第20次会议，"改革牵头部门是

---

[1]"正规化"，就是对法官检察官培养教育、司法权运行机制、法官检察官职业保障等作出基础性制度安排；"专业化"就是遵循司法规律，根据司法职业特点，健全遴选优秀人才、明确权责清单、再造办案流程、追究错案责任的司法机制；"职业化"就是健全与司法特点相适应的法官检察官职业保障体系。参见姜伟："全面落实司法责任制"，载《党的十九大报告辅导读本》编写组编著：《党的十九大报告辅导读本》，人民出版社2017年版，第294~296页。

落实中央部署具体改革任务的责任主体,部门主要领导对改革统筹协调、方案质量、利益调整、督促落实有直接责任,要全程过问,每一个环节都要有可落实、可核实的硬性要求""对中央部署的重大改革举措,要结合本地实际实化细化,时时关心,时时跟踪,盯住不放,狠抓落实";2016年2月23日第21次会议,"抓改革落实,要遵循改革规律和特点,建立全过程、高效率、可核实的改革落实机制,推动改革举措早落地、见实效",一要抓主体责任、二要抓督办协调、三要抓督察落实、四要抓完善机制、五要抓改革成效、六要抓成果巩固;2016年3月22日第22次会议,"要拿出抓铁有痕、踏石留印的韧劲来,持之以恒抓改革落实";2016年6月27日第25次会议,"改革是一场革命,改的是体制机制,动的是既得利益,不真刀真枪干是不行的",目标任务要抓实、精准落地要抓实、探索创新要抓实、跟踪问效要抓实、机制保障要抓实;2016年7月22日第26次会议,"开展改革督察工作,要明确工作重点、盯住关键环节""督任务、督进度、督成效","察认识、察责任、察作风";2016年10月11日第28次会议,"改革争在朝夕,落实难在方寸""对党中央通过的改革方案,不论有多大困难,都要坚定不移抓好落实""要把改革抓在手上,一步一步往前推,一层一层往下落""要注意评估改革推进效果,及时研究解决改革推进中的矛盾和问题,以钉钉子精神抓好改革落实";2016年11月1日第29次会议,"对打基础、谋长远的制度性改革,要重点搞好制度设计,抓紧细化落实;对切口小、见效快的具体改革,要盯紧抓牢,逐条跟踪,一一落实";2016年12月5日第30次会议,"要把改革年度账本点清楚,把抓改革落实的战术打法弄清楚,把改革成效理清楚,把改革遇到的矛盾和问题搞清楚";2016年12月30日第31次会议,"各地区各部门要在改革落实上投入更大精力,要建立抓落实的台账,要有硬任务、硬指标、硬考核,每项改革落实要有时间表、路线图,跑表计时,到点验收。要落实责任,地方和部门一把手要把抓落实的责任扛起来";2017年3月24日第33次会议,"主要负责同志要做好实化细化工作,对症下药,推动改革精准落地。要一竿子抓到底,从抓改革方案制定入手,一直抓到部署实施、政策配套、督察落实""要完善改革落实机制,抓住人民群众最关心最直接最现实的利益问题,推动落实主体责任,建立健全科学合理的改革评价机制,发挥改革督察作用,把改革举措效益充分发挥出来,不断增强人民群众获得感";2017年4月18日第34次会议,"要善于抓正面典型,及时发现总结基层创新举措和鲜活经验,以点带面,推动改革落地""要盯责任主体,抓'关键少数',落实不力、整改不到位的就追究责任";2017年6月26日第36次会议,"改革成效要靠实践检验,既要看单项改革的成效,也要看改革的综合成效。各有关方面要对已经出台的改革方案经常'回头看',既要看相关联的改革方案配套出台和落实情况,又要评估改革总体成效,对拖了后腿的要用力拽上去,对偏离目标的要赶紧拉回来";2017年7月19日第37次会议,"改革牵头部门对已经推出的改革开展督察是抓落实的一项重要工作""要坚持实事求是,在实施方案上要上连天线、下接地气,各项指标要切实可行,实施措施要务实管用,拿起来就能干;在改革推进上要讲求战略战术,注意方式方法,做到成熟一个推进一个,办一件事成一件事;在评价改革成效上要坚持群众立场,关键要看办成了多少事,解决了多少实际问题,群众到底认不认可、满不满意。要坚持讲求效率,速度是效率,方法对头是效率,减少失误也是效率";2017年8月29日第38次会议,"对已经出台的改革举措,要对落实情况进行总体评估,尚未落地或落实效果未达到预期的改革任务,党的十九大之后要继续做实";2017年11月20日十九届中央深改组第1次会议,"党的十八大以来已经推出改革方案的要狠抓落实,还没有完成的改革任务要紧抓快干,已经落实方案的还要巩固改革成果。要坚持一把手抓改革,重视搞好调查研究,善于研究和解决新矛盾新问题,在抓落实上投入更大精力";2018年1月23日第2次会议,要"着力补齐重大制度短板,着力抓好改革任务落实,着力巩固拓展改革成果,着力提升人民群众获得感,不断将改革推深做实,推进基础性关键领域改革取得实质性成果",等等。可以说,上述"抓改革落实"的宏观性、整体性论述涉及落实主体、落实机制、落实方法、落实战术、落实效果等诸多方面,无疑也可用于指导司法责任制改革的落实工作。

总之,经过多轮改革后,司法改革进入深水区和关键期,改革的领域随之扩大,改革的难度随之增大,改革涉及的利益群体增多,改革碰到的矛盾问题增多,改革的系统性、整体性、协同性要求随之提高,等等,更需要改革驾驭者的改革担当、改革参与者的改革技能和广大民众的改革智慧。[1]

---

〔1〕 参见刘树德:《司法改革:深水区与细说理》,法律出版社2015年版,后记第366页。

第三章
设置互联网法院的三点思考

2017年6月26日,十八届中央深改组第36次会议审议通过了《关于设立杭州互联网法院的方案》,此次会议指出,"设立杭州互联网法院是司法主动适应互联网发展大趋势的一项重大制度创新。要按照依法有序、积极稳妥、遵循司法规律、满足群众需求的要求,探索涉网案件诉讼规则,完善审理机制,提升审判效能,为维护网络安全、化解涉网纠纷、促进互联网和经济社会深度融合等提供司法保障"。此处就互联网法院的专门属性、功能定位及其相关集中管辖问题作些分析。

一、设置互联网法院的本体思考——专门属性

"专门人民法院"的术语在宪法法律文本中较早见于1954年《宪法》第79条规定,"最高人民法院是最高审判机关。最高人民法院监督地方各级人民法院和专门人民法院的审判工作,上级人民法院监督下级人民法院的审判工作"。1954年《人民法院组织法》有多个条文规定了"专门人民法院",[1]即第1条规定:"中华人民共和国的审判权由下列人民法院行使:(一)地方各级人民法院;(二)专门人民法院;(三)最高人民法院。地方各级人民法院分为:基层人民法院、中级人民法院、高级人民法院";第2条规定"高级人民法院和专门人民法院的设置,由司法部报请国务院批准;中级人民法院和基层人民法院的设置,由省、自治区、直辖市的司法行政机关报请省、直辖市人民委员会或者自治区自治机关批准";第26条规定:"专门人民法院包括:(一)军事法院;(二)铁路运输法院;(三)水上运输法院";第27条规定"专门人民法院的组织由全国人民代表大会常务委员会另行规定"。1978年《宪法》第41条第1款

---

[1] 1982年2月10日,江苏省人大常委会通过《关于在七个省属劳改单位设立专门人民法院、专门人民检察院的决定》。

规定："最高人民法院、地方各级人民法院和专门人民法院行使审判权。人民法院的组织由法律规定"。1979年《人民法院组织法》第2条采取明确列举加概括的方式规定专门人民法院包括军事法院、铁路运输法院、水上运输法院、森林法院和其他专门法院。1982年《宪法》第124条第1款规定："中华人民共和国设立最高人民法院、地方各级人民法院和军事法院等专门人民法院。"1983年修订、1986年修改、2006年修正的《人民法院组织法》均有"专门人民法院"的相关规定。上述宪法法律文本并未对专门法院的"专门"的具体含义予以明确揭示。

专门法院是相对于普通法院而言的，无论是司法实务界还是学术理论界均直接或者间接地论及了专门法院之"专门"的"所指"或者"依凭"。江苏省高级人民法院根据江苏省人大常委会通过的《关于在七个省属劳改单位设立专门人民法院、专门人民检察院的决定》在七个劳改单位筹建"人民法院"，报请最高人民法院批准。鉴于此请示涉及对1979年《人民法院组织法》第2条规定的"其他专门法院"的解释问题，最高人民法院就此向全国人大常委会提请审示，并认为：（1）劳改农场不具备设立专门法院的条件。它管辖的区域和人员都是固定的，不存在跨省区、人员流动性大、发生案件无法确定管辖法院等情况。（2）劳改农场是对罪犯执行劳动改造的机关，不宜设立专门法院或普通人民法院。[1]从上述答复意见可推出最高人民法院当时对专门法院之"专门"属性的认识，即设立专门人民法院的条件关键在于：一是管辖的区域和人员不是固定的；二是存在跨省区、人员流动性大、发生案件无法确定管辖法院等情况。

对于"专门法院"之"专门"的学理解释，具体归纳为以下几种观点：其一认为，"专门"是指设置专门法院存在单独的法律，例如，有学者认为，美国联邦法院系统设有普通法院和专门法院，普通法院包括联邦最高法院、联邦上诉法院和联邦地区法院三级，专门法院是根据国会专门立法处理专门案件的法院，包括联邦赔偿法院、联邦海关法院、联邦海关及专利上诉法院、联邦税务法院、联邦应急上诉法院、联邦军事上诉法院、联邦治安法院等。[2]其二认

---

〔1〕1983年3月21日全国人大常委会同意最高人民法院的上述答复意见〔全国人民代表大会常务委员会办公厅（83）常办秘字第269号批复〕。

〔2〕参见刘力："涉外继承案件专属管辖考"，载《现代法学》2009年第2期。不过，该论者同时还使用了"特别法院""特殊法院"的术语，即各州特别法院种类多，设立目的就是基于实际需要，并以案件的特殊性进行划分，较有代表性的特殊法院有土地法院、认证法院、少年法院、住宅法院、遗嘱认证官法院、家事法院、赔偿法院等。

为,"专门"是指专门法院审理的案件特殊,例如,有学者认为,法律设定专门法院,并将一定类型的民事案件划归专门法院管辖,主要是考虑到这些类型的案件具有一定的特殊性。有的案件专业性强,审理这类案件的法官需要有专门知识和经验,由专门法院受理有利于诉讼的顺利进行和案件的正确处理;有的案件的主体具有特殊性,由专门法院管辖有助于纠纷的顺利解决。[1]有学者认为,行政审判不同于普通民事、刑事审判,有较强的专业性特征;面对强大的行政权,行政审判体制也需要更强大的抗干扰能力。只有建立专门的行政法院,集中优秀的行政审判专业人才,赋予其更强的抗干扰能力,才有可能真正实现依法独立公正开展行政审判工作。[2]其三认为,"专门"是指专门法院能发挥特殊的功能,例如,有学者认为,专门法院(环境法院——引者注)统一审理环境案件的机制,使原本要求所有可能审理环境案件的法官都掌握有关环境知识、遵从环境立法的价值取向的苛刻条件不再必需,可以在很大程度上降低司法成本,同时又可以通过对专门法官的训练提升环境案件审理的质量和效率。[3]有学者认为,设立知识产权法院有利于提高我国知识产权保护的国际形象;有利于审判标准的统一并可遏制地方保护主义;有利于精简机构、节约人力资源和提高审判水平;有利于节约程序,提高审判效率。[4]

上述实务界和学术界对专门法院之"专门"属性的主张为互联网时代应否设置专门的互联网法院的探讨提供了认知的"前见"。此种"前见"的作用具体又表现为否定和肯定两个方面:一是上述"案件特殊论"作为不赞成设置专门的互联网法院的理由。例如,有观点认为,从全国人大常委会以往作出设立海事法院、知识产权法院的决定来看,设立专门法院的目的,是解决案件专业技术性强、审理难度大以及需要统一裁判标准的问题。涉互联网案件的实体法律关系属于传统民事案件,且事实比较简单,法律适用问题不复杂,举证不难,案件的专业性、技术性不强,审理难度也不大,因而不宜设立专门法院性质的

---

[1] 参见李浩:"管辖错误与再审事由",载《法学研究》2008年第4期。
[2] 参见郭修江:"行政诉讼集中管辖问题研究——《关于开展行政案件相对集中管辖试点工作的通知》的理解与实践",载《法律适用》2014年第5期。
[3] 参见董燕:"从澳大利亚土地环境法院制度看我国环境司法机制的创新",载《华东政法学院学报》2007年第1期。
[4] 参见全国政协委员、国家知识产权局原副局长吴伯明在全国政协第九届四次会议上提出的"设立知识产权法院"的建议案。

互联网法院；或者认为，互联网法院受理的案件类型，主要是民事行政纠纷在互联网上的延伸，不一定需要由专门法院来承担。二是上述"功能特殊论"作为赞成设置专门的互联网法院的理由。有观点认为，新经济以互联网经济或共享经济表现出来，新经济出现过程中遇到很多障碍，包括司法难以及时地提供服务。互联网法院相比传统的物理法院更能为新经济时代的市场主体服好务；互联网法院相比于传统法院而言能通过一套新型的诉讼规则更好地处理互联网纠纷；[1]或者认为，设立互联网法院，集中管辖互联网案件，可以破解传统诉讼规则不适应互联网案件特点的难题，有利于总结和完善符合我国国情和涉互联网案件审判规律特点的案件管辖、身份认证、电子送达、举证责任等诉讼规则，为全球互联网司法治理提供"中国方案"。

在笔者看来，针对互联网法院之"专门"属性的论证，从世界各国或地区设置的专门法院的理据中总结和提炼固然重要，但更为重要的是以发展的眼光来进行分析。一是要注意到"词"与"物"的关系不是静止不变的，会随着时间发展和空间转换而变化，作为"词"的"专门法院"（概念或者范畴）与作为"物"的专门法院（实际存在的机构）也是如此，具体可能表现为"词"已不足以表述"物"或者"词"所表述的内容已溢出实存的"物"。换言之，专门法院之"专门"的属性不是固定的、单一的，而是变化的、多维的。[2]同时，互联网法院的"专门"属性可以不同于世界各国或者地区目前已经设立的专门法院的"专门"属性。互联网法院即使眼下尚不具有专门人民法院的属性，随着未来的发展也完全可能具备专门法院的属性。二是要立足于"互联网"的视角来发现互联网法院相比于物理法院的不同点。正如有观点认为，互联网法院一定是一个名词，而不能是两个名词（即互联网加上法院原来的一套）。如果作为一个名词，这场改变不仅仅是传统的法院程序和流程叠加或者架构上的信息技术，而是一个彻底的流程再造，即一个新生事物。这样的高起点设计，方能使互联网法院在国际上有意义。据此可以从以下方面来确定互联网

---

[1] 举个例子，现在网上的纠纷，有一部分是原告不知道被告是谁，只知道其账号、手机号、微信号。这种情况下，通过传统法院起诉是根本做不到的，通过传统法院进行证据保全也做不到。互联网法院则可以根据账号先立案，由法院进行证据保全，等法院借助平台来查清楚身份再处理。

[2] 专门法院"专门"的理据具体可分为法理层面、立法层面、传统国情层面、司法裁判权终局层面。参见刘树德："关于《人民法院组织法》专门法院设置的若干思考——立足互联网时代网络强国战略的背景"，载《法治研究》2017年第4期。

法院的"专门"属性,即互联网法院的"专门"属性可以从以下多个方面来找寻依据:其一,网络案件事实生成空间的特殊性,网络空间有别于现实的物理空间;其二,网络案件证据及其载体的特殊性,电子证据及其载体有别于现行诉讼法所规定的证据形式及其载体;其三,网络法庭布局的特殊性,诉讼参与人并不一定集中于同一空间之内、面对面地参与庭审,而是可以通过互联网平台进行庭审;其四,网络案件(线上)诉讼规则的特殊性,网络案件的管辖原则、审判方式、送达方式等均不同于线下诉讼规则;[1]其五,网络法院运行司法环境的特殊性,司法的公开性、司法民众参与监督的广泛性均有别于传统法院;其六,网络法院效能发挥的特殊性,随着智慧法院建设的深入推进,网络法院生成大数据的能力将显著提升,必然带来数据知识管理型法院司法生产力的提高。

二、设置互联网法院的机能思考——功能定位

前文"专门"属性的分析是要解决互联网法院是什么的问题,接下来要回答为什么要设置互联网法院的问题。这就要分析互联网法院的具体机能,主要包括以下方面。

(一)切实维护国家网络主权

随着互联网时代的来临,国家主权除传统的领土主权之外,又有了网络主权。从网络强国战略层面来看,国家主权延伸至哪里,作为主权重要组成部分的司法审判权就要跟进到哪里。互联网的无边界性、跨地域性,使得传统的法律空间效力和对人效力面临着挑战,尤其是将对原有的基于地理空间所确定的地域管辖原则产生深刻影响,进而影响国家主权之组成部分——司法权的作用空间。世界上的主要国家都在探索建立网络管辖机制,特别是有些国家开始推行长臂管辖原则,就是例证。我国作为一个具有国际影响力的发展中大国和互联网大国,设立专门的互联网法院,确立涉互联网案件的司法管辖制度,公正高效权威地对涉互联网案件行使审判权,能更好地提升国家互联网空间治理体

---

[1] 此点类似于法律体系部门法的划分,一般是以法调整对象的不同为划分标准,即民法、商法、经济法、社会法等,而刑法则是以调整手段的不同作为独立存在的理据。互联网法院的专门性,可以从审判方式的特殊性加以证立(此系与浙江大学法学院郑磊教授交流专门法院的宪法依据问题过程中形成的观点,特表谢意)。

系和治理能力现代化,更有效地维护国家网络主权和国家网络利益,同时更有利于参与全球网络空间治理,[1]创造互联网司法保护方面的中国经验和中国规则,进而为全球互联网司法治理提供"中国方案"。

(二) 积极服务互联网经济社会发展

互联网的一个重要特点就是平台化。没有平台企业,互联网的发展就没有动力。平台化改变了传统的生产和消费两分的生产方式,生产者和消费者都成为平台企业的用户。平台实现了大众供给,人人都是信息的制造者和服务的提供者,形成了"万众创业""大众创新"的"双创"局面,使得互联网经济日益成为激活全球经济活力的新动能与新引擎。"经济基础决定上层建筑,上层建筑服务和保障经济基础",互联网经济和互联网社会的形成与发展,自然地会要求传统的国家治理模式和方式作出适应互联网发展规律的调整与改变。我国设立专门的互联网法院,能为互联网经济社会发展提供更加优质高效的司法保障,积极助推传统经济的转型升级,提升利用互联网思维治理传统社会和互联网社会的能力,同时发挥网络强国优势,更多地参与国际电子商务贸易规则和全球治理规则的制定。

(三) 公正高效保障涉互联网案件当事人的合法权益

互联网购物、支付等案件总体上数额小、数量多、跨地域、身份虚,传统审判模式很难适应人民群众"低成本""快审理"的司法需求。互联网法院与电商平台的数据对接,可实现对电子证据的"一键提取""快速确认",使得当事人"足不出户"即可完成诉讼;与公安、市场监督等部门以及社会综治、仲裁、公证、调解等法律服务平台连接,可共同形成一体化的、多元化的线上解纷机制。我国设立专门的互联网法院,积极跟进互联网信息技术革命的步伐,提升"互联网+"时代的司法审判能力,有效运用智能审判系统,推进线上纠纷解决平台的互联互通,节约诉讼资源,提升司法效率,方便群众诉讼,及时地实现和维护涉互联网案件的国内外当事人的合法权益。与此同时,面对信息

---

[1] 美国2013年出现的"文件门"丑闻,引起了世界各国民众甚至领袖对美国互联网监控漏洞极大的愤怒,国际上要求把这个领域给联合国,但美国不同意,选择了私有化。2016年10月1日,政府机构把互联网运营的管理权移交给一个企业,结束了互联网核心资源20年被美国资源单边垄断的局面。对此,复旦大学教授评论道,"尽管如此,但美国毕竟还是做了动作,这个动作的真正意义不是实际交出了什么,而是确切的全球网络空间治理需要一个新生的信号"。换言之,互联网迈出了走向全球共治的重要一步。

化时代的诉讼环境，拥有数据决定权的互联网公司与信息弱势群体之间的"数字鸿沟"，也需要专门的互联网法院通过审判加以平衡，既平等地武装当事人，更好地保障信息弱势当事人的合法权益，又防止技术绑架司法、企业左右司法的现象出现，最终真正使互联网造福人民。

(四) 创新引领涉互联网案件诉讼规则

涉互联网纠纷具有许多不同于传统纠纷的新特点，例如当事人分布跨地域、行为虚拟化、交流在线即时化，[1]等等。互联网纠纷当事人按照现有管辖制度和诉讼规则进行诉讼维权，存在身份认证难[2]、证据认定难[3]、送达难、异地诉讼不便、(小额案件)诉讼成本高等问题。我国设立专门的互联网法院，集中管辖涉互联网案件，可以更好地破解传统诉讼规则不适应互联网案件特点的难题，同时及时地总结和完善符合我国国情和涉互联网案件审判规律的案件管辖、身份认证、电子送达、举证责任等诉讼规则，弥补互联网立法的不足和促进互联网法律法规的健全完善，引领互联网司法国际规则。

(五) 引领公共数据资源开放

从信息公开到公共数据资源开放的变化，是大数据时代来临的重要标志。2007年1月17日国务院通过了《政府信息公开条例》，标志着"信息公开"成为现代政府的义务。2015年8月31日国务院印发的《促进大数据发展行动纲要》提出要形成公共数据资源合理适度开放共享的法规制度和政策体系，并计划于2018年底前建成国家政府数据统一开放平台，率先在信用、交通、医疗等重要领域实现公共数据资源[4]合理适度向社会开放。信息公开不同于公共数

---

[1] 互联网公司的行为大致有两种：一是线上线下结合，比如阿里巴巴、天猫、京东、百度外卖等；二是纯线上的，比如视频、网络游戏、付费阅读，这类与互联网相关的又有两种：一是所有的行为、证据形成都在线上，如网络游戏；二是互联网网络著作权侵权，比如当事人侵害了阿里音乐的著作权，侵权的行为发生在网上，但权利证据的形成是在线下的（音乐是从国内和国外的公司买来的）。

[2] 网络的虚拟化、不在场性，使得原告往往只知道被告的账号、手机号、微信号，不知道其真实身份，难以依法提起诉讼。设立互联网法院，可以借助电商平台上的账号快速查清被告身份，全面落实立案登记制，并有利于及时进行诉讼保全，确保当事人合法权益的实现。

[3] 涉互联网案件的证据大多存在于网络空间，当事人举证很难，成本高。设立互联网法院，可以实现涉诉的交易订单、物流信息、聊天记录等证据在线一键引入，自动提取。

[4] 关于公共数据资源的定义，学界尚有不同理解。Paul Uhlir 在起草的联合国教科文组织《发展和促进公共领域信息的政策指导草案》中认为，公共数据资源是指"不受知识产权和其他法定制度限制使用以及公众能够有效利用而无需授权也不受制约的各种数据资源"。我国学者夏义望认为，公共数据资

据资源开放，具体包括：（1）公开的主体不同，前者主要是政府机构，后者主要是各级政府部门下属的从事社会化服务的企事业单位；（2）公开内容的属性不同，前者是"信息"（对数据进行加工处理后，使数据之间建立了某种联系，形成的人们可以直接理解的内容），后者是"数据集"（经过大数据技术处理）；（3）开放的目的不同，前者着重于保障公民的"知情权"，后者注重于保障公民的"使用权"。[1]随着法院信息化建设特别是智慧法院建设的逐步深入，"司法信息公开"向"司法公共数据资源开放"[2]的升级也就有了更可靠的基础。我国设立专门的互联网法院，加速解决互联网平台联通难、数据交换传递难等问题，打破各种数据平台之间的壁垒，汇聚生成海量的司法数据资源，[3]在"大数据、大格局、大服务"理念[4]的指导下深化云计算、人工智能等信息技术的运用，必然能为法院提升审判质效、发挥公共数据资源开放方面的示范引领作用、服务大局等奠定良好基础。

三、设置互联网法院的延伸思考——集中管辖

在调研论证过程中，主张不设专门的互联网法院的一个重要理由是，由省

（接上页）源是指所有产生并应用于社会的公共领域，由公共事务管理机构依法进行管理，具有公共物品特性，并能为全体社会公众共同拥有和利用的数据资源。转引自"迎接大数据时代——从信息公开走向公共数据资源开放"，载中国电子政务网，http://www.e-gov.org.cn/article-159650.html，最后访问日期：2017年3月17日。

[1] 转引自"迎接大数据时代——从信息公开走向公共数据资源开放"，载中国电子政务网，http://www.e-gov.org.cn/article-159650.html，最后访问日期：2017年3月17日。

[2] 公共数据资源不能简单地等同于政府数据资源。我国学者霍国庆认为，公共数据资源除政府数据外，还包括政府各部门在共享政府数据资源的基础上，在履行其职能时需要政府系统之外的其他个人、组织、社团、社区等来生产、收集、处理和传播的数据。转引自"迎接大数据时代——从信息公开走向公共数据资源开放"，载中国电子政务网，http://www.e-gov.org.cn/article-159650.html，最后访问日期：2017年3月17日。司法数据资源无疑属于广义的"政府数据资源"（法院属于广义政府的范畴，不同于狭义的政府）。

[3] 此种大数据资源库的生成必将提升法院的"数目字管理"（此概念系历史学家黄仁宇提出，参见［美］黄仁宇：《万历十五年（增订本）》，中华书局2007年版，第247~249页）能力，同时将改变法学界苦于"小数据"困境而无法开展全面实证研究的局面，促成法学研究的一次新范式革命，进而形成教义法学、社科法学、数据法学三足鼎立的局面（参见左卫民："一场新的范式革命？——解读中国法律实证研究"，载《清华法学》2017年第3期）。

[4] 正如英国学者所言，"大数据时代将要释放出的巨大价值使得我们选择大数据的理念和方法不再是一种权衡，而是通往未来的必然改变"。参见［英］维克托·迈尔-舍恩伯格、肯尼思·库克耶：《大数据时代——生活、工作与思维的大变革》，盛杨燕、周涛译，浙江人民出版社2013年版，第94页。

高级人民法院或者最高人民法院决定采用集中管辖的方式,将某市辖区内区县法院有管辖权的部分一审涉互联网案件集中到特定法院管辖,可以有效解决拟成立互联网法院意图解决的相关问题(如"推进线上纠纷线上解决"等)。此处就集中管辖相关问题作一些延伸思考。

(一)法院/审判管辖确立的原则及类型

管辖制度是诉讼程序立法针对管辖权[1]配置的一项重要内容。正如有学者所言,"管辖权如何规定,不只具有引导诉讼程序开始的程序意义,更重要的是具有保障裁决公正的实体价值"。就法院/审判管辖而言,诉讼法一般要考虑以下原则:(1)"双便"原则,即便于当事人进行诉讼和便于法院公正高效权威地行使审判权;(2)负担均衡原则,即同级法院之间审判力量和审判工作量的合理分配;[2](3)审级匹配原则,即上下级法院管辖的案件范围与各自的职能作用发挥相适应;(4)原则性与灵活性相统一原则,即法定管辖与变更管辖相结合。

所谓法院/审判管辖,具体是指法院系统内受理第一审案件的职权或者权限分工的制度,即明确当事人在哪一级、哪一个法院起诉,由哪一级、哪一个法院受理的(法律)制度。在我国现行法体制下,根据不同标准,审判管辖可以分为如下不同种类:法定管辖和裁定管辖;级别管辖和地域管辖;移送管辖、指定管辖和管辖权的转移,等等。[3]法定管辖包括级别管辖和地域管辖,前者确立的是法院组织系统内不同级别法院之间受理第一审案件的分工和权限,后者确立的是同级法院之间受理第一审案件的分工和权限。与法定管辖相对应的裁定管辖,不是根据法律的直接规定,而是根据法院的裁定来确立管辖,是对法定管辖的必要补充,又分为指定管辖、移送管辖和管辖权的转移。[4]

---

[1] "管辖权通常是指法院审理和判决争议案件的权力,用来表明在某一特定案件中拥有此项权力,确定一个法院或一批法院所拥有的权力性质和范围,以及划定可行使权力的地域界限"。参见德全英:"中美法院制度的宏观比较与思考",载《法律科学(西北政法学院学报)》1999年第3期。

[2] 立法者往往遵循"司法能力均等假设",即不同地域的同一层次的司法机关对同一类型的案件有大致均等的司法能力。

[3] 参见杨建顺主编:《行政法总论》,中国人民大学出版社2012年版,第313~314页。

[4] 参见姜明安主编:《行政法与行政诉讼法》,北京大学出版社、高等教育出版社2011年版,第439页以下。

(二) 集中管辖的法院实践

"集中管辖"并未出现在我国现行的三大诉讼法文本中,而是法院在审判实践过程中创造出来的"活法"。其具体表现为以下几个方面。

1. 最高人民法院单独或者联合相关部门制发了涉及集中管辖的规范性文件

主要有:(1)涉外民商事案件集中管辖。2001年12月25日最高人民法院审判委员会讨论通过《最高人民法院关于涉外民商事案件诉讼管辖若干问题的规定》,明确第一审涉外民商事案件由国务院批准设立的经济技术开发区人民法院、省会市中级人民法院、经济特区及计划单列市中级人民法院,以及最高人民法院指定的其他中级人民法院、高级人民法院集中管辖。(2)部分知识产权案件集中管辖。为确保知识产权案件裁判标准的一致性和权利内容的统一性,人民法院近年来探索知识产权案件三合一模式,规定了多种集中管辖方式。专利侵权纠纷案件,由侵权行为地或者被告住所地所属的省、自治区、直辖市人民政府所在地的和最高人民法院指定的中级人民法院管辖;涉及计算机网络域名的侵权纠纷案件,由侵权行为地或者被告住所地的中级人民法院管辖;植物新品种侵权纠纷案件,由被告住所地或者侵权行为地所属的省、自治区、直辖市人民政府所在地的和最高人民法院指定的中级人民法院管辖;集成电路布图设计专有权侵权纠纷案件,由被告住所地或者侵权行为地所属的省、自治区、直辖市人民政府所在地的或者所属的经济特区所在地的或者所属的大连、青岛、温州、佛山、烟台市的中级人民法院管辖。(3)涉及金融危机的商事案件集中管辖。为应对金融危机,2009年4月最高人民法院民二庭在福州召开的"人民法院应对金融危机商事审判工作座谈会"上提出,对于众多债权人向同一债务企业集中发动的系列诉讼案件、企业破产清算案件、集团诉讼案件、群体性案件、涉及国家重点工程和重大项目案件等可能存在影响国家振兴经济计划实施和社会稳定的案件,可以本着"先行先试"的精神,探索建立集中管辖、集中审理制度。(4)外国人犯罪案件的集中管辖。2015年1月,最高人民法院、最高人民检察院、公安部、国家安全部、司法部联合发布的《关于外国人犯罪案件管辖问题的通知》规定:"外国人犯罪案件较多的地区,中级人民法院可以指定辖区内一个或者几个基层人民法院集中管辖第一审外国人犯罪案件",北京、江苏等省市均已率先实施了外国人犯罪案件集中管辖制度。(5)行政案件的集中管辖。2007年

12月17日最高人民法院通过的《关于行政案件管辖若干问题的规定》明确了"集中管辖"（针对个案而言）；（6）2013年1月4日最高人民法院《关于开展行政案件相对集中管辖试点工作的通知》指出，"行政案件相对集中管辖，就是将部分基层人民法院管辖的一审行政案件，通过上级人民法院统一指定的方式，交由其他基层人民法院集中管辖的制度"。

2. 地方法院对集中管辖的探索

（1）2002年浙江省台州市中级人民法院尝试行政案件管辖制度改革，将以当地政府为被告的案件和原告、第三人为10人以上的集团诉讼案件，作为重大、复杂案件，交由异地基层法院审判。具体操作步骤是：由原告直接向中级人民法院起诉，中级人民法院审查后，认为符合立案条件的，作出立案受理并确定由被告所在地之外的基层法院审判的裁定。（2）2005年安徽省高级人民法院与省人民检察院、公安厅、司法厅联合下发《关于市辖区一审未成年人刑事案件管辖的规定》，凡辖两个区以上的市（含辖一县一区）的一审未成年人刑事案件，应指定一个区集中办理。（3）2007年9月17日浙江省丽水市中级人民法院制定实施《关于试行行政诉讼案件相对集中指定管辖制度的意见》，将全市9个基层人民法院的行政诉讼案件相对集中地指定由莲都、龙泉、松阳3个基层人民法院管辖，行政案件集中管辖的司法实践正式启程。（4）2007年山东省高级人民法院下发的《全省法院少年法庭工作规划》要求，中级人民法院所在市有两个以上区法院的，可以指定其中一个或两个少年法庭工作开展比较好的法院，对全市未成年人刑事案件实行集中管辖。（5）2007年贵州省贵阳市中级人民法院规定环保刑事案件由清镇环保法庭集中管辖。（6）2008年10月浙江省高级人民法院发布的《关于资金链断裂引发企业债务重大案件的集中管辖问题的通知》规定，中级人民法院可以请求省高级人民法院指定集中审理和执行涉资金链断裂企业债务的重大案件。（7）2008年湖北省武汉市中级人民法院规定由江岸区法院集中管辖知识产权刑事案件。（8）2009年2月江苏省高级人民法院出台《关于在当前宏观经济形势下妥善审理劳动争议案件的指导意见》，对企业主非法撤资逃薪引发的同一企业或关联企业的多起案件，分属不同辖区人民法院管辖的，被诉企业所在地中级人民法院应及时报告省法院，由省法院依照级别管辖的规定集中指定被诉企业所在地中级人民法院或基层人民法院集中管辖。（9）2010年为进一步规范集中管辖制度，丽水市中级人民法院发布《关于完善行政诉讼相对集中指定管辖制度的意见》。集中指定管辖主要适用于以下几种情形：①各基层人民法院受理后，认为需要由中级人民法院指定管辖的，可以报请中级人民法院决定；②当事人在起诉的时候提出异地管辖请求的，受案法院应将该案报请中级人民法院决定；③当事人以有管辖权的法院不宜行使管辖权为由或受案法院不处理为由而直接向中级人民法院起诉的，中级人民法院可以直接决定指定管辖。原告不申请指定管辖，且受案法院认为无移送之必要的，案件仍由受案法院管辖。（10）2010年上海市规定由长宁、闵行等5个区人民法院集中管辖未成年人刑事案件。（11）2010年云南省昆明市指定由盘龙、安宁等5个区集中管辖环保刑事案件。（12）2011年上海市高级人民法院、检察院、公安局和司法局制定《关于本市审理知识产权刑事案件若干问题的意见》，其规定由闵行、徐汇等区人民法院集中管辖知识产权刑事案件（注：仅限于法院审判的集中管辖，而不涉及检察机关的公诉集中管辖）。（13）2013年福建省厦门市规定由海沧区人民法院集中管辖涉我国台湾地区刑事案件，等等。

（三）集中管辖的界定及类型

结合上述最高人民法院的文件规定和地方法院的实践探索来看，所谓"集中管辖"，是指上级司法机关改变法定的地域管辖或级别管辖，将某一类案件集中到区域内某一（些）特定的司法机关进行管辖或者直接提级管辖。[1]此处需注意"集中管辖"与"专属管辖"[2]的区别，可以说，专属管辖是立法明确规定且不得再行指定转移的"集中"管辖。[3]

根据不同的标准，"集中管辖"可作如下分类：[4]其一，按照指定权的来

---

[1] 参见张曙："刑事诉讼集中管辖：一个反思性评论"，载《政法论坛》2014年第5期。

[2] 诉讼法学者认为，专属管辖是指法律规定某些特殊类型的案件专门由特定的法院管辖，其他人民法院无管辖权，当事人不得协议变更，人民法院不得用裁定变更管辖法院。参见张卫平：《民事诉讼法》，法律出版社2009年版，第99页。

[3] 针对全国人大常委会《关于在北京、上海、广州设立知识产权法院的决定》第2条规定和最高人民法院《关于北京、上海、广州知识产权法院案件管辖的规定》中的"对专利纠纷案件实行跨区域管辖"的属性，存在两种观点：其一认为是"专属管辖"（参见吴汉东："知识产权法院的专门法院属性与专属管辖职能"，载《人民法院报》2014年9月3日，第5版）；其二认为是"集中管辖"（参见"全国人大常委会审议'北上广'设立知识产权法院 周强代表最高人民法院作议案说明"，载《人民法院报》2014年8月26日，第1版）。

[4] 有学者认为，集中管辖存在狭义和广义之分，行政诉讼管辖制度改革试点推进过程中出现的诸多新类型的行政诉讼的管辖，如异地管辖、交叉管辖、提级管辖、集中管辖等，均可归为广义上的集中管辖。参见杨建顺："行政诉讼集中管辖的悖论及其克服"，载《行政法学研究》2014年第4期。

源不同，可分为"立法授权型集中管辖"和"司法授权型集中管辖"。[1]前者是指上级法院按照法律规定的授权确定下级法院集中管辖，例如，2014年11月1日修正的《行政诉讼法》第18条第2款规定："经最高人民法院批准，高级人民法院可以根据审判工作的实际情况，确定若干人民法院跨行政区域管辖行政案件。"[2]后者是指最高人民法院通过制发文件直接授权下级集中管辖或者下级法院经请示最高人民法院批准后进行集中管辖，例如，2013年1月4日最高人民法院发布的《关于开展行政案件相对集中管辖试点工作的通知》。其二，按照集中管辖的法院不同，可分为"上提型集中管辖"和"平移型集中管辖"。前者是指将辖区内全部或者部分类型的一审案件集中由中级人民法院管辖；后者是指人民法院依法将原本由分散的各人民法院管辖的案件集中到一个或者几个人民法院统一管辖的制度。其三，按照集中事项的不同，可分为"地域型集中管辖"和"案件型集中管辖"。前者是指在一个中级人民法院范围内，选定若干个基层人民法院作为集中管辖法院，集中管辖辖区内其他基层人民法院管辖的相关案件；后者是指按照案件类型确定管辖法院，将同类行政案件集中到相应法院审理。[3]其四，按照集中的方式不同，可分为"个案指定型集中管辖"与"统一指定型集中管辖。"[4]前者是指上级人民法院指定下级人民法院集中管辖案件，

---

[1] 按照学者的如下观点，"行政诉讼集中管辖应当是制定法律和政策阶段重点完成的制度架构，而不应当是在法律制度实施层面的临时性政策应对，更确切地说，临时性应对型的行政诉讼集中管辖的作用，应当只是根据个别特殊的具体情形对既定法律制度的补充"（参见杨建顺：“行政诉讼集中管辖的悖论及其克服"，载《行政法学研究》2014年第4期），"立法授权型集中管辖"相比于"司法授权型集中管辖"更具正当性。

[2] 有学者指出，"当前的指定管辖制度属于‘裁定转移管辖'，仅适用于个案，不能适用于批量性地转移案件管辖，因此，有必要制定有关案件批量转移管辖的规定"。参见江必新："域外案件管理改革的借鉴与启示"，载《比较法研究》2013年第4期。可以说，此立法建议已得到了立法机关的回应。

[3] 山东省泰安市中级人民法院根据自身工作实际，探索推行行政案件类型集中管辖，具体将占全市近9成比例的案件纳入集中管辖范围，按照案件类型确定管辖法院，将同类行政案件集中到相应法院审理。泰安市中级人民法院下辖7个基层人民法院，根据各基层人民法院行政庭的人员特点及审判优势，确定由泰山法院集中管辖涉及劳动教养、征收类行政案件；岱岳法院集中管辖涉及婚姻登记类行政案件；新泰法院集中管辖涉及治安管理处罚类行政案件；肥城法院集中管辖涉及房产登记类行政案件；宁阳法院集中管辖涉及工商管理类行政案件；东平法院集中管辖涉及土地登记、工资福利待遇类行政案件；高新法院集中管辖涉及政府信息公开类行政案件。参见李海滨等："创新案件管辖保障审判公正——山东省泰安市中院关于行政案件类型集中管辖制度的调研报告"，载《人民法院报》2013年12月19日，第8版。

[4] 司法实践中，"统一指定型集中管辖"中，原管辖法院不再介入诉讼过程；"个案指定型集中管辖"中，原管辖法院依然介入立案环节，例如，山东省泰安市实行的行政案件类型集中管辖，在程序

具体通过个案裁定的方式指定，实行一案一裁定指定管辖，整体上达至集中管辖的目的；后者是指上级人民法院通过制定试点方案或者发布通知作出统一的指定集中管辖。

(四) 集中管辖的效果

从实践效果来看，地方法院推行的"集中管辖"利弊共存。此处仅以行政诉讼案件集中管辖为例加以说明。其积极的一面主要表现在以下方面：（1）减少行政干预，改善司法环境和保障独立审判；（2）增强诉讼信心和提高司法公信；（3）统一裁判标准，提高办案质效[1]和维护司法权威；（4）规范行政行为和促进依法行政；（5）集中管辖法院的法官丰富了办案经验，提升了相关业务水平。其存在的主要问题包括：（1）审判人员难以调配到位而无法应对案件集中后的审判；（2）协调和解难以借力来达成；（3）便民原则难以落实到位，当事人诉讼成本增加；（4）非集中管辖法院的行政审判职能退化；（5）信访责任主体不明导致信访增多，处理难度增大；（6）非集中管辖法院审判功能缺少，法院地位下降；（7）非集中管辖法院法官业务能力的全面性受到限制，等等。[2]

（接上页）上，原受理案件的基层法院审查立案，立案庭将该案件报送中级人民法院立案庭，中级人民法院立案庭收到案件后立案，中级人民法院行政庭负责作出指定管辖裁定书，指定集中管辖该类型案件的法院管辖，中级人民法院立案庭负责将该案件移交所指定管辖的法院立案庭，被指定管辖的法院立案庭对移送来的案件立案，并预收诉讼费。当事人直接向中级人民法院起诉的案件，中级人民法院立案庭立案，其行政庭制作指定管辖裁定书，指定集中管辖该类型案件的法院管辖，中级人民法院立案庭负责将该案件移交所指定管辖的法院立案庭。参见李海滨等："创新案件管辖保障审判公正——山东省泰安市中院关于行政案件类型集中管辖制度的调研报告"，载《人民法院报》2013年12月19日，第8版。

[1] 法院采取集中管辖，基本上遵循如下逻辑进路：某一区域内特定刑事案件总量少或分布不均衡——分散型管辖难以保证类案质量——将案件集中到某个（些）司法机关管辖——全面提高类案的审理（办理）质量（参见张曙："刑事诉讼集中管辖：一个反思性评论"，载《政法论坛》2014年第5期）。目前实践中集中管辖的刑事案件有五类，对于外国人犯罪和涉我国台湾地区刑事案件，通过提级管辖、指定集中管辖来减少分散型地域管辖所可能导致的案件质量风险、社会和政治效果风险，以便在更大的概率上保证此类案件被妥善处理。对于知识产权、环保、未成年人刑事案件，强调通过集中管辖减少案件管辖的地域点，以统一裁判尺度，提高对相关权利司法保护的统一性。

[2] 参见郭修江："行政诉讼集中管辖问题研究——《关于开展行政案件相对集中管辖试点工作的通知》的理解与实践"，载《法律适用》2014年第5期；另见李杰、张传毅："行政案件集中管辖模式初探：理论定位与实践选择"，载《法律适用》2014年第5期。

（五）集中管辖的评价

针对司法实务部门的"释法"之举，学界就"集中管辖"的合法性即某层级的法院能否以指令管辖的文件规定作为集中管辖的法规范依据，存在两种不同观点：赞成者认为，集中管辖与指令管辖实质是一样的，因出现特殊原因，有管辖权的法院不能公正行使审判权，由上级法院一次性集中指令相关集中管辖法院管辖，这本身就符合指令管辖的基本条件，完全可以作为集中管辖的法律根据。反对者认为，集中管辖以行政命令方式，一次性将某一区域内的全部行政案件指令集中管辖法院管辖，不符合《行政诉讼法》第23条第1款的规定，因为，通常意义上的指令管辖是指个案的特殊原因，而且是一案一裁定方式，将某一法院的全部行政案件以出现所谓特殊原因为由一次性以通知方式指令集中管辖法院管辖，显然不符合指定管辖仅适用于特殊情况、个别案件的立法本意。[1]或者认为，新修订的《刑事诉讼法》实施不久，便在全国范围内推出外国人犯罪案件的集中管辖，直接改变该类案件的法定管辖，不由得使人担忧在司法解释制定权与立法权的博弈中刑事诉讼管辖规则的约束力究竟有多强。[2]

在笔者看来，程序法定原则要求司法机关行使公权力时，必须取得法律的明确授权。管辖权是审判权的重要组成部分，其设定与变动均应有法律的明确规定。现代法治国家的法律均坚持一般确定管辖为原则、个别变更管辖为例外的立场。换言之，只有在本应有权管辖的司法机关出现了"不宜"管辖或"不能"管辖的情况，[3]方能由司法机关在案件发生后变更管辖。如《德国刑事诉讼法》第15条规定："本应当管辖的法院在个别案件中因法律、事实方面的障碍不能行使审判职权或者在该法院审理有影响公共治安之虞时，应当移转给其他区域的同级法院调查和裁判。"从立法例来看，各国成文法规定的指定管辖形式有所不同（裁定或者决定），但有一个共同点——适用于具体个案，例如，《德国刑事诉讼法》第13条a、第14条、第15条，《日本刑事诉讼法》第15

---

〔1〕 参见郭修江："行政诉讼集中管辖问题研究——《关于开展行政案件相对集中管辖试点工作的通知》的理解与实践"，载《法律适用》2014年第5期。

〔2〕 参见张曙："刑事诉讼集中管辖：一个反思性评论"，载《政法论坛》2014年第5期。

〔3〕 至于什么情形才属于此处的"不宜"或者"不能"，另当别论，例如，有学者认为，"只有在出现专业性极强、重大复杂的某些个案足以构成'特殊情况'时，立法者才允许上级司法机关通过指定管辖、提级管辖等特殊措施来变更管辖"。参见张曙："刑事诉讼集中管辖：一个反思性评论"，载《政法论坛》2014年第5期。

条、第16条,《韩国刑事诉讼法》第14条。至于类案的管辖,具体存在两种模式:一是法律直接确定某个地域管辖权机关,例如,《法国刑事诉讼法》第706条规定,"恐怖活动罪由巴黎大审法院管辖";《德国刑事诉讼法》第10条a所规定的由汉堡市地方法院管辖在德国法规效力范围之外的海洋领域内实施的环境犯罪行为;《荷兰刑事诉讼法》第2条规定,由阿姆斯特丹法院管辖发生在已出港口正在航行的船舶上的犯罪事实。二是法律授权给上级司法机关确定下级的集中管辖权,例如,我国《行政诉讼法》第18条第2款。显然,我国司法实践中的"集中管辖"虽在形式上使用了指定的方式,本质上已属于确定管辖,即上级司法机关基于审级或监督地位直接确定下级机关对某一类案件是否有管辖权。如何评价此种做法,无疑与管辖权调整是否作为一个国家或者地区的司法管理手段有关。对此,域外存在两种主张:其一认为,"案件管理是法院日常工作的核心内容。案件在法院之间的管辖和在法院内部的分配既是司法组织发挥职能并对案件数量变化保持相应灵活性的关键,也是司法廉洁的重要环节"。[1]司法管理包括法院管理和诉讼的运行管理,而法院管理包括若干具体的事项,诸如法院的组织和管辖、法官的选任等。在英国,最重要的案件的一审可在全国范围由不受地域管辖资格限制的法院来管辖;在荷兰,有关外国人的案件由中央管理机构分配到遍布全国的22个审理地点来管辖;对于重大和复杂的刑事案件(如有组织犯罪),由中央管理机构根据各地法院的审判能力和审判地点将这些案件分配到全国的一审法院。[2]其二认为,案件的管辖并不纳入司法管理。"在意大利、葡萄牙和奥地利,诉诸'法定法官'是当事人的一项权利,这些国家的主流观念是对司法独立和司法公正的保障,也涵盖了法院的案件分配制度。"[3]就我国而言,一方面,尽管社会主义法律体系基本形成,但因主客观各种原因的影响,"增强法律法规的及时性、系统性、针对性、有效性"[4]

---

[1] 参见[荷]兰布克、[意]法布瑞编:《法院案件管辖与案件分配:奥英意荷挪葡加七国的比较》,范明志等译,法律出版社2007年版,第3页。

[2] 参见[荷]兰布克、[意]法布瑞编:《法院案件管辖与案件分配:奥英意荷挪葡加七国的比较》,范明志等译,法律出版社2007年版,第12~25页。

[3] 参见[荷]兰布克、[意]法布瑞编:《法院案件管辖与案件分配:奥英意荷挪葡加七国的比较》,范明志等译,法律出版社2007年版,第39页。

[4] 十八届四中全会《依法治国决定》强调,"要把公正、公平、公开原则贯穿立法全过程,完善立法体制机制,坚持立改废释并举,增强法律法规的及时性、系统性、针对性、有效性"。

仍是今后一个时期立法的目标，诉讼法对管辖制度的规定同样存在不足，[1]在一定程度上司法者不得不青睐"司法积极主义"或者"能动司法"的立场；另一方面，中央集权体制的政治文化传统、党的民主集中制原则等对国家治理传统、理念、模式产生了长期而深远的影响，"把权力的要素黏合到一起的是一种强烈的秩序感和一种对一致性的欲求：理想的状态是，所有的人都踩着同样的鼓点齐步向前"。[2]受此影响，法院管理模式长期呈现出司法"行政化"色彩。因此，虽然"集中管辖在一定程度上混淆了预定管辖与裁量管辖、指定管辖与确定管辖之间的区别"[3]或者"司法授权型集中管辖"（管辖权[4]行使的一种方式）确实存在"例外冲击原则"[5]的现实，但上述两个方面的影响因素为其长期存在提供了"路径依赖"和"生成土壤"。

综上所论，"集中管辖"自身的存在始终面临着合法性的拷问，同时其实践运行过程中还存在诸多弊端有待克服，这些均是需要加以考虑的。此外，设立互联网法院的机能是多方面的，"集中管辖"最多只能起到某方面的作用，解决某一相关问题，显然无法承担起互联网法院的前述功能。

---

[1] 十八届三中全会《深化改革决定》指出，"改革司法管理体制，推动省以下地方法院、检察院人财物统一管理，探索建立与行政区划适当分离的司法管辖制度，保证国家法律统一正确实施"。当然，围绕此处的"与行政区划适当分离的司法管辖制度"的定位，是作为普遍的一般管辖制度，还是作为补充性的特别管辖制度，无疑值得研究。再如，《行政诉讼法》没有关于异地交叉管辖的规定，要实行异地管辖，需要对现行法进行修改，为其提供明确的法律依据。参见杨建顺："行政诉讼集中管辖的悖论及其克服"，载《行政法学研究》2014年第4期。

[2] 参见［美］米尔伊安·R. 达玛什卡：《司法和国家权力的多种面孔——比较视野中的法律程序》，郑戈译，中国政法大学出版社2004年版，第29页。

[3] 参见张曙："刑事诉讼集中管辖：一个反思性评论"，载《政法论坛》2014年第5期。

[4] 法院管辖权是审判权的重要组成部分，属于公权力的范畴。"管辖权通常是指法院审理和判决争议案件的权力，用来表明在某一特定案件中拥有此项权力，确定一个法院或一批法院所拥有的权力性质和范围，以及划定可行使职权的地域界限。"参见德全英："中美法院制度的宏观比较与思考"，载《法律科学（西北政法学院学报）》1999年第3期。

[5] 参见熊秋红："刑事管辖权刍议"，载陈泽宪主编：《刑事法前沿（第5卷）》，中国人民公安大学出版社2010年版，第169页。

第四章

法院案件繁简分流的法理思考

"繁简分流",作为一个表述人民法院积极应对"案多人少"矛盾的司法举措的范畴,伴随20世纪80年代北京市海淀区人民法院开始探索的案件繁简分流实践而出现。至21世纪初,学界开始对"繁简分流"及其关联问题展开研究。[1]从司法实践来看,"繁简分流"经历了从"案件一元"到"案件·人力·技术·管理多元"的嬗变过程。此点可以从下列"繁简分流"的界定中得到印证。有观点认为,所谓案件"繁简分流",即是指在严格遵循客观司法规律和充分保障当事人合法程序权益的基础上,改革案件办理模式和审判方法,通过建立科学的繁简案件区分标准,并辅之以差异化的繁简案件审理规则,实现"简案快审、繁案精审,当繁则繁、宜简则简,简出效率、繁出质量"。有观点认为,繁简分流是指民事案件在立案以后,通过定性分析,将复杂案件与简单案件区别开来,通过建立简案快审的工作机制,实现审判资源的优化配置,最大限度地提升案件审判效率。有观点认为,人民法院对于繁简分流的司法实践可以分为三个层面:一是技术层面,即主要通过简化审理方式,如法庭调查提纲化、裁判文书模板化、案件评议即时化等,帮助提高简易案件的审判效率。二是管理层面,即通过法院内部机构、人员、案件分配和工作机制的调整,对简易案件采取集约化、类型化审理,以更加机动、灵活的人力配置和相对平缓、均衡的专业跨度,实现以较小比例人员分流较大比例案件的目标。三是制度层面,即依照我国诉讼法明确规定的审理程序审理简易案件和繁难案件。[2]有观点认为,繁简分流具体可以分为三个层次:第一层次是指诉讼程序的繁简分流,不同案件分别适用不同的审理程序,实现简案快审、繁案精审;第二层次是指解

---

[1] 参见傅郁林:"繁简分流与程序保障",载《法学研究》2003年第1期。
[2] 参见庞闻淙、何建:"中级法院推进案件繁简分流的实践思考",载《人民司法(应用)》2017年第10期。

纷方式的繁简分流,既包括诉内的不同程序,也包括诉外的多元化解;第三层次是指整个司法系统的繁简分流,不仅包括诉内诉外的繁简分流,还包括司法资源的优化分配。[1]可以说,当下中央和最高人民法院在此轮司法体制改革整体方案中提出的"繁简分流"机制改革,自然地赋予了"繁简分流"范畴更多的内涵。此处从繁简分流的理念价值论、工具价值论和路径对策论三个方面进行研究。

一、繁简分流的理念价值论

(一) 司法公正优先[2]

人们在相似意义上同时使用"社会公平""社会正义"和"社会公正"。"公平"和"正义"有何异同,各自有何具体内涵,不同学科、不同国别、不同时代的学者存在分歧。[3]在西方,正义的观念最早可追溯至古希腊人关于善和美德的思想,[4]"正义是给每个人——包括给予者本人——应得的本分,并且是不用一种与他们的应得不相容的方式来对待任何人的一种品质"。[5]亚里士多德在将正义划分为报应的正义和分配的正义的基础上指出,"正义包含两个因素——事物和应该接受事物的人;大家认为相等的人就该配给到相等的事物"。[6]后世的西方思想家大都以亚氏的观点为起点加以延伸论述。例如,美国学者J.范伯格将社会正义区分为形式原则(相同对待原则和实质原则,即根据人们贡献的大小来分配社会财富或者按照他们的能力、需要、地位或德行中任

---

[1] 参见李少平主编:《〈最高人民法院关于进一步推进案件繁简分流优化司法资源配置的若干意见〉读本》,人民法院出版社 2016 年版,第 412 页。

[2] 此处"(司法)公正优先"是针对"公正与效率"的关系而言的,不同于政治哲学中的"正义感优先性"这一核心问题,后者是针对"正当"(justice)与"好"(right)的关系来论的。参见周保松:《自由人的平等政治》,生活·读书·新知三联书店 2017 年版,第 308~310 页。

[3] "正义具有着一张普罗透斯的脸,变幻无常,随时可呈不同形状,并具有极不相同的面貌。"参见[美]E. 博登海默:《法理学 法律哲学与法律方法》,邓正来译,中国政法大学出版社 1999 年版,第 238 页。

[4] 现代世界的"正义"基本上甚少涉及个人,并且它在根本意义上与规则(rule)或原则(principle)而不是与德性(virtue)联系在一起。参见吴彦:《日常法理与政治意志》,上海三联书店 2016 年版,第 121 页。

[5] 参见[美]阿拉斯戴尔·麦金太尔:《谁之正义?何种合理性?》,万俊人等译,当代中国出版社 1996 年版,第 48 页。

[6] 参见[古希腊]亚里士多德:《政治学》,吴寿彭译,商务印书馆 1965 年版,第 148 页。

选一种作为根据来分配社会财富）。[1]约翰·罗尔斯在阐述"形式的正义"（类似的情况得到类似的处理，有关的异同均由既定规范来鉴别）和"程序的正义"（包括完善的程序正义、不完善的程序正义和纯粹的正义）两个概念的同时，认为社会正义是"社会制度正义"或"社会基本结构正义"的简约说法，"正义的主要问题是社会主要制度分配基本权利义务，决定由社会合作产生的利益之划分的方式"。[2]英国学者戴维·米勒在阐述结果正义和程序正义关系的基础上指出，社会正义就是"生活中好的东西和坏的东西应当如何在人类社会的成员之间进行分配"。[3]

在党的文件和领导人讲话中同样出现了下列不同的表述。1997年党的十五大报告第一次采用了"社会公平与正义"的表述，该报告提出党的第二次历史性飞跃中产生的理论成果就是"建设中国特色社会主义……逐步实现社会公平与正义"。2002年12月4日胡锦涛同志在首都各界纪念《中华人民共和国宪法》公布施行二十周年大会上的讲话中提出的"社会主义法治理念"（依法治国、执法为民、公平正义、服务大局、党的领导）采用"公平正义"的表述。2006年10月11日十六届六中全会通过的《中共中央关于构建社会主义和谐社会若干重大问题的决定》的"加强制度建设，保障社会公平正义"中改为"社会公平正义"的表述。十八届三中全会《深化改革决定》的"深化司法体制改革，加快建设公正高效权威的社会主义司法制度，维护人民权益，让人民群众在每一个司法案件中都感受到公平正义"的论述中采用"公平正义"的表述。十八届四中全会《依法治国决定》的"公正是法治的生命线。司法公正对社会公正具有重要引领作用，司法不公对社会不公具有致命破坏作用"的论述中采用"社会公正"的表述。针对这些不同表述，我国学者进行了语境性的解读和诠释。例如，有学者认为，"社会公平就是社会的政治利益、经济利益和其他利益在全体社会成员之间合理而平等地分配，它意味着权利的平等、分配的合理、机会的均等和司法的公正"。[4]有学者认为，"所谓公平正义，也就是通常所说

---

[1] 参见［美］J. 范伯格：《自由、权利和社会正义——现代社会哲学》，王守昌、戴栩译，贵州人民出版社1998年版，第145页。

[2] 参见［美］约翰·罗尔斯：《正义论》，何怀宏等译，中国社会科学出版社1988年版，第5页。

[3] 参见［英］戴维·米勒：《社会正义原则》，应奇译，江苏人民出版社2001年版，第1页。

[4] 参见俞可平："社会主义的核心价值之一"，载http://theory.people.com.cn/GB/40536/3103590.html，最后访问日期：2005年1月7日。

的公正，一般来说，反映的是人们从道义上、愿望上追求利益关系特别是分配关系合理性的价值理念和标准"。[1]有学者认为，"作为社会主义法治理念的公平正义，是指社会主义社会的成员能够按照法律规定的方式公平地实现权利和义务，并受到法律的保护"，[2]等等。此处暂不对这些不同表述的具体内涵及其各自的异同展开论述，仅就繁简分流与司法公正的关系加以分析。

习近平总书记在对十八届四中全会《依法治国决定》的说明中强调，"司法是维护社会公平正义的最后一道防线……如果司法这道防线缺乏公信力，社会公正就会受到普遍质疑，社会和谐稳定就难以保障"，并引用英国哲学家培根的一段话作为注脚，"一次不公正的审判，其恶果甚至超过十次犯罪。因为犯罪虽是无视法律——好比污染了水流，而不公正的审判则毁坏法律——好比污染了水源"，然后又指出，"当前，司法领域存在的主要问题是，司法不公、司法公信力不高问题十分突出……司法不公的深层次原因在于司法体制不完善、司法职权配置和权力运行机制不科学、人权司法保障制度不健全"。习近平总书记的这段说明既论述了司法公正与社会公正（社会公平正义）的关系，又深刻地指出了司法不公的深层次原因及其社会危害性，可以说是此轮司法体制和机制改革有序推进的一个重要的背景。[3]无疑，作为此轮司法改革重要组成部分的繁简分流机制改革也应当以促进和保障司法公正作为指导思想。为此，《最高人民法院关于进一步推进案件繁简分流优化司法资源配置的若干意见》（以下简称《意见》）除明确将"促进司法公正"作为制定文件的目的外，还通过以下具体改革举措来促进和保障司法公正：一是从司法公正与效率的关系着眼，考虑到无限迟延的诉讼公正、耗费巨额成本的诉讼公正，对当事人而言均没有意义或者意义减损，《意见》中提出的所有"简"的举措均有利于达至有效率的公正目标。二是《意见》提出的"繁"的举措，例如，强调"严格规范审理复杂案件""实现繁案精审""复杂案件的裁判文书应当围绕焦点进行有针对性地说理""根据案件的繁简程度确定专门审理简单案件与复杂案件的审判人员"，主要目的就是更好地提升审判的质量和提高司法的公正性。三是《意见》强调

---

[1] "如何保障社会公平正义的制度建设"，载 http://www.chinaelections.com/NewsInfo.asp?NewsID=116537，最后访问日期：2007年10月2日。
[2] 参见祝键华："树立社会主义法治理念 努力维护社会公平正义"，载东方法眼，http://www.dffyw.com/sifashijian/sw/200611/20061109185809.htm，最后访问日期：2007年10月2日。
[3] 参见习近平《关于〈中共中央关于全面推进依法治国若干重大问题的决定〉的说明》。

审级的监督指导功能,"强化二审统一裁判尺度、明确裁判规则等功能"。四是《意见》引导当事人诚信理性诉讼,营造有利于司法公正的社会氛围和环境。五是《意见》强调"当庭宣判""推进审判辅助事务集中管理",减少了司法不廉不公发生的空间和机会。六是《意见》借力信息化建设,"充分利用中国审判流程信息公开网,建立全国法院统一的电子送达平台""推动案件信息共享及案卷无纸化流转""采用远程视频方式开庭""推行庭审录音录像""推进智慧法院建设和诉讼档案电子化,运用电子卷宗移送方式,加快案卷在上下家法院之间的移送",大大提升司法的公开性和透明度,实现以公开促公正和以公正提公信的目的。

(二) 司法效率兼顾

正如有学者指出的,"在诉讼程序的诸价值(主要是公正和效率)中,如果其中一项价值得到完全的实现,难免在一定程度上牺牲或者否定其他价值,很难找到一个能够令人满意的确定这几种价值比例关系的绝对标准"。[1]就司法公正与效率的关系而言,总体而言应当坚持司法公正优先,兼顾司法效率的立场,[2]同时针对特定的程序(简化或者简易的程序),在恪守最低限度正当性的基础上,适度倾斜于司法效率。也就是说,司法公正与效率的暂时性矛盾有时是不可避免的,但不能使之长期处于失衡状态。《意见》始终注意到司法公正和效率的平衡问题,正如李少平副院长所言,"在推进繁简分流过程中,应当充分注意到公正与效率在司法领域的价值取向有别于经济领域,必须把'好'放在'快'前,在保证司法公正的前提下追求司法效率"。[3]《意见》的举措更多体现为"简"的一面,因此,一方面,既然"任何简化程序都意味着对诉讼权利某种程度的减损",[4]那么,简化程序必须引入当事人弃权或者经

---

[1] 参见徐国栋:《民法基本原则解释——成文法局限性之克服(增订本)》,中国政法大学出版社2001年版,第333页。

[2] 需指出的是,效率作为诉讼的价值目标,在民事、刑事、行政诉讼中的具体地位(相比于公正而言)、实现路径均存在着差别。例如,刑事诉讼涉及剥夺犯罪嫌疑人、被告人的人身自由乃至生命,公正相比于效率始终处于优先的地位;行政诉讼的目的主要在于为行政相对人提供司法救济,公正相比于效率而言也处于相对优先的地位;民事诉讼的目的主要是定分止争,效率间或处于重点考虑的侧面。

[3] 参见李少平:"大力推进繁简分流 全面深化司法改革",载《人民法院报》2016年9月14日,第5版。

[4] 参见魏晓娜:"完善认罪认罚从宽制度:中国语境下的关键词展开",载《法学研究》2016年第4期。

当事人同意来确保正当性。例如，美国的辩诉交易从根本上省略了审判程序，其启动时，被告人必须自愿、明智地放弃宪法所保障的获得充分审判的权利及其涵盖的陪审团审判、与不利证人对质、反对强迫自证其罪等一系列权利。《意见》也始终注意了此点，具体包括：电子送达方式的适用范围扩大需要当事人同意；约定送达地址制度的推行以当事人在纠纷发生之前的约定为前提；简易程序（包括小额程序）适用范围的扩大以当事人双方约定为前提；部分简单行政案件的径行判决必须询问当事人；庭前会议促成和解或者调解离不开当事人的合意；远程视频开庭审理民事、刑事案件需经当事人同意；当庭即时履行的民事案件，经征得各方当事人同意，可以在法庭笔录中记录相关情况后不再出具裁判文书，等等。另一方面，要始终关注快审机制自身底层的矛盾，并通过采取有效的措施来加以解决，其具体表现为：一是效率和规范问题，即在追求结案数量和效率的同时，如何保证程序正当规范，有效保障当事人的诉讼权利；二是专业化和多元化问题，即在各种案件类型、法官专业背景存在差别的情况下，如何兼顾专业跨度和专业深度，确保案件质效稳定；三是动态化和常态化问题，即收案时间、数量和难易程度的不确定性，与排期审理、结案指标和人员配置等常态管理之间，能在多大程度上同步匹配；四是分散和统一问题，即将快审前置并与审判庭分离后，在案件流程、法律适用、审级监督、法官培训等方面，如何实现全院"一盘棋"，避免管理脱节、各行其是。[1]

司法/诉讼效率[2]是随着亚当·斯密以来的经济学对法律的渗透，亦即对法律的经济分析的运用而出现的。从经济学上分析，效率理论具体包括三方面的内容：一是效率一般指投入与产出或者成本与收益之间的关系；二是效率不仅体现为结果意义上投入与产出的比例，更强调的是在实现这种结果的过程中各种资源的优化配置；三是效率具有一定的层次性，效率评价由价值判断标准的主观性所决定因而具有主观性。[3]随着法律经济学[4]的推动和促进，法律

---

[1] 参见庞闻淙、何建：“中级法院推进案件繁简分流的实践思考”，载《人民司法（应用）》2017年第10期。

[2] 诉讼效率是指在诉讼过程中，诉讼参与人以较快的速度，以较省的资源投入，有质效地解决更多的纠纷。判断一项诉讼程序是否符合诉讼效率的标准，主要从诉讼成本的节约和诉讼程序的加快两方面来加以判断。

[3] 参见陈光中等：《中国司法制度的基础理论问题研究》，经济科学出版社2010年版，第575页。

[4] 法律经济学起源于1960年美国著名经济学家科斯发表的一篇题为"社会成本问题"的文章。1972年波斯纳出版《法律的经济分析》，正式奠定了法律经济学这一学科。

效率越来越受到理论和立法、司法实践的重视,其中程序效率成为独立的表明诉讼程序价值的理论范畴。[1]而我国直至20世纪90年代方开始关注诉讼程序的效率价值。[2]

从实践来看,到20世纪末和21世纪初,各国及地区的司法改革已经成为一股席卷全球的潮流,其各自的改革动因与背景不尽相同,但均面临一个共同的课题——通过克服诉讼延迟和降低诉讼成本来消除司法"危机"。例如,日本1996年民事诉讼法的改革重点在于:完善争点和证据整理程序;扩充和完善当事人收集证据的手段和程序;新设小额诉讼制度;改革最高法院的上诉制度。英国1999年颁布的《英国民事诉讼规则》,重点变化在于简化程序、减少拖延、降低成本、增加诉讼的确定性、促进法院公正合理地解决纠纷、促进民众对民事司法的接近,设立了快捷审理制和多轨审理通道。德国创设"斯图加特模式",通过书面程序和最多一次会商,使案件得到充足的准备,减少开庭的次数与时间,提高效率。葡萄牙的司法改革方案包括:建立新的法院,成立可管辖数个郡的巡回法院,审理更为重要或更为严重的案件;进行法院的专业化改革,成立小额诉讼法院;增加法院职员的数量和强化司法服务的计算机化。美国设立案件管理制度,严格审理程序,控制审理期限,引入"附属于法院的ADR",于1998年出台《美国替代性纠纷解决办法》。[3]

我国《意见》的出台,可以说,顺应了上述世界各国和地区司法改革的发展潮流。《意见》诸多的"简"举措,必将有利于司法效率的提升。从调研情况来看,这些举措的真正落地生根,还应当注意以下两点:一是积极引入"集约化"[4]的现代管理理念,从"集"与"约"两方面来促进司法效益的提升。其中,"集"是指司法资源的集中、统一调配,即根据案件类型、审判流程等因素,将各审判点分散工作、平行运转、线状管理的模式打破重组,使各项具

---

[1] 法律经济学提出的程序效率理论经历了一个过程:从最初的波斯纳经济成本理论到德沃金的道德成本理论,再发展到贝勒斯的综合性效率理论。

[2] 我国学者指出,在20世纪90年代之前,无论是在诉讼程序的价值评价方面,还是对法律的哲学、政治、伦理评价,主要是围绕正义来展开。参见顾培东:"效益:当代法律的一个基本价值目标——兼评西方法律经济学",载《中国法学》1992年第1期。

[3] 参见陈光中等:《中国司法制度的基础理论问题研究》,经济科学出版社2010年版,第588~589页。

[4] "集约化"最早是一个经济学概念,主要是通过改进生产要素的质量和合理使用生产要素,以实现经济增长的连续不断的社会再生产过程。

体工作更加专业、精细和高效，具体包括类型化案件的集中审理、审判辅助事务的集中管理和诉讼服务事项的集中办理；"约"是指通过规范司法行为、优化审判流程、加强信息化技术应用等方式降低司法成本、提高司法效益，力求司法资源配置的规范、精简和节约。[1]二是加强信息化的技术支撑。信息化的发展史充分说明了效率是本位的、第一性的，其他价值是派生的、第二性的，只有第一性的效率提升功能充分发挥，才能带动第二性的其他价值递次实现。当下智慧法院[2]的建设就应当回归效率本位、符合司法规律、坚持需求导向、注重成本与收益。[3]司法改革和信息化建设是"车之两轮，鸟之两翼"，繁简分流机制改革同样离不开信息化的强力支撑。

（三）诉讼程序正当

正当程序原则或者理念最鲜明地体现在美国宪法及其司法实践中。美国正当程序原则的思想实质发端于英国。1354年的《伦敦西敏寺自由法》规定，"未经法律的正当程序所进行的答辩，对任何财产和身份的拥有者一律不得剥夺其土地或住所，不得逮捕或监禁，不得剥夺其各项权利和生命"，系首次使用"正当程序"的概念。此后，1628年的《权利请愿书》、1679年的《人身保护法》相继作了类似的规定。美国独立后的部分州宪法也有了类似的规定。1791年，美国宪法第一修正案至第十修正案经各州议会认可而生效，其中美国宪法第五修正案规定："未经正当程序，不得剥夺任何人之生命、自由或财产。"1868年，美国宪法第十四修正案第1款规定："无论何州亦不得不经正当程序而剥夺任何人之生命、自由或财产。"自此以后，美国宪法第五修正案和第十四修正案所包含的"不经正当程序，不得剥夺任何人的生命、自由和财产"的内容被称为"正当程序条款"。随着美国实践的发展和理论的深化，"正当程序原则"具体由单纯的程序性正当程序原则发展为程序性正当程序原则和实质性正

---

[1] 参见靳学军："以集约化工作思路应对'案多人少'挑战"，载《人民法院报》2017年5月17日，第5版。

[2] 《关于加快建设智慧法院的意见》对"智慧法院"作了如下界定：依托现代人工智能，围绕司法为民、公正司法，坚持司法规律、体制改革与技术变革相融合，以高度信息化方式支持司法审判、诉讼服务和司法管理，实现全业务网上办理、全流程依法公开、全方位智能服务的人民法院组织、建设、运行和管理形态。

[3] 参见刘楠："司法信息化：从效率提升到价值发现"，载《人民法院报》2017年5月18日，第2版。

当程序原则并存。根据《布莱克法律辞典》的解释，程序性正当程序的中心含义是指，"任何其权益受到判决结果影响的当事人，都享有被告知和陈述自己意见并获得听审的权利"；而实质性正当程序主要限制立法部门，要求国会和州制定的法律必须符合公平和正义的标准，一项法律即使通过法定的程序生效和实施，若不合理，则会被判定违宪。

处在不同社会制度、不同历史文化传统、不同时代的人，如同对公正/正义（justice）一样，对正当（性）（legitimacy）的理解也都是不同的。同理，对正当程序原则的实质内涵、[1]适用范围、是否正当的具体判断标准、[2]正当性与证成性有何区别[3]等，也会存在分歧。此处不对这方面的内容加以展开，只是就这一问题略作分析。按照"正当程序原则"的要求，诉讼立法应当如何建构出多元化的、多层次的诉讼程序体系，以确保不同繁简程度的案件分流到最适宜的诉讼程序之中，进而为当事人提供最能体现公正与效率平衡和满意的裁判结果。就诉讼程序立法而言，我国三大诉讼法对程序的多元化要求均有所体现，例如，2012年修正的《民事诉讼法》第二编"审判程序"已经规定了第一审普通程序（第十二章）、简易程序（第十三章，其中又单独规定了小额程序）、第二审程序（第十四章）、特别程序（第十五章，包括：选民资格案件，宣告失踪、宣告死亡案件，认定公民无民事行为能力、限制民事行为能力案件，认定财产无主案件，确认调解协议案件，实现担保物权案件）、审判监督程序（第十六章）、督促程序（第十七章）、公示催告程序（第十八章）。2012年3月14日修正的《刑事诉讼法》第三编"审判"规定了第一审程序（第二章，其中设置了"简易程序"）、第二审程序（第三章）、死刑复核程序（第四章）、审判监督程序（第五章）；第五编"特别程序"具体包括"未成年人刑事

---

[1] 大部分学者认为，"正当法律程序"内在地含有自然公正（natural justice）原则的成分。自然公正原则的基本要求：一是任何人不得是自己案件的法官；二是应当听取双方当事人的意见。参见陈瑞华：《刑事审判原理论》，北京大学出版社1997年版，第55页。

[2] 美国司法判例中，正当程序的判断方法具体有历史判断方法、利益均衡方法和最低限度的程序保障方法。其中，第三种方法主张，政府行为不得无视个人尊严和价值，对于一些核心的价值，如自治、平等、个人隐私等必须予以尊重，这要求有一个最低限度的程序保障。最低限度的正当程序所要求的是，根据个案需要，对程序保障可以进行取舍，但是作为最低限度的公正因素是无论如何也不能均衡掉的。

[3] 对于洛克主义者来讲，对于法律的承认（同意）与法律本身（内容）的合理性是两个不同的问题，前者所关乎的是正当性问题（legitimacy），后者所关注的是证成性问题（justification）。参见吴彦：《日常法理与政治意志》，上海三联书店2016年版，第161页。

案件诉讼程序"（第一章）、"当事人和解的公诉案件诉讼程序"（第二章）、"犯罪嫌疑人、被告人逃匿、死亡案件违法所得的没收程序"（第三章）、"依法不负刑事责任的精神病人的强制医疗程序"（第四章）。2014年11月1日修正的《行政诉讼法》第七章"审理和判决"规定了"第一审普通程序"（第二节）、"简易程序"（第三节）、"第二审程序"（第四节）、"审判监督程序"（第五节）。但就繁简分流而言，诉讼程序立法仍有优化和健全的空间。

以刑事程序为例，我国刑事诉讼法1996年形成了"普通程序—简易程序"二级"递简"格局。[1] 2003年，"两高"和司法部联合发布《关于适用简易程序审理公诉案件的若干意见》《关于适用普通程序审理"被告人认罪案件"的若干意见（试行）》，进一步推进了刑事程序简化的探索。[2] 随着速裁程序试点的启动，我国刑事诉讼法又发展为"普通程序—简易程序—速裁程序"的三级"递简"格局。正如有学者指出的，此三级格局最主要的问题仍是"繁者不繁"和"简者不简"，其中，就普通程序而言，因"以审判为中心的诉讼制度改革"刚刚开始，直接言词原则未落实、证人普遍不出庭、被告人对质权得不到有效保障等问题的解决尚不到位，普通程序的发育并不充分；就简易程序而言，其适用范围跨度极大，程序设计却相对单一，不同类型案件的简化程度之间没有明显区别、层次化不够；就速裁程序而言，其简化特性相对于简易程序而言仍不显著。[3] 为此，有学者提出如下改进建议：对于简易程序，将其中可能判处三年有期徒刑以下刑罚的案件分化出来，另外设立协商程序；对速裁程序进行彻底简易化，改造为原则上不开庭的快速处理程序，从而最终形成"普通程序—简易程序—协商程序—速裁程序"的四级"递简"格局。[4] 上述建议是值得我国立法机关予以考虑的。其实，域外的立法例也为我们构建多元化、多层次的刑事诉讼程序提供了借鉴，例如，日本除普通程序外，还存在起诉犹豫制度、略式程序、简易公审程序、即决审判程序、自由刑裁量执行停止制度。

---

[1] 最高人民法院原副院长黄尔梅2015年12月2日在北京市刑事案件速裁程序试点专家论证会指出，此格局呈现出"繁者不繁"和"简者不简"的特点。

[2] 全国人大常委会2014年6月通过了《关于授权最高人民法院、最高人民检察院在部分地区开展刑事案件速裁程序试点工作的决定》，8月，"两高"会同公安部、司法部发布《关于在部分地区开展刑事案件速裁程序试点工作的办法》。

[3] 参见熊秋红："废止劳教之后的法律制度建设"，载《中国法律评论》2014年第2期。

[4] 参见魏晓娜："完善认罪认罚从宽制度：中国语境下的关键词展开"，载《法学研究》2016年第4期。

法国1993年通过《法国刑事诉讼法》第41-1条引入刑事调解制度，通过第41-2条引入刑事和解制度，2004年又创设了庭前认罪程序。德国存在检察官不起诉和法官终止诉讼的制度、认罪协商制度（2009年《德国刑事诉讼法》增加第257c条正式确认了作为"潜规则"存在了三十多年的"供述协议"实践）、刑事处刑令制度。意大利于1988年以特别程序的形式，引入了"依当事人请求适用刑罚"和简易判决程序。[1]

（四）审判组织合理

我国诉讼法意义上的"审判组织"有其特定的内涵和外延，即依法代表人民法院具体行使审判权的组织机构，具体包括独任庭、合议庭和审判委员会。[2]此处立足于组织学的视角，[3]对我国诉讼法意义上的审判组织的合理化问题作些思考。从组织学角度来看，国家首先就是一个组织制度，其中包括中央与地方政府间的组织权威界定、资源调配、人事安排等制度设施。[4]现代国家的基本组织形式是官僚组织（bureaucracy，又译为"科层组织"）。[5]"官僚组织"作为一种特有的组织形式，其基本特点表现在权力关系明确、等级层次有序的组织结构，通过专业化人员和正式规章制度来贯彻落实自上而下的政策指令，提高决策和执行的效率。[6]组织学的大量研究指出了官僚组织运作过程

---

[1] 域外民事诉讼立法例也为我们提供了借鉴，例如，英国原则上以案件诉请标的额为标准，分为小额诉讼程序、"快速通道"（Fast Track）程序以及"复合通道"（Multi Track）程序三种类型。参见陈杭平："新时期下'繁简分流'的分析与展望"，载《人民法治》2016年第10期。

[2] 从繁简分流的角度而言，主要涉及独任庭和合议庭与简易程序、普通程序等之间的组合问题，此处不论及审判委员会。

[3] 组织学视角的一个优势就是以跨社会学、经济学、心理学、政治学的方法来研究组织现象，即通过组织分析来认识和解释组织的特有行为方式和互动模式，解读其组织现象的内在机制和过程。参见周雪光：《中国国家治理的制度逻辑：一个组织学研究》，生活·读书·新知三联书店2017年版，第42~43页。

[4] 参见周雪光：《中国国家治理的制度逻辑：一个组织学研究》，生活·读书·新知三联书店2017年版，第41页。

[5] 德国社会学家韦伯在两个层次上提出有关官僚组织的理论：其一是在组织学意义上，将官僚制作为一个特定的组织形态，重点讨论官僚组织等级有序、规章制度为本等鲜明特点，组织成员即官员的教育、专业化训练、在组织中的职业生涯，以及由此产生的循规行为和文牍主义现象；其二是在历史比较分析层次上，将官僚制作为一种特定的国家支配形式与历史上的其他支配形式（家长制、卡里斯玛制）加以比较，用以阐述不同社会的组织方式、内部的权威关系及其合法性基础。参见周雪光：《中国国家治理的制度逻辑：一个组织学研究》，生活·读书·新知三联书店2017年版，第56页。

[6] 参见周雪光：《中国国家治理的制度逻辑：一个组织学研究》，生活·读书·新知三联书店2017年版，第21页。

中存在的各种问题：(1) 有限理性常常导致组织目标、组织设计和激励机制等制度安排上的问题；(2) 组织中的委托—代理关系，一方面，造就下级官员的代理人角色权、责、利分离，难以从长计议；另一方面，不对称信息导致拥有信息方有着更大的"谈判"优势，致使其在实际运行过程中具有相对独立性；(3) 组织基础上的稳定利益集团导致官僚链条间的信息不畅，甚至失灵，等等。[1]当然，不同的组织类型（是正式组织还是非正式组织，是官方组织还是民间组织，是权力组织还是企业法人组织等）、所处的具体环境的不同（是计划经济年代还是市场经济时代，是资本主义法治发达国家还是社会主义法治发展中国家，是政教分离国家还是政教合一国家，是民主国家还是专制国家等），这些组织存在的问题也会有差别。例如，官方的政府组织如同其他正式组织一样，同样面临着组织管理、信息不对称、激励配置、利益协调等一系列交易成本，但同时这些成本因为政府组织的垄断性、政府官员的内部市场流动有限和向上负责等一系列组织制度特点而被放大和加重。[2]再如，虽然"正式组织的一个基本特点是有稳定的组织结构、权威关系和激励机制，因此其行为有稳定性和可预测性"，[3]但审判组织和行政组织在组织结构、权威性、激励机制等方面均会呈现差异性，进而直接影响"行为稳定性和可预测性"的程度。

我国三大诉讼法对"审判组织"均作了相关规定，具体是：2012 年修正的《民事诉讼法》[4]第一编"总则"第三章"审判组织"第 39 条第 1 款至第 2 款规定："人民法院审理第一审民事案件，由审判员、陪审员共同组成合议庭或者由审判员组成合议庭。合议庭的成员人数，必须是单数。适用简易程序审理的民事案件，由审判员一人独任审理。"第 40 条规定："人民法院审理第二审民事案件，由审判员组成合议庭。合议庭的成员人数，必须是单数。发回重审的案件，原审人民法院应当按照第一审程序另行组成合议庭。审理再审案件，原来是第一审的，按照第一审程序另行组成合议庭；原来是第二审的或者是上级人

---

[1] 参见周雪光：《中国国家治理的制度逻辑：一个组织学研究》，生活·读书·新知三联书店 2017 年版，第 27 页。

[2] 参见周雪光：《中国国家治理的制度逻辑：一个组织学研究》，生活·读书·新知三联书店 2017 年版，第 15 页。

[3] 参见周雪光：《中国国家治理的制度逻辑：一个组织学研究》，生活·读书·新知三联书店 2017 年版，第 43 页。

[4] 现行《民事诉讼法》未对"督促程序"（第 17 章）和"公示催告程序"（第 18 章）的适用主体作出明确规定。

民法院提审的,按照第二审程序另行组成合议庭。"第二编"审判程序"第十五章"特别程序"第178条规定:"依照本章程序审理的案件,实行一审终审。选民资格案件或者重大、疑难的案件,由审判员组成合议庭审理;其他案件由审判员一人独任审理。"2012年修正的《刑事诉讼法》[1]第三编"审判"第一章"审判组织"第178条第1款、第2款规定:"基层人民法院、中级人民法院审判第一审案件,应当由审判员三人或者由审判员和人民陪审员共三人组成合议庭进行,但是基层人民法院适用简易程序的案件可以由审判员一人独任审判。高级人民法院、最高人民法院审判第一审案件,应当由审判员三人至七人或者由审判员和人民陪审员共三人至七人组成合议庭进行。"2014年修正的《行政诉讼法》[2]第七章"审理和判决"第二节"第一审普通程序"第68条规定:"人民法院审理行政案件,由审判员组成合议庭,或者由审判员、陪审员组成合议庭。合议庭的成员,应当是三人以上的单数。"第三节"简易程序"第83条规定,适用简易程序审理的行政案件,由审判员一人独任审理。第四节"第二审程序"第86条规定,人民法院对上诉案件,应当组成合议庭,开庭审理(但未明确合议庭的具体组成人数和方式——笔者注)。

从组织学的视角来看,我国上述有关"审判组织"的规定,存在以下方面的不合理性:一是合议庭的组成分为两种方式即全部由法官组成或者由法官和人民陪审员组成,有的规定未能对混合合议庭(由法官和人民陪审员组成)适用的案件范围予以明确,导致实践中随意扩大适用混合合议庭,即由混合合议庭审理一些不适合发挥人民陪审员优势的案件;二是有的规定将独任庭限定于简易程序,第一审普通程序只能采用合议庭,此种简单的对应关系"反映了我国对于合议制功能的误解和简易程序价值取向的单一性和片面性",即认为"简易程序的价值基础单纯为了追求效率,而合议庭的功能仅仅是或者主要是运用权力制约机制确保公正"。[3]此种将简易程序与独任制、普通程序与合议制捆绑的做法,既不符合现行普通程序案件也有不需要合议庭而完全可由独任庭审理的实际情形,也未必能确保合议庭审理那些常规性案件时更具正当性和更高的正确性;三是有的规定将第二审程序限定于合议庭,既不符合第二审程序

---

[1] 现行《刑事诉讼法》未对第二审程序、死刑复核程序、审判监督程序(适用二审程序的)的审判组织作出明确规定。

[2] 现行《行政诉讼法》未对"审判监督程序"的适用主体作出明确规定。

[3] 参见傅郁林:"繁简分流与程序保障",载《法学研究》2003年第1期。

案件也有不需要合议庭而完全可由独任庭审理的实际情形,也未必能确保合议庭审理那些简单的上诉案件时更具正当性和更高的正确性。正如学者所言,"如果一个法律体系丧失了它的合理性,它就无法获得其所规范的人的认可,这样它就无法发挥它原本应当具有的功效,在这个意义上,这个法律体系尽管具有形式上的有效性,但它在实质上是无效的"。[1]法律体系如此,审判组织体系亦然,即审判组织相关规定存在的不合理性,必将促使人民法院采取规避的方法加以应对。[2]

从实践来看,现行诉讼法中对审判组织类型的上述相关规定,成为繁简分流机制改革推进过程中遇到的一个较大的法律障碍。为了更好地发挥独任庭和合议庭各自的优势,提升审判组织的合理性,实在有必要对审判组织的规定进行相应地修改,即"将独任制与简易程序分开,一审普通程序可以适用合议制,也可以适用独任制,基层法院的一审案件原则上适用独任制,但是否适用简易程序,由立法根据案件的性质和类型确定。中级法院一审案件原则上适用合议制普通程序,当事人合意选择简易程序的除外"。[3]

二、繁简分流的工具价值论

(一) 满足人民群众的多元司法需求

十八届三中全会《深化改革决定》强调,"坚持以人为本,尊重人民主体地位,发挥群众首创精神,紧紧依靠人民推动改革,促进人的全面发展"。十八届四中全会《依法治国决定》强调,"坚持人民主体地位……必须坚持法治建设为了人民、依靠人民、造福人民、保护人民,以保障人民根本权益为出发点和落脚点,保证人民依法享有广泛的权利和自由、承担应尽的义务,维护社会公平正义,促进共同富裕"。从"尊重或者坚持人民主体地位"出发,无论是整体上的全面改革还是单项的繁简分流机制改革,始终"要把是否促进经济社会发展、是否给人民群众带来实实在在的获得感,作为改革成效的评价标准。"

---

[1] 参见吴彦:《日常法理与政治意志》,上海三联书店2016年版,第166页。
[2] 司法实践中,面临"案多人少"矛盾的法院受困于普通程序必须采用合议庭的规定,不得不采取相应的策略:一是立案环节先将大部分民商事案件立为适用简易审,再视情形转为普通审;二是更多地采用混合合议庭,让人民陪审员成为法院的"替代工",进而导致"驻院陪审员"、名为合议实为承办法官"独断"、承办法官借"集体名义"推卸责任等现象发生。
[3] 参见傅郁林:"繁简分流与程序保障",载《法学研究》2003年第1期。

随着社会主义市场经济体制的深化、法治建设的持续推进和人民群众法治意识的逐步提升，案件当事人对人民法院审判活动的需求和期待呈现许多新的特点，例如，（1）就司法公正的要求而言，除实体公正外，越来越重视程序公正，强调公正实现过程的"看得见""参与感"；（2）就权利保障而言，除针对传统的、物质性的、实体性的权利外，还要求对新型的、精神性的、程序性的权利提供司法保障；（3）在司法诸种价值的平衡方面，除要求司法公正外，越来越重视司法效率，强调"迟来的正义非正义""成本昂贵的公正非公正"，等等。当然，因"案"（如案件性质、案件的社会影响大小、案件发生的时空，等等）和"人"（如案件当事人是单一主体还是众多主体、是自然人还是法人，是民事主体还是商事主体、是国家工作人员还是公众人物、是未成年受害人还是涉外受害人，等等）的不同，涉案当事人和人民群众（以新闻媒体为代表）对具体案件的审判活动会具有不同的要求和期待。

就案件的繁简分流而言，正如时任最高人民法院副院长李少平所说，"人民群众对于不同案件有着不同的司法需求，即对于复杂案件，当事人可能愿意使用相对复杂的普通程序并为此支付较高的诉讼成本；而对于简单案件，当事人对诉讼程序的需求更偏重及时、便捷、低成本、高效益，不希望因为程序复杂而导致诉讼拖延"。〔1〕正是立足于人民群众的"多元司法需求"、人民法院受理案件结构变化的新特点〔2〕及"案多人少"矛盾的新态势等多方面的考虑，《意见》不仅原则上要求"依法快速审理简单案件，严格规范审理复杂案件，实现简案快审、繁案精审"，而且分别从"简"和"繁"两个维度提出了系列具体举措，以便做到该繁则繁，当简则简，繁简得当，实现以较小的司法成本取得较好的法律效果。

（二）缓解法院"案多人少"的矛盾

"案多人少"矛盾是一个对全国人民法院"案"与"人"关系的总体性、结构性、阶段性、相对性的概括，并非全国3000多家法院、东/中/西法院、基

---

〔1〕 参见李少平主编：《〈最高人民法院关于进一步推进案件繁简分流优化司法资源配置的若干意见〉读本》，人民法院出版社2016年版，代序第3页。

〔2〕 近20年来刑事案件结构的变化，自然需要刑事应对程序的相应调整。据公安部门统计，近年来，严重暴力犯罪的发案数下降，收案增量基本是轻罪案件，其在发案数中所占比重越来越高。1995年，判处5年以上有期徒刑、无期徒刑、死刑（包括死缓）的重刑犯占63.19%，到2013年只占约11%。转引自魏晓娜："完善认罪认罚从宽制度：中国语境下的关键词展开"，载《法学研究》2016年第4期。

层/中级/高级/最高四级法院、发达/发展中/欠发达地方法院、主城区/城郊区/辖农村法院、法院各业务审判庭、法院每个审判年度均面临"案多人少"的矛盾。改革开放以来，随着经济社会生活的发展，人民法院受理的案件数量增长了30多倍，但法官人数仅增长了3倍，[1]两者的增长幅度明显不成比例。随着立案登记制的推行，[2]行政诉讼法的修改、法官员额制的出台以及僵尸企业破产等经济体制改革举措的落地，法院较长时期面临的"老问题"——"案多人少"矛盾又有了"新特色"，案件数逐年较大幅度增长就是一个鲜明的特点。2013年最高人民法院受理案件11 016件，审结9716件，比2012年分别上升3.2%和1.6%；地方各级人民法院受理案件1421.7万件，审结、执结1294.7万件，同比分别上升7.4%和4.4%。2014年最高人民法院受理案件11 210件，审结9882件，比2013年分别上升1.8%和1.7%；地方各级人民法院受理案件1565.1万件，审结、执结1379.7万件，同比分别上升10.1%、6.6%。2015年最高人民法院受理案件15 985件，审结14 135件，比2014年分别上升42.6%和43%；地方各级人民法院受理案件1951.1万件，审结、执行1671.4万件，同比分别上升24.7%、21.1%。截至2016年7月31日，全国法院新收案件1184.7万件，同比上升17.85%；审结案件942.7万件，同比上升21.12%；结案率为63.04%，同比上升2.61%；未结案件552.8万件，同比上升8.48%。当然，具体法院是否面临"案多人少"的矛盾，不能简单地以年受理案件数量和法院的人数比例来加以判断，而只有对案件进行结构性（包括案由、被告人数、标的额大小、办案成本等）、影响性（包括社会公众是否关注、当事人是否信访等）、时空性（包括是否处在运动性执法期、地震等灾害区域、司法环境等）的分析，同时对法院工作人员进行结构性（包括男女比例、年龄结构、法官资历深浅、学历层次、调解审判能力与各自优势、法官/法官助理/书记员团队、从事审判工作人员/法院行政人员，等等）的分析，并引入科学合理的计算方法，测算出案件工作量和人年均工作饱和量，然后结合本院内设机构设置、审判管理能力、信息化建设水平等直接或者间接影响办案质效的法院所有内外因

---

[1] 1995年，全国法院工作人员总人数为280 512，法官人数为168 571；2013年总人数为33万，法官人数约为19.6万；2014年总人数为36万，法官人数为19.88万。转引自魏晓娜："完善认罪认罚从宽制度：中国语境下的关键词展开"，载《法学研究》2016年第4期。

[2] 2015年5月1日至2017年3月，全国法院登记立案数量超过3100万件，同比上升33.92%（2017年5月18日最高人民法院"人民法院立案登记制改革两周年"新闻发布会）。

素，方能得出相对科学的判断。

经调研了解，地方法院普遍反映，《意见》推出的系列繁简分流机制改革，对于缓解法院"案多人少"的矛盾，具有重大的积极意义。例如，浙江建立大调解机制，使大量矛盾纠纷通过诉调对接机制予以化解。江苏基层人民法院诉讼服务中心全部成立速裁组织或者速裁庭，对 12 类民商事简易案件进行快速审理。广西全区法院实现 60%以上的民商事案件、80%以上的刑事案件的"简案快审"。[1]需指出的是，繁简分流本身并不减少法院案件的总量，快审机制的功能总会有一定限度，法院人力资源总存在阶段性的限量，每位审判工作人员的年工作量总有一个饱和量，因而，部分法院因收受案数量的被动性和不可控性的影响会不时地面临新的"案多人少"的矛盾。换言之，"案多人少"矛盾只能相对地得到缓解，而不能绝对地予以消除。

（三）促进法律规范体系的完备

十八届四中全会《依法治国决定》指出，"全面推进依法治国，总目标是建设中国特色社会主义法治体系，建设社会主义法治国家。这就是……形成完备的法律规范体系、高效的法治实施体系、严密的法治监督体系、有力的法治保障体系，形成完善的党内法规体系……促进国家治理体系和治理能力现代化"。其中，"形成完备的法律规范体系"也就是"完善以宪法为核心的中国特色社会主义法律体系"。为实现此目标，十八届四中全会《依法治国决定》强调"加强重点领域立法"，即"加快完善体现权利公平、机会公平、规则公平的法律制度，保障公民人身权、财产权、基本政治权利等各项权利不受侵犯，保障公民经济、文化、社会等各方面权利得到落实，实现公民权利保障法治化""健全公民权利救济渠道和方式"。繁简分流机制改革所涉领域的立法，既涉及程序法，例如，三大诉讼法，也涉及组织法和法官法；既涉及权利、规则的公平，例如，平等地接受法院审判的权利，也涉及权利救济手段的健全，例如，诉讼权利或者"享有司法救济的权利"，[2]无疑属于应当加强立法的"重点领域"。

---

[1] 最高人民法院 2017 年 5 月 18 日举行的"人民法院立案登记制改革两周年"新闻发布会。

[2] 诉讼权利被法国学界及司法实践部门称之为"基本自由的表现"，是一项重要的基本权利。参见［法］让·文森、塞尔日·金沙尔：《法国民事诉讼法要义》，罗结珍译，中国法制出版社 2001 年版，第 100~112 页。同时，联合国《公民权利和政治权利国际公约》第 2 条第 3 项和《欧洲人权公约》第 13 条均确认任何人都享有"诉诸法院的权利"。

从促进法律规范体系完善的角度出发，一方面，按照十八届四中全会《依法治国决定》"实践证明行之有效的，要及时上升为法律"的要求，繁简分流机制改革本身已经积累的不少经验，可以在适当的时候上升为立法规定。具体包括：一是刑事案件速裁程序试点工作效果良好，多层次刑事诉讼制度体系逐渐形成，可以在未来刑事诉讼法修改时作出正式规定。二是家事审判方式和工作机制改革试点工作稳妥推进，未来民事诉讼法修改时可以设立专门的诉讼程序。三是示范诉讼制度的探索初见成效，可以考虑作为正式制度规定到民事诉讼法、行政诉讼法中。四是庭审方式（包括庭审记录方式）改革、裁判文书改革等形成的成熟做法可以体现到三大诉讼中。另外，与繁简分流改革相关的法官员额制、司法责任制等其他司法改革举措，应当为《法官法》《人民法院组织法》的修改所吸收。另一方面，按照十八届四中全会《依法治国决定》"立法主动适应改革和经济社会发展需要"的精神，目前《意见》所提出的繁简分流机制改革的具体举措毕竟是在现行法律框架内提出的，始终需遵循合法性原则，因而，那些确实适应经济社会发展形势，更能在较高层次上解决司法公平与效率平衡，更根本性地有助于解决"案多人少"矛盾的繁简分流机制改革举措（尤其是那些被域外实践已经证明行之有效的），则仰赖于立法机关"坚持立改废释并举，增强法律法规的及时性、系统性、针对性、有效性"，及时对现行法律中不利于繁简分流的缺陷和不足进行弥补与完善。

（四）积极提升国家治理能力

党的十五大首次提出党领导人民治理国家的基本方略。十八届三中全会《深化改革决定》指出，"全面深化改革的总目标是完善和发展中国特色社会主义制度，推进国家治理体系和治理能力现代化"。习近平总书记指出，国家治理体系包括各领域的体制机制、法律法规安排，如经济、政治、社会以及党的建设等，是在党领导下管理国家的制度体系，也是一套紧密相连、相互协调的国家制度。[1] "国家治理体系和治理能力是一个国家的制度和制度执行能力的集中体现。"[2]

学界对"国家治理体系""国家治理能力""现代化"三个重要范畴的内涵

---

[1] 参见习近平："切实把思想统一到党的十八届三中全会精神上来"，载《求是》2014年第1期。
[2] 参见习近平："完善和发展中国特色社会主义制度 推进国家治理体系和治理能力现代化"，载《人民日报》2014年2月18日，第1版。

界定均存在分歧之处。(1) 关于"国家治理体系",主要有"系统论"和"制度论"两个角度。持"系统论"者认为,"国家治理体系是治理主体基于自身职能而推进国家实现稳定与发展目标的有机系统,其核心在于党的领导、人民当家作主、依法治国的有机统一";[1]或者认为,"国家治理体系是以制度体系为支撑,以目标体系为追求的结构性功能系统,其基础就是价值体系"。[2]持"制度论"者[3]认为,"国家治理体系是指国家经济建设体系、政治建设体系、文化建设体系等在内的制度与体系总称,是主权国家治国理政制度体系的总称";或者认为,"国家治理体系是由经济、政治、文化等治理体系构成的制度体系";或者认为,"国家治理体系包括行政行为、市场行为和社会行为的一系列制度和程序,是规范社会权力运行的一系列制度,是维护公共秩序的一系列程序"。(2) 关于"国家治理能力",学界存在"主体论"和"过程论"。持"主体论"者认为,国家治理能力是指国家在管理社会政治、经济、文化事务过程中,为实现国家治理的战略目标,分配社会利益并实现对社会生活的有效控制和调节的能量及其作用的总称;[4]或者认为,国家治理能力主要是政府的治理能力,主要表现为政府的公信力、责任力、执行力、监督力和服务力;[5]或者认为,国家治理能力,是指国家在政治、经济、民生等各个方面,利用国家的最高管控能力,在处理对内和对外事务上的综合能力;或者认为,"国家治理能力是指国家统筹各个领域治理主体、处理各种主体关系,实现经济社会发展进步的水平与质量的能力"。[6]持"过程论"者认为,"国家治理能力是指国家通过自身制度构建打造强能力结构体系,并据此向社会输出其治理举措、达成治理目标的行动力";[7]或者认为,国家治理能力是指国家治理中体系和制度体现出来的能力。(3) 关于"现代化",学界也存在不同的理解,有的认为,

---

[1] 参见胡洪彬:"国家治理体系和治理能力现代化研究回眸与前瞻",载《学习与实践》2014年第6期。

[2] 转引自王剑:"国家治理体系现代化及其哲学思考",载《理论观察》2016年第7期。

[3] 转引自王剑:"国家治理体系现代化及其哲学思考",载《理论观察》2016年第7期。

[4] 参见戴长征:"中国国家治理体系与治理能力建设初探",载《中国行政管理》2014年第1期。

[5] 参见竹立家:"国家治理体系重构与治理能力现代化",载《中共杭州市委党校学报》2014年第1期。

[6] 参见辛向阳:"推进国家治理体系和治理能力现代化的三个基本问题",载《理论探讨》2014年第2期。

[7] 参见魏治勋:"'善治'视野中的国家治理能力及其现代化",载《法学论坛》2014年第2期。

第四章 法院案件繁简分流的法理思考

"国家治理体系的现代化可归结为公共权力运行的规范化,公共治理过程的民主化、法治、效率提升以及中央与地方的协调化";[1]有的认为,国家治理体系现代化包括国家治理主体的现代化、治理客体的现代化、治理方式的现代化、治理目标的现代化,是国家治理体系为适应现代变革的本质要求而对自身进行的现代化;[2]有的认为,"国家治理能力现代化是指不断适应社会主义现代化建设的需要,增强依法按照制度治国理政的本领,把各方面制度优势转化为管理国家的能力和水平"。[3]

上述这些不同的内涵界定,自然会影响从"国家治理体系和治理能力"的角度对《意见》的看待和评价。此处主要从以下几个方面略作论述:(1)立足"制度论"。"一个国家的运行过程、解决问题的能力与方式、应对危机的抉择、中央与地方的关系、国家与社会的关系,都是建立在一系列制度设施之上的。"[4]现代国家治理体系的建构过程就是一系列现代制度体系不断成熟和完善的过程,是社会主义制度体系不断完善的过程,其中包括基本经济制度、体制、机制的不断健全、基本政治制度的完善和法律体系的形成。《意见》作为今后一个时期指导地方各级法院案件繁简分流工作的指导性文件,是对地方法院先期实践探索经验总结的"制度化"成果,其中,不仅有对现行诉讼程序进行细化的举措,也有在遵循法律精神原则的前提下克服法律不足的举措,还有一系列具有创新意义的制度化工作机制。正如有学者所言,"这些稳定的制度安排塑造了解决问题的途径和方式,诱导了相应的微观行为,从而在很大程度上规定了国家治理的轨迹、抉择和后果"。[5]《意见》作为一个制度化的指导文件,同样会不同程度地改变乃至塑造法院治理(管理)的理念、模式、方法。[6](2)立足"变迁论"。现代中国整体治理结构存在三重转变,即从单一型治理

---

[1] 参见俞可平:"国家治理体系的内涵本质",载《理论导报》2014年第4期。
[2] 转引自王剑:"国家治理体系现代化及其哲学思考",载《理论观察》2016年第7期。
[3] 参见郑言、李猛:"推进国家治理体系与国家治理能力现代化",载《吉林大学社会科学学报》2014年第2期。
[4] 参见周雪光:《中国国家治理的制度逻辑:一个组织学研究》,生活·读书·新知三联书店2017年版,第9页。
[5] 参见周雪光:《中国国家治理的制度逻辑:一个组织学研究》,生活·读书·新知三联书店2017年版,第9页。
[6] 据调研了解,广东省中山市第一人民法院在繁简分流机制改革过程中,在将案件分为简单、普通和复杂三类的基础上,分别再造管理流程、配置人员、审判监督模式/方法,改变了法院先前的管理模式。

向多元复合型治理、从集权型治理向集权与分权相结合型治理、从封闭型治理向开放型治理转变。[1]《意见》的"完善多元化纠纷解决机制"提出,"推动综治组织、行政机关、人民调解组织、商事调解组织、行业调解组织、仲裁机构、公证机构等各类治理主体发挥预防与化解矛盾纠纷的作用,完善诉调对接工作平台建设,加强诉讼与非诉讼纠纷解决方式的有机衔接,促进纠纷的诉前分流"。此处强调的"审判机关与其他治理主体共同发挥预防与化解纠纷的作用",属于"多元复合型治理";"诉调对接工作平台"和"诉讼与非诉讼纠纷解决方式的有机衔接",属于"开放型治理";"诉前分流",意味着司法权的某种"社会化",[2]属于"集权与分权相结合的治理"。(3)立足"主体论"。在当代中国,国家在经济和社会发展中扮演了一个积极主导者的角色,承担经济和社会生活方方面面的事务,在多元治理主体中处于核心的地位(相较于公司、事业单位、社会组织、公民等而言)。尤其是在"现代化、市场化、工业化、城市化、信息化与全球化的力量交相辉映,共同塑造着中国国家治理的历史场景与生态环境"的背景下,[3]政府(广义的)更是承担着越来越重要的治理职责。[4]作为代表国家行使审判权的人民法院无疑属于广义政府的范畴,同样承担着国家治理者的角色。《意见》从"供给端"着眼,既从"简"的方面提出系列举措,又注重司法资源的优化配置、借力信息化和智慧法院建设,必将大大地提升法院的司法生产力和参与国家治理的能力,缓解人民群众不断增长的司法需求与人民法院供给能力不足之间的矛盾。(4)立足"现代化"。《意见》从"繁""简"两方面提出的诸多举措符合现代司法发展的国际潮流;同时,《意见》紧跟现代科技发展步伐,注重信息技术在繁简分流机制改革中的充分运用。

三、繁简分流的路径对策论

中央政法委原书记孟建柱曾强调,"'案多人少'问题,不能简单寄希望于

---

[1] 参见俞可平主编:《中国治理变迁30年》,社会科学文献出版社2008年版,第498页。
[2] 参见程春明:《司法权及其配置——理论语境、中英法式样及国际趋势》,中国法制出版社2009年版,第253页以下;另见刘树德:《司法改革:小问题与大方向》,法律出版社2012年版,第93页以下。
[3] 参见唐皇凤:"中国国家治理体系现代化的路径选择",载《福建论坛(人文社会科学版)》2014年第2期。
[4] 十八届三中全会《深化改革决定》指出,"科学的宏观调控,有效的政府治理,是发挥社会主义市场经济体制优势的内在要求"。

通过增加编制、人员来解决，而是要通过改革，从制度机制上研究采取措施"。具体来说，繁简分流机制改革应从以下三方面加以推进和深化。

（一）最高司法机关对实践经验的制度化

为进一步优化司法资源，提高司法效率，促进司法公正，减少当事人诉讼成本，维护人民群众合法权益，根据《民事诉讼法》《刑事诉讼法》《行政诉讼法》等法律规定，结合人民法院工作实际，2016年9月12日，最高人民法院发布并施行《意见》。《意见》第1条"遵循司法规律推进繁简分流"是一个总则性、原则性、目标性条款，即"科学调配和高效运用审判资源，依法快速审理简单案件，严格规范审理复杂案件，实现简案快审、繁案精审。根据案件事实、法律适用、社会影响等因素，选择适用适当的审理程序，规范完善不同程序之间的转换衔接，做到该繁则繁，当简则简，繁简得当，努力以较小的司法成本取得较好的法律效果"。第2条至第21条为落实和保障繁简分流的具体举措。

这些改革举措包括两大类：第一大类是繁简分流的落实举措，具体细分为以下小类。一是快审程序的充分运用，包括：（1）发挥民事案件快速审判程序的优势。根据《民事诉讼法》及其司法解释规定，积极引导当事人双方约定适用简易程序审理民事案件。对于标的额超过规定标准的简单民事案件，或者不属于《民事诉讼法》第165条第1款规定情形但标的额在规定标准以下的民事案件，当事人双方约定适用小额诉讼程序的，可以适用小额诉讼程序审理。依法适用实现担保物权案件的特别程序。积极引导当事人将债权人请求债务人给付金钱、有价证券的案件转入督促程序，推广使用电子支付令。（2）创新刑事速裁工作机制。总结刑事速裁程序试点经验，加强侦查、起诉、审判程序的衔接配合。推广在看守所、执法办案单位等场所内建立速裁办公区，推动案件信息共享及案卷无纸化流转，促进案件办理的简化提速。（3）简化行政案件审理程序。对于已经立案但不符合起诉条件的行政案件，经过阅卷、调查和询问当事人，认为不需要开庭审理的，可以径行裁定驳回起诉。对于事实清楚、权利义务关系明确、争议不大的案件，探索建立行政速裁工作机制。

二是不同诉讼阶段或环节的"简"举措，包括：（1）立案环节。"推进案件繁简的甄别分流"，即"地方各级人民法院根据法律规定，科学制定简单案件与复杂案件的区分标准和分流规则，采取随机分案为主、指定分案为辅的方式,确保简单案件由人民法庭、速裁团队及时审理,系列性、群体性或关联性案件原则上由同一审判组织审理。对于繁简程度难以及时准确判断的案件,立案、审判及审判管理部门应当及时会商沟通,实现分案工作的有序高效"。(2)庭前准备阶段。①"完善送达程序与送达方式",即"当事人在纠纷发生之前约定送达地址的,人民法院可以将该地址作为送达诉讼文书的确认地址。当事人起诉或答辩时应当依照规定填写送达地址确认书。积极运用电子方式送达;当事人同意电子送达的,应当提供并确认传真号、电子信箱、微信号等电子送达地址。充分利用中国审判流程信息公开网,建立全国法院统一的电子送达平台。完善国家邮政机构以法院专递方式进行送达"。②"发挥庭前会议功能",即"法官或受法官指导的法官助理主持召开庭前会议,解决核对当事人身份、组织交换证据目录、启动非法证据排除等相关程序性事项。对于适宜调解的案件,积极通过庭前会议促成当事人和解或者达成调解协议。对于庭前会议已确认的无争议事实和证据,在庭审中作出说明后,可以简化庭审举证和质证;对于有争议的事实和证据,征求当事人意见后归纳争议焦点"。(3)庭审阶段。①"创新开庭方式",即"对于适用简易程序审理的民事、刑事案件,经当事人同意,可以采用远程视频方式开庭。证人、鉴定人、被害人可以使用视听传输技术或者同步视频作证室等作证"。②"推行庭审记录方式改革",即"积极开发利用智能语音识别技术,实现庭审语音同步转化为文字并生成法庭笔录。落实庭审活动全程录音录像的要求,探索使用庭审录音录像简化或者替代书记员法庭记录"。③"推进民事庭审方式改革",即"对于适用小额诉讼程序审理的民事案件,可以直接围绕诉讼请求进行庭审,不受法庭调查、法庭辩论等庭审程序限制。对于案件要素与审理要点相对集中的民事案件,可以根据相关要素并结合诉讼请求确定庭审顺序,围绕有争议的要素同步进行法庭调查和法庭辩论"。④"探索认罪认罚案件庭审方式改革",即"对于被告人认罪认罚的案件,探索简化庭审程序,但是应当听取被告人的最后陈述。适用刑事速裁程序审理的,可不再进行法庭调查、法庭辩论;适用刑事简易程序审理的,不受法庭调查、法庭辩论等庭审程序限制"。⑤"促进当庭宣判",即"对于适用小额诉讼程序审理的民事案件、适用速裁程序审理的刑事案件,原则上应当当庭宣判。对于适用民事、刑事、行政简易程序审理的案件,一般应当当庭宣判。对于适用普通程序审理的民事、刑事、行政案件,逐步提高当庭宣判率"。(4)文书制作阶段。"推行裁判文书繁简分流",即"根据法院审级、案件类型、庭审情况等对裁判文书的体例结构及说理进行繁简分流。复杂案件的裁判文书应当围绕争议焦点进行有针对性地说理。新类型、具有指导意义的简单案件,加强说理;其他简单案件可以使用令状式、要素式、表格式等简式裁判文书,简化说理。当庭宣判的案件,裁判文书可以适当简化。当庭即时履行的民事案件,经征得各方当事人同意,可以在法庭笔录中记录相关情况后不再出具裁判文书"。(5)二审阶段。"完善二审案件衔接机制",即"积极引导当事人、律师等提交电子诉讼材料,推进智慧法院建设和诉讼档案电子化,运用电子卷宗移送方式,加快案卷在上下级法院之间的移送。优化二审审理方式,围绕诉讼各方争议问题进行审理,避免二审与一审在庭审和裁判文书方面的不必要重复。强化二审统一裁判尺度、明确裁判规则等功能"。

三是促进快审的审判机制,包括:(1)"探索实行示范诉讼方式",即"对于系列性或群体性民事案件和行政案件,选取个别或少数案件先行示范诉讼,参照其裁判结果来处理其他同类案件,通过个案示范处理带动批量案件的高效解决"。(2)"推行集中时间审理案件的做法",即"对于适用简易程序审理的民事案件、适用速裁程序或者简易程序审理的轻微刑事案件,实行集中立案、移送、排期、开庭、宣判,由同一审判组织在同一时段内对多个案件连续审理"。

第二大类是繁简分流的保障举措,细分为法院内与法院外两个小类。一是法院内的保障,包括:(1)"提升人案配比科学性",即"在精确测算人员、案件数量和工作量的基础上,动态调整不同法院、不同审判部门的审判力量。根据法院审级、案件繁简等相关因素,合理确定法官、法官助理、书记员的配置比例,科学界定各自职能定位及其相互关系,最大程度地发挥审判团队优势"。(2)"推广专业化审判",即"在充分考虑法官办案能力、经验及特长等因素的基础上,根据案件的不同类型确定审理类型化案件的专业审判组织,根据案件的繁简程度确定专门审理简单案件与复杂案件的审判人员。推进办案标准化建设,健全案例工作制度。构建法官轮岗机制,完善业绩评价体系,激发和保持审判队伍的活力"。(3)"推进审判辅助事务集中管理",即"根据审判实际需要,在诉讼服务中心或审判业务等部门安排专门的审判辅助人员,集中负责送达、排期开庭、保全、鉴定评估、文书上网等审判辅助事务"。

二是法院外的保障,包括:(1)"完善多元化纠纷解决机制",即"推动综治组织、行政机关、人民调解组织、商事调解组织、行业调解组织、仲裁机构、公证机构等各类治理主体发挥预防与化解矛盾纠纷的作用，完善诉调对接工作平台建设，加强诉讼与非诉讼纠纷解决方式的有机衔接，促进纠纷的诉前分流。完善刑事诉讼中的和解、调解。促进行政调解、行政和解，积极支持行政机关依法裁决同行政管理活动密切相关的民事纠纷"。（2）"发挥律师在诉讼中的作用"，即"积极支持律师依法执业，保障律师执业权利，重视律师对案件繁简分流和诉讼程序选择的意见，积极推动律师参与调解、代理申诉等工作"。（3）"引导当事人诚信理性诉讼"，即"加大对虚假诉讼、恶意诉讼等非诚信诉讼行为的打击力度，充分发挥诉讼费用、律师费用调节当事人诉讼行为的杠杆作用，促使当事人选择适当方式解决纠纷。当事人存在滥用诉讼权利、拖延承担诉讼义务等明显不当行为，造成诉讼对方或第三人直接损失的，人民法院可以根据具体情况对无过错方依法提出的赔偿合理的律师费用等正当要求予以支持"。

《意见》是最高人民法院落实中央有关改革精神、在充分调研论证和广泛征求意见的基础上形成的政策性指导文件。《意见》始终坚持问题导向，始终把着力点放在对各地法院实践探索经验的总结上，进而将那些切实可行、不违背现行法律规定的好机制与好做法予以制度化，从而更好地发挥指导作用。

（二）地方法院的继续探索创新

正如十八届三中全会《深化改革决定》所强调的，"鼓励地方、基层和群众大胆探索，加强重大改革试点工作，及时总结经验，宽容改革失误"。《意见》是一个对各地法院前期实践探索经验的总结，是一个阶段性成果。随着《意见》的具体落实和司法体制改革的推进，"案多人少"的矛盾必然会有新的表现形式，繁简分流机制的运行必然会遇到新的问题，因而需要继续以改革的思维来探索对策和破解问题，进而形成可复制、可推广的经验，并适时地通过修改完善《意见》予以制度化。

经调研了解，各地法院在贯彻落实《意见》的过程中，结合本地实际，在繁简分流机制建设方面进行了许多新的探索，主要有：（1）北京市第三中级人民法院探索以民商合一为基础的繁简分流机制，将民商事审判庭划分为快审庭和精审庭，精审庭也不区分民事案件和商事案件，除极少部分案由（如破产案件）相对集中外，实行电脑随机、平行分案；探索二审快审机制，在明确开庭审理为原则、不开庭审理为例外的前提下，综合法律规定、案件情况、便利当事人等因素，将审理方式划分为询问审理、直接开庭审理、询问与开庭相结合三种；探索建立应对不诚信诉讼的综合机制，具体包括依法惩戒相关主体的不诚信行为；及时发出司法建议，强化相关单位的诚信规范意识；加强教育引导，帮助诉讼参与人树立诚信观念；倡议诚信诉讼，拟定《诚信诉讼承诺》，加强诉讼参加人的自我约束；及时通报不诚信诉讼行为的惩处情况，探索对恶意诉讼行为人纳入失信人名单或社会征信体系。（2）北京市海淀区人民法院自主研发北京市法院系统首个"司法专递"软件系统，实现在线申请、终端打印以及邮编查询、邮件状态查询、邮件交接、回执自动接收等实用功能，极大地提升了司法专邮工作效率。（3）天津市第二中级人民法院创建二审民事、刑事、行政案件"两段式、不间断"审判模式。"两段式"是指将案件审理流程分为两个阶段：立案到分案前为第一阶段，即分案前准备阶段；分案至宣判为第二阶段，即案件审理阶段。两个阶段的庭前准备工作和审理工作分别由法官助理和法官负责。两个阶段之间的衔接程序为庭前准备会议，即分案后、开庭前，法官通过庭前准备会议与法官助理进行充分的案件信息对接。"不间断"是指经过充分庭前准备之后，开庭当天向各合议庭即时随机分案，合议庭即时召开庭前准备会议、即时开庭、即时合议，符合当庭宣判条件的即时当庭宣判，各个环节无缝对接、不间断进行。（4）天津市红桥区人民法院引入公证电话送达，即安装使用公证机关认可的电话录音取证系统，通知当事人开庭时间及地点、举证期限、到法院领取诉讼文书等事项，均由系统同步录音，自动储存在公证机关的存储介质内；工作人员可通过登录管理账户，对录音内容进行查询等操作，必要时法院可就电话录音内容办理证据保全公证，并由公证机关出具公证书。（5）河北省承德市双滦区人民法院、河南省温县人民法院推行诉前司法鉴定机制，即将诉中鉴定改为诉前鉴定，对需要鉴定的医疗纠纷、交通事故、建筑工程等案件在正式立案前即做好委托鉴定工作，当事人依据鉴定、评估结论，自主选择立案或庭外和解，对不能庭外和解的案件及时引入诉讼程序。（6）内蒙古自治区呼伦贝尔市中级人民法院推行庭审简化程序，即对不适用简易程序审理的二审民事案件，经主审法官或合议庭授权的法官、法官助理等在询问相关当事人后，依照合议庭的审理要求，主持庭前会议，完成为精简庭审程序所应当进行的一切庭前准备工作，由合议庭完成庭审审理，及时评议并作出裁判的审理方式。（7）上海市第二中级人民法院全力打造法官办案智能辅助系统"C2J＋V3.0"升级版，拓展开发"全快搜"（含二中E搜）系统，完善"上海企业信息查询"功能,深化"文书案例检索子系统""裁判文书纠错系统文书""上网辅助系统",升级当事人关联案件查询子系统,并在"实用工具"中新增审限计算、诉讼费计算、迟延履行利息计算、案件赔偿计算、继承纠纷计算等与办案相关的各类计算器,以及全国地址邮编、律师名册及联系方式、银行、房地产交易中心及各派出所信息,等等。(8)福建省厦门市思明区人民法院开展诉讼公证全方位战略合作,借力"诉讼与公证协同创新中心"平台,由送达组全面承接民商事案件的送达工作,送达事务工作全面剥离,送达辅助资源全面整合,实现根据当事人反馈集约安排送达、根据法官安排集约排庭、根据路线规划集约上门的"大集约"送达模式。(9)福建省石狮市人民法院建立以"一格、一册、一账"为基础,以"全域送、高效送、精准送"为路径,以"抓源头、抓管理、抓落实"为保障,以"提效率、降成本、促满意"为目标的网格化司法送达机制,实现从分散送达到归口送达、从单独送达到协助送达、从随机送达到精准送达的转变。(10)广东省东莞市第一人民法院积极探索"案例引导调解机制",在知识产权民事案件上率先实行案例引导裁判制度,由律师、当事人提供相关案例给法官作为参考,指导调解、裁判和执行,带动同类型案件高效解决。(11)北京市海淀区人民法院、河南省登封市人民法院在速裁的基础上,探索"全流程简化"刑拘直诉模式,轻微案件文书表格化,最快48小时内走完诉讼全程。(12)山东省济南市法院系统探索社会调查、和解调解同步前置,提前分流、委托评估、启动调解。(13)福建省福州市福清区人民法院探索"认罪认罚审查"庭审模式,在严格审查案件事实证据、法律适用的基础上,开庭重点核实认罪认罚的真实自愿性,等等。

此外,笔者在调研过程中发现下列两个问题更需要在实践中进行探索和解决。第一,案件繁简的区分标准。三大诉讼法及其司法解释对简单案件的属性有相关规定,但是,这些规定都比较抽象,在具体审判过程中,案件繁与简的判断需要综合考虑送达难易程度、案件类型、当地法治水平、法官办案能力、相似案件裁判规则完备程度、法院审级等因素,根据具体情况进行具体判断。例如,地区性差异是客观存在的,某类案件在西部可能属于新类型复杂案件,在东部则是已经形成裁判规则的简单案件。第二,案件繁简分流的机构设置。司法实践中主要有三种做法:一是在立案庭内部设立快审合议庭;二是设立专门的速裁审判庭;三是在部分审判庭内部设立快审合议庭。三种思路各有侧重,各有优势,各个法院应结合收案情况、法官队伍情况、审级功能定位、信息化建设和保障程度、外在司法环境等的综合情况，经过不断探索找到适应本院实际的快审管理效率和规范的最佳动态平衡点。与之相关的问题包括：简案与繁案的分流究竟是由立案庭来决定，还是由审判业务庭来决定，或者由合议庭来决定；简案审判组织究竟是人民法庭，还是速裁团队，或者专门合议庭；分流不当的案件是由原来的审判组织继续审理，还是由其他审判组织转办，或者区分情形决定是否转办，以上都需要各地法院根据具体情况自行决定。正是考虑到这些问题尚未有统一的答案，《意见》目前只是作些原则性的规定，随着实践的不断深化，相对的共识和统一的规则必将形成。

（三）立法机关对改革举措的立法化

十八届四中全会《依法治国决定》对立法与改革的关系作了深刻的论述，"实现立法和改革决策相衔接，做到重大改革于法有据、立法主动适应改革和经济社会发展需要。实践证明行之有效的，要及时上升为法律。实践条件还不成熟、需要先行先试的，要按照法定程序作出授权。对不适应改革要求的法律法规，要及时修改和废止"。繁简分流机制改革，必须在现行法律框架下进行，即不得与刚性的、明确的法律规范相冲突，至多在恪守法律原则精神的前提下充分用好现有法律规范的空白，推出具体的改革举措。例如，在修改起草《关于人民法院庭审录音录像的若干规定》过程中遇到如下问题：庭审录音录像是否可以替代法庭笔录，是所有程序均不能替代还是部分程序可以替代，即替代有无明确法律依据或者替代是否明确与现行法律冲突？2012年《刑事诉讼法》第201条第1款规定："法庭审判的全部活动，应当由书记员写成笔录，经审判长审阅后，由审判长和书记员签名。"2012年修正的《民事诉讼法》第147条第1款规定："书记员应当将法庭审理的全部活动记入笔录，由审判人员和书记员签名。"经研究认为，2012年修正的《民事诉讼法》第147条第1款被置于"第二编审判程序——第十二章第一审普通程序——第三节开庭审理"中，而紧接"第十二章第一审普通程序"的是"第十三章简易程序"。简易程序没有对法庭笔录作出明确的规定。从法体系解释的方法来看，简易程序的庭审未必一定要局限于传统的纸质记录，完全可以采用录音录像的方式。最后，《关于人民法院庭审录音录像的若干规定》第8条规定："适用简易程序审理民事案件的庭审录音录像，经当事人同意的，可以替代法庭笔录。"也就是说，从合法性来看，在现行诉讼法未作出修改之际，庭审录音录像替代法庭笔录只能适用于民事简易程序，不宜扩展至民事普通程序和刑事程序（当然，现行诉讼法律法庭笔录的相关条款如何与时俱进地作出适应互联网信息化时代需求的修改，则是另一回事）。

无论是作为程序法的诉讼法，还是组织法，均属于公法的范畴，不同于私法，其授权性、裁量性的法律条款较少，因此，依循"公权力，法律无明文规定不可为"的铁则，类似上述具有较大创新性的"庭审录音录像替代法庭笔录"的繁简分流机制改革举措就不会存在太多空间。[1]也就是说，繁简分流机制改革所受的"法律羁绊"更多地需要通过立法修改或完善来加以消除。[2]从我们起草《意见》的过程来看，具体包括以下几个方面：一是修改《诉讼费用交纳办法》。诉讼费用对繁简分流具有杠杆作用，为了鼓励当事人诚信理性诉讼，有必要尽快修改《诉讼费用交纳办法》。对于社会力量参与非诉讼纠纷解决的案件，可以适当减免诉讼费并探索将诉讼费让渡予社会力量；对于调解的案件，可以减免诉讼费；对于滥用诉权、恶意诉讼的行为，可以视情况采取罚款等制裁措施。二是在民事诉讼法中设立单独的非讼程序。对于民事权益不存在争议、不存在对立双方当事人的案件，域外各国一般大量适用非讼程序，采用独任制审理，实行一审终审。我国民事诉讼法只是在特别程序中对宣告失踪、宣告死亡案件等几种民事非讼案件进行了规定，范围非常有限，程序不够简化，有必要对非讼程序进行专门规定，扩大适用范围、简化办案程序。三是延长《行政诉讼法》中简易程序的审理期限。根据《行政诉讼法》第83条的规定，适用简易程序审理的行政案件应当在立案之日起45日内审结，这是行政简易程序适用率低的重要原因。一般来说，行政案件涉及的关系较为复杂，45日内很难审结，有必要延长《行政诉讼法》中简易程序的审理期限。四是扩大独任制审理的适用范围。根据诉讼法的相关规定，独任制与简易程序存在简单对应关

---

〔1〕《意见》的"约定送达地址制度"（即"当事人在纠纷发生之前约定送达地址的，人民法院可以将该地址作为送达诉讼文书的确认地址"）和"原告合理律师费用由被告人承担制度"（即"当事人存在滥用诉讼权利、拖延承担诉讼义务等明显不当行为，造成诉讼对方或者第三人直接损失的，人民法院可以根据具体情况对无过错方依法提出的赔偿合理的律师费用等正当要求予以支持"），就是具有较大创新性的制度。

〔2〕有学者针对民事诉讼效率的实现提出如下建议：完善审前准备程序；完善简易程序；建立小额诉讼程序；简化普通程序；完善诉的合并制度；建立集中审理制度；限制再审程序的启动；规范诉讼周期；建立强制答辩制度；降低当事人诉讼费用。参见陈光中等：《中国司法制度的基础理论问题研究》，经济科学出版社2010年版，第594~602页。

系。但是，适用普通程序审理的案件实际上并非都是复杂案件，可以探索采取独任制审理，有必要改变独任制与简易程序的简单对应关系，在诉讼法及其他相关法律中对审判组织形式进行修改，[1]等等。

---

[1] 最近修正的《民事诉讼法》已作出了相应的修改规定。

第五章

刑事案件繁简分流的一体化思考

2016年9月12日最高人民法院发布的《意见》，标志着繁简分流进入一个新的阶段。《意见》较好地体现了"准确把握改革内在联系，提高改革系统集成能力"[1]的精神，立足主体（组织）—客体（对象）—程序（制度）一体化框架，[2]提出了21条改革举措，具体包括：程序（机制）方面的小额诉讼程序、督促程序、送达程序、刑事速裁程序、庭前会议、庭审方式、庭审记录方式、一二审衔接；客体（对象）方面的繁简案件识别、审判辅助事务集中；主体（组织）方面的专业化审判、人案配比科学性、律师在诉讼中的作用、法院外主体的解纷功能、当事人诚信理性诉讼，等等。此处立足刑事一体化[3]的语境，从犯罪分层—程序构建—审判组织配置三个方面对刑事法领域的繁简分流展开分析。

---

[1] 习近平总书记在2016年3月22日中央深化改革领导小组第22次会议上强调，推进改革要树立系统思想，推动有条件的地方和领域实现改革举措系统集成；要把住顶层设计和路线图，注重改革举措配套组合，使各项改革举措不断向中心目标靠拢；特别是同一领域改革举措要注意前后呼应、相互配合、形成整体。

[2] 此系民事诉讼法学者王亚新教授的主张，其按照诉讼程序处理民事纠纷所涉及的基本构件和展开过程，重新设计民事诉讼法教科书体系为下列四个部分：一是审判主体，即与法院相关的一系列制度，包括案件受理范围、管辖和审判组织；二是诉讼主体，包括当事人及其代理人、共同诉讼、代表人诉讼和第三人；三是审理对象，即程序处理解决的课题或者问题本身，由诉讼类型、审理范围和证据、证明等内容组成；四是程序，包括民事诉讼流程从起诉立案开始的第一审普通程序、简易程序和小额程序、第二审程序、审判监督程序和非讼程序。参见王亚新、陈杭平、刘君博：《中国民事诉讼法重点讲义》，高等教育出版社2017年版，第2页。

[3] 20世纪80年代，储槐植教授提出建立刑事一体化的思想，即追求刑法内部结构合理，达到刑法的横向协调；同时必须考虑刑法运行的前后制约，达到刑法的纵向协调；20世纪90年代，他进一步指出，刑事一体化包括观念的和方法的一体化两部分内容，核心要义在于解决刑法实践的具体问题，融通刑事学科之间的联系。参见储槐植："推进刑事一体化思想在刑法基础理论中的贯彻和应用"，系《刑罚一般预防目的的信条学意义研究》（马聪，中国政法大学出版社2016年版）之序言。另见储槐植：《刑事一体化论要》，北京大学出版社2007年版，第25~28页。

一、犯罪的多元分层

犯罪分层，是指根据犯罪的严重程度将所有犯罪纵向划分为不同层次的犯罪。[1]犯罪分层标准具体可分成两类：一是根据刑罚的轻重，将不同的犯罪行为进行分层，称之为形式标准；二是根据犯罪行为本身的严重程度[2]（或社会危害性质和程度），将所有犯罪行为进行分层，称之为实体标准（或实质标准、严重程度标准）。

纵览当今世界主要国家刑事立法，犯罪分层的模式[3]包括以下几种：（1）二分法模式，就是根据犯罪严重程度或刑罚轻重把所有刑法典规定的犯罪划分成两个层次，即重罪和轻罪或重罪和违警罪。二分法模式的国家比较多，主要有德国、意大利、瑞士、奥地利、挪威、菲律宾等国家。例如，《德国刑法典》第 12 条规定：①重罪指最低刑为 1 年或 1 年以上自由刑的违法行为；②轻罪指最高刑为 1 年以下自由刑或科处罚金刑的违法行为。《意大利刑法典》第 39 条规定，根据本法典为有关罪行分别规定的刑罚种类，犯罪区分重罪和违警罪。《瑞士联邦刑法典》第 9 条规定，重罪是指应科处重惩役之行为；轻罪是指最高刑为普通监禁刑之行为。《奥地利联邦共和国刑法典》第 17 条规定，应当科处终身自由刑或 3 年以上自由刑的故意行为是重罪；所有其他应受刑罚处罚的行为均是轻罪。《挪威一般公民刑法典》第 2 条规定，3 个月以上监禁、6 个月以上拘留、剥夺公职等主刑为重罪，轻罪为除重罪以外的其他犯罪。《菲律宾刑法典》将犯罪分为重罪与轻罪。重罪又分为严重重罪、较重重罪与轻微重罪三类。（2）三分法模式，就是根据犯罪严重程度或刑罚轻重把所有刑法典规定的犯罪划分成三个层次，即重罪、轻罪和违警罪或者重罪、较重罪和轻罪等。三分法是最典型的犯罪分层模式，其中最典型的三分法模式国家是法国。《法国刑法典》（1994 年 3 月 1 日开始实施）第 111-1 条规定，刑事犯罪，依其严重程度，分为重罪、轻罪和违

---

[1] 参见卢建平："犯罪分层及其意义"，载《法学研究》2008 年第 3 期。
[2] 有学者认为，犯罪严重程度的评价，具体存在三个主体立场，即代表国家权威态度的立法者（通过法典形式表现出来）、代表理性认识的学者或专家（通过研究成果表现出来）、代表感性体验的民众（通过社会调查统计表现出来）。参见叶希善："论犯罪分层标准"，载《浙江师范大学学报（社会科学版）》2008 年第 2 期。
[3] 有学者认为，犯罪分层模式有两种情形：一是针对所有犯罪的分层模式，二是针对个罪的分层模式。参见孙道萃："犯罪分层的标准与模式新论"，载《法治研究》2013 年第 1 期。

警罪。德国先前的《帝国刑法典》采取犯罪三分法，该法第 1 条规定，重罪（狭义）是指应当判处死刑、5 年以上监禁或者要塞监禁的犯罪；轻罪是指 5 年以下要塞监禁，普通监禁或并处 150 个帝国马克以上罚金或者单处罚金的犯罪；违警罪是指应科处拘役或者 150 个帝国马克以上罚金的犯罪行为。(3) 四分法模式，就是根据刑罚轻重或犯罪严重程度把所有刑法典规定的犯罪划分成四个层次，如《俄罗斯联邦刑法典》第 15 条规定：依据社会危害性的性质和程度，犯罪可细分为轻罪、中等严重的犯罪、严重的犯罪和特别严重的犯罪。其中，故意或过失行为，最高刑期不超过 2 年剥夺自由刑的是轻罪；故意或者过失行为，最高刑期不超过 5 年剥夺自由的，是中等严重的犯罪；故意或者过失行为，最高刑期不超过 10 年剥夺自由的，是严重的犯罪；故意行为，刑罚超过 10 年剥夺自由刑或更严重的，是特别严重的犯罪。《越南刑法典》第 8 条第 2 款、第 3 款规定，根据刑法所规定的行为的性质和社会危害性，犯罪可分为轻微犯罪、一般犯罪、严重犯罪和特别严重犯罪四类。其中，轻微犯罪是指社会危害性不大，且法定最高刑为 3 年以下有期徒刑的犯罪；一般犯罪是指具有一定社会危害性且法定最高刑为 7 年以下有期徒刑的犯罪；严重犯罪是指社会危害性大且法定最高刑为 15 年以下有期徒刑的犯罪；特别严重犯罪是指社会危害性特别严重巨大且法定最高刑为 20 年有期徒刑、终身监禁或死刑的犯罪。(4) 多层分法模式，是指根据刑罚轻重或犯罪严重程度把所有刑法典规定的犯罪划分成五个或五个以上层次。多层分法模式的典型代表国家是美国。《美国模范刑法典》将犯罪划分为六个层次：一级重罪，二级重罪，三级重罪，轻罪，微罪，违警罪。其特点主要表现在：①在法定刑度上，层次之间划分细致。重罪和轻罪（和/或微罪）之间的界限，大致为 1 年的定期监禁刑。三个级别的重罪之间也存在一定的差别；轻罪和微罪之间，大致在 30 日定期监禁刑的线上存在界限；微罪和违警罪之间则存在比较明显的界限；根据规定，违警罪不处以监禁刑，只能处以罚金、没收等制裁。②在分层方法上，实行二次分层方法。第一次分层，将犯罪分为重罪、轻罪、微罪和违警罪；第二次分层，将重罪分为一级重罪、二级重罪和三级重罪，法定刑幅度各不相同，不处以监禁刑，只能处以罚金、没收等制裁。[1]

从我国刑法渊源来看，无论是 1979 年《刑法》还是 1997 年《刑法》，均没

---

[1] 参见沈玉忠："犯罪分层理论的展开：梳理、价值与架构"，载《鄂州大学学报》2009 年第 6 期。

有明文规定犯罪的分层。[1]但按照学者的观点，刑法规定的罪行还是存在等级的，例如，根据赵廷光教授的分析，根据《刑法》对罪行所配置的法定刑，可以将这些罪行划分成六个等级：（1）罪行轻微，法定最高刑为 1 年和 2 年有期徒刑。此类罪行共 33 种，占全部罪行的 2%。（2）罪行较轻，法定最高刑为 3 年有期徒刑。此类罪行共 406 种，占全部罪行的 27%。（3）罪行较重，法定最高刑为 5 年有期徒刑。此类罪行共 211 种，占全部罪行的 15%。（4）罪行严重，法定最高刑为 7 年和 10 年有期徒刑。此类罪行共有 471 种，占全部罪行的 32%。（5）罪行重大，法定最高刑为 15 年有期徒刑和无期徒刑。此类罪行共 212 种，占全部罪行的 15%。（6）罪行极重，法定最高刑为死刑。此类罪行共 132 种，占全部罪行的 9%。再进一步细分，可以分成 37 个档次或等级。[2]

特别是在宽严相济刑事政策[3]正式被确立为刑法修改的指导思想[4]后，犯罪分层的理念有了较为清晰的体现，例如，《刑法修正案（九）》在扩张犯罪圈、扩大刑法干预范围的过程中区分犯罪的重、轻、微，并配置严厉程度不同的刑罚，具体而言：（1）针对当前国内外高度关注的严重犯罪如暴恐犯罪、腐败犯罪，增加了准备实施恐怖活动罪，宣扬恐怖主义、极端主义、煽动实施恐怖活动罪，利用极端主义破坏法律实施罪，强制穿戴宣扬恐怖主义、极端主义服饰、标志罪，非法持有宣扬恐怖主义、极端主义物品罪，增加了对有影响力的人行贿罪等新罪名，并规定了较为严厉的刑罚。（2）对于信息化、网络化时代新涌现的犯罪以及为了弥补劳教制度取消之后的制度空缺，规定了很多网络犯罪、扰乱社会秩序的犯罪等轻罪，如拒不履行信息网络安全管理义务罪，非法利用信息网络罪，帮助信息网络犯罪活动罪，以及第 290 条第 3 款的扰乱

---

〔1〕 我国刑事诉讼法暗含着犯罪分层的规定，即不同层次的犯罪将适用不同的强制措施。参见孙道萃："犯罪分层的标准与模式新论"，载《法治研究》2013 年第 1 期。

〔2〕 参见赵廷光：《量刑公正实证研究》，武汉大学出版社 2005 年版，第 135~136 页。

〔3〕 宽严相济刑事政策首次清晰表达是在 2004 年 12 月 22 日中央政法工作会议上罗干同志的讲话中，该政策曾一度被理解为刑事司法政策，例如，2006 年 10 月十六届六中全会通过的《中共中央关于构建社会主义和谐社会若干重大问题的决定》的表述就是"实施宽严相济的刑事司法政策"。直至 2010 年 2 月 8 日才被官方文本确立为基本刑事政策，例如，2010 年 2 月 8 日最高人民法院《关于贯彻宽严相济刑事政策的若干意见》。显然，宽严相济刑事政策作为基本刑事政策，发挥作用的范围包括立法、司法、执行等。

〔4〕 从立法说明来看，宽严相济刑事政策指导和影响刑法修订是从《刑法修正案（七）》开始的，如在"严"的方面，提高了巨额财产来源不明罪等社会反映刑罚力度较轻的犯罪的法定刑；在"宽"的方面，降低了绑架罪的法定刑，为逃税罪设置了出罪制度。《刑法修正案（八）》和《刑法修正案（九）》更是贯彻宽严相济刑事政策的立法典范。

国家机关工作秩序罪，第 4 款的组织、资助非法聚集罪；而对以往视为道德或违法问题的社会诚信领域的突出问题，在《刑法修正案（八）》危险驾驶罪的基础上增加了使用虚假身份证件、盗用身份证件罪（第 280 条之一）、代替考试罪（第 284 条之一第 4 款），配以拘役、管制、罚金等轻微刑罚，通过法益保护早期化、帮助行为独立化等方式使刑法犯罪圈明显扩大。[1] 其实，一些刑事规范性文件采用了"轻微""犯罪情节较轻"等犯罪分层的表述，例如，（1）"两高"等六部门出台的《关于刑事诉讼法实施中若干问题的规定》（1998 年 1 月 19 日）第 4 条规定，被害人有证据证明的轻微刑事案件包括：故意伤害案（轻伤）、重婚案、遗弃案、妨害通信自由案、非法侵入他人住宅案、生产销售伪劣商品案（严重危害国家利益的除外）、侵犯知识产权案（严重危害国家利益的除外）与刑法分则第四章、第五章规定的，对被告人可能判处 3 年有期徒刑以下刑罚的其他轻微刑事案件。（2）最高人民检察院《关于依法快速办理轻微刑事案件的意见》规定，在审查逮捕、审查起诉中改进办案分工，对案件实行繁简分流，指定人员专门办理轻微案件，集中力量办理重大、疑难、复杂案件；建立轻微案件审查逮捕、审查起诉的快速办理机制，对案情简单、事实清楚、证据确实充分、可能判处三年有期徒刑以下刑罚、犯罪嫌疑人认罪的案件，简化审查逮捕、审查起诉的办案文书，缩短办案期限，提高诉讼效率；对于符合法定条件的轻微刑事案件，人民检察院应当建议适用简易程序；被告人及其辩护人提出适用简易程序，人民检察院经审查认为符合法定条件的，应当同意并向人民法院提出建议；人民法院建议适用简易程序，人民检察院经审查认为符合法定条件的，应当同意。对于被告人认罪的普通刑事案件，符合有关规定条件的，人民检察院应当建议适用简化审理程序。（3）2014 年《刑事速裁程序试点办法》第 1 条明确规定，刑事速裁程序适用于危险驾驶、交通肇事等 11 类犯罪情节较轻、依法可能判处 1 年有期徒刑以下刑罚或者单处罚金的犯罪案件，除此之外还必须同时符合以下四个条件：①案件事实清楚、证据充分的；②犯罪嫌疑人、被告人承认自己所犯罪行，对指控的犯罪事实没有异议的；③当事人对适用法律没有争议，犯罪嫌疑人、被告人同意人民检察院提出的量刑建议的；④犯罪嫌疑人、被告人同意适用速裁程序的。

此外，从犯罪统计学来看，不同层次的犯罪在犯罪组成结构中有了较大变

---

[1] 参见卢建平："宽严相济与刑法修正"，载《清华法学》2017 年第 1 期。

化，我国的犯罪总数量呈缓慢增长态势，其中，重罪、暴力犯罪在减少，而轻罪（如交通肇事罪）、微罪（如危险驾驶罪）的比率上升；法院判决的重刑率逐年下降。2014 年全国法院判决发生法律效力的被告人 118.4 万人，比 2013 年上升 2.24%，其中，判处五年以上有期徒刑至死刑的重刑罪犯 11.1 万人，占生效人数的 9.43%，重刑率比 2013 年下降 1.36%。[1] 从 2014 年全国法院审理刑事案件数来看，排名靠前的均是轻微犯罪，按其在全部刑事案件中所占比例的高低，依次是盗窃罪、故意伤害罪、危险驾驶罪、交通肇事罪等，盗窃罪 21 万多件，故意伤害罪约 13 万件，危险驾驶罪 11.1 万件，交通肇事罪 8.3 万件，危险驾驶罪和交通肇事罪合计约 19.4 万件，已经接近了第一大户盗窃罪的数量。[2]

正如有学者指出的，犯罪分层具有多方面的功能：一是刑事政策方面的功能，例如，使刑事打击对象理性化、固定化，避免刑事决策的情绪化；改变刑事打击的运动式特点，从阶段型严打到稳定型宽严相济；合理分配司法资源，[3] 实现刑法效益最大化，促进犯罪治理立体化和整个大刑法系统的协调运行，等等。[4] 二是程序方面的功能，例如，不同层次的犯罪的管辖法院、预审程序、陪审要求、直接传讯、审理程序和判决效力等方面均可能存在差别。[5] 可以说，我国未来修改刑法时引入犯罪分层，[6] 必将为繁简分流奠定有益的实体法

---

〔1〕 转引自卢建平："宽严相济与刑法修正"，载《清华法学》2017 年第 1 期。

〔2〕 参见袁春湘："依法惩治刑事犯罪　守护国家法治生态——2014 年全国法院审理刑事案件情况分析"，载《人民法院报》2015 年 5 月 7 日，第 5 版。

〔3〕 总量既定的社会资源投入会存在"排挤效应"（参见张平吾编：《犯罪学与刑事政策》，中央警察大学出版社 1999 年版，第 724 页。转引自蔡道通："中国刑事政策的理性定位"，载陈兴良主编：《中国刑事政策检讨——以"严打"刑事政策为视角》，中国检察出版社 2004 年版，第 183 页）。国家刑罚资源在"严打"中投入增多，必然减少其他社会福利与公共建设的支出，具体包括：一是减少"严打"以外的犯罪预防措施投入；二是减少非"严打"对象的犯罪的司法投入；三是减少其他可能促进犯罪预防的社会政策，如低保政策、贫困儿童上学救助、民政救助等的投入。

〔4〕 参见卢建平："宽严相济与刑法修正"，载《清华法学》2017 年第 1 期。

〔5〕 参见卢建平、叶良芳："重罪轻罪的划分及其意义"，载《法学杂志》2005 年第 5 期。

〔6〕 有学者认为，我国未来刑事立法中犯罪分层可以根据犯罪行为的性质分三层：轻罪、一般犯罪、重罪。其中，轻罪是指法定最高刑在 3 年以下有期徒刑的犯罪；一般犯罪是指法定刑最高刑 3 年以上 10 年以下有期徒刑的犯罪；重罪是指法定最低刑在 10 年以上有期徒刑的犯罪。参见沈玉忠："犯罪分层理论的展开：梳理、价值与架构"，载《鄂州大学学报》2009 年第 6 期。也有学者认为，我国未来的犯罪分层模式可以初步设计为重罪（一般重罪和次重罪）、轻罪（一般轻罪、次轻罪）和轻微罪（微罪）三层次。参见孙道萃："犯罪分层的程序性标准及模式初探：以刑事强制措施为观照"，载《河南警察学院学报》2012 年第 1 期。

基础，进而影响不同层次犯罪的程序选择[1]和审判组织/法官的配置。

二、刑事诉讼程序的多层构建

从比较法来看，世界主要国家刑事诉讼法均基于对犯罪事实难易、罪行大小、刑罚轻重、被告人是否认罪等因素的考虑，除设置普通程序（标准程序）外，同时设置若干特别程序（简化程序）。例如，《法国刑事诉讼法》[2]设置了"简易刑事裁定程序""事先认罪出庭程序"，即第495条中的以下两点，第一，对于本条第二项所指的轻罪，经过司法警察的调查，可以认定被告人受到指控的犯罪事实简单，已经充分了解有关被告人的人格、负担与收入情况，就确定刑罚而言，考虑到犯罪事实情节轻微，没有必要宣告监禁刑或者没有必要宣告超过第495-1条确定数额的罚金刑，实行简易刑事裁定程序不会损害被害人的权利时，共和国检察官可以决定实行简易刑事裁定程序。第二，简易刑事裁定程序不适用于：（1）如果被告人在实施犯罪之日尚不满18岁；（2）在本法典第495-1条所指的刑事裁定尚未作出之前，被害人已经向法院直接传讯被告人；（3）如果在实施轻罪的同时实施法律并未对其规定适用简易刑事裁定程序的轻罪或违警罪；（4）实施的轻罪属于累犯情形。第495-7条规定，除第495-16条所指的轻罪以及《法国刑法典》第222-9条至第222-31-2条规定的当处5年以上监禁刑的故意或非故意（过失）伤害人之身体或性侵犯之轻罪外，对于所有轻罪，如果犯罪行为人承认其受到指控的犯罪事实，共和国检察官可以依职权或者应当事人或其律师的请求，按照本节的规定，对为此目的受到传唤或者按照第393条的规定传唤到案的任何人，适用事先认罪出庭程序（庭前认罪程序——译者注）。第524条规定，所有的违警罪，即使是累犯实施的违警罪，均可以适用本章规定的简易程序。但这种简易程序不适用于：（1）由《法国劳动法典》规定的违警罪；（2）年龄尚不满18岁的被告人实施的第五级违警罪。如果因违警罪造成损害的被告人在第525条所指的刑事裁定作出之前已向法院直接传讯被告人，不得再继续实行简易程序。第529条规定，对于最高行政法

---

[1] 程序法在程序自治方面有相对独立性，但是没有实体法的前提就不可能有程序法的附着，因此程序法必须服从于实体法的根本目的。参见李本森："我国刑事案件速裁程序研究：与美、德刑事案件快速审理程序之比较"，载《环球法律评论》2015年第2期。

[2] 《法国刑事诉讼法》罗结珍译，载《世界各国刑事诉讼法》编辑委员会编译：《世界各国刑事诉讼法》，中国检察出版社2016年版。

院提出资政意见后颁布的法令确定的名单所列的违警罪，公诉得因交纳定额罚金而消灭。定额罚金的适用，排除适用有关累犯之规则。但是，如果认定同时有多项犯罪，其中至少有一项犯罪不能适用定额罚金时，或者法律规定违警罪累犯构成轻罪时，不适用定额罚金程序。

1988年《意大利刑事诉讼法典》[1]第六编还设置了5种简单的特别程序：[2]（1）依当事人请求适用刑罚程序，即意大利式"辩诉交易"，被告人可以与公诉人就可适用的刑罚种类和量度达成协议并请求法官按此协议作出判决。（2）简易审判，被告人可以在初步庭审结束时请求法官根据现有的证据材料作出开释判决或者有罪判决，在此情况下，法官可将刑罚减少1/3。（3）快速审判，如果被告人在犯罪时被当场逮捕或者在讯问中坦白了罪行，检察官可以直接将其提交法官进行审判。（4）立即审判，在证据清楚且充足的情况下，检察官可以提请法官不经初步庭审而进行法庭审理；如果法官接受此要求，被告人可以请求实行"辩诉交易"或者简易审判；在侦查终结时，被告人也可以请求法官直接进入法庭审理程序，省略初步庭审程序，在此情况下法官应当发布审判令。（5）处罚令程序，对于较为轻微的犯罪，检察官可以提请初步庭审法官直接发布处罚令，一般以对被告人适用财产刑为限。

《德国刑事诉讼法》规定了"处罚令程序""快速审理程序"[3]，即第407条规定，由刑事法官、参审法庭设立管辖的轻罪，依检察院书面申请，可以不经法庭审理以书面处罚令确定行为的法律后果；第417条规定，由刑事法官、参审法庭审理的程序，如果案情简单或者证据清楚适宜立即审理案件的，检察院可以书面或者口头申请快速审理程序进行裁决。

《俄罗斯联邦刑事诉讼法》[4]第40章规定了"刑事被告人同意对其提出指控时通过法院判决的特别诉讼程序"，即第314条规定，（1）在公诉人或者刑

---

[1]《意大利刑事诉讼法典》，黄风译，载《世界各国刑事诉讼法》编辑委员会编译：《世界各国刑事诉讼法》，中国检察出版社2016年版。

[2] 2014年4月28日第67号法律引进了一项新的特别程序"通过交付考验而终止程序"，即对于符合一定条件的被告人，暂时不提交审判并且给予通过赔偿、和解与改过免除处罚的机会，如果该被告人在交付考验期间表现良好，法官可宣告其犯罪消灭。

[3]《德国刑事诉讼法》，岳礼玲、林静译，载《世界各国刑事诉讼法》编辑委员会编译：《世界各国刑事诉讼法》，中国检察出版社2016年版。

[4]《俄罗斯联邦刑事诉讼法》，赵路译，载《世界各国刑事诉讼法》编辑委员会编译：《世界各国刑事诉讼法》，中国检察出版社2016年版。

事自诉人、刑事被害人同意的情况下,刑事被告人有权就与《俄罗斯联邦刑法典》规定刑罚不超过 10 年剥夺自由刑的犯罪有关的刑事案件提出声明,承认对其所提控诉并递交有关不进行法庭审理作出刑事案判决的申请。(2)在本条第 1 款规定条件下,如果确定具有下述之一的情况时,法庭有权不依据普通程序进行法庭审理并下达刑事判决:一是刑事被告人意识到其申请的性质与后果;二是申请的提出是出于自愿并向辩护人进行过咨询。

就我国而言,1996 年《刑事诉讼法》形成了"普通程序—简易程序"二级"递简"格局。[1]2003 年,"两高"和司法部联合发布《关于适用简易程序审理公诉案件的若干意见》《关于适用普通程序审理"被告人认罪案件"的若干意见(试行)》,进一步推进了刑事程序简化的探索。[2]随着司法体制改革的逐步深化,中央开始强调,根据案件难易、刑罚轻重等情况,推进繁简分流,构建普通程序、简易程序、速裁程序等相配套的多层次诉讼制度体系。2014 年速裁程序试点的启动,使得我国《刑事诉讼法》形成了"普通程序—简易程序—速裁程序"的三级"递简"格局。

此种多层次格局,从积极方面来看,首先,符合诉讼程序相称性和多样化原理的具体要求,其中,程序相称性原理是指诉讼程序应当与其所对应的纠纷性质相匹配,或者与被解决的纠纷规模相适应,程序多样化原理是指根据纠纷或者案件的不同类型或性质设置多种相应的程序。[3]从审理案件"三阶段论"(事实认定—法律适用—裁判结论)或者"循环往复论"("事实认定—法律发现—裁判结论")来看,基于"认定事实"的难与易及"适用法律"的疑与明的不同组合,大致可以分为以下类型:第一种类型为认定事实容易,适用的法律明确,司法实践中绝大多数案件属于此类;第二种类型为认定事实容易,适用法律不明确,[4]例如,"泸州'二奶'继承权案"、"胚胎归属权案"和"被

---

[1] 最高人民法院原副院长黄尔梅于 2015 年 12 月 2 日在北京市刑事案件速裁程序试点专家论证会指出,此格局呈现出"繁者不繁"和"简者不简"的特点。

[2] 2014 年 6 月 27 日第十二届全国人大常委会第九次会议通过了《关于授权最高人民法院、最高人民检察院在部分地区开展刑事案件速裁程序试点工作的决定》,8 月,"两高"会同公安部、司法部印发《关于在部分地区开展刑事案件速裁程序试点工作的办法》。

[3] 南京师范大学、江苏省徐州市中级人民法院课题组:"关于制定我国'家事诉讼法'的立法建议",载:最高人民法院研究室编《决策参考》2017 年第 3 期。

[4] 其具体包括两种情形:一是法官因不存在可供适用的法律性标准而无所适从,二是法官因存在多个相互竞争的法律性标准而纠结。参见孙海波:"司法义务理论之构造",载《清华法学》2017 年第 3 期。

遗忘权案";第三种类型为认定事实难,适用法律明确,例如,南京"彭宇案";第四种类型为认定事实难,适用法律不明确。上述四种情形中,第一种可以归之于简单案件,第二、第三、第四种都属于疑难案件[1]。

表 5-1 案件具体类型

阶段/属性	认定事实	适用法律
Ⅰ	易	明
Ⅱ	易	疑
Ⅲ	难	明
Ⅳ	难	疑

显然,立足于类型思维[2],构建出适应不同案件类型特点的相应程序,必将提升刑事一体化水平,促进刑事诉讼多元程序的各得其所[3]和各自功能的最大程度发挥。例如,针对认罪案件诉讼程序模式,区分重罪与轻罪适用不同程序的"多元程序模式",相比于不区分重罪与轻罪均适用同一种诉讼程序的"单一程序模式",[4]更符合司法规律,更能发挥程序法保障实施实体法的效能。

其次,契合宽严相济刑事政策的功能扩展趋势。作为基本刑事政策的宽严相济刑事政策对于我国刑法立法的影响已经跳出部分、零散调整的刑法修正模式,甚至突破了1997年《刑法》修订所确立的"统一刑法典"模式,带来一

---

[1] 简单案件有多种称呼,包括简易案件(easy case)、清楚案件(clear case)、常规案件(routine case)、平常案件(common case)、标准案件(standard case)等;与之对应的疑难案件同样存在不同的表述,包括问题案件(problematic case)、边缘案件(borderline case)、难办案件(hard case)等。参见孙海波:"司法义务理论之构造",载《清华法学》2017年第3期。

[2] 类型思维有别于概念思维。"概念"以"语词文义"为限定,诉诸若干必要特征的判断,不允许无节制地退回到概念形成时的指导观念中去。类型并不是特定要素的固定组合形态,并不存在绝对必要的、不可舍弃的要素;类型可能呈现出不同要素的弹性组合形态;类型在边界上是模糊的、开放的,类型指向的对象经由流动的过度而相互连接,在对象之间并不能提供固定的区分界限;"类型"以"价值导向"为基准,本质上不是一种对象是否符合诸多特征的判断,而是一种价值性的判断。参见杜宇:"基于类型思维的刑法解释的实践功能",载《中外法学》2016年第5期。

[3] 参见艾静:《我国刑事简易程序的改革与完善》,法律出版社2013年版,第162页。

[4] 参见白宇:"认罪认罚从宽制度与刑事案件分流体系构建",载《甘肃政法学院学报》2017年第1期;樊崇义、吴光升:"论中国特色被告人认罪案件诉讼程序的构建",载张智辉主编:《认罪案件程序改革研究——认罪案件程序改革国际研讨会论文集》,中国方正出版社2008年版,第264~281页。

场刑法乃至全部刑事法（包括刑事实体法、刑事程序法、刑事执行法、司法组织法等）规范与制度体系的全面修正，进而从整体上考虑实体法上的犯罪分层（根据犯罪的严重程度或刑罚轻重划分重罪、轻罪和微罪）与程序法上由普通程序、简易程序与速裁机制等构成的多层次诉讼体系的匹配。[1]

从不足之处来看，目前最主要的问题至少包括以下几个方面：一是"繁者不繁"和"简者不简"并存。[2]就普通程序而言，因"以审判为中心的诉讼制度改革"刚刚开始，直接言辞原则未落实、证人普遍不出庭、被告人对质权得不到有效保障等问题的解决尚不到位，普通程序的发育并不充分；就简易程序而言，其适用范围跨度极大，程序设计却相对单一，不同类型案件的简化程度之间没有明显区别、层次化不够；就速裁程序而言，其简化特性相对于简易程序而言仍不显著。[3]二是简化的重心局限于庭审程序，尚未延伸至审前程序。从速裁程序试点改革实践来看，速裁程序的庭审环节已无继续简化的空间，但审前程序可以继续简化，部分地方试点的"刑拘直诉"就考虑到了侦查预审与审查起诉的同质性，对于犯罪嫌疑人、被告人认罪的，直接从侦查跳跃到检察院，进而为继续简化速裁程序提供了突破口。当然，简化程序的构建，一方面要符合诉讼规律，并非每个阶段都可以"简化"，例如，侦查阶段启动速裁程序存在两方面不利因素：第一，可能影响证据收集的全面性和及时性；第二，侦查机关在侦查阶段无法确认犯罪嫌疑人是否认罚。[4]另一方面要遵从正当程序原则，做到以下几点：第一，尊重被告人的程序选择权[5]和放弃部分程序

---

[1] 参见卢建平："宽严相济与刑法修正"，载《清华法学》2017年第1期。

[2] 有学者对此提出如下改进建议：对于简易程序，将其中可能判处3年有期徒刑以下刑罚的案件分化出来，另外设立协商程序；对速裁程序进行彻底简易化，改造为原则上不开庭的快速处理程序，从而最终形成"普通程序—简易程序—协商程序—速裁程序"的四级"递简"格局。参见魏晓娜："完善认罪认罚从宽制度：中国语境下的关键词展开"，载《法学研究》2016年第4期。另有学者建议，未来我国刑事诉讼法可设四个刑事案件快速处理的程序层级，即处罚令书面审程序、刑事案件速裁程序、独任审判的简易程序、合议庭审理的简易程序。参见李本森："我国刑事案件速裁程序研究：与美、德刑事案件快速审理程序之比较"，载《环球法律评论》2015年第2期。

[3] 参见熊秋红："废止劳教之后的法律制度建设"，载《中国法律评论》2014年第2期。

[4] 参见广州市越秀区人民法院课题组："关于刑事速裁程序运行机制有关问题的调研"，载最高人民法院研究室编：《决策参考》2017年第2期。需要指出的是，侦查机关在侦查终结后可以在起诉意见书中建议对认罪的犯罪嫌疑人适用速裁程序。

[5] 第十五届世界刑法学协会代表大会通过的《关于刑事诉讼法中的人权问题的决议》第23条规定："严重犯罪不得实行简易审判，也不得由被告人来决定是否进行简易审判。"

利益的意志。[1]被告人有权根据自己的意志来决定是否启动刑事速裁程序以及适用速裁程序后变更适用非速裁程序的权利。被告人认罪认罚的，可视为对部分程序利益的放弃，[2]因而合理的答辩准备期限、控方的举证、法庭的质证和定罪量刑程序可以省略。第二，凡是处以限制自由刑罚的，不宜实行没有抗辩程序的处罚令程序[3]或者书面审程序，而只对速裁案件中部分不限制人身自由的案件，可考虑引入书面审程序。

三、审判组织/法官的多种配置

审判组织是保障刑事案件程序有效运行的中枢。从域外情况来看，针对不同层次犯罪的审理和不同诉讼程序的适用，世界主要国家均在刑事诉讼法、法院/司法组织法或者刑法典中规定了不同的审判组织或者审判法官。

《德国法院组织法》规定了地方法院的独任法官制。第3章"地方法院"第22条"地方法院法官"规定，"地方法院实行独任法官制"。第24条"刑事案件的管辖权"[4]规定，"除下列情形外，刑事案件由地方法院管辖：①依本法第74条第2款或第74a条由州法院管辖，或者依本法第120条或第120b条由州高等法院管辖的案件；②可能判处四年以上有期徒刑、单处或并处被告人强制医疗或应判处保安监禁（刑法第66~66b条）的案件；③检察院因犯罪被害

---

[1] 第十四届国际刑法学协会代表大会提出了如下建议："对简单的案件，可能采取，也应该采取简易程序。但是，应该使被告人保有获知被控内容和有罪证据的权利、受审的权利，包括提供证据的权利和延请律师为其辩护的权利。"

[2] 此处可借鉴刑法学"自我答责理论"如下观点：在法秩序中，法益主体拥有第一性的法益保护的权限；法益主体实施具有答责性的行为，即使侵害自己法益，第三者也无须答责（参见马卫军："被害人自我答责理论视野下的自杀参与"，载陈兴良主编：《刑事法评论：不法评价的二元论》，北京大学出版社2015年版，第385~386页）。

[3] 所谓处罚令程序，是指负责初期侦查的法官依照检察官的请求，就公诉案件中检察官认为只应当适用财产刑的案件，或者替代监禁刑而科处财产刑的案件，无须经过侦查或者法庭审判而直接发布处罚令的简便程序。参见熊秋红："刑事简易速裁程序之权利保障与体系化建构"，载《人民检察》2014年第17期。

[4] 该法第23条"民事案件的管辖权"规定，"地方法院管辖下列民事案件，但不问诉讼标的金额，应移送州法院的除外：1. 以金钱或金钱价值不超过5000欧元的请求为标的诉讼；2. 不问诉讼标的金额的下列案件：（a）因住宅之租赁关系或租赁关系是否存在产生的请求权诉讼；（b）旅客与旅店主、运送人、船员或登船港的客运代理因旅店餐费、运费、渡船费、运输旅客与物品及其丧失与毁损，以及旅客与手工业者因旅游产生的诉讼；（c）依照《住宅所有权法》第43条第1项至第4项、第6项产生的诉讼；（d）野生动物侵害诉讼"。第23a条"家事案件及非讼事件的管辖权"规定，"（1）地方法院对下列民事诉讼也有管辖权：①家事案件；②非讼事件，法律另有规定的除外"。

人作为证人的特殊保护需要,或者因案件的范围或意义重大,直接向州法院提起公诉的案件。……地方法院不得判处四年以上有期徒刑、单处或并处被告人强制医疗或保安监禁"。第 25 条"刑事法官的管辖权"规定,"地方法院法官作为刑事独任法官,审判下列轻罪案件(最低刑期为一年以下有期徒刑或罚金刑的犯罪——笔者注):①自诉案件;②宣告刑不超过两年有期徒刑的案件"。[1]

《法国刑事诉讼法》[2]区分重罪、轻罪与违警罪,重罪法庭、轻罪法庭与社区法院/违警罪法庭,合议制与独任制,法官与陪审官,如第 213 条规定,重罪法庭一审或上诉审对经移送起诉裁定书(预审法官作出的重罪移送起诉裁定以及上诉法院预审庭作出的重罪移送起诉裁定——译者注)向其移送的人有完全的审判权。重罪法庭不得受理其他任何指控。第 240 条规定,重罪法庭由本义上的法庭与陪审团组成。第 243 条规定,本义上的法庭由审判长与陪审官组成。第 245 条规定,重罪法庭审判长由上诉法院院长以命令指定。第 248 条规定,陪审官为 2 人。但是,如果庭期较长或者开庭次数较多因而有必要时,可以为陪审官配备一名或数名替补陪审官。替补陪审官参加庭审,但是只有经重罪法庭庭长说明理由之裁定确认正式陪审官因故不能出席的情况下,才能参加评议。第 249 条规定,陪审官从上诉法院法官中选任,或者从重罪法庭开庭地的大审法院的院长、副院长或者法官中选任。第 250 条规定,重罪法庭的所有陪审官均由上诉法院院长以命令指定。第 381 条规定,轻罪法庭管辖轻罪案件。法律规定处以监禁刑或处以 3750 欧元或 3750 欧元以上罚金刑的犯罪为轻罪。第 398 条规定,轻罪法庭由审判长和 2 名法官组成。……但是,对于审判第 398-1 条列举的轻罪,轻罪法庭仅由这些司法官中的一人组成(即由独任法官组成轻罪法庭——译者注)。第 521 条规定,违警罪法庭管辖第五级违警罪。社区法院(近邻法院或者近民法院——译者注)管辖除第五级违警罪之外的第一级至第四级违警罪。第 523 条规定,违警罪法庭由初审法院法官、第 45 条及随后条款所指的检察院的一名官员和一名书记员组成。第 523-1 条规定,社区法院的组

---

[1] 《德国法院组织法》第 76 条规定,刑事案件应当由具备相同表决权的三名职业法官和两名陪审员就罪责和刑罚问题进行裁判。德国地方法院设立分庭审理大部分轻微刑事案件,具体由两位名誉法官和一到两名职业法官共同参与裁判。参见[德]科劳斯·缇德曼:"德国刑事诉讼法导论",载《德国刑事诉讼法典》,宗玉琨译注,知识产权出版社 2013 年版,第 36 页。

[2] 《法国刑事诉讼法》,罗结珍译,载《世界各国刑事诉讼法》编辑委员会编译:《世界各国刑事诉讼法》,中国检察出版社 2016 年版。

成依《法国司法组织法典》第331-7条与第331-9条之规定。[1]

《意大利刑事诉讼法典》[2]区分合议制法庭与独任制法庭，第33-2条（合议制法庭的权限）规定，（1）合议制法庭有权审理以下既遂或未遂犯罪；……（2）除适用第33-3条的规定外，合议制法庭还有权审理应判处10年以上有期徒刑的犯罪，包括犯罪未遂的情况。第33-3条（独任制法庭的权限）规定：（1）经1990年10月9日第309号共和国总统令批准的合编本第73条规定的犯罪属于独任制法庭审理权限之内，只要不存在该合编本第80条列举的加重情节。（2）法庭也可以采用独任制形式审理所有未在第33-2条或其他法律条款中规定的案件。

《俄罗斯治安法官法》规定了治安法官独任制，第3条"治安法官的权限"规定，"（1）治安法官在一审时的审限范围：（i）俄罗斯联邦刑事诉讼法典第1部分第31章所规定的最高刑事责任不超过三年有期徒刑的刑事案件；（ii）履行司法命令的案件；（iii）没有子女抚养权争议的解除婚姻关系的案件；（iv）夫妻间价值不超过50 000卢布的争议财产划分的案件；（v）除了抚养权争端、确认父子关系、取消和限制监护权、收养儿童和其他有关儿童和确认夫妻关系的其他家庭法律关系的案件；（vi）除继承得来的申请及使用专利行为的获利不超过50 000卢布的财产争议案件；（vii）已失效条款；（viii）确定财产使用权的案件；（ix）俄罗斯联邦行政法典及联邦法律主体法规定属于治安法官管辖范围的行政违法案件。除本章第一节列举的案件，联邦法律规定的联邦治安法官可以管辖其他所有案件（根据2005年2月14日俄罗斯联邦N2-Ø3号法律变更）……（2）治安法官独任审理案件，其权限由现行联邦法律所规定"（第574~575页）。

《日本法院法》[3]规定了地方法院、简易法院的法官独任制，第三编"下级法院"第二章"地方法院"第26条规定，"地方法院除第二款规定的情况

---

[1]《法国司法官地位条例》第5-5章"社区法官"第41-17条规定："符合第16条第2至第5项条件者，满足以下条件可被选为社区法官，行使初审法院的裁判职责：……"；第41-21条规定："社区法官的司法职责为兼职。其报酬由国家行政法院的政令确定。"最高人民法院政治部编：《域外法院组织和法官管理法律译编》，人民法院出版社2017年版，第516~517页。

[2]《意大利刑事诉讼法典》，黄风译，载《世界各国刑事诉讼法》编辑委员会编译：《世界各国刑事诉讼法》，中国检察出版社2016年版。该法第33条"法官的能力"规定，法官的能力条件，以及设立合议庭所需要的法官数量由关于司法制度的法律加以确定……。

[3] 该法第三章"家事法院"第31条之4规定："家事法院进行审判或裁判时，除下款规定的场合之外，由法官一人审理案件。"

外,由法官一人对案件进行审理";第四章"简易法院"第33条规定,"简易法院具有以下事项的第一审审判权:一、诉讼标的价格不超过140万日元的请求(行政案件诉讼相关的请求除外)。二、可以判处罚金以下刑罚的罪行、罚金被规定为选择刑的罪行或者《刑法》第186条、第252条或第256条的罪行相关的诉讼。三、简易法院不能处以禁锢以上的刑罚。但……"。第35条规定:"简易法院由法官一人审理案件"。

《韩国法院组织法》规定了市、郡法院的法官独任制,第1编"总则"第7条规定,"……市、郡法院的审判权由独任法官行使"。第3编"各级法院"第3章"地方法院"第34条规定,"市、郡法院管辖下列案件:(1)适用《小额案件审判法》的民事案件;(2)关于和解、催告以及调解的案件;(3)属于被处20万韩元以下的罚金、拘留或罚款的刑事案件;(4)《关于家族关系登记的法律》第75条规定的合议离婚的确认。……对于抵触第1款第3项的犯罪,实行即决审判"。

《美国法典》[1]规定了地区法院的法官独任审判、治安法官判决轻罪的权力,第28部"司法机构和司法程序"第1编"法院组织"第5章"地区法院"第132条"地区法院的设立和组成"规定,"……(c)除法律、法院规则或法院令另有规定外,地区法院对任何诉讼或程序的司法权都可以由一名独任法官行使,他可以一人审理和在其他法官开庭的同时主持惯常或特别开庭。"第3编"法院官员与职员"第43章"合众国地区法院治安法官"第636条"管辖、权力与临时指派"规定,"(a)每名根据本节规定任职的合众国地区法院治安法官,在任命他的地区法院所在的司法管辖区、该法院履行功能的其他地点,以及法律授权的其他地点,行使下列权力:……(4)对轻罪进行判决的权力;(5)经当事方同意,对一级不端行为进行判决的权力"。

---

[1] 最高人民法院政治部编:《域外法院组织和法官管理法律译编》,人民法院出版社2017年版,第15页。《美国法典》第7章"合众国联邦索赔法院"第174条"法官指派;判决"规定,"(a)除国会转送案件以外,合众国联邦索赔法院对任何行为、诉讼、程序的审判权应当由一名法官单独行使,该法官可在其他法官进行其他庭审的同时一人主审、举行日常或特别庭审"(第38页)。第11章"国际贸易法院"第254条"独任法官审判"规定,"除了本部第255条规定的其他情况,国际贸易法院的司法权涉及任何诉讼、案件、程序应被一个法官单独审理,在其他庭审由其他法官主持的同时,该法官独立主持一场常规或特殊的庭审";第255条"三法官合议审判"规定,"(a)依据民事诉讼一方当事人的请求或首席法官本人的动议,国际贸易法院的首席法官在认定案件存在下列情形时,应当指定任意三位法院的法官听审。(1)该诉讼中提出国会立法、总统宣告或行政命令的合宪性问题;(2)对习惯法的解释和执行具有广泛或重大的影响"(第45页)。

第五章　刑事案件繁简分流的一体化思考

　　《加拿大刑事法典》区分了公诉罪和简易裁判罪，即将犯罪依照起诉条件的不同分为三类：一是只能由检察官提起公诉的犯罪，被称为公诉罪或可起诉罪，在法官和陪审团的参与下进行审判，其刑罚为两年以上的监禁；二是简易裁判罪，由治安法庭的法官审理，处2000加元以下罚金或6个月以下监禁或者两者并处；三是介乎两者之间的犯罪，称为可选择罪——既可以是公诉罪，也可以是简易裁判罪。

　　在英国，按照犯罪分类，原则上，简易罪由治安法院审判，可诉罪由刑事法院审判，两可罪的被告人可以选择由治安法院审判或者由刑事法院审判；治安法院只能判处6个月以下监禁和不超过5000英镑的罚金；而由刑事法院审判的案件，如果被告人答辩有罪，法官应当在只要可能的时间内进行量刑。[1]

　　就我国立法而言，2006年修正的《人民法院组织法》第9条规定，人民法院审判案件，实行合议制。人民法院审判第一审案件，由审判员组成合议庭或者由审判员和人民陪审员组成合议庭进行；简单的民事案件、轻微的刑事案件和法律另有规定的案件，可以由审判员一人独任审判。人民法院审判上诉和抗诉的案件，由审判员组成合议庭进行。2001年修正的《法官法》第5条规定，"法官的职责：（一）依法参加合议庭审判或者独任审判案件；……"。2012年修正的《刑事诉讼法》[2]第三编"审判"第一章"审判组织"第178条第1款、第2款规定，"基层人民法院、中级人民法院审判第一审案件，应当由审判员三人或者由审判员和人民陪审员共三人组成合议庭进行，但是基层人民法院适用

---

〔1〕 参见［英］约翰·斯普莱克：《英国刑事诉讼程序》，徐美君、杨立涛译，中国人民大学出版社2006年版，第119~120页、第348~349页。

〔2〕 2012年修正的《民事诉讼法》第一编"总则"第三章"审判组织"第39条第1款至第2款规定："人民法院审理第一审民事案件，由审判员、陪审员共同组成合议庭或者由审判员组成合议庭。合议庭的成员人数，必须是单数。适用简易程序审理的民事案件，由审判员一人独任审理。"第40条规定："人民法院审理第二审民事案件，由审判员组成合议庭。合议庭的成员人数，必须是单数。发回重审的案件，原审人民法院应当按照第一审程序另行组成合议庭。审理再审案件，原来是第一审的，按照第一审程序另行组成合议庭；原来是第二审的或者是上级人民法院提审的，按照第二审程序另行组成合议庭。"第二编"审判程序"第十五章"特别程序"第178条规定："依照本章程序审理的案件，实行一审终审。选民资格案件或者重大、疑难的案件，由审判员组成合议庭审理；其他案件由审判员一人独任审理。"2014年修正的《行政诉讼法》第七章"审判和判决"第二节"第一审普通程序"第68条规定："人民法院审理行政案件，由审判员组成合议庭，或者由审判员、陪审员组成合议庭。合议庭的成员，应当是三人以上的单数。"第三节"简易程序"第83条规定，适用简易程序审理的行政案件，由审判员一人独任审理。第四节"第二审程序"第86条规定，人民法院对上诉案件，应当组成合议庭，开庭审理（但未明确合议庭的具体组成人数和方式——笔者注）。

简易程序的案件可以由审判员一人独任审判。高级人民法院、最高人民法院审判第一审案件，应当由审判员三人至七人或者由审判员和人民陪审员共三人至七人组成合议庭进行"。[1]立足于犯罪分层—诉讼程序—审判组织配置的整体优化，有必要修改或完善前述规定：一是《刑事诉讼法》将独任制与简易程序、合议制与普通程序捆绑规定，不能满足司法实际的需要，换言之，司法实践中部分一审适用普通程序的案件和部分二审案件由独任法官来审理，完全可以在确保公正的前提下实现更高的效率。为此，学者的下列建议值得借鉴，即"将独任制与简易程序分开，一审普通程序可以适用合议制，也可以适用独任制，基层人民法院的一审案件原则上适用独任制，但是否适用简易程序，由立法根据案件的性质和类型确定。中级人民法院一审案件原则上适用合议制普通程序，当事人合意选择简易程序的除外"。[2]二是混合合议庭审理的案件类型宜有别于纯粹由法官组成的合议庭审理的案件类型。目前《刑事诉讼法》不作区别的规定，容易导致人民陪审员参与审理那些体现不出人民陪审员参审价值的案件，进而无法避免"陪而不审""专职陪审"等现象的出现。随着人民陪审员制度改革试点的推进，未来实有必要在修改法律时明确规定人民陪审员参审案件的类型和范围，真正地发挥人民陪审员在混合合议庭的独特作用，确保审判的法律效果和社会效果更大程度的有机统一。三是未来修改法律时要合理吸收繁简分流机制改革的相关最新成果，及时予以法律化。司法实践中推行的专业化审判，例如，在充分考虑法官办案能力、经验及特长等因素的基础上，根据案件的不同类型确定审理类型化案件的专业审判组织；根据案件的繁简程度确定专门审理简单案件与复杂案件的审判人员，等等，有必要通过修改或完善相关规定来加以体现。理由是，此种审判专业化或者专门化，一方面契合法官群体的多元化现实。例如，有的法官擅于快速地办理简单案件或者批量案件；有的法官擅于以调解方式实现"案结事了人和"，履行好"道德义务"（moral obligation，即法官在个案中实现正义的义务）；[3]有的法官擅于通过说理论证来总结提炼裁判规则，履行好"司法义务"（judicial obligation，即依

---

[1] 现行《刑事诉讼法》未对第二审程序、死刑复核程序、审判监督程序（适用二审程序的）的审判组织作出明确的规定。

[2] 参见傅郁林："繁简分流与程序保障"，载《法学研究》2003年第1期。

[3] 参见孙海波："司法义务理论之构造"，载《清华法学》2017年第3期。

照法律进行裁决的义务)。[1]法官各自潜能的充分发挥,必然大幅度地提升法院的整体司法生产力和司法服务能力。[2]另一方面符合分层管理的现代管理原则的要求。分层管理的目的是通过差异化管理,优化资源配置,提高工作效率。司法实践中,广东省中山市第一人民法院、深圳市中级人民法院等部分法院将案件分为简单案件、普通案件、复杂案件三个层次,分别由资历浅的法官、资历较深的法官和资历深的法官(院庭长、审判委员会专职委员)办理,纳入三条"轨道"进行审判管理,显著地在更高程度上实现了司法公正与司法效率的平衡。四是未来修改法律时合理借鉴域外的有益经验,构建新的诉讼程序或者制度,具体包括:设立社区法庭,引进非职业法官制度;[3]构建刑事缺席审判制度[4];建立候补法官或者试署法官制度,等等。

正如匈牙利学者阿尔培德·欧德所言,"在当今的时代里,几乎所有刑事司法程序改革都有两个基本目的:一是发现实施一种迅速、简便和成功程序的新方式和新途径,换言之,使刑事诉讼活动的进行更有效率;一是确保诉讼参与人的权利,这与公正的要求密切相连"。[5]就当下我国刑事司法改革而言,最为引人注目的一项改革就是以审判为中心的诉讼制度改革。[6]按照改革决策者

---

[1] 司法义务具体包括三个层次:一是不得拒绝裁判,即无论简单案件还是疑难案件,法官必须受理并依法作出裁判;二是(原则上的)依法裁判,即法官在一般或者通常情况下应当依照既有的法律作出裁决;三是为裁决提供论证,即法官有义务论证判决的合法性和合理性。参见孙海波:"司法义务理论之构造",载《清华法学》2017年第3期。

[2] 此种情形是从积极层面来说的,当然不排除从消极的一面来加以规制,即不具备特定条件的法官,就不得办理特定的案件。例如,《德国法院组织法》第3章"地方法院"第22条"地方法院法官"规定:"……(6)候补法官任职第一年内,不得在破产程序中执行职务。破产程序法官应当具备可信的破产法、商法和公司法领域的知识,以及破产程序所需的劳动法、社会法、税法和会计学基本知识。不具备的人员,除能证明即将获得上述知识外,不得委任破产程序法官的任务。"(最高人民法院政治部编:《域外法院组织和法官管理法律译编》,人民法院出版社2017年版,第353页)

[3] 参见卢建平:"犯罪门槛下降及其对刑法体系的挑战",载《法学评论》2014年第6期。

[4] 有学者认为,对于严重犯罪,应该在审判组织、程序等制度上有所区别,可以考虑针对某些特殊类型案件(如贪腐犯罪、暴恐犯罪等)试行刑事缺席审判制度,推行犯罪人的人身危险性、社会危险性或再犯可能性的评估测定,以增强犯罪治理的科学性和有效性。参见卢建平:"宽严相济与刑法修正",载《清华法学》2017年第1期。

[5] 转引自陈瑞华:《刑事审判原理论》,北京大学出版社1997年版,第92页。

[6] 另一项可与之媲美的就是《监察法》的制定。该法对刑事司法体制的影响主要表现在公职人员犯罪的侦查,同时涉及监察委员会、检察机关与法院之间的关系。监察委员会对公职人员采取留置、调查措施后,律师是否可以介入;监察委员会办理刑事案件,是否适用刑事诉讼法;监察委员会是否属于司法机关等系列问题,已引起各界的广泛讨论,此处暂不作深入研究。

的说明，此项改革的目的是"促使办案人员树立办案必须经得起法律检验的理念，确保侦查、审查起诉的案件事实证据经得起法律检验，保证庭审在查明事实、认定证据、保护诉权、公正裁判中发挥决定性作用。这项改革有利于促使办案人员增强责任意识，通过法庭审判的程序公正实现案件裁判的实体公正，有效防范冤假错案产生"。[1]为更好地配合此项改革的推进，中央在前期试点速裁程序的基础上又推出认罪认罚从宽制度改革。[2]可以说，"以审判为中心的诉讼制度改革"侧重于疑难复杂案件的"公正"维度，而速裁程序和认罪认罚从宽制度侧重于简单案件的"效率"维度。[3]显然，此种统筹兼顾"公正"与"效率"的系统改革和"组合拳"，更有利于遵循司法规律推进繁简分流。科学调配和高效运用审判资源，依法快速审理简单案件，严格规范审理复杂案件，实现简案快审、繁案精审，做到该繁则繁，当简则简，繁简得当，努力以较小的司法成本取得较好的法律效果，从而能够在更高程度上实现公正与效率的平衡。

---

[1] 习近平总书记《关于〈中共中央关于全面推进依法治国若干重大问题的决定〉的说明》。

[2] 如何看待这两项改革的关系，值得进一步研究。有学者认为，认罪认罚从宽制度成为以审判为中心的刑事诉讼制度改革的一项重要举措，核心在于"程序从简、实体从宽"，兼具实体和程序双重属性。参见魏东、李红："认罪认罚从宽制度的检讨与完善"，载《法治研究》2017年第1期。

[3] 有学者认为，认罪认罚从宽制度是兼顾实体与程序的综合性范畴，完全贯穿于定罪量刑环节，并在侦查阶段、审查起诉阶段、审判阶段均发挥作用，以谋求效率与公正的高度合一。参见高德友："认罪认罚从宽制度若干问题探讨"，载《河南社会科学》2016年第10期。

第六章

案例指导制度如何加强和规范？
——一个实践刑法学视野的回应

党的十八届四中全会《依法治国决定》提出，"加强和规范司法解释和案例指导，统一法律适用标准"。此处以"裁判要点"为关键词和切入口，立足全面依法治国的时代背景，就司法体制全面深化和推进过程中如何加强和规范案例指导制度这一问题谈些粗见。

一、关于"裁判要点"的定位

2010年11月15日最高人民法院通过了《关于案例指导工作的规定》，该规定从指导性案例的界定、遴选、审查、报审、决定、发布、编纂、效力等方面对案例指导工作进行了规定。"裁判要点"一词最早出现在2011年12月30日最高人民法院研究室发布的《关于编写报送指导性案例体例的意见》之中，该意见指出，"指导性案例的体例主要包括标题、关键词、裁判要点、相关法条、基本案情、裁判结果、裁判理由七个部分"。该意见在"裁判要点"部分指出，"裁判要点原则上归纳为一个自然段，是整个指导性案例要点的概要表述。有两个以上裁判要点的，按照裁判要点的重要性或者逻辑关系用阿拉伯数字顺序号分段标示。裁判要点可以直接摘录裁判文书中具有指导意义的主要部分，也可以对其进行提炼和概括。裁判要点应简要归纳和提炼指导性案例体现的具有指导意义的重要裁判规则、理念或方法，应当概要、准确、精练，结构严谨，表达简明，语义确切，对类似案件的裁判具有指导、启示意义"。

尽管此处未对"裁判要点"作出直接的定义式界定，[1]但至少包含了以下

---

[1] 胡云腾大法官（曾作为承担此文件起草任务的研究室的直接负责人）认为，指导性案例的裁判要点本质上属于对法律法规条文或者法律规范的一种解释，通常是对法律法规进行一定程度的细化、明确或补充，而不是修改或新立，故一般不能独立作为司法裁判的规则或者准据。参见胡云腾："关于参照指导性案例的几个问题"，载《人民法院报》2018年8月1日，第5版。显然，此处的"补充"若包含法律漏洞的弥补（以民事法律领域为例），就必然会涉及法律的创造，至少是"准立法"。

几点结论：（1）裁判要点是整个指导性案例要点的概要表述；（2）裁判要点是裁判文书中具有指导意义的主要部分（直接摘录或者提炼概括）；（3）裁判要点是指导性案例体现的具有指导意义的重要裁判规则、理念或方法。

在笔者看来，下列问题仍值得进一步研究：其一，"裁判文书"与"指导性案例"的关系。从最高人民法院通过的《关于案件指导工作的规定》《关于编写报送指导性案例体例的意见》及已经公布的指导性案例[1]来看，"裁判文书"与"指导性案例"尽管在格式、内容、效能等方面均存在差别，但仍存在某种"源"与"流"的关系，即被确定发布的指导性案例（包括7个部分）不是原生效裁判文书的完全复制，而是经过了有关法院按照特定要求进行"编写"后形成的"第二道产品"。其二，"裁判要点"与"裁判文书"的关系。裁判文书是"裁判要点"的第一手来源依据，即"裁判要点可以直接摘录裁判文书中具有指导意义的主要部分，也可以对其进行提炼和概括"。其三，"裁判要点"与"指导性案例"的关系。从"裁判要点"是"指导性案例"（7个部分）的组成部分来看，两者是被包含与包含的关系；从"裁判要点是指导性案例体现的具有指导意义的重要裁判规则、理念或方法"来看，"裁判要点"是指导性案例发挥指导作用的媒介或者依凭。

上述三者之间的关系说明，我国现行的案例指导制度既不同于日本的判例制度，也不同于英美的判例法制度。在日本，判例必须是从判决理由中可以直接发现和读取的内容。判决之后归纳总结的判决要旨不是判例，只可视为定位判例的参考或者索引。[2]在英国，首先，其并不存在我们司法实践层面上的判决书，其判决只是记载在法院的卷档中，并以副本形式抄送当事人或相关其他人以便知晓或留存。其次，记载法官判决的法院卷档是后来者了解"法律为何"的重要依据，但因其自身的缺陷和难以接触的特点使得人们创造了另外的载体——判例报告——以方便法庭上的引用。[3]再次，经历了漫长的历史发展，现今的判例报告包括以下内容：（1）案件的基本信息（如主审法院、法官

---

[1] 截至2021年12月3日，最高人民法院共发布了31批指导性案例，累计178个指导性案例（其中2个已被废止）。

[2] 参见佳佳："日本判例的先例约束力"，载《华东政法大学学报》2013年第3期。

[3] 需要指出的是，在英国，尽管很多法院倾向于不鼓励引用那些未经报告之判决，但无论是实践还是理论均认为，即使未经报告，既决案件的判决仍被允许引用。参见高鸿钧等主编：《英美法原论（上）》，北京大学出版社2013年版，第156~157页。

的姓名、当事人及其律师的情况、对事实和所经程序的概述、最终的判决等）；（2）法官的司法意见；（3）对于诉答、证据、事实之发现、律师之争辩的简要概述。[1]最后，法官的判决一般包括对事实的陈述、基于这些事实的法律分析和最后的决定。这些也就是判例法制度中所谓的"判决理由"（ratio decidendi）。同时，遵循先例，精确地说，就是依循过去判决中的判决理由。[2]

综上，上述三种制度存在以下差别：（1）是否存在专门的"提炼"环节？日本在判决之后归纳总结"判决要旨"，我国由最高人民法院专门提炼"裁判要点"，英国则由后案法官在办理案件过程中对先例中判决理由所蕴含的规则进行表述。[3]（2）发挥"指导"作用的媒介来源于何处？在日本，判例必须是从判决理由中可以直接发现和读取的内容；在我国，裁判要点直接摘录于裁判文书中具有指导意义的主要部分，或者是对其进行提炼和概括的结果；英国，后案法官遵循的是先例判决理由所蕴含的规则。也就是说，在日本、英国，发挥指导作用的媒介存在于原案的判决（书）中，而我国的"裁判要点"（相对）独立于原裁判文书而存在。（3）提炼的"内容"的效能如何？在日本，"判决要旨"只可视为定位判例的参考或者索引；在我国，"裁判要点"是指导性案例体现的具有指导意义的重要裁判规则、理念或方法，被后来法官审判类似案件所参照；在英国，后案法官经过识别而提炼出的裁判规则直接成为后案的裁判依据。

二、关于"裁判要点"的提炼

尽管《关于编写报送指导性案例体例的意见》指出，"裁判要点可以直接摘录裁判文书中具有指导意义的主要部分，也可以对其进行提炼和概括"，但仍存在疑问：一是"裁判文书中具有指导意义的主要部分"具体何指，又如何判别？二是如何摘录、提炼和概括（即抽象到何种程度）？此处介绍一下日本、英国的做法。

在日本，学界对"什么是判例"的认识有一个变化过程。19世纪末普遍地

---

[1] 参见高鸿钧等主编：《英美法原论（上）》，北京大学出版社2013年版，第144~145页、第156页。

[2] 参见高鸿钧等主编：《英美法原论（上）》，北京大学出版社2013年版，第160页。

[3] 在英国，普通法法官第一个将制定法适用于具体的案件时，通过对该制定法的解释，将抽象的制定法规则（rule）与具体的案例场景相结合，从而产生出一个适合于本案的新的、具体的规则（ruling）或理论。后来者在解释该条文之时就不一定重复原来的解释过程，而往往是遵循先例。参见高鸿钧等主编：《英美法原论（上）》，北京大学出版社2013年版，第130页、第135页。

把判决理由中的一般性法律命题也视为判例。1917年，穗积重远提出新的判例观，指出"判决不是论述抽象性法理的学说，而是每一个具体争点的解决……无论判决理由中有多少旁征博引，只要与该案件的具体问题没有直接关系，或超过了具体问题所涉及的范围，就停留在学说的价值，不能构成判决内容，不能成为判例"。20世纪20年代以后，川岛武宜在继受末弘严太郎学说的基础上提出，经过以下三步的法律判断才是判例：一是将作为裁判对象的个别具体事实抽象化得到定型性事实；二是再把该裁判的个别具体结论抽象化得到定型性判断结论；三是在此基础上，把对导出定型性结论有意义的定型性事实选出来，成为一个法律判断。目前以中野次郎为代表的主流意见认为，判决理由中的法律判断可作如下分类：第一类是与"重要事实"相对应的法律判断，即"判断结论"。[1]第二类是附带说明理由部分中具有一般性且可直接导出与"判断结论"相同结论的法律判断。[2]第三类是附带说明理由部分中具有一般性且可直接导出比"判断结论"更多内容的法律判断。[3]第四类法律判断就是只对"判决结论"进行补充性说明。只有与重要事实相对应的法律判断（即第一类、第二类）才是主论，[4]可以抽取出来成为具有先例约束力的判例。[5]

---

〔1〕 "重要事实"是指把案件的具体事实当中对结论无影响的事实剔除之后剩下的事实，其内容被替换，判断结论也随之改变；"重要事实"的内容决定判例的适用范围，即"重要事实"越复杂，判例适用时受到的限制越多，适用范围就越窄；"重要事实"越简单，判例适用于其他同类案件的余地就越大。

〔2〕 日本最高法院在1976年4月30日的判决中得出"判断结论"，即"图片复印件是公用文书伪造罪的客体"。判决附带说明理由部分还有以下两个判断：其一，"使用照相机、复印机等，通过机械性手段，复印原本所得到的文书……就文书本来的性质而言，图片复印件不具有与原件同样的功能和信用性的情况除外，构成公用文书伪造罪的客体"；其二，"公用文书伪造罪的保护法益是公用文书的公共信用性，保护公用文书作为证明手段所具有的社会性功能，以此来保护社会生活的安定"。其中第一个法律判断就属于第二类法律判断。

〔3〕 例如，名古屋高等法院1962年12月22日作出的判决得出"判断结论"，即"未经医生之手，采用向牛奶中下毒让被害人饮用这种伦理上难以容忍的方法杀人的，不是安乐死，违法性不被阻却"。判决附带说明理由部分还对合法安乐死要件作出法律判断，即其必须满足以下六个前提条件：根据现代医学水平判断病人所患是不治之症，且死期迫近；本人承受剧痛，任谁目睹都于心不忍；实施安乐死的目的单纯，仅是缓解本人的苦痛；本人失去意识另当别论，只要本人意识尚存，需本人有求死的真挚意思表示；尽可能通过医生之手实施安乐死；死的方法必须能在伦理上被肯定。此属于第三类法律判断。

〔4〕 第三类尚有争论，此类一般性的法律判断既不是关于重要事实的法律判断，也不像法一样抽象到具有普遍适用性，而是处于两者之间的一种状态，即平野龙一所称的"中间性法律判断"。其与英美相比更具有"立法性功能"。参见于佳佳："日本判例的先例约束力"，载《华东政法大学学报》2013年第3期。

〔5〕 参见于佳佳："日本判例的先例约束力"，载《华东政法大学学报》2013年第3期。

目前，在日本司法实务界，日本最高法院既慎重判断判决中哪部分是真正具有先例价值的法律判断，又在抽取判例时采取灵活的、不区分主论和旁论的标准；[1]同时，地方法院常在其他案件中援引最高法院判决理由中的旁论部分。对司法实践的做法，理论界间或存在不同评价，例如，针对日本最高法院1955年1月11日有关"辩护人必须在场条件"（《日本刑事诉讼法》第289条）的判例，对于"只为了宣判而开庭的，辩护人未必出庭"，学界存在分歧。其一认为，鉴于本案的重要事实包括：（1）宣判日期已经确切告知了辩护人；（2）辩护人也没有提出因事不能到场，要求改变日期的请求，只有与这两个重要事实对应的判断才是主论，而最高法院的判例忽略了这两个关键事实，因而只是一个抽象的、一般性的判断。其二认为，前述观点源自英美判例法，要求尽量以小尺度抽取判例，限制一个判例的适用范围，为新判例的创设留有空间，但在成文法国家，判例的抽取标准可以相对弹性地予以把握。

在英国，针对何为判决理由以及如何寻找判决理由，学界和实务界提出了若干不同的观点和理论。就前者而言，至少可以寻得以下共识：（1）判决理由不是一个只要通过某种工具就可以抓住或找到的确定客观存在，而是主观的、不确定的。（2）判决理由与案件的具体事实密切相关，在一定意义上判决理由只是基于对这些事实的一定程度的抽象而形成的法律规则。换言之，判决理由是法官基于关键事实、顺着他所采纳的推理路径得出其结论时，所明确或默示表述的、对其最终决定具有决定意义的法律命题；除此之外的法律命题均可以或应该归入附随意见的范畴，如基于假定之事实所得出的或者不构成判决之基础的法律命题等。[2]就后者而言，许多学者总结提出了一些有用方法，例如，瓦堡提出如下判断方法：先拟定那个法律命题，然后在其表述中插入一个单词以推翻其意思；接下来再问，如果法院认为这个新的命题是正确的，那么判决会不会还和原来一样。如果答案是肯定的，那么无论原来的命题有多好，均不是本案的判决理由；如果答案是否定的，那么原来的命题即为本案的判决理由。古德哈特认为，判决理由需要通过关键事实来加以确认。它是基于这些事实而

---

[1] 按照日本学者松尾浩也的观点，最高法院和下级法院在援引判例作为本案的根据时，判例抽取标准就宽缓，把有价值的部分拿来参照；反之，认为原判决对判例的引用不恰当或排除在本案中的适用时，判例抽取标准就相对严格，区分判例的事实前提与本案的事实前提，限制判例的适用范围。参见于佳佳："日本判例的先例约束力"，载《华东政法大学学报》2013年第3期。

[2] 参见高鸿钧等主编：《英美法原论（上）》，北京大学出版社2013年版，第179页。

从法官的判决中推导出来的法律原则。寻找法律原则时需要考虑两方面的因素：被法官视为关键事实的事实和基于这些关键事实而作出的决定。同时，关键事实可能不止一组，因而一个案件可能会有基于两组不同事实而形成两套不同的、相互独立的判决理由。卢埃林强调以下三点：一是判决理由和案件事实（主要是关键事实）之间的相关性；二是要将这些关键事实进行一定程度的抽象化以形成规则；三是对判决理由进行检验的标准，主要通过对关键事实进行增减，看判决是否会随之变化。[1]

针对上述相关问题（例如，如何界定、判断和发现"裁判文书具有指导意义的主要部分"），学术界和实务界的探讨尚不充分。此处拟结合至今已发布的数个刑事指导案例的"裁判要点"作一比较分析，可以得出以下结论。

第一，"裁判要点"最终来源于原生效裁判文书（根据《关于编写报送指导性案例体例的意见》的规定），但更直接地来源于指导性案例的"裁判理由"。此点从已经公布的指导性案例的"裁判要点"与其对应的"裁判理由"的比较就可知晓，例如，"潘玉梅、陈宁受贿案"的"裁判理由"，即"潘玉梅利用职务之便为请托人谋取利益，以明显低于市场的价格向请托人购买房产的行为，是以形式上支付一定数额的价款来掩盖其受贿权钱交易本质的一种手段，应以受贿论处，受贿数额按照涉案房产交易时当地市场价格与实际支付价格的差额计算"，与之对应的"裁判要点"，即"国家工作人员利用职务上的便利为请托人谋取利益，以明显低于市场的价格向请托人购买房屋等物品的，以受贿论处，受贿数额按照交易时当地市场价格与实际支付价格的差额计算"，就基本相同。《关于编写报送指导性案例体例的意见》对"裁判理由"作了如下规定："裁判理由应当根据案件事实、法律、司法解释、政策精神和法学理论通说，从法理、事理、情理等方面，结合案情和裁判要点，详细论述法院裁判的正确性和公正性。根据指导性案例具体情况，可以针对控（诉）辩意见论述，也可以针对裁判要点涉及问题直接论述。可以依照裁判文书的论述次序，在裁判文书的理由基础上进行适当充实，但不能与裁判文书论述矛盾，也不能在理由中出现前面未表述的事实。一、二审等裁判理由不一致的，一般只写法院生效裁判的论述理由。裁判理由应当重点围绕案件的主要问题、争议焦点或者分歧意见，充分阐明案例的指导价值。

---

[1] 参见高鸿钧等主编：《英美法原论（上）》，北京大学出版社2013年版，第182~183页。

说理应当准确、精当、透彻,与叙述的基本案情前后照应,并紧密结合选定指导性案例的社会背景,有针对性和说服力,确保法律效果和社会效果的统一、良好"。显然,此处的"裁判理由"并非完全与原生效裁判文书的相关部分相同,而是经过后续相关部门的"编写"而形成的第二道"产品"。这里同样存在如下问题:如何从原裁判文书中发现和判断"具有指导意义"的部分,以便摘录、提炼或者归纳出"裁判要点",进而围绕"裁判要点"来编写"裁判理由"。基于目前公布的指导性案例并没有附带原生效裁判文书,同时编写"裁判要点"的实践尚不多,因而无法辨识或者归纳出目前最高人民法院如何确定"具有指导意义的部分"的具体标准。

第二,"裁判要点"并不局限于"法律命题"(或"法律规则"),而是包括"(具有指导意义的重要)裁判规则、理念或方法"。例如,"杨延虎等贪污案"的"裁判要点",即"贪污罪中的'利用职务上的便利',是指利用职务上主管、管理、经手公共财物的权力及方便条件,既包括利用本人职务上主管、管理公共财物的职务便利,也包括利用职务上有隶属关系的其他国家工作人员的职务便利";"王召成等非法买卖、储存危险物质案"的"裁判要点",即"'非法买卖'毒害性物质,是指违反法律和国家主管部门规定,未经有关主管部门批准许可,擅自购买或者出售毒害性物质的行为,并不需要兼有买进和卖出的行为",均属于"裁判规则"。"王志才故意杀人案"的"裁判要点",即"因恋爱、婚姻矛盾激化引发的故意杀人案件,被告人犯罪手段残忍,论罪应当判处死刑,但被告人具有坦白悔罪、积极赔偿等从轻处罚情节,同时被害人亲属要求严惩的,人民法院根据案件性质、犯罪情节、危害后果和被告人的主观恶性及人身危险性,可以依法判处被告人死刑,缓期二年执行,同时决定限制减刑,以有效化解社会矛盾,促进社会和谐"。"李飞故意杀人案"的"裁判要点",即"对于因民间矛盾引发的故意杀人案件,被告人犯罪手段残忍,且系累犯,论罪应当判处死刑,但被告人亲属主动协助公安机关将其抓捕归案,并积极赔偿的,人民法院根据案件具体情节,从尽量化解社会矛盾角度考虑,可以依法判处被告人死刑,缓期二年执行,同时决定限制减刑";"董某某、宋某某抢劫案"的"裁判要点",即"对判处管制或者宣告缓刑的未成年被告人,可以根据其犯罪的具体情况以及禁止事项与所犯罪行的关联程度,对其适用'禁止令'。对于未成年人因上网诱发犯罪的,可以禁止其在一定期限内进入网吧等特定场所",均属于"裁判理念"。"潘玉梅、陈宁受贿案"的"裁判要点",即"……受贿数额按照交易时当地市场价格与实际支付价格的差额计算",属于"裁判方法"。

第三,"裁判要点"与"关键事实"的关联程度尚不明确。这其实也就是归纳和类型化事实到何种抽象度的问题。例如,"潘玉梅、陈宁受贿案"的"裁判理由",即"潘玉梅时任迈皋桥街道工委书记,陈宁时任迈皋桥街道办事处主任,对迈皋桥创业园区的招商工作、土地使用权转让负有领导或协调职责,二人分别利用各自职务便利,为陈某低价取得创业园区的土地使用权等提供了帮助,属于利用职务上的便利为他人谋取利益;在此期间,潘玉梅、陈宁与陈某商议合作成立多家公司用于开发上述土地,公司注册资金全部来源于陈某,潘玉梅、陈宁既未实际出资,也未参与公司的经营管理。因此,潘玉梅、陈宁利用职务便利为陈某谋取利益,以与陈某合办公司开发该土地的名义而分别获取的480万元,并非所谓的公司利润,而是利用职务便利使陈某低价获取土地使用权并转卖后获利的一部分,体现了受贿罪权钱交易的本质,属于以合办公司为名的变相受贿,应以受贿论处",其中,"合办的公司的业务是开发被告人职务主管的土地""被告人受贿款来源于该土地低进高出的差价"应是关键要点,但"裁判理由",即"国家工作人员利用职务上的便利为请托人谋取利益,并与请托人以'合办'公司的名义获取'利润',没有实际出资和参与经营管理的,以受贿论处",就看不出必然限定于此两点("合办"的公司经营的业务并不一定与被告人的职务有关;"利润"也并不一定与被告人的职务有关联)。也就是说,从社会危害性和受贿罪的犯罪构成要件来讲,此"裁判要点"本身似乎不存在问题(2007年7月8日"两高"《关于办理受贿刑事案件适用法律若干问题的意见》第3条第2款作了类似规定),但是,"裁判要点"能否对"裁判理由"的主要事实予以抽象化或者类型化以及"抽象化"或者"类型化"到何种程度,进而涵摄到某法律规范(若"国家工作人员利用职务上的便利为请托人谋取利益"与"合办公司来谋取利益"没有直接的因果关系,是否均应以受贿论处),仍是值得研究的问题。

表 6-1　刑事指导性案例（2011 年 12 月 20 日至 2020 年 12 月 29 日）：
裁判理由与裁判要点（摘录）

案例	裁判理由	裁判要点
第 3 号：潘玉梅、陈宁受贿案（2011 年 12 月 20 日发布）[1]	关于被告人潘玉梅、陈宁及其辩护人提出二被告人与陈某共同开办多家公司开发土地获取"利润"480 万元不应认定为受贿的辩护意见。经查，潘玉梅时任迈皋桥街道工委书记，陈宁时任迈皋桥街道办事处主任，对迈皋桥创业园区的招商工作、土地使用权转让负有领导或协调职责，二人分别利用各自职务便利，为陈某低价取得创业园区的土地使用权等提供了帮助，属于利用职务上的便利为他人谋取利益；在此期间，潘玉梅、陈宁与陈某商议合作成立多家公司用于开发上述土地，公司注册资金全部来源于陈某，潘玉梅、陈宁既未实际出资，也未参与公司的经营管理。因此，潘玉梅、陈宁利用职务便利为陈某谋取利益，以与陈某合办公司开发该土地的名义而分别获取的 480 万元，并非所谓的公司利润，而是利用职务便利使陈某低价获取土地使用权并转卖后获利的一部分，体现了受贿罪权钱交易的本质，属于以合办公司为名的变相受贿，应以受贿论处	国家工作人员利用职务上的便利为请托人谋取利益，并与请托人以"合办"公司的名义获取"利润"，没有实际出资和参与经营管理的，以受贿论处
	关于被告人潘玉梅及其辩护人提出潘玉梅没有为许某某实际谋取利益的辩护意见。经查，请托人许某某向潘玉梅行贿时，要求在受让金桥大厦项目中减免 100 万元的费用，潘玉梅明知许某某有请托事项而收受贿赂；虽然该请托事项没有实现，但"为他人谋取利益"包括承诺、实施和实现不同	国家工作人员明知他人有请托事项而收受其财物，视为承诺"为他人谋取利益"，是否已实际为他人谋取利益或谋取到利益，不影响受贿的认定

---

[1]　有学者认为，考虑到受贿犯罪的司法解释的体系化和严密化，该指导案例的功能主要体现在政策上、政治上，即回应公众关注的"公共议题"——惩治官员腐败，而对地方法院适用刑法的指导则是次要的。参见周光权：《刑法客观主义与方法论》，法律出版社 2013 年版，第 128 页。

续表

案例	裁判理由	裁判要点
	阶段的行为,只要具有其中一项,就属于为他人谋取利益。承诺"为他人谋取利益",可以从为他人谋取利益的明示或默示的意思表示予以认定。潘玉梅明知他人有请托事项而收受其财物,应视为承诺为他人谋取利益,至于是否已实际为他人谋取利益或谋取到利益,只是受贿的情节问题,不影响受贿的认定	
	关于被告人潘玉梅及其辩护人提出潘玉梅购买许某某的房产不应认定为受贿的辩护意见。经查,潘玉梅购买的房产,市场价格含税费共计应为121万余元,潘玉梅仅支付60万元,明显低于该房产交易时当地市场价格。潘玉梅利用职务之便为请托人谋取利益,以明显低于市场的价格向请托人购买房产的行为,是以形式上支付一定数额的价款来掩盖其受贿权钱交易本质的一种手段,应以受贿论处,受贿数额按照涉案房产交易时当地市场价格与实际支付价格的差额计算	国家工作人员利用职务上的便利为请托人谋取利益,以明显低于市场的价格向请托人购买房屋等物品的,以受贿论处,受贿数额按照交易时当地市场价格与实际支付价格的差额计算
	关于被告人潘玉梅及其辩护人提出潘玉梅购买许某某开发的房产,在案发前已将房产差价款给付了许某某,不应认定为受贿的辩护意见。经查,2006年4月,潘玉梅在案发前将购买许某某开发房产的差价款中的55万元补给许某某,相距2004年上半年其低价购房有近两年时间,没有及时补还巨额差价;潘玉梅的补还行为,是许某某因其他案件被检察机关找去谈话,检察机关从许某某的公司账上已掌握潘玉梅购房仅支付部分款项的情况后,潘玉梅出于掩盖罪行的目的而采取的退赃行为。因此,潘玉梅为掩饰犯罪而补还房屋差价款,不影响对其受贿罪的认定	国家工作人员收受财物后,因与其受贿有关联的人、事被查处,为掩饰犯罪而退还的,不影响认定受贿罪

续表

案例	裁判理由	裁判要点
第4号：王志才故意杀人案（2011年12月20日发布）[1]	被告人王志才的行为已构成故意杀人罪，罪行极其严重，论罪应当判处死刑。鉴于本案系因婚恋纠纷引发，王志才求婚不成，恼怒并起意杀人，归案后坦白悔罪，积极赔偿被害方经济损失，且平时表现较好，故对其判处死刑，可不立即执行。同时考虑到王志才故意杀人手段特别残忍，被害人亲属不予谅解，要求依法从严惩处，为有效化解社会矛盾，依照《刑法》第50条第2款等规定，判处被告人王志才死刑，缓期二年执行，同时决定对其限制减刑	因恋爱、婚姻矛盾激化引发的故意杀人案件，被告人犯罪手段残忍，论罪应当判处死刑，但被告人具有坦白悔罪、积极赔偿等从轻处罚情节，同时被害人亲属要求严惩的，人民法院根据案件性质、犯罪情节、危害后果和被告人的主观恶性及人身危险性，可以依法判处被告人死刑，缓期二年执行，同时决定限制减刑，以有效化解社会矛盾，促进社会和谐
第11号：杨延虎等贪污案（2012年9月18日发布）[2]	关于被告人杨延虎的辩护人提出杨延虎没有利用职务便利的辩护意见。经查，义乌国际商贸城指挥部系义乌市委、市政府为确保国际商贸城建设工程顺利进行而设立的机构，指挥部下设确权报批科，工作人员从国土资源局抽调，负责土地确权、建房建设用地的审核及报批工作，分管该科的副总指挥吴某某也是国土资源局的副局长。确权报批科作为指挥部下设机构，同时受指挥部的领导，作为指挥部总指挥的杨延虎具有对该科室的领导职权。贪污罪中的"利用职务上的便利"，是指利用职务上主管、管理、经手公共财物的权力及方便条件，既包括利用本人职务上主管、管理公共财	贪污罪中的"利用职务上的便利"，是指利用职务上主管、管理、经手公共财物的权力及方便条件，既包括利用本人职务上主管、管理公共财物的职务便利，也包括利用职务上有隶属关系的其他国家工作人员的职务便利

---

[1] 有学者针对此案例提出以下疑问：（1）被告人王志才的行为，论罪是否能够判处死刑立即执行？（2）如果原本就没有必要适用死刑，限制减刑从何谈起？（3）如果对王志才的行为可以判处死刑，其是否原本就不属于罪行极其严重的情形，如果不属于此种情形，法院将限制减刑制度适用于2011年4月30日之前发生的犯罪行为，是否属于对被告人不利的溯及既往？参见周光权：《刑法客观主义与方法论》，法律出版社2013年版，第130页。

[2] 有学者认为，此案例的发布同样是对公共政策的重申，而非指导解决法院适用法律的问题。参见周光权：《刑法客观主义与方法论》，法律出版社2013年版，第129页。

续表

案例	裁判理由	裁判要点
	物的职务便利，也包括利用职务上有隶属关系的其他国家工作人员的职务便利。本案中，杨延虎正是利用担任义乌市委常委、义乌市人大常委会副主任和兼任指挥部总指挥的职务便利，给下属的土地确权报批科人员及其分管副总指挥打招呼，才使得王月芳等人虚报的拆迁安置得以实现	
	关于被告人杨延虎等人及其辩护人提出被告人王月芳应当获得土地安置补偿，涉案土地属于集体土地，不能构成贪污罪的辩护意见。经查，王月芳购房时系居民户口，按照法律规定和义乌市拆迁安置有关规定，不属于拆迁安置对象，不具备获得土地确权的资格，其在共和村所购房屋既不能获得土地确权，又不能得到拆迁安置补偿。杨延虎等人明知王月芳不符合拆迁安置条件，却利用杨延虎的职务便利，通过将王月芳所购房屋谎报为其祖传旧房、虚构王月芳与王某祥分家事实，骗得旧房拆迁安置资格，骗取国有土地确权。同时，由于杨延虎利用职务便利，杨延虎、王月芳等人弄虚作假，既使王月芳所购旧房的房主赵某某按无房户得到了土地安置补偿，又使本来不应获得土地安置补偿的王月芳获得了土地安置补偿。《土地管理法》第 2 条、第 9 条规定，我国土地实行社会主义公有制，即全民所有制和劳动群众集体所有制，并可以依法确定给单位或者个人使用。对土地进行占有、使用、开发、经营、交易和流转，能够带来相应经济收益。因此，土地使用权自然具有财产性利益，无论国有土地，还是集体土地，都属于《刑法》第 382 条第 1 款规定中的"公共财物"，可以成为贪污的对象。王月芳	土地使用权具有财产性利益，属于《刑法》第 382 条第 1 款规定中的"公共财物"，可以成为贪污的对象

续表

案例	裁判理由	裁判要点
	名下安置的地块已在 2002 年 8 月被征为国有并转为建设用地, 义乌市政府文件抄告单也明确该处的拆迁安置土地使用权登记核发国有土地使用权证。因此, 杨延虎等人及其辩护人所提该项辩护意见, 不能成立	
第12号：李飞故意杀人案（2012年9月18日发布）[1]	被告人李飞的行为已构成故意杀人罪, 罪行极其严重, 论罪应当判处死刑。本案系因民间矛盾引发的犯罪; 案发后李飞的母亲梁某某在得知李飞杀人后的行踪时, 主动、及时到公安机关反映情况, 并积极配合公安机关将李飞抓获归案; 李飞在公安机关对其进行抓捕时, 顺从归案, 没有反抗行为, 并在归案后始终如实供述自己的犯罪事实, 认罪态度好; 在本案审理期间, 李飞的母亲代为赔偿被害方经济损失; 李飞虽系累犯, 但此前所犯盗窃罪的情节较轻。综合考虑上述情节, 可以对李飞酌情从宽处罚, 对其可不判处死刑立即执行。同时, 鉴于其故意杀人手段残忍, 又系累犯, 且被害人亲属不予谅解, 故依法判处被告人李飞死刑, 缓期二年执行, 同时决定对其限制减刑	对于因民间矛盾引发的故意杀人案件, 被告人犯罪手段残忍, 且系累犯, 论罪应当判处死刑, 但被告人亲属主动协助公安机关将其抓捕归案, 并积极赔偿的, 人民法院根据案件具体情节, 从尽量化解社会矛盾角度考虑, 可以依法判处被告人死刑, 缓期二年执行, 同时决定限制减刑
第13号：王召成等非法买卖、储存危险物质案（2013年1月31日发布）	关于王召成的辩护人提出的辩护意见, 经查, 氰化钠虽不属于禁用剧毒化学品, 但系列入危险化学品名录中严格监督管理的限用的剧毒化学品, 易致人中毒或者死亡, 对人体、环境具有	国家严格监督管理的氰化钠等剧毒化学品, 易致人中毒或者死亡, 对人体、环境具有极大的毒害性和危险性, 属于《刑法》第125

---

[1] 有学者认为, 该指导案例的裁判要点是对过去司法解释性文件观点的重申, 1999 年 10 月 27 日最高人民法院《全国法院维护农村稳定刑事审判工作座谈会纪要》及 2010 年 4 月最高人民法院刑三庭《在审理故意杀人、伤害及黑社会性质组织犯罪案件中切实贯彻宽严相济刑事政策》第 2 条, 均有如下意见: 对民间纠纷引起的杀人案件, 尽量不判处死刑。参见周光权:《刑法客观主义与方法论》, 法律出版社 2013 年版, 第 138 页。

续表

案例	裁判理由	裁判要点
	极大的毒害性和极度危险性，极易对环境和人的生命健康造成重大威胁和危害，属于《刑法》第125条第2款规定的"毒害性"物质	条第2款规定的"毒害性"物质
	"非法买卖"毒害性物质，是指违反法律和国家主管部门规定，未经有关主管部门批准许可，擅自购买或者出售毒害性物质的行为，并不需要兼有买进和卖出的行为；王召成等人不具备购买、储存氰化钠的资格和条件，违反国家有关监管规定，非法买卖、储存大量剧毒化学品，逃避有关主管部门的安全监督管理，破坏危险化学品管理秩序，已对人民群众的生命、健康和财产安全产生现实威胁，足以危害公共安全，故王召成等人的行为已构成非法买卖、储存危险物质罪，上述辩护意见不予采纳	"非法买卖"毒害性物质，是指违反法律和国家主管部门规定，未经有关主管部门批准许可，擅自购买或者出售毒害性物质的行为，并不需要兼有买进和卖出的行为
第14号：董某某、宋某某抢劫案（2013年1月31日发布）	被告人董某某、宋某某以非法占有为目的，以暴力威胁方法劫取他人财物，其行为均已构成抢劫罪。鉴于董某某、宋某某系持刀抢劫；犯罪时不满十八周岁，且均为初犯，到案后认罪悔罪态度较好，宋某某还是在校学生，符合缓刑条件，决定分别判处二被告人有期徒刑二年六个月，缓刑三年。考虑到被告人主要是因上网吧需要网费而诱发了抢劫犯罪；二被告人长期迷恋网络游戏，网吧等场所与其犯罪有密切联系；如果将被告人与引发其犯罪的场所相隔离，有利于家长和社区在缓刑期间对其进行有效管教，预防再次犯罪；被告人犯罪时不满十八周岁，平时自我控制能力较差，对其适用禁止令的期限确定为与缓刑考验期相同的三年，有利于其改过自新。因此，依法判决禁止二被告人在缓刑考验期内进入网吧等特定场所	对判处管制或者宣告缓刑的未成年被告人，可以根据其犯罪的具体情况以及禁止事项与所犯罪行的关联程度，对其适用"禁止令"。对于未成年人因上网诱发犯罪的，可以禁止其在一定期限内进入网吧等特定场所

续表

案例	裁判理由	裁判要点
第27号：臧进泉等盗窃、诈骗案（2014年6月23日发布）	盗窃是指以非法占有为目的，秘密窃取公私财物的行为；诈骗是指以非法占有为目的，采用虚构事实或者隐瞒真相的方法，骗取公私财物的行为。对既采取秘密窃取手段又采取欺骗手段非法占有财物行为的定性，应从行为人采取主要手段和被害人有无处分财物意识方面区分盗窃与诈骗。如果行为人获取财物时起决定性作用的手段是秘密窃取，诈骗行为只是为盗窃创造条件或作掩护，被害人也没有"自愿"交付财物的，就应当认定为盗窃；如果行为人获取财物时起决定性作用的手段是诈骗，被害人基于错误认识而"自愿"交付财物，盗窃行为只是辅助手段的，就应当认定为诈骗。在信息网络情形下，行为人利用信息网络，诱骗他人点击虚假链接而实际上通过预先植入的计算机程序窃取他人财物构成犯罪的，应当以盗窃罪定罪处罚；行为人虚构可供交易的商品或者服务，欺骗他人为支付货款点击付款链接而获取财物构成犯罪的，应当以诈骗罪定罪处罚。本案中，被告人臧进泉、郑必玲使用预设计算机程序并植入的方法，秘密窃取他人网上银行账户内巨额钱款，其行为均已构成盗窃罪。臧进泉、郑必玲和被告人刘涛以非法占有为目的，通过开设虚假的网络店铺和利用伪造的购物链接骗取他人数额较大的货款，其行为均已构成诈骗罪。对臧进泉、郑必玲所犯数罪，应依法并罚。关于被告人臧进泉及其辩护人所提非法获取被害人金某的网银账户内305 000元的行为，不构成盗窃罪而是诈骗罪的辩解与辩护意见，经查，臧进泉和被告人郑必玲在得知金某网银	行为人利用信息网络，诱骗他人点击虚假链接而实际通过预先植入的计算机程序窃取财物构成犯罪的，以盗窃罪定罪处罚；虚构可供交易的商品或者服务，欺骗他人点击付款链接而骗取财物构成犯罪的，以诈骗罪定罪处罚

续表

案例	裁判理由	裁判要点
	账户内有款后,即产生了通过植入计算机程序非法占有目的;随后在网络聊天中诱导金某同意支付1元钱,而实际上制作了一个表面付款"1元"却支付305 000元的假淘宝网链接,致使金某点击后,其网银账户内305 000元即被非法转移到臧进泉的注册账户中,对此金某既不知情,也非自愿。可见,臧进泉、郑必玲获取财物时起决定性作用的手段是秘密窃取,诱骗被害人点击"1元"的虚假链接系实施盗窃的辅助手段,只是为盗窃创造条件或作掩护,被害人也没有"自愿"交付巨额财物,获取银行存款实际上是通过隐藏的事先植入的计算机程序来窃取的,符合盗窃罪的犯罪构成要件,依照《刑法》第264条、第287条的规定,应当以盗窃罪定罪处罚。故臧进泉及其辩护人所提上述辩解和辩护意见与事实和法律规定不符,不予采纳	
第28号:胡克金拒不支付劳动报酬案(2014年6月23日发布)	被告人胡克金拒不支付20余名民工的劳动报酬达12万余元,数额较大,且在政府有关部门责令其支付后逃匿,其行为构成拒不支付劳动报酬罪。被告人胡克金虽然不具有合法的用工资格,又属没有相应建筑工程施工资质而承包建筑工程施工项目,且违法招用民工进行施工,上述情况不影响以拒不支付劳动报酬罪追究其刑事责任	不具备用工主体资格的单位或者个人(包工头),违法用工且拒不支付劳动者报酬,数额较大,经政府有关部门责令支付仍不支付的,应当以拒不支付劳动报酬罪追究刑事责任
	本案中,胡克金逃匿后,工程总承包企业按照有关规定清偿了胡克金拖欠的民工工资,其清偿拖欠民工工资的行为属于为胡克金垫付,这一行为虽然消减了拖欠行为的社会危害性,但并不能免除胡克金应当支付劳动报酬的责任,因此,对胡克金仍应当以拒	不具备用工主体资格的单位或者个人(包工头)拒不支付劳动报酬,即使其他单位或者个人在刑事立案前为其垫付了劳动报酬,也不影响追究该用工单位或者个人(包工头)拒不

续表

案例	裁判理由	裁判要点
	不支付劳动报酬罪追究刑事责任。鉴于胡克金系初犯、认罪态度好，依法作出如上判决	支付劳动报酬罪的刑事责任
第32号：张某某、金某危险驾驶案（2014年12月18日发布）	根据《刑法》第133条之一第1款规定，在道路上驾驶机动车"追逐竞驶，情节恶劣的"构成危险驾驶罪。刑法规定的"追逐竞驶"，一般指行为人出于竞技、追求刺激、斗气或者其他动机，二人或二人以上分别驾驶机动车，违反道路交通安全规定，在道路上快速追赶行驶的行为。本案中，从主观驾驶心态上看，二被告人张某某、金某到案后先后供述"心里面想找点享乐和刺激""在道路上穿插、超车、得到心理满足"；在面临红灯时，"刹车不舒服、逢车必超""前方有车就变道曲折行驶再超越"。二被告人上述供述与相关视听资料相互印证，可以反映出其追求刺激、炫耀驾驶技能的竞技心理。从客观行为上看，二被告人驾驶超标大功率的改装摩托车，为追求速度，多次随意变道、闯红灯、大幅超速等严重违章。从行驶路线看，二被告人共同自浦东新区乐园路99号出发，至陆家浜路、河南南路路口接人，约定了竞相行驶的起点和终点。综上，可以认定二被告人的行为属于危险驾驶罪中的"追逐竞驶"	机动车驾驶人员出于竞技、追求刺激、斗气或者其他动机，在道路上曲折穿行、快速追赶行驶的，属于《刑法》第133条之一规定的"追逐竞驶"
	关于本案被告人的行为是否属于"情节恶劣"，应从其"追逐竞驶"行为的具体表现、危害程度、造成的危害后果等方面，综合分析其对道路交通秩序、不特定多人生命、财产安全威胁的程度是否"恶劣"。本案中，二被告人"追逐竞驶"行为，虽未造成人员伤亡和财产损失，但从以下情形分析，属于危险驾驶罪中的"情节恶劣"：第一，从	"追逐竞驶"虽未造成人员伤亡或财产损失，但综合考虑超过限速、闯红灯、强行超车、抗拒交通执法等严重违反道路交通安全法的行为，足以威胁他人生命、财产安全的，属于危险驾驶罪中"情节恶劣"的情形

续表

案例	裁判理由	裁判要点
	驾驶的车辆看，二被告人驾驶的系无牌和套牌的大功率改装摩托车；第二，从行驶速度看，总体驾驶速度很快，多处路段超速达50%以上；第三，从驾驶方式看，反复并线、穿插前车、多次闯红灯行驶；第四，从对待执法的态度看，二被告人在民警盘查时驾车逃离；第五，从行驶路段看，途经的杨高路、张杨路、南浦大桥、复兴东路隧道等均系城市主干道，沿途还有多处学校、公交和地铁站点、居民小区、大型超市等路段，交通流量较大，行驶距离较长，在高速驾驶的刺激心态下和躲避民警盘查的紧张心态下，极易引发重大恶性交通事故。上述行为，给公共交通安全造成一定危险，足以威胁他人生命、财产安全，故可以认定二被告人"追逐竞驶"的行为属于危险驾驶罪中的"情节恶劣"	
第61号：马乐利用未公开信息交易案（2016年6月30日发布）	(1) 对《刑法》第180条第4款援引第1款量刑情节的理解和把握。《刑法》第180条第1款对内幕交易、泄露内幕信息罪规定为："证券、期货交易内幕信息的知情人员或者非法获取证券、期货交易内幕信息的人员，在涉及证券的发行，证券、期货交易或者其他对证券、期货交易价格有重大影响的信息尚未公开前，买入或者卖出该证券，或者从事与该内幕信息有关的期货交易，或者泄露该信息，或者明示、暗示他人从事上述交易活动，情节严重的，处五年以下有期徒刑或者拘役，并处或者单处违法所得一倍以上五倍以下罚金；情节特别严重的，处五年以上十年以下有期徒刑，并处违法所得一倍以上五倍以下罚金。"第4款对利用未公开信息交易罪规定为："证券交易所、期货交易所、	《刑法》第180条第4款规定的利用未公开信息交易罪援引法定刑的情形，应当是对第1款内幕交易、泄露内幕信息罪全部法定刑的引用，即利用未公开信息交易罪应有"情节严重""情节特别严重"两种情形和两个量刑档次

续表

案例	裁判理由	裁判要点
	证券公司、期货经纪公司、基金管理公司、商业银行、保险公司等金融机构的从业人员以及有关监管部门或者行业协会的工作人员，利用因职务便利获取的内幕信息以外的其他未公开的信息，违反规定，从事与该信息相关的证券、期货交易活动，或者明示、暗示他人从事相关交易活动，情节严重的，依照第一款的规定处罚。" 对于第4款中"情节严重的，依照第一款的规定处罚"应如何理解，在司法实践中存在不同的认识。一种观点认为，第4款中只规定了"情节严重"的情形，而未规定"情节特别严重"的情形，因此，这里的"情节严重的，依照第一款的规定处罚"只能是依照第1款中"情节严重"的量刑档次予以处罚；另一种观点认为，第4款中的"情节严重"只是入罪条款，即达到了情节严重以上的情形，依据第1款的规定处罚。至于具体处罚，应看符合第1款中的"情节严重"还是"情节特别严重"的情形，分别情况依法判处。情节严重的，"处五年以下有期徒刑"，情节特别严重的，"处五年以上十年以下有期徒刑"。 最高人民法院认为，《刑法》第180条第4款援引法定刑的情形，应当是对第1款全部法定刑的引用，即利用未公开信息交易罪应有"情节严重""情节特别严重"两种情形和两个量刑档次。这样理解的具体理由如下： ①符合刑法的立法目的。由于我国基金、证券、期货等领域中，利用未公开信息交易行为比较多发，行为人利用公众投入的巨额资金作后盾，以提前买入或者提前卖出的手段获得巨额非法利益，将风险与损失转嫁于其他	

127

续表

案例	裁判理由	裁判要点
	投资者,不仅对其任职单位的财产利益造成损害,而且严重破坏了公开、公正、公平的证券市场原则,严重损害客户投资者或处于信息弱势的散户利益,严重损害金融行业信誉,影响投资者对金融机构的信任,进而对资产管理和基金、证券、期货市场的健康发展产生严重影响。为此,《刑法修正案(七)》新增利用未公开信息交易罪,并将该罪与内幕交易、泄露内幕信息罪规定在同一法条中,说明两罪的违法与责任程度相当。利用未公开信息交易罪也应当适用"情节特别严重"。 ②符合法条的文义。首先,《刑法》第180条第4款中的"情节严重"是入罪条款。最高人民检察院、公安部《关于公安机关管辖的刑事案件立案追诉标准的规定(二)》,对利用未公开信息交易罪规定了追诉的情节标准,说明该罪需达到"情节严重"才能被追诉。利用未公开信息交易罪属情节犯,立法要明确其情节犯属性,就必须借助"情节严重"的表述,以避免"情节不严重"的行为入罪。其次,该款中"情节严重"并不兼具量刑条款的性质。刑法条文中大量存在"情节严重"兼具定罪条款及量刑条款性质的情形,但无一例外均在其后列明了具体的法定刑。《刑法》第180条第4款中"情节严重"之后,并未列明具体的法定刑,而是参照内幕交易、泄露内幕信息罪的法定刑。因此,本款中的"情节严重"仅具有定罪条款的性质,而不具有量刑条款的性质。 ③符合援引法定刑立法技术的理解。援引法定刑是指对某一犯罪并不规定独立的法定刑,而是援引其他犯罪的法	

续表

案例	裁判理由	裁判要点
	定刑作为该犯罪的法定刑。《刑法》第180条第4款援引法定刑的目的是避免法条文字表述重复，并不属于法律规定不明确的情形。 综上，《刑法》第180条第4款虽然没有明确表述"情节特别严重"，但是根据本条款设立的立法目的、法条文意及立法技术，应当包含"情节特别严重"的情形和量刑档次。 （2）利用未公开信息交易罪"情节特别严重"的认定标准。 目前虽然没有关于利用未公开信息交易罪"情节特别严重"认定标准的专门规定，但鉴于刑法规定利用未公开信息交易罪是参照内幕交易、泄露内幕信息罪的规定处罚，最高人民法院、最高人民检察院《关于办理内幕交易、泄露内幕信息刑事案件具体应用法律若干问题的解释》将成交额250万元以上、获利75万元以上等情形认定为内幕交易、泄露内幕信息罪"情节特别严重"的标准，利用未公开信息交易罪也应当遵循相同的标准。马乐利用未公开信息进行交易活动，累计成交额达10.5亿余元，非法获利达1912万余元，已远远超过上述标准，且在案发时属全国查获的该类犯罪数额最大者，参照最高人民法院、最高人民检察院《关于办理内幕交易、泄露内幕信息刑事案件具体应用法律若干问题的解释》，马乐的犯罪情节应当属于"情节特别严重"	
第62号：王新明合同诈骗案（2016年6月30日发布）	本案争议焦点是，在数额犯中犯罪既遂与未遂并存时如何量刑。最高人民法院、最高人民检察院《关于办理诈骗刑事案件具体应用法律若干问题的解释》第6条规定："诈骗既有既遂，	在数额犯中，犯罪既遂部分与未遂部分分别对应不同法定刑幅度的，应当先决定对未遂部分是否减轻处罚，确定未遂部分对应

续表

案例	裁判理由	裁判要点
	又有未遂，分别达到不同量刑幅度的，依照处罚较重的规定处罚；达到同一量刑幅度的，以诈骗罪既遂处罚。"因此，对于数额犯中犯罪行为既遂与未遂并存且均构成犯罪的情况，在确定全案适用的法定刑幅度时，先就未遂部分进行是否减轻处罚的评价，确定未遂部分所对应的法定刑幅度，再与既遂部分对应的法定刑幅度比较，确定全案适用的法定刑幅度。如果既遂部分对应的法定刑幅度较重或者二者相同的，应当以既遂部分对应的法定刑幅度确定全案适用的法定刑幅度，将包括未遂部分在内的其他情节作为确定量刑起点的调节要素进而确定基准刑。如果未遂部分对应的法定刑幅度较重的，应当以未遂部分对应的法定刑幅度确定全案适用的法定刑幅度，将包括既遂部分在内的其他情节，连同未遂部分的未遂情节一并作为量刑起点的调节要素进而确定基准刑。 本案中，王新明的合同诈骗犯罪行为既遂部分为 30 万元，根据司法解释及北京市的具体执行标准，对应的法定刑幅度为有期徒刑 3 年以上 10 年以下；未遂部分为 70 万元，结合本案的具体情况，应当对该未遂部分减一档处罚，未遂部分法定刑幅度应为有期徒刑 3 年以上 10 年以下，与既遂部分 30 万元对应的法定刑幅度相同。因此，以合同诈骗既遂 30 万元的基本犯罪事实确定对王新明适用的法定刑幅度为有期徒刑 3 年以上 10 年以下，将未遂部分 70 万元的犯罪事实，连同其如实供述犯罪事实、退赔全部赃款、取得被害人谅解等一并作为量刑情节，故对王新明从轻处罚，判处有期徒刑 6 年，并处罚金人民币 6000 元	的法定刑幅度，再与既遂部分对应的法定刑幅度进行比较，选择适用处罚较重的法定刑幅度，并酌情从重处罚；二者在同一量刑幅度的，以犯罪既遂酌情从重处罚

续表

案例	裁判理由	裁判要点
第70号：北京阳光一佰生物技术开发有限公司、习文有等生产、销售有毒、有害食品案（2016年12月28日发布）	《刑法》第144条规定："在生产、销售的食品中掺入有毒、有害的非食品原料的，或者销售明知掺有有毒、有害的非食品原料的食品的，处五年以下有期徒刑，并处罚金；对人体健康造成严重危害或者有其他严重情节的，处五年以上十年以下有期徒刑，并处罚金；致人死亡或者有其他特别严重情节的，依照本法第一百四十一条的规定处罚。"最高人民法院、最高人民检察院《关于办理危害食品安全刑事案件适用法律若干问题的解释》（以下简称《解释》）第20条规定："下列物质应当认定为'有毒、有害的非食品原料'：（一）法律、法规禁止在食品生产经营活动中添加、使用的物质；（二）国务院有关部门公布的《食品中可能违法添加的非食用物质名单》《保健食品中可能非法添加的物质名单》上的物质；（三）国务院有关部门公告禁止使用的农药、兽药以及其他有毒、有害物质；（四）其他危害人体健康的物质。"第21条规定："'足以造成严重食物中毒事故或者其他严重食源性疾病''有毒、有害非食品原料'难以确定的，司法机关可以根据检验报告并结合专家意见等相关材料进行认定。必要时，人民法院可以依法通知有关专家出庭作出说明。"本案中，盐酸丁二胍系在我国未获得药品监督管理部门批准生产或进口，不得作为药品在我国生产、销售和使用的化学物质；其亦非食品添加剂。盐酸丁二胍也不属于上述《解释》第20条第2项、第3项规定的物质。根据扬州大学医学院葛晓群教授出具的专家意见和南京医科大学司法鉴定所的鉴定意见证明，盐酸丁二胍与《解释》第20条第2项	行为人在食品生产经营中添加的虽然不是国务院有关部门公布的《食品中可能违法添加的非食用物质名单》和《保健食品中可能非法添加的物质名单》中的物质，但如果该物质与上述名单中所列物质具有同等属性，并且根据检验报告和专家意见等相关材料能够确定该物质对人体具有同等危害的，应当认定为《刑法》第144条规定的"有毒、有害的非食品原料"

续表

案例	裁判理由	裁判要点
	《保健食品中可能非法添加的物质名单》中的其他降糖类西药（盐酸二甲双胍、盐酸苯乙双胍）具有同等属性和同等危害。长期服用添加有盐酸丁二胍的"阳光一佰牌山芪参胶囊"有对人体产生毒副作用的风险，影响人体健康，甚至危害生命。因此，对盐酸丁二胍应当依照《解释》第20条第4项、第21条的规定，认定为《刑法》第144条规定的"有毒、有害的非食品原料"。 被告单位阳光一佰公司，被告人习文有作为阳光一佰公司生产、销售山芪参胶囊的直接负责的主管人员，被告人杨立峰、钟立檬、王海龙作为阳光一佰公司生产、销售山芪参胶囊的直接责任人员，明知阳光一佰公司生产、销售的保健食品山芪参胶囊中含有国家禁止添加的盐酸丁二胍成分，仍然进行生产、销售；被告人尹立新、谭国民明知其提供的含有国家禁止添加的盐酸丁二胍的原料被被告人习文有用于生产保健食品山芪参胶囊并进行销售，仍然向习文有提供该种原料，因此，上述单位和被告人均依法构成生产、销售有毒、有害食品罪。其中，被告单位阳光一佰公司、被告人习文有、尹立新、谭国民的行为构成生产、销售有毒、有害食品罪。被告人杨立峰的行为构成生产有毒、有害食品罪；被告人钟立檬、王海龙的行为均已构成销售有毒、有害食品罪。根据被告单位及各被告人犯罪情节、犯罪数额，综合考虑各被告人在共同犯罪中的地位和作用，自首、认罪态度等量刑情节，作出如上判决	

续表

案例	裁判理由	裁判要点
第 71 号：毛建文拒不执行判决、裁定案（2016 年 12 月 28 日发布）	本案的争议焦点为，拒不执行判决、裁定罪中规定的"有能力执行而拒不执行"的行为起算时间如何认定，即被告人毛建文拒不执行判决的行为是从相关民事判决发生法律效力时起算，还是从执行立案时起算。对此，法院认为，生效法律文书进入强制执行程序并不是构成拒不执行判决、裁定罪的要件和前提，毛建文拒不执行判决的行为应从相关民事判决于 2013 年 1 月 6 日发生法律效力时起算。主要理由如下：第一，符合立法原意。全国人民代表大会常务委员会对《刑法》第 313 条规定解释时指出，该条中的"人民法院的判决、裁定"，是指人民法院依法作出的具有执行内容并已发生法律效力的判决、裁定。这就是说，只有具有执行内容的判决、裁定发生法律效力后，才具有法律约束力和强制执行力，义务人才有及时、积极履行生效法律文书确定义务的责任。生效法律文书的强制执行力不是在进入强制执行程序后才产生的，而是自法律文书生效之日起即产生。第二，与民事诉讼法及其司法解释协调一致。《民事诉讼法》第 111 条第 1 款规定：诉讼参与人或者其他人拒不履行人民法院已经发生法律效力的判决、裁定的，人民法院可以根据情节轻重予以罚款、拘留；构成犯罪的，依法追究刑事责任。《最高人民法院关于适用〈中华人民共和国民事诉讼法〉的解释》第 188 条规定，《民事诉讼法》第 111 条第 1 款第 6 项规定的拒不履行人民法院已经发生法律效力的判决、裁定的行为，包括在法律文书发生法律效力后隐藏、转移、变卖、毁损财产或者无偿转让财产、以明显不合理的价格交易财产、	有能力执行而拒不执行判决、裁定的时间从判决、裁定发生法律效力时起算。具有执行内容的判决、裁定发生法律效力后，负有执行义务的人有隐藏、转移、故意毁损财产等拒不执行行为，致使判决、裁定无法执行，情节严重的，应当以拒不执行判决、裁定罪定罪处罚

续表

案例	裁判理由	裁判要点
	放弃到期债权、无偿为他人提供担保等，致使人民法院无法执行的。由此可见，法律明确将拒不执行行为限定在法律文书发生法律效力后，并未将拒不执行的主体仅限定为进入强制执行程序后的被执行人或者协助执行义务人等，更未将拒不执行判决、裁定罪的调整范围仅限于生效法律文书进入强制执行程序后发生的行为。第三，符合立法目的。拒不执行判决、裁定罪的立法目的在于解决法院生效判决、裁定的"执行难"问题。将判决、裁定生效后立案执行前逃避履行义务的行为纳入拒不执行判决、裁定罪的调整范围，是法律设定该罪的应有之义。将判决、裁定生效之日确定为拒不执行判决、裁定罪中拒不执行行为的起算时间点，能有效地促使义务人在判决、裁定生效后即迫于刑罚的威慑力而主动履行生效裁判确定的义务，避免生效裁判沦为一纸空文，从而使社会公众真正尊重司法裁判，维护法律权威，从根本上解决"执行难"问题，实现拒不执行判决、裁定罪的立法目的	
第 87 号：郭明升、郭明锋、孙淑标假冒注册商标案（2017年3月6日发布）	被告人郭明升、郭明锋、孙淑标在未经"SΛMSUNG"商标注册人授权许可的情况下，购进假冒"SΛMSUNG"注册商标的手机机头及配件，组装假冒"SΛMSUNG"注册商标的手机，并通过网店对外以"正品行货"销售，属于未经注册商标所有人许可在同一种商品上使用与其相同的商标的行为，非法经营数额达 2000 余万元，非法获利 200 余万元，属情节特别严重，其行为构成假冒注册商标罪。被告人郭明升、郭明锋、孙淑标虽然辩解称其网店售销记录存在刷信誉的情况，对公诉机关指控的非法经营数额、非法	假冒注册商标犯罪的非法经营数额、违法所得数额，应当综合被告人供述、证人证言、被害人陈述、网络销售电子数据、被告人银行账户往来记录、送货单、快递公司电脑系统记录、被告人等所作记账等证据认定。被告人辩解称网络销售记录存在刷信誉的不真实交易，但无证据证实的，对其辩解不予采纳

续表

案例	裁判理由	裁判要点
	获利提出异议，但三被告人在公安机关的多次供述，以及公安机关查获的送货单、支付宝向被告人郭明锋银行账户付款记录、郭明锋银行账户对外付款记录、"三星数码专柜"淘宝记录、快递公司电脑系统记录、公安机关现场扣押的笔记等证据之间能够互相印证，综合公诉机关提供的证据，可以认定公诉机关关于三被告人共计销售假冒的三星 I8552 手机 20 000 余部，销售金额 2000 余万元，非法获利 200 余万元的指控能够成立，三被告人关于销售记录存在刷信誉行为的辩解无证据予以证实，不予采信。被告人郭明升、郭明锋、孙淑标，系共同犯罪，被告人郭明升起主要作用，是主犯；被告人郭明锋、孙淑标在共同犯罪中起辅助作用，是从犯，依法可以从轻处罚。故依法作出上述判决	
第93号：于欢故意伤害案（2018年6月20日发布）	于欢的捅刺行为具有防卫性。案发当时杜某 2 等人对于欢、苏某持续实施着限制人身自由的非法拘禁行为，并伴有侮辱人格和对于欢推搡、拍打等行为；民警到达现场后，于欢和苏某想随民警走出接待室时，杜某 2 等人阻止二人离开，并对于欢实施推拉、围堵等行为，在于欢持刀警告时仍出言挑衅并逼近，实施正当防卫所要求的不法侵害客观存在并正在进行；于欢是在人身自由受到违法侵害、人身安全面临现实威胁的情况下持刀捅刺，且捅刺的对象都是在其警告后仍向其靠近围逼的人。因此，可以认定其是为了使本人和其母亲的人身权利免受正在进行的不法侵害，而采取的制止不法侵害行为，具备正当防卫的客观和主观条件，具有防卫性质。 于欢的捅刺行为不属于特殊防卫。《刑	对正在进行的非法限制他人人身自由的行为，应当认定为《刑法》第 20 条第 1 款规定的"不法侵害"，可以进行正当防卫

续表

案例	裁判理由	裁判要点
	法》第20条第3款规定："对正在进行行凶、杀人、抢劫、强奸、绑架以及其他严重危及人身安全的暴力犯罪，采取防卫行为，造成不法侵害人伤亡的，不属于防卫过当，不负刑事责任。"根据这一规定，特殊防卫的适用前提条件是存在严重危及本人或他人人身安全的暴力犯罪。本案中，虽然杜某2等人对于欢母子实施了非法限制人身自由、侮辱、轻微殴打等人身侵害行为，但这些不法侵害不是严重危及人身安全的暴力犯罪。其一，杜某2等人实施的非法限制人身自由、侮辱等不法侵害行为，虽然侵犯了于欢母子的人身自由、人格尊严等合法权益，但并不具有严重危及于欢母子人身安全的性质；其二，杜某2等人按肩膀、推拉等强制或者殴打行为，虽然让于欢母子的人身安全、身体健康权遭受了侵害，但这种不法侵害只是轻微的暴力侵犯，既不是针对生命权的不法侵害，又不是发生严重侵害于欢母子身体健康权的情形，因而不属于严重危及人身安全的暴力犯罪。其三，苏某、于某1系主动通过他人协调、担保，向吴某借贷，自愿接受吴某所提10%的月息。既不存在苏某、于某1被强迫向吴某高息借贷的事实，又不存在吴某强迫苏某、于某1借贷的事实，与司法解释以借贷为名采用暴力、胁迫手段获取他人财物以抢劫罪论处的规定明显不符。可见杜某2等人实施的多种不法侵害行为，符合可以实施一般防卫行为的前提条件，但不具备实施特殊防卫的前提条件，故于欢的捅刺行为不属于特殊防卫	对非法限制他人人身自由并伴有侮辱、轻微殴打的行为，不应当认定为《刑法》第20条第3款规定的"严重危及人身安全的暴力犯罪"

续表

案例	裁判理由	裁判要点
	于欢的捅刺行为属于防卫过当。《刑法》第20条第2款规定："正当防卫明显超过必要限度造成重大损害的，应当负刑事责任，但是应当减轻或者免除处罚。"由此可见，防卫过当是在具备正当防卫客观和主观前提条件下，防卫反击明显超越必要限度，并造成致人重伤或死亡的过当结果。认定防卫是否"明显超过必要限度"，应当从不法侵害的性质、手段、强度、危害程度，以及防卫行为的性质、时机、手段、强度、所处环境和损害后果等方面综合分析判定。本案中，杜某2一方虽然人数较多，但其实施不法侵害的意图是给苏某夫妇施加压力以催讨债务，在催债过程中未携带、使用任何器械；在民警朱某等进入接待室前，杜某2一方对于欢母子实施的是非法限制人身自由、侮辱和对于欢拍打面颊、揪抓头发等行为，其目的仍是逼迫苏某夫妇尽快还款；在民警进入接待室时，双方没有发生激烈对峙和肢体冲突，当民警警告不能打架后，杜某2一方并无打架的言行；在民警走出接待室寻找报警人期间，于欢和讨债人员均可透过接待室玻璃清晰看见停在院内的警车警灯闪烁，应当知道民警并未离开；在于欢持刀警告不要逼过来时，杜某2等人虽有出言挑衅并向于欢围逼的行为，但并未实施强烈的攻击行为。因此，于欢面临的不法侵害并不紧迫和严重，而其却持刃长15.3厘米的单刃尖刀连续捅刺四人，致一人死亡、二人重伤、一人轻伤，且其中一人系被背后捅伤，故应当认定于欢的防卫行为明显超过必要限度造成重大损害，属于防卫过当	判断防卫是否过当，应当综合考虑不法侵害的性质、手段、强度、危害程度，以及防卫行为的性质、时机、手段、强度、所处环境和损害后果等情节。对非法限制他人人身自由并伴有侮辱、轻微殴打，且并不十分紧迫的不法侵害，进行防卫致人死亡重伤的，应当认定为《刑法》第20条第2款规定的"明显超过必要限度造成重大损害"

续表

案例	裁判理由	裁判要点
	被害方对引发本案具有严重过错。本案案发前，吴某、赵某1指使杜某2等人实施过侮辱苏某、干扰源大公司生产经营等逼债行为，苏某多次报警，吴某等人的不法逼债行为并未收敛。案发当日，杜某2等人对于欢、苏某实施非法限制人身自由、侮辱及对于欢间有推搡、拍打、卡颈部等行为，于欢及其母亲苏某连日来多次遭受催逼、骚扰、侮辱，导致于欢实施防卫行为时难免带有恐惧、愤怒等因素。尤其是杜某2裸露隐私部分侮辱苏某对引发本案有重大过错。案发当日，杜某2当着于欢之面公然以裸露隐私部位的方式侮辱其母亲苏某。虽然距于欢实施防卫行为已间隔约二十分钟，但于欢捅刺杜某2等人时难免带有报复杜某2辱母的情绪，故杜某2裸露隐私部位侮辱苏某的行为是引发本案的重要因素，在刑罚裁量上应当作为对于欢有利的情节重点考虑。	防卫过当案件，如系因被害人实施严重贬损他人人格尊严或者亵渎人伦的不法侵害引发的，量刑时对此应予充分考虑，以确保司法裁判既经得起法律检验，也符合社会公平正义观念
第97号：王力军非法经营再审改判无罪案（2018年12月19日发布）	原判决认定的原审被告人王力军于2014年11月至2015年1月期间，没有办理粮食收购许可证及工商营业执照买卖玉米的事实清楚，其行为违反了当时的国家粮食流通管理有关规定，但尚未达到严重扰乱市场秩序的危害程度，不具备与《刑法》第225条规定的非法经营罪相当的社会危害性、刑事违法性和刑事处罚必要性，不构成非法经营罪	对于《刑法》第225条第4项规定的"其他严重扰乱市场秩序的非法经营行为"的适用，应当根据相关行为是否具有与《刑法》第225条前3项规定的非法经营行为相当的社会危害性、刑事违法性和刑事处罚必要性进行判断
	原审判决认定王力军构成非法经营罪适用法律错误，检察机关提出的王力军无证照买卖玉米的行为不构成非法经营罪的意见成立，原审被告人王力军及其辩护人提出的王力军的行为不构成犯罪的意见成立	判断违反行政管理有关规定的经营行为是否构成非法经营罪，应当考虑该经营行为是否属于严重扰乱市场秩序。对于虽然违反行政管理有关规定，但尚未严重扰乱市场秩序的经营行为，不应当认定为非法经营罪

续表

案例	裁判理由	裁判要点
第102号：付宣豪、黄子超破坏计算机信息系统案（2018年12月25日发布）	根据《刑法》第286条的规定，对计算机信息系统功能进行破坏，造成计算机信息系统不能正常运行，后果严重的，构成破坏计算机信息系统罪。本案中，被告人付宣豪、黄子超实施的是流量劫持中的"DNS劫持"。DNS是域名系统的英文首字母缩写，作用是提供域名解析服务。"DNS劫持"通过修改域名解析，使对特定域名的访问由原IP地址转入篡改后的指定IP地址，导致用户无法访问原IP地址对应的网站或者访问虚假网站，从而实现窃取资料或者破坏网站原有正常服务的目的。二被告人使用恶意代码修改互联网用户路由器的DNS设置，将用户访问"2345.com"等导航网站的流量劫持到其设置的"5w.com"导航网站，并将获取的互联网用户流量出售，显然是对网络用户的计算机信息系统功能进行破坏，造成计算机信息系统不能正常运行，符合破坏计算机信息系统罪的客观行为要件	通过修改路由器、浏览器设置、锁定主页或者弹出新窗口等技术手段，强制网络用户访问指定网站的"DNS劫持"行为，属于破坏计算机信息系统，后果严重的，构成破坏计算机信息系统罪
	根据《最高人民法院、最高人民检察院关于办理危害计算机信息系统安全刑事案件应用法律若干问题的解释》，破坏计算机信息系统，违法所得人民币25 000元以上或者造成经济损失人民币50 000元以上的，应当认定为"后果特别严重"。本案中，二被告人的违法所得达人民币754 762.34元，属于"后果特别严重"	对于"DNS劫持"，应当根据造成不能正常运行的计算机信息系统数量、相关计算机信息系统不能正常运行的时间，以及所造成的损失或者影响等，认定其是"后果严重"还是"后果特别严重"
第103号：徐强破坏计算机信息系统案（2018年12月25日发布）	《最高人民法院、最高人民检察院关于办理危害计算机信息系统安全刑事案件应用法律若干问题的解释》第11条第1款规定，"计算机信息系统"和"计算机系统"，是指具备自动处理数据功能的系统，包括计算机、网络设备、通信	企业的机械远程监控系统属于计算机信息系统。违反国家规定，对企业的机械远程监控系统功能进行破坏，造成计算机信息系统不能正常运行，后果严

续表

案例	裁判理由	裁判要点
	设备、自动化控制设备等。本案中，中联重科物联网 GPS 信息服务系统由中联重科物联网远程监控平台、GPS 终端、控制器和显示器等构成，具备自动采集、处理、存储、回传、显示数据和自动控制设备的功能。该系统属于具备自动处理数据功能的通信设备与自动化控制设备，属于刑法意义上的计算机信息系统。被告人徐强利用"GPS 干扰器"对中联重科物联网 GPS 信息服务系统进行修改、干扰，造成该系统无法对案涉泵车进行实时监控和远程锁车，是对计算机信息系统功能进行破坏，造成计算机信息系统不能正常运行的行为，且后果特别严重。根据《刑法》第 286 条的规定，被告人徐强构成破坏计算机信息系统罪。徐强犯罪以后自动投案，如实供述了自己的罪行，系首首，依法可减轻处罚。徐强退缴全部违法所得，有悔罪表现，可酌情从轻处罚。针对徐强及其辩护人提出"自己系首首，且全部退缴违法所得，一审量刑过重"的上诉意见与辩护意见，经查，徐强破坏计算机信息系统，违法所得 45 000 元，后果特别严重，应当判处五年以上有期徒刑，一审判决综合考虑其首首、退缴全部违法所得等情节，对其减轻处罚，判处有期徒刑二年六个月，量刑适当。该上诉意见、辩护意见，不予采纳。原审判决认定事实清楚，证据确实充分，适用法律正确，量刑适当，审判程序合法	重的，构成破坏计算机信息系统罪
第 104 号：李森、何利民、张锋勃等人破坏计算机信息系统案（2018 年 12 月 25 日发布）	五被告人的行为违反了国家规定。《环境保护法》第 68 条规定禁止篡改、伪造或者指使篡改、伪造监测数据，《大气污染防治法》第 126 条规定禁止对大气环境保护监督管理工作弄虚作假，	环境质量监测系统属于计算机信息系统。用棉纱等物品堵塞环境质量监测采样设备，干扰采样，致使监测数据严重失真的，构

续表

案例	裁判理由	裁判要点
	《计算机信息系统安全保护条例》第7条规定不得危害计算机信息系统的安全。本案五被告人采取堵塞采样器的方法伪造或者指使伪造监测数据，弄虚作假，违反了上述国家规定。 五被告人的行为破坏了计算机信息系统。《最高人民法院、最高人民检察院关于办理危害计算机信息系统安全刑事案件应用法律若干问题的解释》第11条第1款规定，计算机信息系统和计算机系统，是指具备自动处理数据功能的系统，包括计算机、网络设备、通信设备、自动化控制设备等。根据《最高人民法院、最高人民检察院关于办理环境污染刑事案件适用法律若干问题的解释》第10条第1款的规定，干扰环境质量监测系统的采样，致使监测数据严重失真的行为，属于破坏计算机信息系统。长安子站系国控环境空气质量自动监测站点，产生的监测数据经过系统软件直接传输至监测总站，通过环保部和监测总站的政府网站实时向社会公布，参与计算环境空气质量指数并实时发布。空气采样器是环境空气质量监测系统的重要组成部分。PM10、PM2.5监测数据作为环境空气综合污染指数评估中的最重要两项指标，被告人用棉纱堵塞采样器的采样孔或拆卸采样器的行为，必然造成采样器内部气流场的改变，造成监测数据失真，影响对环境空气质量的正确评估，属于对计算机信息系统功能进行干扰，造成计算机信息系统不能正常运行的行为。 五被告人的行为造成了严重后果。(1) 被告人李森、张锋勃、张楠、张肖均多次堵塞、拆卸采样器干扰采样，被告人何利民明知李森等人的行为而	成破坏计算机信息系统罪

续表

案例	裁判理由	裁判要点
	没有阻止,只是要求李森把空气污染数值降下来。(2)被告人的干扰行为造成了监测数据的显著异常。2016年2月至3月,长安子站颗粒物监测数据多次出现与周边子站变化趋势不符的现象。长安子站PM2.5数据分别在2月24日18时至25日16时、3月3日4时至6日19时两个时段内异常,PM10数据分别在2月18日18时至19日8时、2月25日20时至21日8时、3月5日19时至6日23时三个时段内异常。其中,长安子站的PM10数据在2016年3月5日19时至22时由361下降至213,下降了41%,其他周边子站均值升高了14%(由316上升至361),6日16时至17时长安子站监测数值由188上升至426,升高了127%,其他子站均值变化不大(由318降至310),6日17时至19时长安子站数值由426下降至309,下降了27%,其他子站均值变化不大(由310降至304)。可见,被告人堵塞采样器的行为足以造成监测数据的严重失真。上述数据的严重失真,与监测总站在例行数据审核时发现长安子站PM10数据明显偏低可以印证。(3)失真的监测数据已实时发送至监测总站,并向社会公布。长安子站空气质量监测的小时浓度均值数据已经通过互联网实时发布。(4)失真的监测数据已被用于编制环境评价的月报、季报。环保部在2016年2月、3月及第一季度的全国74个重点城市空气质量排名工作中已采信上述虚假数据,已向社会公布并上报国务院,影响了全国大气环境治理情况评估,损害了政府公信力,误导了环境决策。据此,五被告人干扰采样的行为造成了严重后果,符合《刑法》第286条	

续表

案例	裁判理由	裁判要点
	规定的"后果严重"要件。 综上，五被告人均已构成破坏计算机信息系统罪。鉴于五被告人到案后均能坦白认罪，有悔罪表现，依法可以从轻处罚	
第105号：洪小强、洪礼沃、洪清泉、李志荣开设赌场案（2018年12月25日发布）	被告人洪小强、洪礼沃、洪清泉、李志荣以营利为目的，通过邀请人员加入微信群的方式招揽赌客，根据竞猜游戏网站的开奖结果，以押大小、单双等方式进行赌博，并利用微信群进行控制管理，在一段时间内持续组织网络赌博活动的行为，属于《刑法》第303条第2款规定的"开设赌场"。被告人洪小强、洪礼沃、洪清泉、李志荣开设和经营赌场，共接受赌资累计达3 237 300元，应认定为《刑法》第303条第2款规定的"情节严重"，其行为均已构成开设赌场罪	以营利为目的，通过邀请人员加入微信群的方式招揽赌客，根据竞猜游戏网站的开奖结果等方式进行赌博，设定赌博规则，利用微信群进行控制管理，在一段时间内持续组织网络赌博活动的，属于《刑法》第303条第2款规定的"开设赌场"
第106号：谢检军、高垒、高尔樵、杨泽彬开设赌场案（2018年12月25日发布）	以营利为目的，通过邀请人员加入微信群，利用微信群进行控制管理，以抢红包方式进行赌博，设定赌博规则，在一段时间内持续组织赌博活动的行为，属于《刑法》第303条第2款规定的"开设赌场"。谢检军、高垒、高尔樵、杨泽彬伙同他人开设赌场，均已构成开设赌场罪，且系情节严重。谢检军、高垒、高尔樵、杨泽彬在共同犯罪中地位和作用较轻，均系从犯，原判未认定从犯不当，依法予以纠正，并对谢检军予以从轻处罚，对高尔樵、杨泽彬、高垒均予以减轻处罚。杨泽彬犯罪后自动投案，并如实供述自己的罪行，系自首，依法予以从轻处罚。谢检军、高尔樵、高垒到案后如实供述犯罪事实，依法予以从轻处罚。谢检军、高尔樵、杨泽彬、高垒案发后退赃，二审审理期间杨泽彬的家人又代为退赃，均酌情予以从轻处罚	以营利为目的，通过邀请人员加入微信群，利用微信群进行控制管理，以抢红包方式进行赌博，在一段时间内持续组织赌博活动的行为，属于《刑法》第303条第2款规定的"开设赌场"

续表

案例	裁判理由	裁判要点
第144号：张那木拉正当防卫案（2020年12月29日发布）	张那木拉的行为系正当防卫行为，而且是《刑法》第20条第3款规定的特殊防卫行为。本案中，张那木拉是在周某强、陈某2新等人突然闯入其私人场所，实施严重不法侵害的情况下进行反击的。周某强、陈某2新等四人均提前准备了作案工具，进入现场时两人分别手持长约50厘米的砍刀，一人持铁锹，一人持铁锤，而张那木拉一方是并无任何思想准备的。周某强一方闯入屋内后径行对张那木拉实施拖拽，并在张那木拉转身向后挣脱时，使用所携带的凶器砸砍张那木拉后脑部。从侵害方人数、所持凶器、打击部位等情节看，以普通人的认识水平判断，应当认为不法侵害已经达到现实危害张那木拉的人身安全、危及其生命安全的程度，属于《刑法》第20条第3款规定的"行凶"。张那木拉为制止正在进行的不法侵害，顺手从身边抓起一把平时生活所用刀具捅刺不法侵害人，具有正当性，属于正当防卫	对于使用致命性凶器攻击他人要害部位，严重危及他人人身安全的行为，应当认定为《刑法》第20条第3款规定的"行凶"，可以适用特殊防卫的有关规定
	监控录像显示陈某2新倒地后，周某强跑向屋外后仍然挥舞砍刀，此时张那木拉及其兄张某1人身安全面临的危险并没有完全排除，其在屋外打伤周某强的行为仍然属于防卫行为	对于多人共同实施不法侵害，部分不法侵害人已被制服，但其他不法侵害人仍在继续实施侵害的，仍然可以进行防卫
第145号：张竣杰等非法控制计算机信息系统案（2020年12月29日发布）	被告人张竣杰、彭玲珑、祝东、姜宇豪共同违反国家规定，对我国境内计算机信息系统实施非法控制，情节特别严重，其行为均已构成非法控制计算机信息系统罪，且系共同犯罪。南京市鼓楼区人民检察院指控被告人张竣杰、彭玲珑、祝东、姜宇豪实施侵犯计算机信息系统犯罪的事实清楚，证	通过植入木马程序的方式，非法获取网站服务器的控制权限，进而通过修改、增加计算机信息系统数据，向相关计算机信息系统上传网页链接代码，应当认定为《刑法》第285条第2款"采用其他技术手段"非法

续表

案例	裁判理由	裁判要点
	据确实、充分，但以破坏计算机信息系统罪予以指控不当。经查，被告人张竣杰、彭玲珑、祝东、姜宇豪虽对目标服务器的数据实施了修改、增加的侵犯行为，但未造成该信息系统功能实质性的破坏，或不能正常运行，也未对该信息系统内有价值的数据进行增加、删改，其行为不属于破坏计算机信息系统犯罪中的对计算机信息系统中存储、处理或者传输的数据进行删除、修改、增加的行为，应认定为非法控制计算机信息系统罪	控制计算机信息系统的行为 通过修改、增加计算机信息系统数据，对该计算机信息系统实施非法控制，但未造成系统功能实质性破坏或者不能正常运行的，不应当认定为破坏计算机信息系统罪，符合《刑法》第285条第2款规定的，应当认定为非法控制计算机信息系统罪
第146号：陈庆豪、陈淑娟、赵延海开设赌场案（2020年12月29日发布）	根据国务院2017年修订的《期货交易管理条例》第1条、第4条、第6条规定，期权合约是指期货交易场所统一制定的、规定买方有权在将来某一时间以特定价格买入或者卖出约定标的物的标准化合约。期货交易应当在期货交易所等法定期货交易场所进行，禁止在期货交易场所之外进行期货交易。未经国务院或者国务院期货监督管理机构批准，任何单位或者个人不得以任何形式组织期货交易。简言之，期权是一种以股票、期货等品种的价格为标的，在法定期货交易场所进行交易的金融产品，在交易过程中需完成买卖双方权利的转移，具有规避价格风险、服务实体经济的功能。 龙汇"二元期权"的交易方法是下载市场行情接收软件和龙汇网站自制插件，会员选择外汇品种和时间段，点击"买涨"或"买跌"按钮完成交易，买对涨跌方向即可盈利交易金额的76%~78%，买错涨跌方向则本金即归网站（庄家）所有，盈亏结果与外汇	以"二元期权"交易的名义，在法定期货交易场所之外利用互联网招揽"投资者"，以未来某段时间外汇品种的价格走势为交易对象，按照"买涨""买跌"确定盈亏，买对涨跌方向的"投资者"得利，买错的本金归网站（庄家）所有，盈亏结果不与价格实际涨跌幅度挂钩的，本质是"押大小、赌输赢"，是披着期权交易外衣的赌博行为。对相关网站应当认定为赌博网站

续表

案例	裁判理由	裁判要点
	交易品种涨跌幅度无关，实则是以未来某段时间外汇、股票等品种的价格走势为交易对象，以标的价格走势的涨跌决定交易者的财产损益，交易价格与盈亏幅度事前确定，盈亏结果与价格实际涨跌幅度不挂钩，交易者没有权利行使和转移环节，交易结果具有偶然性、投机性和射幸性。因此，龙汇"二元期权"与"押大小、赌输赢"的赌博行为本质相同，实为网络平台与投资者之间的对赌，是披着期权外衣的赌博行为。 被告人陈庆豪在龙汇公司担任中国区域市场总监，从事日常事务协调管理，维护公司与经纪人关系，参加各地说明会、培训会并宣传龙汇"二元期权"，发展新会员和开拓新市场，符合《最高人民法院、最高人民检察院、公安部关于办理网络赌博犯罪案件适用法律若干问题的意见》第2条规定的明知是赌博网站，而为其提供投放广告、发展会员等服务的行为，构成开设赌场罪，其非法所得已达到该意见第2条规定的"收取服务费数额在2万元以上的"5倍以上，应认定为开设赌场"情节严重"。但考虑到其犯罪事实、行为性质、在共同犯罪中的地位作用和从轻量刑情节，对其有期徒刑刑期予以酌减，对罚金刑依法予以维持。陈淑娟、赵延海面向社会公众招揽赌客参加赌博，属于为赌博网站担任代理并接受投注行为，且行为具有组织性、持续性、开放性，构成开设赌场罪，并达到"情节严重"。原判认定陈淑娟、赵延海的罪名不当，二审依法改变其罪名，但根据上诉不加刑原则，维持一审对其量刑	

续表

案例	裁判理由	裁判要点
第147号：张永明、毛伟明、张鹭故意损毁名胜古迹案（2020年12月29日发布）	三清山于1988年经国务院批准列为国家重点风景名胜区，2008年被列入世界自然遗产名录，2012年被列入世界地质公园名录。巨蟒峰作为三清山核心标志性景观独一无二、弥足珍贵，其不仅是不可再生的珍稀自然资源型资产，也是可持续利用的自然资产，对于全人类而言具有重大科学价值、美学价值和经济价值。巨蟒峰是经由长期自然风化和重力崩解作用形成的巨型花岗岩体石柱，垂直高度128米，最细处直径仅7米。本案中，侦查机关依法聘请的四名专家经过现场勘查、证据查验、科学分析，对巨蟒峰地质遗迹点的价值、成因、结构特点及三被告人的行为给巨蟒峰柱体造成的损毁情况给出了专家意见。四名专家从地学专业角度，认为被告人的打岩钉攀爬行为对世界自然遗产的核心景观巨蟒峰造成了永久性的损害，破坏了自然遗产的基本属性即自然性、原始性、完整性，特别是在巨蟒峰柱体的脆弱段打入至少4颗岩钉，加重了巨蟒峰柱体结构的脆弱性，即对巨蟒峰的稳定性产生了破坏，26颗岩钉会直接诱发和加重物理、化学、生物风化，形成新的裂隙，加快花岗岩柱体的侵蚀进程，甚至造成崩解。根据《最高人民法院、最高人民检察院关于办理妨害文物管理等刑事案件适用法律若干问题的解释》第4条第2款第1项规定，结合专家意见，应当认定三被告人的行为造成了名胜古迹"严重损毁"，已触犯《刑法》第324条第2款的规定，构成故意损毁名胜古迹罪。风景名胜区的核心景区是受我国刑法保护的名胜古迹。三清山风景名胜区	风景名胜区的核心景区属于《刑法》第324条第2款规定的"国家保护的名胜古迹"。对核心景区内的世界自然遗产实施打岩钉等破坏活动，严重破坏自然遗产的自然性、原始性、完整性和稳定性的，综合考虑有关地质遗迹的特点、损坏程度等，可以认定为故意损毁国家保护的名胜古迹"情节严重"

续表

案例	裁判理由	裁判要点
	列入世界自然遗产、世界地质公园名录,巨蟒峰地质遗迹点是其珍贵的标志性景观和最核心的部分,既是不可再生的珍稀自然资源性资产,也是可持续利用的自然资产,具有重大科学价值、美学价值和经济价值。被告人张永明、毛伟明、张鹭违反社会管理秩序,采用破坏性攀爬方式攀爬巨蟒峰,在巨蟒峰花岗岩柱体上钻孔打入26颗岩钉,对巨蟒峰造成严重损毁,情节严重,其行为已构成故意损毁名胜古迹罪,应依法惩处。本案对三被告人的入刑,不仅是对其所实施行为的否定评价,更是警示世人不得破坏国家保护的名胜古迹,从而引导社会公众树立正确的生态文明观,珍惜和善待人类赖以生存和发展的自然资源和生态环境。一审法院根据三被告人在共同犯罪中的地位、作用及量刑情节所判处的刑罚并无不当。张永明及其辩护人请求改判无罪等上诉意见不能成立,不予采纳。原审判决认定三被告人犯罪事实清楚,证据确实、充分,定罪准确,对三被告人的量刑适当,审判程序合法	
	本案中,三被告人打入26颗岩钉的行为对巨蟒峰造成严重损毁的程度,目前全国没有法定司法鉴定机构可以进行鉴定,但是否构成严重损毁又是被告人是否构成犯罪的关键。根据《最高人民法院关于适用〈中华人民共和国刑事诉讼法〉的解释》第87条规定,对案件中的专门性问题需要鉴定,但没有法定司法鉴定机构,或者法律、司法解释规定可以进行检验的,可以指派、聘请有专门知识的人进行检验,检验报告可以作为定罪量刑的参考。经人民法院通知,检验人拒不出庭作	对刑事案件中的专门性问题需要鉴定,但没有鉴定机构的,可以指派、聘请有专门知识的人就案件的专门性问题出具报告,相关报告在刑事诉讼中可以作为证据使用

续表

案例	裁判理由	裁判要点
	证的,检验报告不得作为定罪量刑的参考。故对打入26颗岩钉的行为是否对巨蟒峰造成严重损毁的这一事实,依法聘请有专门知识的人进行检验合情合理合法。本案中的四名地学专家,都长期从事地学领域的研究,都具有地学领域的专业知识,在地学领域发表过大量论文或专著,或主持过地学方面的重大科研课题,具有对巨蟒峰受损情况这一地学领域的专门问题进行评价的能力。四名专家均属于"有专门知识的人"。四名专家出具专家意见系接受侦查机关的有权委托,依据自己的专业知识和现场实地勘查、证据查验,经充分讨论、分析,从专业的角度对打岩钉造成巨蟒峰的损毁情况给出了明确的专业意见,并共同签名。且经法院通知,四名专家中的两名专家以检验人的身份出庭,对"专家意见"的形成过程进行了详细的说明,并接受了控、辩双方及审判人员的质询。"专家意见"结论明确,程序合法,具有可信性。综上,本案中的"专家意见"从主体到程序均符合法定要求,从证据角度而言,"专家意见"完全符合《刑事诉讼法》第197条的规定,以及《最高人民法院关于适用〈中华人民共和国刑事诉讼法〉的解释》第87条关于有专门知识的人出具检验报告的规定,可以作为定罪量刑的参考	

三、关于"裁判要点"的运用

尽管最高人民法院《关于案例指导工作的规定》对指导性案例的功能作了定位,即"最高人民法院发布的指导性案例,各级人民法院在审判类似案件时应当参照",但是参照哪些内容(按《关于编写报送指导性案例体例的意见》的要求,指导性案例包括 7 个部分[1])、如何参照等问题仍有待于实践的回答。

就"参照哪些内容"而言,有学者认为,指导性案例的拘束力载体应当包括"裁判要点"与"裁判理由"(即"决定性理由")两部分,以实现对指导性案例的准确理解与适用。[2]有学者认为,参照的内容并非指导性案例的全部内容,而主要是其判决理由。换言之,指导性案例中具有指导性、一般性的部分,是判决中所确立的法律观点或对有关问题的法律解决方案以及对该观点或该方案的法律论证。[3]有学者认为,指导性案例之所以能够发挥指导作用,主要是从案例中提炼出了指导规则(即"裁判要点"),这些指导规则为此后处理类似案件提供了参照。[4]有学者认为,在指导性案例的构成要素中,唯有裁判要点具备被援引为判决理由的资格。裁判要点作为判决理由须经过实质权衡,且不得作为裁判依据被引用。[5]

在笔者看来,从《关于编写报送指导性案例体例的意见》的有关规定来看,参照的内容限定于"裁判要点"。主要理由包括:第一,从渊源来看,"裁判要点"是对原裁判文书中具有指导意义的主要部分的直接摘录或者提炼与概括;而"裁判理由"是"结合案情和裁判要点""针对控(诉)辩意见"或者"针对裁判要点及问题"进行对"法院裁判的正确性和公正性"的论述,可以说,后者相比于前者更远离原裁判文书。第二,指导性案例的"裁判理由"可以在(法院生效)裁判文书的理由基础上进行适当充实,而"裁判要点"仅是对原生效裁判文书相关部分的直接摘录或者提炼与概括。可以说,前者是"丰富"和"充实"的过程,后者是"提炼"和"归纳"的过程。第三,指导性案例的"裁判理由"是对"裁判要点"的进一步阐述,因为"裁判理

---

[1] 最高人民法院每次发布指导性案例,均要发出通知。通知的"主旨"间或对审判案件同样具有指导意义。这样又存在如何理解指导性案例的相关部分(如"裁判要点""裁判理由")与通知的"主旨"的关系问题(特别是存在不一致之际),例如,《最高人民法院关于发布第一批指导性案例的通知》指出,在"王志才故意杀人案"中,对被告人判处死刑,在很大程度上是"被害方反应强烈"。有学者认为,此指导性案例传递出对法治而言不太"利好"的信息,即作为被害人,只要敢于、善于表达愤怒和"折腾",就能够得到比那些默不作声的被害人更多的好处。参见周光权:《刑法客观主义与方法论》,法律出版社 2013 年版,第 128 页。

[2] 参见四川省高级人民法院、四川大学联合课题组:"中国特色案例指导制度的发展与完善",载《中国法学》2013 年第 3 期。

[3] 参见王利明:"我国案例指导制度若干问题研究",载《法学》2012 年第 1 期。

[4] 参见陈兴良:"案例指导制度的规范考察",载《法学评论》2012 年第 3 期。

[5] 参见王彬:《案例指导与法律方法》,人民出版社 2018 年版,第 221 页、第 223 页。

由应当重点围绕案件的主要问题、争议焦点或者分歧意见，充分阐明案例的指导价值"。

基于上述认识，我国当前的做法是不同于日本、英国的。在日本，下级法院审理案件时参照的是"判例的判决理由中可以直接发现和读取的内容"，而"判决之后归纳总结的判决要旨，只可视为定位判例的参考或者索引"。在英国，所谓遵循先例，就是依循过去判决中的判决理由。所谓"判决理由"（ratio decidendi），具体是指判决中对事实的陈述、基于这些事实的法律分析和最后的决定。[1]显然，英国先例的"判决理由"直接存在于原案的判决之中，即使将法院判决编辑成《法律年鉴》或者《法律报告》，其所起的作用也主要是为后案法官提供方便，而并没有类似我国指导性案例中脱离原生效裁判文书的"裁判要点"和"裁判理由"。

就如何参照而言，《关于案例指导工作的规定》及《关于编写报送指导性案例体例的意见》尚没有作出明确的规定或者指引，但学界和实务界均进行了若干探讨。例如，有学者认为，法官可以在判决书说理部分中使用，即直接援引指导性案例作为判案的理由，也可以在诉讼调解过程中，以指导性案例来阐述自己的理由进行说理；并提出从以下方面来"识别"确定系争案件与指导性案例之间是否存在类似性：一是案件基本事实（或者关键事实）是否类似；二是具体的法律关系类型是否类似；三是案件的争议点是否类似；四是案件所争议的法律问题是否类似。[2]有报告指出，各级法院参照适用指导性案例的方式，既包括在裁判文书事实认定及说理部分引述案例，还包括在庭审中释明、合议庭研究案件、撰写审理报告、向审判委员会汇报案件、判后释疑等环节中引用；同时提出了"两步法"的区别技术，即首先，将"决定性理由"中的必要事实与"裁判要点"中的必要事实进行比对，找出二者间的差异事实，并评估这种差异是否足以影响"裁判要点"中所作出的法律适用，从而决定"裁判

---

[1] 在英国，许多学者对"判决理由"作了界定，例如，赞德认为，所谓判决理由，就是法官基于关键事实作出判决时对其最终决定具有决定意义的法律命题，而不是判决之基础的法律命题，无论论证多么详细，都只能是附随意见；克罗斯和哈里斯认为，在法官对法律的陈述中，只有那些对其最终结论必要的表述才构成判决理由；麦考密克认为，判决理由其实是就某个法律争点所产生的规则，而不是通常所说的"法律规则"；霍尔兹伯里和古德哈特认为，每个判决理由都是从本案的特定事实出发，然后从这些事实中予以抽象化——限度是法官对法律的表述和本案情形显示是必要的——并形成规则。转引自高鸿钧等主编：《英美法原论（上）》，北京大学出版社2013年版，第177页、第179页、第181页。

[2] 参见王利明："我国案例指导制度若干问题研究"，载《法学》2012年第1期。

要点"中的必要事实是否周延、充分。其次,若"裁判要点"中的必要事实尚需"决定性理由"中的必要事实予以充实,就将"决定性理由"中的必要事实与待决案件的事实进行比对,找出并评估二者之间的差异,再视差异对法律适用是否紧要,决定是否参照适用指导性案例。[1]

在笔者看来,"如何参照"既关系到法官的具体思维样态,也涉及裁判文书的具体表述。就前者而言,在判例法系中,法官的推理不是要将案件的事实还原到一个一般性的模板中去,而是前后两案关键事实的直接对照。相似,则适用之;不相似,则不适用。[2]或者说,"在司法过程中首先对不同情形下各种相关或类似的因素进行区分,以找出其中的差别,然后在法律上区别对待,最后得出不同的结论"。[3]而在大陆法系中,法官的"司法判断的第一次根据是法律条文"而不是判例。也就是说,判例法下的法官思维是在此案事实与彼案事实(类型化以后的事实)反复类比的基础上决定是适用、发展或者背离、推倒此案原已蕴含的法律规则,而大陆法系的法官思维总是首先在案件事实(类型化以后的事实)与法律规范之间来回"耦合"(例如,将张三利用毒药杀人的具体案件事实抽象为杀人事实,再与《刑法》第232条"故意杀人罪"构成要件进行来回耦合),而不是首先去比照此案和彼案的事实是否类似。这两种不同的思维模式或者样态,必然也会反映出审查判断证据、认定案件事实、适用法律、推理形成裁判结论等方面的差别。在我们目前的案例指导制度中,"细则化""规则化""条文化""独立化"的"裁判要点"显然更加契合于既有的法官思维,而"裁判理由"(因不脱离于案件事实)[4]更适合于判例法下的法官思维。

就后者而言,基于目前发布的指导性案例数量不多,参照指导性案例作出判决的个案裁判文书尚未见到,因而此处探讨裁判文书如何反映对指导性案例的参照则更多地具有理论意义。近期,实务界代表人士对此有了认识上的变化,即曾经认为指导性案例的裁判要点可以作为裁判说理依据引用,不宜作为裁判

---

[1] 参见四川省高级人民法院、四川大学联合课题组:"中国特色案例指导制度的发展与完善",载《中国法学》2013年第3期。

[2] 参见李猛编:《韦伯:法律与价值》,上海人民出版社2001年版,第176~177页。

[3] 参见高鸿钧等主编:《英美法原论(上)》,北京大学出版社2013年版,第193页。

[4] 《关于编写报送指导性案例体例的意见》指出,"裁判理由应当根据案件事实、法律、司法解释、政策精神和法学理论通说,从法理、事理、情理等方面,结合案情和裁判要点详细论述";"不能在理由中出现前面未表述的事实"。

依据引用，[1]理由是，如果说指导性案例的裁判要点可以作为裁判依据引用，容易产生把指导性案例当作类似于英美法系国家判例的误解；现在认为指导性案例的裁判要点既可以作为说理的依据引用，也可以作为裁判的依据引用，理由是指导性案例是最高人民法院审判委员会讨论确定的，其裁判要点是最高人民法院审判委员会总结出来的审判经验和裁判规则，可以视为与司法解释具有相似的效力。同时主张，指导性案例的裁判要点像司法解释一样可以在裁判文书中引用，引用的顺序可以放在引用法律、行政法规和司法解释之后。比如，某人民法院审结一起国家工作人员受贿案件，其裁判文书在引用刑法和司法解释相关条文后，认为有必要参照指导性案例第3号的，就可以这样表述："依照中华人民共和国刑法第三百八十五条，最高人民法院、最高人民检察院《关于办理贪污贿赂刑事案件若干问题的解释》第一条，参照最高人民法院第3号指导性案例，判决如下：……"。[2]

此处先介绍2013年4月15日日本最高法院第3小法庭关于"危险驾驶致死伤罪帮助犯被告案件"（2011年第2249号）的判决，[3]以供借鉴和参考。该判决书具体包括：

一是"主文"部分，"驳回本案的上告"。

二是"理由"部分，被告人A的辩护人岩本宪武的上告意见，有一项提出已违反判例，引用了与本案不同的判例，本案原审判决欠当，其他意见也认为本案原判决违反宪法，违反法律，事实误认；被告人B的辩护人松山馨的上告大意是违反《日本宪法》第31条、第38条第2项，根据笔录，足以认为自白非出自本人自由意思表示，作为判决依据的前提欠缺，其他意见认为本案原审判决违反法律，主张事实误认，都违反了《日本刑事诉讼法》第405条，均提出了两名被告人不成立危险驾驶致死伤罪的帮助犯的上告意见。

从以上所论来看，两名被告人对于危险驾驶致死伤的帮助犯能否成立，

---

[1] 2015年最高人民法院发布的《〈关于案例指导工作的规定〉实施细则》第10条规定："各级人民法院审理类似案件参照指导性案例的，应当将指导性案例作为裁判理由引述，但不作为裁判依据引用。"

[2] 参见胡云腾："关于参照指导性案例的几个问题"，载《人民法院报》2018年8月1日，第5版。

[3] 此判决系曾为最高人民法院司法改革办公室同事李邦友法官翻译，特此致谢。

本法庭以职权作出如下判断。

(1) 原判决及其确认的第一审判决认定的事实关系如下。

①被告人 A（当时 45 岁）及被告人 B（当时 43 岁），都是供职于某搬运公司的同事驾驶员，与该公司的同事 C（当时 32 岁，死亡），不仅是指导驾驶的先辈，而且是同一公司要好的伙伴。

②被告人 A 和 B 于 2008 年 2 月 17 日中午 1：30 左右开始至下午 6：20，在一家餐馆共同与 C 喝酒吃饭，他们明知 C 喝酒过量（达到明显的酩酊大醉的样子），为了继续喝酒，让 C 驾驶一辆运动版的小车飞快行驶，A 对 C 说道："开那么快没有事儿吧?"有点担心 C 开车的状态。

③两名被告人达到目的店后，在该店停车后与 C 一同进店，C 说："时间还早，再喝一次"，于是他们接着又喝酒。此时已是晚上 7：10，他们了解了附近的道路情况，被告人 A 看看 C 的脸点点头，被告人 B 回答"就这样吧"，让 C 驾驶汽车继续行驶。

④C 接受了两名被告人的允诺，明知自己受酒精影响无法正常驾驶汽车，还是发动汽车上路。7：25 左右，他们行驶在埼玉县熊谷市道路上，以每小时 100~120 公里的速度走进了对向行驶的车道，与对向行驶的两台车依次相撞，造成 2 人当场死亡、4 人受伤的事故，C 本人当场死亡。

(2) 对于被告人 A 和 B 的辩护人认为两名被告人了解 C 驾驶汽车，仅仅默认其继续行驶，两名被告人不成立危险驾驶致死伤的帮助犯的观点：

《日本刑法》第 62 条第 1 项规定的从犯，是指具有加功的意思，以有形、无形的方法对他人实行犯罪进行帮助，使他人实行犯罪更为容易（日本最高法院 1949 年第 1506 号第 2 小法庭判决，刑集 3 卷第 10 号 1629 页，1949 年 10 月 1 日判决）。从前记 1 对事实关系的记录，C 与两名被告人有同事、伙伴的关系，对于 C 饮酒驾驶汽车行驶不仅允诺，还有答应的态度，作为前辈，同乘该车，明知 C 由于受酒精影响无法正常驾驶汽车，在 C 发动汽车后继续行驶，没有制止 C 驾驶汽车。发生事故后，又默认其继续开车。这些行为，使 C 驾驶汽车的意思更为强固，很容易引发危险驾驶行为导致死伤结果的交通事故，对于这一点两名被告人是很明白的。因此，两名被告人应成立危险驾驶致死罪的帮助犯。

依据《日本刑事诉讼法》第 414 条、第 386 条第 1 项之 3、第 181 条第 1 项但书的规定，全体裁判官一致意见如主文之决定。

第六章 案例指导制度如何加强和规范？

上述判决书透露的以下信息值得注意：一是被告人的辩护人以"违反判例，引用了与本案不同的判例，本案原审判决欠当"作为上告的理由；二是日本最高法院在适用日本刑法某条款时载明了所援引的判例（包括内容与出处），即"刑法第 62 条第 1 项的从犯，是指具有加功的意思，以有形、无形的方法对他人实行犯罪进行帮助，使他人实行犯罪更为容易（最高法院 1949 年第 1506 号第 2 小法庭判决，刑集 3 卷第 10 号 1629 页，1949 年 10 月 1 日判决）"。

显然，日本实务界的上述做法是有其法律依据的。《日本刑事诉讼法》第 405 条（准许上告的判决和申请上告的理由）规定，对高等法院所作出的第一审或者第二审的判决，可以以下列事由为理由，提出上告申请：（1）违反日本宪法或者对日本宪法的解释有错误的；（2）作出与最高法院的判例相反的判断的；（3）在没有最高法院的判例时，作出与大审院或作为上告法院的高等法院的判例或者本法施行后作为控诉法院的高等法院的判例相反的判断的。[1] 与之类似，《日本民事诉讼法典》第 318 条（受理上告的申请）规定，（1）上告裁判所为最高裁判所时，最高裁判所对于其认为原判决中的判断存在与最高裁判所判例（也包含大审院判例，以及作为上告或控诉裁判所的高等裁判所判例）相反的判断的案件，以及判决中含有与法令解释相关的重要事项的案件，可依申请，以决定的形式，作为上告审受理该案件……[2] 第 337 条（许可抗告）规定：……（2）前项高等裁判所认为前项裁判中的判断存在与最高裁判所判例相反的判断，或者含有其他与法令解释相关的重要事项时，应依申请，以决定的形式许可抗告。[3]

---

[1] 参见《世界各国刑事诉讼法》编辑委员会编译：《世界各国刑事诉讼法（亚洲卷）》，中国检察出版社 2016 年版，第 357 页。《日本最高法院刑事诉讼规则》第 253 条（明示判例）规定，在以作出了与判例相反的判断为理由而提出上告申请的场合，应当在上告旨趣书上具体明示该判例。参见《世界各国刑事诉讼法》编辑委员会编译：《世界各国刑事诉讼法（亚洲卷）》，中国检察出版社 2016 年版，第 402 页。

[2] 参见张卫平、齐树洁主编：《日本民事诉讼法典》，曹云吉译，厦门大学出版社 2017 年版，第 93 页。该法典第 338 条（再审事由）规定：（1）若存在下列事由，对于确定的终局判决，可以再审之诉的形式声明不服。但是当事人已于控诉或上告主张该事由时，或者明知该事由而不主张时，不在此限：……（10）申请再审的判决与以前的确定判决相抵触……参见张卫平、齐树洁主编：《日本民事诉讼法典》，曹云吉译，厦门大学出版社 2017 年版，第 98 页。

[3] 参见张卫平、齐树洁主编：《日本民事诉讼法典》，曹云吉译，厦门大学出版社 2017 年版，第 97 页。《最高裁判所民事诉讼规则》第 192 条（明示判例）规定：于前两条规定的上告中，若主张判决与最高裁判所的判例（无最高裁判所判例时，则为大审院、作为上告裁判所或控诉裁判所的高等裁判所判例）作出相反判断时，应具体明示该最高裁判所判例。参见张卫平、齐树洁主编：《日本民事诉讼法典》，曹云吉译，厦门大学出版社 2017 年版，第 460 页。

从案例指导制度的再完善角度来看，上述日本立法例是值得我们借鉴的：一是修改诉讼法，明确规定当事人可以将未遵循指导性案例作为上诉或者申诉的理由，并要求法院作出回应；[1]二是最高人民法院制发司法解释或者非司法解释类的规范性文件，对引用指导性案例的操作技术加以具体规定。

四、关于"裁判要点"的编纂

《关于案例指导工作的规定》第8条规定，"最高人民法院案例指导工作办公室每年度对指导性案例进行编纂"；第9条规定，"本规定施行前，最高人民法院已经发布的对全国法院审判、执行工作具有指导意义的案例，根据本规定清理、编纂后，作为指导性案例公布"。上述两条分别不同情形对"编纂"作出规定：一是对案例指导制度正式运行后公布的指导性案例进行年度编纂；二是对案例指导制度正式运行前公布的案例进行"正名"编纂，即对那些"最高人民法院已经发布的对全国法院审判、执行工作具有指导意义的案例"按照《关于案例指导工作的规定》审查确定为指导性案例。[2]此处重点立足于"法解释时代需要建立统一的法解释体制"的愿景，就《关于案例指导工作的规定》第8条规定的"编纂"及相关问题作些分析。

---

[1] 胡云腾大法官建议，重新修订的《人民法院组织法》应对如何参照最高人民法院的指导性案例加以明确，以充分发挥指导性案例在保证公正司法、统一法律适用中的作用，即明确规定指导性案例具有参照的效力，而不仅仅具有参考的价值。理由是：（1）通过"北大法宝"查阅"参照"在法律法规和司法解释中的使用情况，得到的数据是，截至2018年6月30日，条文中使用了"参照"字样的法律有213部，约占全部法律的80%，行政法规有1168部，监察法规有2部，司法解释有1032部，部门规章有18 230部，团体规定有704部，行业规定有1709部，军事法规有108部。（2）在不同的法律法规中，参照的具体情况也会有所不同。在案例指导制度的司法解释中，参照的法律含义就是"参考、比照"，而非"参考、按照"或者"参考、依照"。参见胡云腾："关于参照指导性案例的几个问题"，载《人民法院报》2018年8月1日，第5版。在笔者看来，除在《人民法院组织法》中作出上述规定外，在三大诉讼法中也有必要作出相关规定。

[2] 就《关于案例指导工作的规定》第9条而言，此种编纂确实有其特定意义：一是充分利用既有的司法资源，仅以《中华人民共和国最高人民法院公报》上刊登发布的案例为限，数量就不少；二是短期内丰富指导性案例数量，从目前的案例指导制度运行状况来看，每年度发布的指导性案例数量过少，在一定程度上有损该项制度的效能发挥。但是，下列问题仍值得注意：一是如何确定"最高人民法院已经发布的对全国法院审判、执行工作具有指导意义的案例"的范围；二是仅以《中华人民共和国最高人民法院公报》为限，即使《关于案例指导工作的规定》正式出台后，《中华人民共和国最高人民法院公报》间或在登载关于发布指导性案例通知的同时，继续刊登"裁判文书选登"和"案例"两个案例栏目（如《中华人民共和国最高人民法院公报》2013年第7期），如此做法不改，则意味着此种"正名"编纂也将是一个永久的过程。

（一）在不改变现行法解释体制的前提下如何处理好"指导性案例"与"司法解释"的关系

从目前的制度设计来看，两者是并列的"双轨制"，各自的制定程序、法律效力、运作机制、内容及格式、载体形式等方面均存在差别。从法的适用和解释环节实现法制统一目标来看，确有必要从以下方面妥善处理二者的关系：

第一，准确认识两种制度的短板及不足。就目前司法解释而言，最主要的缺点表现为以下方面：现行司法解释缺乏针对性，大多仍然需要进一步解释；[1] 司法机关不可能对所有法律适用问题作出司法解释，此时又给个体法官留有极大的裁量空间；行政式的司法解释以丧失个案正义和法官能动性为代价。司法解释是细则化了的法律，即"副法体系"，[2] 司法解释实际上具有立法解释性质，往往成为新法的基础，扮演着"试行法"的角色，表达出浓厚的审判权本位主义，[3] 等等。就案例指导制度而言，主要表现在以下方面：指导性案例的供给数量不足和针对性不强；[4] 拘束力尚需明晰或不参照的程序负担及法律后果不明确；案例的说理性与说服力需要增强；裁判思维习惯需要转换；案例的参照技术需要明确；案例检索的便捷性需要加强；案例应用呈现隐性化倾向；案例引用方式不明确，不便引用；[5] 指导性案例参照的纠错机制有待健全，[6] 等等。

第二，在现有立法体制和立法理念、技术等未有改变的前提下，充分发挥两种制度的优长、特色之处。就司法解释而言，主要包括：条文式的司法解释可以细化目前抽象、概括的立法条款，适当弥补立法粗疏和漏洞，例如，司法

---

[1] 参见周光权：《刑法客观主义与方法论》，法律出版社2013年版，第144~145页。

[2] 参见林维：《刑法解释的权力分析》，中国人民公安大学出版社2006年版，第441页。

[3] 参见吴英姿："司法的公共理性：超越政治理性与技艺理性"，载《中国法学》2013年第3期。

[4] 有学者认为，我国案例指导制度以最高司法机关集中统一管理指导性案例为特征，表明这一制度具有较为明显的行政控制特征，从指导性案例的遴选过程来看仍然类似于立法。如果每年颁布的指导性案例数量较少，那么，案例指导制度对司法活动的指导性也会极为有限。参见陈兴良："从规则体系视角考察中国案例指导制度"，载《检察日报》2012年4月19日，第3版。

[5] 参见四川省高级人民法院、四川大学联合课题组："中国特色案例指导制度的发展与完善"，载《中国法学》2013年第3期。

[6] 有学者提出，指导性案例存在错误时，参照错误的救济途径是什么？谁有权对有疑问甚至是错误的指导性案例进行解释？参见黄亚英："构建中国案例指导制度的若干问题初探"，载《比较法研究》2012年第2期。

解释适合于裁量幅度、数额情节等规定的细化；[1]司法解释具有法律效力，人民法院在裁判中必须援引，更能发挥明显、直接的统一裁判作用，等等。就案例指导制度[2]而言，主要包括：案例指导制度属于"个案指导"，指导针对性强；指导性案例直接源于审判实践，指导更为及时；指导性案例的"裁判要点"的表述方式较为灵活，不如司法解释条文式表述那样严谨，更适于解释那些不宜用精准、概括的语词来解释的法律问题或者刑事政策问题，例如，指导性案例"裁判要点"适于解释难以穷尽的事项（如对入户抢劫中"户"的把握，对死缓标准的把握，对以危险方法危害公共安全罪的"危险方法"的理解，等等）。日本判例对盗窃罪主观要件"不法领得"的解释，就是例证。日本大审院在1915年5月21日判决的"教育诏书案件"中，通过判例明确了盗窃罪的主观要件，即行为人主观必须有"不法领得的意思"，包括排除权利人将他人之物如自己之物一样处置的意思和按照其经济上的用法利用或者处分他人之物的意思。此后的数个判例对"不法领得的意思"作出更细致的界定，即行为人有毁弃、隐匿意思时，不法领得的意思被否定，盗窃罪不成立，财物毁损罪成立；单纯为了用一下而持有他人财物的，不构成盗窃罪；以乘船之后随即弃之的意思占据船只的，不法领得的意思被肯定，盗窃罪成立。[3]

第三，在现有"双轨制"不变的前提下，建构二者之间的转化机制。[4]具体包括两个方面：一是，随着司法解释在实践中暴露不适应、针对性不强等不足，通过指导性案例对某些司法解释条款再进行细化或者弥补。正如有学者指出的，刑事指导案例是对法律与司法解释进行的再次解读，是通过现实案例方式进行的动态化法律推理过程。刑事指导案例加入了主观性理由而具

---

[1] 有学者认为，司法解释在一定意义上通过续造司法规则，对于刑法明确性的实现发挥着重要作用。参见梁根林、[德]埃里克·希尔根多夫主编：《中德刑法学者的对话——罪刑法定与刑法解释》，北京大学出版社2013年版，第27页。

[2] 有学者将案例指导制度的"中国特色"归纳为以下几点：以成文法传统为制度基础；以归纳提炼技术为编写技术；以最高人民法院为确定主体；以中国式成文法体系为制度背景；以诉讼机制外的遴选为案例生成机制；以跨审级性为案例来源特征；以解"疏"与堵"漏"作为制度运作重心；以自上而下为权力递延向度。参见四川省高级人民法院、四川大学联合课题组："中国特色案例指导制度的发展与完善"，载《中国法学》2013年第3期。

[3] 参见于佳佳："日本判例的先例约束力"，载《华东政法大学学报》2013年第3期。

[4] 有学者建议，创设新的不同于现行"个案指导"的类案指导方式，即最高人民法院集中讨论某类案件，形成法律适用意见，供下级法院参考。参见周光权：《刑法客观主义与方法论》，法律出版社2013年版，第129页。

有规范创制成分，但此种"创制"不是对立法的扩充或者膨胀，而是在审慎性的事实裁减与法律推导基础上的限制或缩减。[1]二是，随着关于某一法律适用问题的指导性案例数量的累积，某些"裁判要点"得到实践的广泛认同，就有必要（在合适的前提下）将其归纳总结转化"编纂"为司法解释（例如，批复类司法解释[2]）。

(二) 在改革现有法解释体制的前提下具体应处理好的几个问题

第一，在保留"双轨制"的前提下，合理划分二者的作用领域和准确确定二者的职能分担。正如有学者指出的，"最高人民法院大量发布司法解释及地方各级法院发布具有司法解释性的文件（如规定、办法、纪要、参考）的做法，极大地扼杀了法官造法的积极性，压缩了判例法的生存空间"；[3]"如欲大力推行案例指导制度，就不宜提倡由最高人民法院再行大规模、大范围地制定抽象的司法解释"。[4]也就是说，要根据具体法律适用问题的不同属性、特点，选择最佳的法解释方式。第二，在保留"双轨制"的前提下，对二者的具体制度环节进行补充和完善，例如，借鉴日本等国或者地区的做法，在诉讼法、法院组织法等法律[5]中规定违反判例可以作为上诉、抗诉、申诉、改判的理由，法官对背离判例有说理义务，等等，从而为案例指导制度提供法律支撑，以增强指导性案例约束力和案例指导制度的生命力。[6]第三，在立法理念调整、立

---

[1] 参见陈伟："刑事立法的政策导向与技术制衡"，载《中国法学》2013年第3期。

[2] 这样就可克服批复类司法解释的这些不足：脱离案情；批复权侵犯法官独立裁判权；开处方的不看病；保留司法行政化色彩。参见张卫平："《中华人民共和国民事诉讼法》修改之我见"，载《法商研究》2006年第6期。

[3] 参见解亘："案例研究反思"，载《政法论坛》2008年第4期。

[4] 参见周光权：《刑法客观主义与方法论》，法律出版社2013年版，第128页。

[5] 《日本法院法》第4条规定："关于此案件，上级审法院裁判中的判断约束着下级审法院。"此属于针对同一案件的不同审级之间的"法律约束力"，不同于类似案件（两个案件）之间的"先例约束力"。

[6] 据某课题组调查分析，认为指导性案例应当具有事实上的拘束力的调查对象为43.16%；认为应当赋予法律上的拘束力的调查对象为24.91%。对于"指导性案例是否可以作为上级法院指令再审、提审、发回重审或改判的理由"的调查中，36.73%的调查对象赞成，46.52%反对；对于"当事人或诉讼代理人引述案例支持诉辩意见是否应予回应"的调查中，法官、人民陪审员、法院其他工作人员选择"回应"的比例为47.22%，选择"不回应，但会查阅相关案例"的比例为33.66%；对于"当事人以各地法院先前裁判的相似性案例作为抗辩、上诉、申诉、申请再审等理由或质疑判决结果时应当如何处理"的调查中，55.83%的调查对象认为应当以适当方式进行释明或回应，27.17%的调查对象选择根据案件情况决定是否回应。参见四川省高级人民法院、四川大学联合课题组："中国特色案例指导制度的发展与完善"，载《中国法学》2013年第3期。

法方法改变、立法技术改善、立法水平提高的前提下,考虑废止司法解释(若不完全废止抽象意义上的司法解释,至多保留针对立法授权的、需细化裁量幅度的事项加以解释)的做法,仅保留指导性案例的做法并适当加以制度设计和完善,例如,取消"裁判要点"的做法,或者借鉴日本的做法将其定义为定位判例的索引;改变目前对案例进行加工的做法,[1]等等,从而在成文法体系大框架下最大程度地发挥判例机制的作用,[2]例如,通过指导性案例来加强同案同判和提高法律适用统一,发展和创制法律,[3]等等。

五、申论:实践(刑)法学的使命担当

近年来,随着依法治国方略的逐步实施和法治中国建设的逐步深化,中国法治实践学派随之兴起。所谓中国法治实践学派,是以中国法治为研究对象,以探寻中国法治发展道路为目标,以实验、实践、实证为研究方法,注重现实、实效,具有中国特色、中国气派、中国风格的学术群体的总称。[4]在2018年7月召开的"法学范畴与法理研究"学术研讨会(长春)上,徐显明教授提出了未来的法理学"五化"的命题,即学理化、本土化、大众化、实践化、现代化;付子堂教授提出了"走向实践的中国法理学"命题。刑法学作为部门法

---

[1] 我国学者指出,最高人民法院一旦出于增强典型性的目的对案例进行加工改造,就容易模糊司法解释与判例之间的界线。参见王继福、王秀玲:"中国宜建立适合自己国情的判例指导制度",载《燕山大学学报(哲学社会科学版)》2005年第1期;刘作翔、徐景和:"案例指导制度的理论基础",载《法学研究》2006年第3期。

[2] 据不完全统计,意大利、西班牙、葡萄牙、俄罗斯、日本、瑞典、瑞士、哥伦比亚、比利时、卢森堡等大陆法系国家及地区均日益重视判例的作用。

[3] 英国判例法是通过如下机制来"发展"法律的:后来法官基于后来类似案件及手头案件的具体事实、先例中对规则的总结过于宽泛等原因,也可以对先例作出自己的解释,从而为手头的案件总结出和先例中之规则并不完全相同的规则。参见高鸿钧等主编:《英美法原论(上)》,北京大学出版社2013年版,第185~186页。就指导性案例而言,有学者明确地指出,其具有解释法律和"创法"功能已是不能回避的事实。参见舒洪水:"如何建立我国的案例指导制度——以刑事案例为例",载《人民论坛》2012年第5期。有学者间接地认为,如果裁判要点没有超出法律或司法解释的规定内容,变相重复或引述原文规定的,就没有体现出案例指导价值和创新性。参见胡云腾、吴光侠:"指导性案例的体例与编写",载《人民法院报》2012年4月11日,第8版。在笔者看来,此种"创制"有必要区分民事与刑事领域来加以把握,正如德国学者指出的,在某些情况下,对法律安定性和分权原则的考虑会要求严格禁止司法性的漏洞填补活动。比如,按照"法无明文规定不为罪"原则,对于确立刑罚以及加重刑罚的规定禁止类推适用。参见[德]齐佩利乌斯:《法学方法论》,金振豹译,法律出版社2009年版,第97页。

[4] 参见钱弘道主编:《中国法治实践学派(2014年卷)》,法律出版社2014年版,第3页。

学，在某些方面"春江水暖鸭先知"，较早地开始了知识形态方面的反思，先后提出了其是"无声的刑法学""无史化的刑法学"[1]"缺乏学派之争的刑法学"[2]"缺乏教义学的刑法学"[3]。显然，这些命题的提出依托一个大的背景，就是德日三阶层犯罪论体系的引入，促发了刑法学知识的转型，并形成与传统的四要件犯罪构成理论体系并存的局面。如果说，学界围绕这些命题的论争与展开，更多地具有理论色彩的话，那么，另一个侧面的反思则集中在既有刑法学知识的疏离实践、缺乏实践理性品格的方面。[4]就后者而言，此种状况出现了改变的迹象，例如，个人专著式教科书开始"在叙述过程中，穿插有大量的司法解释和案例分析"；[5]个别学者出版了判例教义学专著，[6]并领衔对司法规则进行汇纂；[7]个别学者结合案例进行专题研究，[8]等等。笔者较早地关注此问题并一直将其作为学术重心，利用在最高司法机关工作的便利条件，收集了大量实践案例，不仅对特定罪名或者专题进行研究，[9]同时对最高司法机关相关刊物的案例进行汇总式评析，[10]还在前期学术累积的基础上提出"实践刑法学"的设想，并开始了初步的尝试。[11]如果说刑法处在"地方性与普适性"并存的发展状态，[12]那么，塑造实践理性品格无疑会更多地凸显"地方

---

[1] 参见周光权：《法治视野中的刑法客观主义》，清华大学出版社2002年版，第2页。
[2] 参见张明楷：《刑法的基本立场》，中国法制出版社2002年版，第47页。
[3] 参见陈兴良："刑法教义学方法论"，载《法学研究》2005年第2期。
[4] 参见齐文远："中国刑法学应当注重塑造实践理性品格"，载陈泽宪主编：《刑事法前沿》，中国人民公安大学出版社2012年版，第226~232页。
[5] 参见黎宏：《刑法学》，法律出版社2012年版，自序第Ⅲ页。
[6] 参见陈兴良：《判例刑法学》，中国人民大学出版社2009年版。
[7] 参见陈兴良等主编：《人民法院刑事指导案例裁判要旨通纂》，北京大学出版社2012年版。
[8] 参见金泽刚：《抢劫加重犯的理论与实践》，法律出版社2012年版。
[9] 参见刘树德：《绑架罪案解》，法律出版社2003年版；《抢夺罪案解》，法律出版社2003年版；《挪用公款罪判解研究》，人民法院出版社2005年版；《敲诈勒索罪判解研究》，人民法院出版社2005年版；《"口袋罪"的司法命运——非法经营的罪与罚》，北京大学出版社2011年版；《牵连犯辩正》，中国人民公安大学2005年版，等等。
[10] 参见刘树德：《阅读公报——刑事准判例学理链接》，人民法院出版社2004年版；刘树德、喻海松：《规则如何提炼——中国刑事案例指导制度的实践》，法律出版社2006年版；刘树德、喻海松：《中国刑事案例指导规则：提炼·运用·说理》，法律出版社2009年版；刘树德：《刑事指导案例汇览：最高人民法院公报案例全文·裁判要旨·学理展开》，中国法制出版社2010年版。
[11] 参见刘树德：《实践刑法学》系列，中国法制出版社2009年版；刘树德：《刑事裁判的指导规则与案例汇纂》，法律出版社2014年版。
[12] 参见储槐植、江溯：《美国刑法》，北京大学出版社2012年版，第16页。

性",也可以说,只有丰富了"地方性"知识,方能真正地形成"有独立声音的中国刑法学",而非"重复别人声音的中国刑法学"。随着案例指导制度的出台及指导性案例的发布、中国裁判文书网的建成及裁判文书的网上公开、裁判文书释法说理指导意见[1]的下发及示范性说理文书的不断涌现、法院信息化建设的持续进步及大数据、人工智能等技术向司法领域的推广运用,实践(刑法)法学更有了良好的发展基础,理应有更大的使命与担当,既要加强案例指导制度运行的实证研究,为其健全和发展提供有针对性的对策建议,也要充分消化、吸收指导性案例的学术资源,提升刑法学的实践性品格和教义化水平。

---

[1] 2018年最高人民法院《关于加强和规范裁判文书释法说理的指导意见》。

第七章

"程序主导"与"审判中心"的关系厘定与合理定位[1]

——认罪认罚从宽制度的政治力学分析

自党的十八届四中全会提出"完善刑事诉讼中认罪认罚从宽制度"后,该项制度的运行实践就受到学术界和实务界的广泛关注。尤其是,在最高人民检察院"程序主导"理念的牵引推动下,认罪认罚从宽制度的运行如何与"以审判为中心的诉讼制度改革"之间形成良性耦合、系统配套之类的问题更是引发了热烈的争论。此处从政治力学[2]维度力图对"程序主导"与"审判中心"的关系予以厘定和合理定位,进而为认罪认罚从宽制度乃至我国刑事诉讼制度的科学完善发展与有效运行提供些许裨益。

一、"程序主导"与"审判中心"关系失调的四种样态

在认罪认罚从宽制度的快速推进中,检察机关原本限定在"审前"范围内的"主导"作用呈现出多维度的扩张面相,即在阶段上从"审前"扩展至"全程",在内容上从"程序"推进至"实体",在量刑建议效力上从"可以采纳"提升至"一般应当采纳"。"主导"作用的扩展,导致"程序主导"与"审判中心"的关系出现一定的失调。这种失调在诉讼实践中呈现四种基本样态。

(一)法院拒绝适用认罪认罚从宽制度来审判

虽然现行法律并未明确限定认罪认罚从宽制度的适用范围,但对于控辩双方在审前达成的认罪认罚协议,法院是否有权审查并决定是否适用认罪认罚从宽制度来审判,始终存在争议。不过,部分法院开始行动,在个案中明确拒绝按照该项制度审判。

法院拒绝适用的表面理由或者是基于对刑事政策的理解,或者基于对制度

---

[1] 此部分系与周维平法官合作而成,以论文形式发表于《法治社会》2023年第1期。
[2] 参见孙笑侠:"司法的政治力学——民众、媒体、为政者、当事人与司法官的关系分析",载《中国法学》2011年第2期。

内容本身的理解，但根本原因在于担心社会公众将"认罪认罚从宽"与"辩诉交易"相混淆，担心法院在对被告人"实体从宽"后会引发公众对司法公正的质疑。"起诉适用—审判拒绝"的司法图景，显示出"程序主导"与"审判中心"在该项制度适用范围上的失调。

（二）法院拒绝接受精准量刑建议

在量刑建议精准化和量刑建议权力性的理论论证和政策推动下，各级检察院的量刑建议逐渐从幅度型转向确定型，从常见犯罪拓展至各类案件。但部分法院对此拒绝接受，"有意"选择略高于或者略低于精准建议的刑罚。

法院拒绝接受精准量刑建议的表面理由是量刑建议明显不当，但根本原因在于警惕防范量刑建议权对量刑裁决权的不当压力，担心审判沦为指控的单纯确认。"精准建议—不予采纳"的司法图景，显示出"程序主导"与"审判中心"在量刑问题上的失调。

（三）控方针对被告人反悔提起抗诉但被上级法院驳回

法院采纳控辩协商确定的量刑建议，但被告人却提起上诉，检察机关能否有针对性地提起抗诉？虽然理论界存在争议，但检察机关已经普遍开始行动，并将抗诉作为推进认罪认罚从宽工作的重要路径和主要业绩。[1]虽然曾有部分法院支持抗诉，[2]但也有法院基于上诉权是被告人的法定权利而选择驳回。[3]

---

〔1〕 如后文中M检察院在2019年工作报告中记载，精准落实认罪认罚从宽制度，探索M经验。认罪认罚适用率73.46%，是全市首个达到年适用率70%的检察院，位居全市第一。2019年1月至11月，认罪认罚适用率达73.15%，量刑建议采纳率96.62%，认罪认罚从宽适用率和量刑建议采纳率均位居全市第一。

〔2〕 如杭州市中级人民法院、六安中级人民法院等都曾作出过支持抗诉的判决。

〔3〕 如在深圳市中级人民法院审理的程某、唐某、周某开设赌场一案中，被告人在宝安区人民法院基于认罪认罚协议作出判决后提上上诉，宝安区人民检察院同步提出抗诉，认为原判对程某量刑畸轻，理由在于：（1）本案在侦查阶段、审查起诉阶段对程某适用认罪认罚从宽制度办理，并提出了较大从宽幅度的量刑建议，原判适用量刑建议幅度的最低刑对程某判处了有期徒刑八个月，程某在判决以后又提出上诉，已违背之前认罚的承诺，原依照认罪认罚从宽制度所体现出的从宽幅度也不应再给予被告人，程某应获得比有期徒刑八个月更重的处罚，一审判决量刑畸轻；（2）程某先前自愿认罪认罚，判决后以量刑过重为由提出上诉，是以认罪认罚形式换取较轻刑罚，再利用上诉不加刑原则提上上诉，反映出其认罪认罚动机不纯，有违"两高三部"《关于在部分地区开展刑事案件认罪认罚从宽制度试点工作的办法》提高诉讼效率、节约司法资源原则要求；（3）对被告人程某前认后翻，认罪不认罚的行为给以较重处罚，有利于维护适用认罪认罚从宽制度办理案件的司法效果。深圳市中级人民法院经审理后认为，该案在一审审理阶段适用认罪认罚从宽制度审理，在量刑上从轻处罚对程某判处有期徒刑八个月，原判量刑并无不当，不属量刑畸轻，程某在一审审理阶段同意适用认罪认罚程序审理，并签订了认罪认罚

在一审法院量刑结果适当的情况下,检察机关抗诉的理由虽系维护认罪认罚协议的契约性,但实质意图是要强化"量刑建议"的权力属性,发挥其在量刑程序中的主导作用。"判决—上诉—抗诉—驳回"的司法图景,显示出"程序主导"与"审判中心"在被告人反悔问题上的失调。

(四)控方针对法院不采纳量刑建议而提起抗诉但被上级法院驳回

部分检察机关以法院调整量刑建议的程序违法为由提起抗诉,如在刘某某受贿案中,检察机关的核心抗诉理由是法院未明确表达量刑建议明显不当的意见、理由及未明确告知拟判决的主刑、附加刑,因而检察机关无从研究答复是否调整量刑建议。[1]部分检察机关以法院未采纳量刑建议为由提起抗诉,如在周某职务侵占案中,控方认为法院未采纳其提出的五年九个月的量刑建议,且没有出现不应当采纳量刑建议的法定情形,审理阶段未出现需要调整量刑建议的法定情形,一审判决不采纳量刑建议时未依法说明理由和依据,违反法律规定,因而提起抗诉。[2]

检察机关的抗诉目的虽有维护程序正义、量刑公正、兑现认罪认罚协议的一面,但也不排除挤压法院刑罚裁量空间,将检察机关的求刑权扩展为裁决权的意图。"建议—不采纳—抗诉"的司法图景,显示出"程序主导"与"审判中心"在量刑程序及量刑权力上的失调。

二、"程序主导"与"审判中心"关系失调的影响外溢

"程序主导"与"审判中心"关系的失调,正逐步由个案争议发展到类案

(接上页)具结书,据此获得量刑减让,一审宣判后又以量刑过重为由提出上诉,违背之前认罪认罚的承诺,虽其行为有违诚实信用原则,但根据现行法律规定,被告人不服一审判决仍然可以提出上诉。具体详见广东省深圳市中级人民法院(2018)粤03刑终43号刑事裁定书。

[1] 在该案中,北京市人民检察院第四分院的部分抗诉意见为,在出现人民法院认为量刑建议不当等情形时,人民法院应与人民检察院进一步沟通,说明认为量刑建议明显不当的观点及理由,由人民检察院研究并答复是否调整量刑建议之后,法院再进行判决。本案中,一审法院未向本院明确表达认为量刑建议明显不当的观点以及具体理由,未明确表达拟判决的主刑、附加刑等具体内容,本院亦无从对是否"不调整量刑建议"进行研究并答复。本院未明确答复"不调整量刑建议",一审法院即径行作出判决,违反了《刑事诉讼法》第201条第2款的规定。具体详见北京市高级人民法院(2019)京刑终110号刑事裁定书。

[2] 参见李轩甫、王松林:"销售经理将公司货款占为己有 海口秀英:抗诉一起未采纳认罪认罚量刑建议案",载《检察日报》2020年7月15日,第4版。

论争，进而延展至检法关系、诉讼改革及诉讼理论等多方面深层次问题的热议。

(一) 对检法关系的影响

1. 量刑问题上的协商和对抗

在量刑程序中，正常的检法关系是检察机关依法行使求刑权，法院居中裁判并享有量刑裁决权，起诉权与裁判权的职责划分清晰。在认罪认罚案件中，检察机关依据《刑事诉讼法》第 201 条的规定，要求法院在"一般情况下"应当采纳量刑建议，其对案件的处理意见很大程度上决定了法院判决的内容，其本身"是案件处理的实质影响者"。[1]但法院则坚持认为定罪量刑是法院审判权的当然部分，罪名的认定要坚持罪刑法定原则，而刑罚的裁量要坚持罪责刑相适应原则，不受量刑建议的约束。[2]由此，"程序主导"与"审判中心"关系的失调导致检法机关之间在量刑程序上的正常职权关系出现了异化。异化表现之一是，法院对量刑建议缺乏足够尊重，以"明显不当"为由较少超越量刑建议的幅度范围作出裁判，呈现出量刑对抗的一面。异化表现之二是，为"协助"地方检察机关完成认罪认罚案件适用率及精准量刑建议采纳率等考核指标，部分法院在案件处于审查起诉阶段时非正式地给予检察官以量刑建议指导，或者检察官在审判阶段按照法院拟判处的刑罚"精准"调整量刑建议，由此呈现量刑协商的一面。无论是量刑对抗还是量刑协商，均不符合刑事诉讼法对检法职权及关系的规范定位。

2. 抗诉问题上的博弈和论争

根据《刑事诉讼法》第 7 条及第 228 条的规定，检察机关行使抗诉权的前提是认为一审判决"确有错误"，行使的目的在于确保准确公正执行法律。因此，检察机关提起抗诉只能为了国家利益和司法公正，而不存在其他考量。但在认罪认罚从宽制度的强力推进过程中，检察机关过于强调程序主导的权力和认罪认罚协议的效力，导致部分案件的抗诉缺乏合理的国家利益考量，甚至存在对上诉权保护不力的质疑，因而正常的检法关系在抗诉问题上异化出博弈和

---

[1] 朱孝清："检察机关在认罪认罚从宽制度中的地位和作用"，载《检察日报》2019 年 5 月 13 日，第 3 版。

[2] 二审法院在刘某某受贿抗诉案的裁定中明确指出，"定罪量刑是审判权的核心内容，认罪认罚从宽制度，并没有改变刑事诉讼中的权力配置。定罪量刑作为审判权的核心内容，具有专属性，检察机关提出的量刑建议，本质上仍然属于程序职权，是否妥当应当由人民法院依法判定"，见（2019）京刑终 110 号刑事裁定书。

论争的现象。如在一审量刑结果公正适当的情况下，检察机关基于法院未采纳量刑建议或者被告人反悔上诉，而非基于原判"确有错误"提起抗诉，反映出抗诉目的未必是准确公正执行法律。对于此等抗诉，二审法院应否支持，过去两年来有过支持抗诉的判决，但也有不支持的裁定。支持的理由多认为被告人反悔上诉系违反与检察机关达成的契约，进而导致一审从宽处罚的基础不再存在；而反对的理由在于上诉权是被告人的法定诉讼权利，且一审法院量刑时的考量因素并无不当。在法院量刑结果并无不当情况下的抗诉，或者实现检察机关主导审判的结果，或者出现审判机关依法反制的局面。背离纠错意义上的抗诉，无论最终出现哪种结果，均反映出检法关系失调的一面。

3. 发回问题上的争议与困境

按照《刑事诉讼法》第238条的规定，二审法院对于上诉案件，只有在判断属于"违反法律规定的诉讼程序，可能影响公正审判的"情形，才可能裁定撤销原判，发回重审。而"两高三部"《关于适用认罪认罚从宽制度的指导意见》第45条第1款规定，对于被告人不服适用速裁程序提起上诉的案件，二审法院审查后发现被告人以事实不清、证据不足为由提出上诉的，应当裁定撤销原判，发回原审人民法院适用普通程序重新审理，不再按认罪认罚案件从宽处罚。对"发回原审人民法院适用普通程序重新审理"的合理解释是，因为速裁程序之简化不足以充分查明事实，发回重审后按照普通程序审理以确保查清事实。但"不再按认罪认罚案件从宽处罚"却引发争议，最高人民法院《刑事审判参考》第127辑第1408号案例裁判理由[1]的公布，更将这种争议推向高潮。对该案裁判理由的争议除有关是否违反上诉不加刑原则及变相剥夺法定上诉权之外，更有与《关于适用认罪认罚从宽制度的指导意见》第45条第1款相互配合，导致刑事速裁程序适用之困境。速裁程序本身意在简化诉讼程序，减少资源投入。上述规定及案例的本意也在制止恶意上诉，减少资源投入。但发回重审在客观上，首先增加了案件的审理次数，耗费了更多的司法资源；其次一审法官为规避发回重审后果必然舍弃速裁程序，实际上限制了速裁程序的适用，

---

[1] 该案基本案情为：被告人认罪认罚，一审法院适用速裁程序审理后对其判决有期徒刑八个月，缓刑一年。被告人以事实不清、证据不足为由提出上诉，二审法院裁定发回重审。一审法院适用普通程序审理后，以被告人不悔罪、不符合缓刑条件为由，判处有期徒刑八个月。该案裁判理由称，"重新判罚的结果如果比原审重，是根据案件事实、性质、情节以及被告人因认罪认罚获得从宽处罚的待遇被取消等因素所致，而不是'加重'被告人的刑罚"。

无法实现减少司法资源投入的目的。事实上,在上述规定出台以后,基层法院鲜有再对认罪认罚案件适用速裁程序了。

(二) 对司法改革的影响

1. 庭审实质化改革的迟滞

任何制度的完善发展都不能背离制度改革的初衷。在认罪认罚从宽制度和以审判为中心的诉讼制度改革之间,以审判为中心的诉讼制度改革是中心,其他改革均属配套。而在以审判为中心的诉讼制度改革中,庭审实质化改革关系诉讼程序的公正和审判质量的保障,因而更属改革的核心。但在程序主导、指标考核的推动下,一方面检法机关的工作精力多用于认罪认罚案件,因为认罪认罚案件数量"显著"增加,出现大量为满足考核指标而降低量刑建议标准、放宽"认罪""认罚"认定条件的"伪认罪"案件;另一方面检法机关的工作重点也转移到认罪认罚从宽制度的适用上来,事实上减少对庭审实质化改革的关注和推进。客观地看,庭审实质化改革进程的迟滞无疑与此有一定关系。

2. 民意基础的动摇

刑事司法不能背离老百姓的常识、常情、常理,[1]同时改革的成功离不开人民群众的普遍支持。对于认罪认罚从宽制度、程序主导及审判中心等专业术语,虽然普通民众无力学习掌握其内在法理依据和运行规范,但对于实体公正和实质真实却有着切身的感受。虽然法律人比普通人要更懂得法律,法律技术上的问题由法律人处理使人更加放心。但在价值判断、利益取舍方面,法律人不一定比普通人更为高明。某种情况下,普通人的判断要比法律人的选择更加符合"民意"。检察机关意图以其与被告方达成的认罪认罚协议主导审判程序及判决结果,不仅可能导致人民群众误解诉讼目的,误认为刑事司法机关放弃对实质真实的追求,而且可能导致人民群众对认罪认罚从宽制度的误读,将该项制度与美国的辩诉交易制度混为一谈。因此,"程序主导"与"审判中心"的长期失调可能动摇司法改革的民意基础。

3. 自身改革目标的模糊

在认罪认罚从宽制度改革中,提高办案效率只是目标之一,而且总体上要

---

[1] 陈忠林:"'常识、常理、常情':一种法治观与法学教育观",载《太平洋学报》2007年第6期。

服从于落实宽严相济的刑事政策,完善刑事诉讼程序,合理配置司法资源,提高案件办理质量,促进实现司法公正。[1]考虑到刑事司法直接关系人的生命、自由和财产,因而刑事司法改革目标只能是更好地实现实体公正和程序正当。为此,刑事司法机关在认罪认罚案件办理中,首要任务是保证案件办理质量,一是要确保认罪者系有罪之人且依法应当追究刑事责任,二是要确保认罪者所认之罪名准确客观,三是要确保认罪认罚的彻底自愿性,四是要确保"认罚"与"从宽"系控辩双方平等协商之结果。[2]但在"程序主导"与"审判中心"的关系失调之下,该项制度改革自身应有的诉讼程序完善、办案质量提高等目标任务并未有实质性的进展。自身改革目标的模糊,结果是实践中不仅没有出现"繁案精审,简案快审"的结果,反而出现法官在认罪认罚案件审理中投入的精力多于其他案件的反常情况。[3]

(三) 对司法共识的影响

1. 改革热点的偏离

在以审判为中心的诉讼制度改革和认罪认罚从宽制度之间,前者可以说是体制性、基础性改革,后者是机制性、配套性改革。"程序主导"只是推动认罪认罚从宽制度改革的手段之一,这应属司法共识。

据考证,"审判中心"概念源于日本,在1922年《日本大正刑事诉讼法》制定时便已提出,[4]但在我国的确立却经历了较长过程。2013年10月,最高人民法院周强院长在"六刑会"上提出要突出庭审的中心地位。2014年10月23日,十八届四中全会决定提出要推进以审判为中心的诉讼制度改革。2016年10月,"两高三部"联合印发《关于推进以审判为中心的刑事诉讼制度改革的

---

[1] 全国人大常委会《关于授权最高人民法院、最高人民检察院在部分地区开展刑事案件认罪认罚从宽制度试点工作的决定》规定,开展认罪认罚从宽制度改革的目的在于,"进一步落实宽严相济刑事政策,完善刑事诉讼程序,合理配置司法资源,提高办理刑事案件的质量与效率,确保无罪的人不受刑事追究,有罪的人受到公正惩罚,维护当事人的合法权益,促进司法公正"。

[2] 参见顾永忠:"检察机关的主导责任与认罪认罚案件的质量保障",载《人民检察》2019年第18期。

[3] 调研中有中级人民法院法官反映,相较于普通案件审理,认罪认罚案件的审理不仅没有简化诉讼程序,反而因为检察机关对认罪认罚的标准把握不严、审查起诉阶段放宽证据审查完善工作,带来反复建议补充侦查、多轮沟通调整量刑建议等工作。此外,法官还面临检察机关针对认罪认罚方面提起抗诉的风险。

[4] 参见施鹏鹏、谢文:"审判中心主义的源与流——以日本刑事诉讼为背景的制度谱系考",载《江苏社会科学》2018年第5期。

意见》。至此,"审判中心"的基本内容初步明确。

而检察官发挥主导作用的命题则源于大陆法系,其中检察官地位的重大嬗变源于1877年《德国刑事诉讼法》的制定。当时德国面临的任务是,如何有效控制警察在刑事诉讼程序中的权力。为此,德国借鉴引入了法国的检察官制度,在保留检察官公诉职能的同时将其改造为侦查程序的控制者。[1]在我国,检察机关主导作用的提法早已有之,但将适用阶段从"审前"拓展为"全程",则是近年来检察机关的政策推动使然。

2019年之前,检察机关在审前阶段发挥主导作用,旨在通过羁押审查及起诉审查来引导监督侦查取证,通过不起诉来过滤存疑案件与轻微案件,进而提高起诉质量。这种改革思路与1877年德国的改革基本一致,同时也是推进以审判为中心的诉讼制度改革的关键路径,因而此种"主导"与"中心"之间因目标相同而关系和谐。但2019年后,借助认罪认罚从宽制度改革,检察机关的审前主导发展成为全程主导,尤其是意图通过抗诉要求法院接受量刑建议,从而直接引发量刑建议与量刑裁决的冲突,进而出现"程序主导"与"审判中心"的失调,结果是认罪认罚从宽制度的适用成为持续推高的司法改革热点,而体制性、基础性的以审判为中心的诉讼制度改革已少有关注。

2. 诉讼结构的争议

随着1996年《刑事诉讼法》的修改,我国在审判程序中初步构建起抗辩式诉讼结构。经历2012年及2018年的修改,立法不断强化辩护权保障,由此我国的刑事诉讼基本确立了"控审分离、控辩平等、审判中立"的"等腰三角形"的诉讼结构。可以说,这已属司法共识,而且来之不易。

认罪认罚从宽制度改革是否改变了现行诉讼结构,实践中开始出现争议。有判决明确指出:"定罪量刑是审判权的核心内容,认罪认罚从宽制度,并没有改变刑事诉讼中的权力配置。办理认罪认罚案件,公检法三机关之间的分工负责、相互配合和相互制约关系没有变化,裁判权只能由人民法院依法行使。定罪量刑作为审判权的核心内容,具有专属性,检察机关提出的量刑建议,本质上仍然属于程序职权,是否妥当应当由人民法院依法判定。"[2]而检察机关的

---

[1] 参见万毅:"论检察官在刑事程序中的主导地位及其限度",载《中国刑事法杂志》2019年第6期。

[2] 参见北京市高级人民法院(2019)京刑终110号刑事裁定书的裁判理由。

部分专家领导则明确指出，在认罪认罚案件中，刑事诉讼的重心前移到审查起诉阶段，审判阶段由于合作取代了对抗，控辩双方经过协商对涉嫌的犯罪事实、行为性质、罪名、量刑建议及案件审理适用的程序等达成一致，原来"正三角形"的构造变异为以控辩为一方、以裁判为另一方的"两点一线"的构造（控辩重叠情形下），或者大底角小顶角的"高等腰三角形"构造（控辩靠近情形下）。[1]可以说，正是"程序主导"与"审判中心"的失调，为诉讼结构这一共识的争议提供了土壤。

3. 司法职权的讨论

我国《宪法》第 128 条、第 131 条、第 134 条及第 136 条规定了法院与检察院在国家机构中的宪政地位与职权，均分别独立行使审判权与检察权。《刑事诉讼法》第 3 条更是明确了法院与检察院在刑事诉讼中的具体职权，第 7 条明确规定二者"应当分工负责，互相配合，互相制约，以保证准确有效地执行法律"。从《刑事诉讼法》第 200 条及诉讼理论来看，只要刑事案件被检察机关提起公诉，则案件进入审判程序，法院开始行使审判权。审判权的当然之意包括定罪决定权、刑罚决定权与审判指挥权。对于不认罪案件如此，对于认罪案件亦如此，并无例外。但在有关认罪认罚从宽制度的讨论中，基于程序主导立场将《刑事诉讼法》第 201 条解读为"部分审判权让渡说"，即认为，"控辩双方达成合意的案件，必然会限缩刑事审判权的裁量空间"，进而提出"法院的裁判就应表现为对控辩双方依法协商的成果作出确认"。[2]客观而言，"部分审判权让渡说"提出的基础，是将刑事案件民事化，将检察机关对犯罪的指控视为检察机关与被告人之间的"纠纷"。这些争议观点的提出，引发了检法机关的司法职权是否因案件类型不同而存在差异，是否应随被告人认罪而调整的讨论。

三、"程序主导"与"审判中心"关系失调的原因归结

"程序主导"与"审判中心"的失调非一日形成，其原因是多方面多层次的，既有司法政策的原因，更系制度冲突后出现诉讼机体"排异"所致。

---

[1] 参见朱孝清："认罪认罚从宽制度对刑事诉讼制度的影响"，载《检察日报》2020 年 4 月 2 日，第 3 版。

[2] 参见朱孝清："刑事诉讼法第 201 条规定的合理性"，载《检察日报》2019 年 11 月 7 日，第 3 版。

(一)"两高"司法政策导向的差异

检法机关的年度报告通常要回应司法政策的推进力度和工作业绩,相互比较可以管窥检法机关的政策倾向和工作重点。就"程序主导"而言,最高人民法院历年报告从未提及,而最高人民检察院报告在2018年后出现三个变化,即"主导作用"从"审前"拓展至"全程"、案件类型限定为认罪认罚案件、增加了两项考核指标,见表7-1。

表7-1 "两高"报告有关"程序主导"的表述比较

年份	最高人民法院	最高人民检察院
2016	无	充分发挥审前主导和过滤作用
2017	无	同2016年
2018	无	同2016年。适用认罪认罚从宽制度审结的刑事案件中,检察机关建议适用的占98.4%,量刑建议采纳率为92.1%
2019	无	在办理认罪认罚案件中充分发挥主导作用,建议适用该程序审理的占98.3%,量刑建议采纳率为96%
2020	无	检察官依法履行指控证明犯罪的主导责任。2019年12月适用率达83.1%,量刑建议采纳率为79.8%

就"审判中心"而言,最高人民法院历年报告始终强调要推进和深化,而最高人民检察院在2018年前强调要推进,但之后未再提及,(见表7-2)。

表7-2 "两高"报告有关"审判中心"的表述比较

年份	最高人民法院	最高人民检察院
2016	积极推进以审判为中心的诉讼制度改革	推进以审判为中心的诉讼制度改革,全面贯彻证据裁判规则
2017	同2016年,充分发挥庭审的决定性作用	同2016年,与各政法机关共同出台改革意见
2018	同2016年,发挥庭审在查明事实、认定证据、保护诉权、公正裁判中的决定性作用	同2016年
2019	同2016年,强化庭审功能,发挥庭审决定性作用	无
2020	同2016年	无

"两高"报告对"程序主导"和"审判中心"关注的明显差异,凸显了最高司法机关之间政策导向的差异。

(二)地方司法机关指标考核的推动

相对于"两高"报告,地方检法机关的报告则重在展现工作业绩,而业绩展现的背后则是上级机关指标考核的导向。近三年来,地方检察机关的报告普遍援引"认罪认罚案件适用率"和"量刑建议采纳率"两项数据以展现推进制度改革业绩(表7-3),部分开始"形成模式"或者"探索经验",而法院报告对此则"寂寞无声"。

表7-3 部分检察院近三年报告有关制度推进业绩的比较[1]

	2018年报告	2019年报告	2020年报告
D检察院	制定办理认罪认罚案件的具体流程	适用该制度办理案件177件涉195人,占审结案件的24.4%	适用该制度办理案件693件涉784人
C检察院	积极探索认罪认罚从宽试点工作	积极探索在职务犯罪、金融犯罪领域开展认罪认罚从宽制度,形成模式,全年适用认罪认罚从宽制度涉2578人	适用该制度办理案件4055人,占同期审结案件的78%,提出量刑建议涉3367人
H检察院	全面推进,形成经验	全年适用该制度结案1663件涉1768人,适用率达49.4%,量刑建议采纳率达99.5%	针对适用该程序被告人恶意上诉案件,提出二审抗诉9件
M检察院	量刑建议采纳率100%。适用该制度办理案件67件涉71人,占全年案件的41.61%,高于全国、全市平均比例	适用该程序案件占全部公诉案件的52%,高于全国、全市平均比例	探索M经验。认罪认罚从宽制度适用率73.46%,是全市首个达到年适用率70%的检察院,量刑建议采纳率96.62%,认罪认罚从宽制度适用率和量刑建议采纳率均位居全市第一

---

[1] 具体数据来自各检察院的工作报告。

续表

	2018年报告	2019年报告	2020年报告
S检察院	适用该程序审查案件38件涉40人。量刑建议采纳率97.3%	适用该程序处理案件232件的262人，占审结案件的45.9%，同比增长555%	适用该程序办理案件283件涉311人，适用率为58.2%，同比上升12.2%。提出量刑建议涉264人，提出率为62.4%，同比上升19.9%。法院采纳涉220人，采纳率为83.3%

数字化管理与指标化考核的结果，必然刺激地方检察机关在认罪认罚从宽制度改革的大道上"阔步前进"，自然地会进一步加剧"程序主导"与"审判中心"关系的失调。

(三) 诉讼制度之间的内在冲突

从表面上看，"程序主导"与"审判中心"关系的失调是因为改革者采取单兵突进方式推进认罪认罚从宽制度改革，但实质是"程序主导"与其他制度碰撞后出现的诉讼机体"排异"所致。

1. "程序主导"与现行司法责任制的兼容性问题

基于司法责任制的现实风险，法官面对认罪认罚协议时首先考虑的，不是因其体现控辩双方的意志而"一般采纳"的程序法问题，而是要判断"认罪认罚"本身是否符合证据法上的实质真实原则及实体法上的罪刑法定原则、罪责刑相适应原则。在认罪认罚协议存在瑕疵的情况下，司法责任制相关规定并未豁免法官在"一般采纳"后的责任。在现行法律没有修改、责任追究压力骤增的背景下，法官的正确做法必然是坚守法律条文，坚守实体正义，"依法抵制"检察机关在审判程序中的主导行为。由此可见，"程序主导"在确立推进过程中尚没有实现好与司法责任制的兼容。

2. "程序主导"与现行证明标准的配套性问题

以审判为中心的诉讼制度改革的目标是确立一元制的证明标准，即侦查终结、提起公诉和作出有罪判决都应当做到"犯罪事实清楚，证据确实、充分"。在认罪认罚从宽制度改革的推进中，《刑事诉讼法》和"两高三部"《关于适用认罪认罚从宽制度的指导意见》亦未降低此类案件的证明标准。

在证明标准不降低的情况下，法院对于认罪认罚案件需要经过实质化的法庭审理，对于"认罪""认罚"及"从宽"的判断需要在庭审结束后依据事实和法律才可作出，审查起诉阶段控辩双方达成的认罪认罚协议对法院的判决缺乏预决效力。换言之，认罪认罚协议能否为法院所接受，不因其系控辩协商结果而具有天然合法性，而因其经审判程序证明系客观真实、合法公正而具有可接受性。因此，片面强调检察机关主导审判程序及法院"一般采纳"量刑建议，与一元化的证明标准存在内在冲突。程序主导的推进缺乏多元化证明标准的配套支撑。

3. "程序主导"与现行诉讼结构的契合性问题

经过1996年、2012年及2018年对《刑事诉讼法》的三次修改，控审分离、控辩平等、审判中立的诉讼结构已然形成，公诉权、辩护权、审判权的职责界限已然清晰。无论是指控事实和指控罪名，还是量刑建议，均为公诉的组成部分及审判的具体对象。

在诉讼结构并未调整的情况下，检察机关以《刑事诉讼法》第201条为依据，通过程序主导作用力图实现"公诉权实质化"，[1]认为"控辩双方达成合意的案件，必然会限缩刑事审判权的裁量空间，两造对抗格局不复存在，法院裁判就应表现为对控辩双方依法协商的成果作出确认"。[2]此种依托"程序主导"提出的将审判权调整为确认权，将两造对抗、法官居中裁判的"等腰三角形"诉讼构造调整为控辩合为一方、法院为另一方的"两点一线"构造的理论，明显与现行法律规定不相契合，并成为"程序主导"和"审判中心"失调的理论根源之一。

4. "程序主导"与现行量刑逻辑的协调性问题

刑罚裁量绝不是情节的简单加减，而是具有相对复杂的内在逻辑。首先，在量刑依据方面，量刑一般要先裁量责任刑，实现重罪重判、轻罪轻判的罪刑均衡。再充分评估一般违法事实、犯罪前表现及犯罪后表现，依据特殊预防必要性的大小，在责任刑之下从重或者从轻处罚，进而实现责任刑与预防刑的统一。[3]其次，在量刑程序上，无论是影响责任刑判断的具体犯罪情节，还是影

---

[1] 参见朱孝清："认罪认罚从宽制度对检察机关和检察制度的影响"，载《检察日报》2019年5月28日，第3版。

[2] 参见朱孝清："刑事诉讼法第201条规定的合理性"，载《检察日报》2019年11月7日，第3版。

[3] 参见张明楷：《刑法学（上）》，法律出版社2016年版，第586~598页。

响预防刑判断的认罪悔罪态度，都须先经过法庭调查并充分听取控辩双方意见，才能由合议庭评议认定。最后，在量刑效果上，量刑应当贯彻宽严相济的刑事政策，确保类案量刑基本均衡及法律效果和社会效果的统一。

在精准量刑要求被提出后，"程序主导"与"审判中心"的失调与日俱增。虽然检察机关认为精准量刑体现了控辩双方的合意，有助于达成控辩协商，因在审前阶段已经接近了定罪量刑的争点而具有可行性，[1]但客观而言，该观点仅考虑到协商的便利而忽视了量刑的逻辑，高估了量刑建议形成的合理性，也忽视了量刑过程的复杂性。2021年最高人民法院、最高人民检察院联合印发的《关于常见犯罪的量刑指导意见（试行）》中有关量刑幅度的规定尚难以达到"精准"，检察量刑建议所考虑的依据显然不如法院宣告刑所考虑的情节和因素那样具有确定性，因而"精准"就得打个问号。以控辩双方在庭前协商达成的量刑协议限制法院量刑裁决的理论，不仅与客观的量刑逻辑存在偏差，而且也是导致"程序主导"与"审判中心"失调的原因之一。

四、"程序主导"与"审判中心"关系失调的政治力学分析

对认罪认罚从宽制度的贯彻实施，公检法司等机关均应承担相应职责，但目前出现的争议热点却几乎不涉及公安机关及司法行政机关。"程序主导"与"审判中心"关系的失调，集中出现在审判阶段的量刑环节，暴露了检察机关与法院之间围绕量刑而展开的博弈和冲突。而宪法及刑事立法并未因认罪认罚从宽制度的提出和推进，而调整检法机关的法定职权。在认罪认罚从宽制度进入《刑事诉讼法》的前后，在司法机关分别处理认罪认罚案件和非认罪认罚案件时，检法机关的职权并未出现改变或者作出调整。由此，围绕《刑事诉讼法》第201条的争议，尤其是"程序主导"与"审判中心"关系的失调，不能仅仅从法解释学层面作出论证，而需要进一步溯因至政治力学层面加以分析。

作为一种分析社会历史现象的学说，恩格斯曾经对政治力学作出过精辟分析，即"历史是这样创造的：最终的结果总是从许多单个的意志的相互冲突中产生出来的，而其中每一个意志，又是由于许多特殊的生活条件，才成为它所成为的那样。这样就有无数互相交错的力量，有无数个力的平行四边形，而由

---

[1] 参见陈国庆：" 认罪认罚从宽制度若干争议问题解析（中）"，载《检察日报》2020年5月6日，第3版。

第七章 "程序主导"与"审判中心"的关系厘定与合理定位

此就产生出一个总的结果,即历史事变,这个结果又可以看作一个作为整体的、不自觉地和不自主地起作用的力量的产物。因为任何一个人的愿望都会受到任何另外一个人的妨碍,而最后出现的结果就是谁都没有希望过的事物。所以以往的历史总是像一种自然过程一样地进行,而且实质上也是服从于同一运动规律的。但是,各个人的意志——其中的每一个都希望得到他的体质和外部的终归是经济的情况(或是他个人的意志,或是一般社会性的)所向往的东西,虽然都达不到自己的愿望,而是融合为一个总的平均数,一个总的合力,然而从这一事实中绝不应作出结论说,这些意志等于零。相反地,每个意志都对合力有所贡献,因而是包括在这个合力里面的"。[1]认罪认罚从宽制度运行中出现的争议,亦可以从政治角度作出一定的阐释。因为"涉及公案的司法过程中,出现了多个角力主体的介入,都基于政治的而非法律的理由参与到司法之中,导致了司法的'政治力学'现象"。[2]

作出政治力学分析的前提是明确政治角力主体,继而分析其在作出司法行为时考量的因素,尤其是法律之外但却以法律名义提出的理由。在认罪认罚从宽制度运行中,公安机关不能因为犯罪嫌疑人认罪认罚而放弃侦查取证,因而当前主要完成的是政策释明和告知。司法行政机关不能在个案中对"认罪""认罚"和"从宽"作出实质性决定,当前主要是为犯罪嫌疑人提供法律服务。整体来看,这两个机关基本不参与或者很少参与对该项制度运行中的"角力"。检察院和法院对该项制度的运行产生的影响相当大,是当然的"角力主体"。但检法机关在法律框架内的"角力",事实上受到外在的制约,需要作出一定的政治考量。在互联网时代,庭审过程和法院判决经由互联网受到公众的聚集性围观和解剖式评价,网络聚集的舆情风险在很大程度上掣肘着检法机关的行为,因而民众(通过互联网表现的网民)事实上也参与了认罪认罚从宽制度的角力。检法机关都是党领导下从事政法工作的政法单位,党委政法委作为党委领导和管理政法工作的职能部门,虽不直接但也在一定程度上参与了这场角力。这从中央及各级政法委在制度落实推进过程中,积极召集各政法单位开会研究及出台的文件中可以看出。在民众及党委政法委看来,检法机关只是分工不同

---

[1] 《马克思恩格斯选集》(第4卷),人民出版社2005年版,第697页。
[2] 参见孙笑侠:"司法的政治力学——民众、媒体、为政者、当事人与司法官的关系分析",载《中国法学》2011年第2期。

的司法机关而已，本质上都要依法办案；而党是代表人民利益的，党委政法委在开展工作时当然要坚持人民立场，听取民众呼声，因而二者之间的利益指向一致。据此，可以从三个方面开展政治力学分析，探寻"程序主导"与"审判中心"关系失调之另一种解释。

（一）法院与检察院

无论被告人是否认罪认罚，法院所担负的司法责任是没有差异的。在《关于适用认罪认罚从宽制度的指导意见》出台之前，法院尚可以将庭审程序简化为速裁程序，节省庭审时间。但在上述意见出台之后，速裁程序基于可能导致案件被发回重审的担忧基本被搁置。而即便庭审程序被简化，法院也不能因此节省司法资源。因为司法责任制和国家赔偿制度的存在，法院不能将刑事案件视为检察院与被告人之间的"纠纷"，径行认可认罪认罚协议而作出裁判。为确保判决事实清楚，证据确实充分，定罪准确，量刑适当，法官在庭前的阅卷工作和庭后的研究工作依然存在。从这个角度来看，法院对于推行认罪认罚从宽制度缺少利益驱动。无论被告人是否认罪认罚，法官审理案件的程序没有改变，付出的时间精力没有改变，承担的司法责任没有改变。唯一的不同在于，对于认罪认罚案件，法官还需要审查被告人认罪是否真实自愿、检察机关的建议是否适当，以及担心按照认罪认罚从宽制度审理并对被告人从宽处罚后是否会引发公众对司法公正的质疑。

相较于不认罪的案件，检察官对认罪认罚案件付出的时间和精力更多。其不仅要讯问核实证据，还要向犯罪嫌疑人开展释法说理工作。协商的本质就是妥协，量刑协商需要在犯罪嫌疑人的接受刑与依法应当给予的刑罚之间寻找适当平衡点，同时还要考虑是否为法官所接受。更为难的是，签署认罪认罚具结书时案件尚未起诉，部分量刑情节尚无法最终确定，甚至部分情节如赔偿谅解情况还有待完成。检察官在历经千辛万苦成功签署了认罪认罚协议，但唯有得到法院判决认可才具实际效力。为此，检察机关要让自己的工作成果获得确认，需要对《刑事诉讼法》第201条第2款调整量刑建议程序作出严格解释，要求法院尊重量刑建议而不得轻易调整，否则将予以抗诉，寻求上级法院的支持。

由此，检法机关在认罪认罚协议的效力方面处于某种"角力"状态，角力的态势不断变化。前期法院对认罪认罚协议持较为保守的态度，如部分法院曾较为罕见地在裁判文书中重申诉讼职权的宪政依据，明确"裁判权只能由人民法院依法行使。定罪量刑作为审判权的核心内容，具有专属性"，[1]或者向反悔上诉案件的被告人委婉宣告，"虽其行为有违诚实信用原则，但根据现行法律规定，被告人不服一审判决仍然可以提出上诉"。[2]但近期检察机关的抗诉获得越来越多法院的支持。

（二）法院、检察院与民众

人民民主专政的国家性质以及全心全意为人民服务的党的宗旨，都要求作为国家机关的检法机关始终"坚持以人民为中心"。在前互联网时代，民众的意志主要通过人民代表大会制度得以聚合和表达，年度的人民代表大会成为检法机关的民意大考。但在互联网时代，民众的意志同时还可通过微博等自媒体表达出来，网络热度及跟进处置随时在考验着检法机关。每一份判决文书、每一场庭审直播、每一篇网络发帖随时都能搅成一场舆情"龙卷风"，舆情引导也成为司法危机管控中的重要一环。在认罪认罚从宽制度运行中，无论学界如何探讨"审判中心"与"程序主导"的关系，检法机关对此都极为理性谨慎，"主导作用"已慢慢演变为"主导责任"。事实上，除刑事法律专业人士之外，普通民众对认罪认罚从宽制度运行的内在机理知之甚少，甚至不感兴趣。普通民众多数持有的是朴素的正义观和报应刑的刑罚观，关注的是刑罚结果与犯罪行为及后果之间是否"匹配"。检法机关在对个案处理及类案指导时，都是在严格管控自身行为，避免逾越民意可容忍的边界。

（三）法院、检察院与党委及党委政法委

《中国共产党政法工作条例》第3条明确界定了检法机关与党委及党委政法委之间的关系，即政法工作是党领导政法单位依法履行专政职能、管理职能、服务职能的重要方式和途径。党委政法委是实现党对政法工作领导的重要组织形式。检法机关等政法单位是党领导下从事政法工作的专门力量。认罪认罚从宽制度的提出及推进，都是在党的会议上提出，并通过党委政法委来领导实施。面对个案处理及法条解释，只要不影响专政职能、管理职能及服务职能的履行，都属于检法机关依法履职行为，因而都可以被视为检法机关"在宪法法律规定

---

[1] 见（2019）京刑终110号刑事裁定书。
[2] 见（2018）粤03刑终43号刑事裁定书。

的职责范围内开展工作"。但如果"程序主导"与"审判中心"的关系发展成为"重大事项",则党委政法委可以依据《中国共产党政法工作条例》第12条,组织检法机关研究协调。如果相关争议经由网络媒体持续发酵发热,或者为代表委员广泛关注,已形成政法舆情动态,则党委政法委将"指导和协调政法单位和有关部门做好依法办理、宣传报道和舆论引导等相关工作"。显然,检法机关对个案处理都极为谨慎,避免引发舆情并形成"政法舆情动态";对类案解释亦较为控制,避免发展成为"重大事项"。由此,"程序主导"及"审判中心"的关系虽然失调,但始终被检法机关有效管控在个案争议及学理解释层面。

五、"程序主导"与"审判中心"关系的优化调整

推进以审判为中心的诉讼制度改革和完善刑事诉讼中认罪认罚从宽制度是刑事司法领域当前最为重要的改革举措,"程序主导"与"审判中心"关系的协调优化调整影响刑事司法的全局和未来,因而需要整体考量与一体推进。

(一) 检视调整司法政策

基于大陆法系诉讼传统[1]、我国主流诉讼理论[2]及普通民众的正义观念,实质真实始终是我国刑事诉讼的基本原则,真相发现始终是我国刑事诉讼的主要目的。而实现实质真实、发现案件真相的关键在于充分发挥审判尤其是庭审在事实查明中的核心作用,这也正是以审判为中心的刑事诉讼制度改革的初心和使命。程序主导作用的发挥、认罪认罚从宽制度的适用、制度改革的前提均要坚持以审判为中心,确保事实认定准确、罪名认定正确、量刑结果公正、审判程序合法。

过往实践已经证明,认罪认罚从宽制度在节约司法资源、化解社会矛盾及推动国家治理体系和治理能力现代化方面发挥了重要作用。但要让该项制度改革能够行稳致远,当前需要启动对认罪认罚从宽制度推进落实情况的第三方综合评估,以检视司法政策的推动效果,研究制度运行中的问题,调整相关司法政策,短期内缓解"程序主导"与"审判中心"关系的失调。首先,建议对检

---

〔1〕 参见施鹏鹏:"论实质真实——以德国刑事诉讼为背景的考察",载《江苏社会科学》2020年第1期。

〔2〕 参见张建伟:"从积极到消极的实质真实发现主义",载《中国法学》2006年第4期。

察机关的案件适用率及量刑建议采纳率两项考核指标设置的合理性及执行效果开展评估，并推动将指标效力从考核性调整为参考性，重在发现问题，完善制度。其次，进一步完善 2021 年《关于常见犯罪的量刑指导意见（试行）》，扩大适用案件范围，为个案量刑提供依据，为"量刑明显不当"提供判断参考，减少量刑建议与量刑裁决的冲突。最后，检法机关就量刑建议调整程序的理解、量刑建议明显不当的认定及针对被告人反悔抗诉的正当性等问题开展讨论与会商，以减少大量抗诉后撤回抗诉或者驳回抗诉等冲突情况的再现。

（二）界定主导/中心的边界

推进认罪认罚从宽制度改革的前提，是要充分认识到"以审判为中心的诉讼制度是保障认罪认罚的自愿性和客观性，维护司法公正，防范冤假错案的不可缺少的重要装置"。[1]为此，在既有诉讼结构和诉讼职权不变的情况下，要合理界定程序主导的外延，实现"程序主导"与"审判中心"关系的协调。首先，检察机关在审前阶段要充分发挥主导和过滤作用。对于认罪认罚后没有争议，不需要判处刑罚或者经过量刑预判后可能判处免刑的轻微刑事案件，检察机关要加大不起诉力度，以节约司法资源，减少社会对抗。其次，检察机关在审判阶段要充分发挥控诉一侧的"结构性主导作用"，[2]积极履行控诉职能，主导法庭举证质证，充分发表辩论意见，积极提出量刑建议，促进庭审实质化。最后，检察机关要加大监督法院在事实认定及定罪量刑方面整体主导作用的发挥，对于判决确有错误的依法提起抗诉。

（三）推动转型诉讼模式

"程序主导"与"审判中心"关系的失调，虽在短期内会产生诸多不良影响，但从长期来看，对关系失调的理论反思及关系调整的根本之道，是借此推动我国刑事诉讼模式的转型。事实上，作为"集实体规范与程序规则于一体的综合性法律制度"，[3]认罪认罚从宽制度的提出、试点、入法及发展，已经为诉讼模式的转型奠定了初步基础。在制度运行成熟的基础上，可借此推动在我

---

[1] 参见顾永忠、肖沛权："'完善认罪认罚从宽制度'的亲历观察与思考、建议——基于福清市等地刑事速裁程序中认罪认罚从宽制度的调研"，载《法治研究》2017 年第 1 期。

[2] 参见张建伟："检察机关主导作用论"，载《中国刑事法杂志》2019 年第 6 期。

[3] 参见苗生明、周颖："认罪认罚从宽制度适用的基本问题——《关于适用认罪认罚从宽制度的指导意见》的理解和适用"，载《中国刑事法杂志》2019 年第 6 期。

国建立起二元制诉讼模式，即将刑事案件区分为认罪认罚案件和不认罪认罚案件，并相应地在证明标准、诉讼程序及诉讼结构方面作出明显区分。对于认罪认罚案件，法院适用更为简易的程序审理，充分发挥检察机关的程序主导作用；对于不认罪认罚案件，法院适用更为实质化的程序审理，确保庭审在诉讼证明、定罪量刑等方面的核心作用。让"程序主导"与"审判中心"分道而行，各自发挥制度优势，唯此方可彻底调整二者当前的失调关系。

1. 在审判程序方面，将现行的三类审判程序整合为两类审判程序

虽然在立法上，简易程序与速裁程序存在显著区别，但"两高三部"《关于适用认罪认罚从宽制度的指导意见》规定经速裁程序审理的认罪认罚上诉案件，二审法院可裁定发回后重审。事实上，速裁程序已被法官合理规避适用，适用空间大为压缩。在认罪认罚从宽制度成熟运行的基础上，根据被告人是否认罪认罚，将现行普通程序修正为不认罪程序，将简易程序和速裁程序整合为认罪程序。

对于不认罪程序，在现行普通程序基础上实行更加严格完善的庭审程序，严格落实证人、鉴定人出庭制度，庭审程序严格区分为定罪程序与量刑程序两个阶段。在合议庭经审理认定事实并确认被告人有罪后，再次开庭就量刑听取控方的量刑建议和辩方的量刑辩护意见，确保定罪和量刑的庭审均达到实质化的标准，充分体现审判在查明事实及定罪量刑中的"中心"地位。

对于认罪程序，在速裁程序的基础上适度吸收简易程序的要素，庭审重在核实指控事实是否存在，量刑协议的签署是否符合自愿性、合法性，是否符合量刑规范化要求和类案量刑标准等，以充分发挥检察机关在程序中的"主导"作用。

2. 在证明标准方面，将现行的一元证明标准调整为二元证明标准

鉴于被告人认罪认罚且控辩双方已经达成认罪认罚协议，因而该类案件的证明难度显著降低。为推动认罪认罚案件的审理更加高效，可对认罪认罚案件采取"两个基本"的证明标准，并与不认罪案件显著区分。即对不认罪案件采取当前的事实清楚、证据确实充分的标准，而对认罪案件采取事实基本清楚、证据基本充分的标准。降低证明标准的目的在于降低证明难度，简化证明程序，提高诉讼效率，节约诉讼资源。

3. 在裁判方式方面，在现行的裁判方式基础上增加确认型判决

为充分发挥检察机关的主导作用，同时由检察机关承担相应的主导责任，

未来可将部分案件的裁判权适当转移至检察机关。在借鉴欧陆部分国家的基础上，可考虑对认罪认罚且检察机关建议适用缓刑、免于刑事处罚或单处罚金刑等轻微刑事案件，对检察机关的指控事实、指控罪名及量刑建议，法院仅在履行合法性程序审查后直接作出确认判决，并赋予该判决相同的执行效力。

4. 在司法责任方面，降低法官在认罪认罚案件审理中的责任承担

对于不认罪案件，法官因对案件承担实质性的审理责任，因而应承担严格的司法责任。但对认罪认罚案件，基于裁判权的适当转移、审判程序的简化、审理方式的调整及证明标准的降低，部分司法责任也应同步转移至检察机关，从而降低法官的责任压力，推动认罪认罚从宽制度更好更快地发展。

总之，"努力让人民群众在每个司法案件中感受到公平正义"是新时代司法工作的总体目标，为此，无论是以审判为中心的诉讼制度改革还是认罪认罚从宽制度改革，均应在遵循司法规律的基础上朝着有利于实现这个总目标的方向来进行顶层设计、推进实施、评估效果。只有这样，方能确保刑事诉讼中的检法关系健康有序，以更好地共同实现司法公正和维护人民群众的合法权益。

第八章

审委会议决刑事个案场域的辩护律师之定位[1]
——以审委会民主集中制为视角

审委会制度是一项具有显著中国特色的社会主义司法制度。近些年来，随着司法体制改革的逐步深化以及诸多改革举措的立法化，尤其是2018年《人民法院组织法》的大修改，审委会制度机制及运行实践亦有了许多变化和发展。其中，最高人民检察院检察长列席最高人民法院审委会审理抗诉案件、人大代表/政协委员/特邀监督员列席最高人民法院审委会审议司法解释、律师列席高级或者中级人民法院审委会审理案件，等等，具有新闻性或者探索性的司法活动/举措更是引发公众的热议。此处立足审委会民主集中制视角，拟就审委会议决刑事个案场域的辩护律师之定位谈些粗见。

一、审委会"民主集中制"的语境与内涵

（一）"民主集中制"的多维语境与内涵

"民主集中制"作为一个确定的概念，最早是由列宁提出来的，他是从解决俄国民族民主、民族平等、民族自决等民族问题的角度论述民主集中制的。[2]按照我国学者的观点，"民主集中制"至少存在于三种语境，并各自具有相应的内涵。[3]

1. 领导者个人提出或者表述的观点

例如，毛泽东同志曾经提出过四种"民主集中制"，一是"政体就是民主集中制"，民主是指"各级人民代表大会有高度的权力"，集中是指"各级政府能集中地处理被各级人民代表大会所委托的一切事务，并保障人民的一切必要

---

[1] 此部分系与喻娟合作而成，以论文形式发表于《刑事法学研究》（第1辑，中国政法大学出版社2021年版）。
[2] 程乃胜：'论民主集中制原则在宪法中的地位"，载《法制与社会发展》2003年第6期。
[3] 张慕良：《列宁民主集中制奥秘初探》，中央编译出版社2017年版，第119~123页。

的民主活动"。[1]二是批评与自我批评的方法，民主就是群众的批评，集中就是领导者的自我批评，民主集中制就是通过群众的批评推动领导者的自我批评，在民主的基础上集中。三是群众路线的工作方法，民主是指从群众中来的意见，集中是指上级机关根据群众中来的意见制定路线、方针、政策和办法。四是党委内部实行的民主集中制，反对第一书记用不民主的方式实行集中（拍板），要求第一书记用民主的方式实行集中（拍板）。[2]

2. 党章规定的民主集中制

我们党在建党初期，就作为共产国际的一个支部开始实行列宁的民主集中制。党的五大正式将这一原则写入党章。八大党章第一次对民主集中制作出比较充分的规定：一是将七大党章规定的"党的组织机构实行民主集中制"改为"党实行民主集中制"；二是规定了两类民主集中制，第一类包括党实行的民主集中制、全体党员实行的民主集中制、党的上级机关实行的民主集中制，第二类民主集中制是"在民主基础上的集中和在集中指导下的民主"。后来党章有关民主集中制的规定主要发生两种变动：第一种变动是对第一类民主集中制和第二类民主集中制的条款、内容或者位置进行调整或者增删；第二种变动就是开始增加由党的三代领导人先后提出或者表述的民主集中制，即毛泽东提出的"人民内部实行的民主集中制"、邓小平提出的"民主集中制是党的群众路线的工作方法"、江泽民提出的作为最重要的组织纪律和政治纪律的民主集中制即党委内部由主要领导在民主基础上实行集中（拍板）的决策方式。

3. 宪法性文件/宪法规定的民主集中制

1949年9月27日通过的《中央人民政府组织法》第2条规定："中华人民共和国政府是基于民主集中原则的人民代表大会制的政府。"1949年9月29日通过的《中国人民政治协商会议共同纲领》第15条规定："各级政权机关一律实行民主集中制。其主要原则为：人民代表大会向人民负责并报告工作。人民政府委员会向人民代表大会负责并报告工作。在人民代表大会和人民政府委员会内，实行少数服从多数的制度。各下级人民政府均由上级人民政府加委并服从上级人民政府。全国各地方人民政府均服从中央人民政府。"1954年9月20

---

[1]《毛泽东选集（第2卷）》，人民出版社1991年版，第677页；《毛泽东选集（第3卷）》，人民出版社1991年版，第1057页。

[2]《毛泽东文集（第8卷）》，人民出版社1999年版，第290~298页。

日通过的《宪法》第2条第2款规定:"全国人民代表大会,地方各级人民代表大会和其他国家机关,一律实行民主集中制。"1982年12月4日通过的《宪法》第3条第1款规定:"中华人民共和国的国家机构实行民主集中制的原则。"

正如有学者指出的,"民主集中制的最本质的规定性是什么呢?这是一个研究民主集中制原则的最基础的问题,然而正是围绕这个问题,长期以来存在诸多不同的理解,没有形成共识,有的甚至曲解、片面理解民主集中制的含义"。[1]为此,我们务必从"民主集中制"所运用的具体语境来把握其相应的内涵,否则势必带来"鸡同鸭讲"或者"公说公有理,婆说婆有理"等非理性的论争局面。显然,我们在借鉴运用前述不同语境的民主集中制来分析审委会的民主集中制时,也应作如是观。

1954年《人民法院组织法》没有明确规定民主集中制。1979年《人民法院组织法》第11条第1款首次规定,"各级人民法院设立审判委员会,实行民主集中制"。1983年修订的《人民法院组织法》保留了这一规定。2018年修订的《人民法院组织法》第36条规定:"各级人民法院设审判委员会。审判委员会由院长、副院长和若干资深法官组成,成员应当为单数。审判委员会会议分为全体会议和专业委员会会议。中级以上人民法院根据审判工作需要,可以按照审判委员会委员专业和工作分工,召开刑事审判、民事行政审判等专业委员会会议。"第37条规定:"审判委员会履行下列职能:(一)总结审判工作经验;(二)讨论决定重大、疑难、复杂案件的法律适用;(三)讨论决定本院已经发生法律效力的判决、裁定、调解书是否应当再审;(四)讨论决定其他有关审判工作的重大问题。最高人民法院对属于审判工作中具体应用法律的问题进行解释,应当由审判委员会全体会议讨论通过;发布指导性案例,可以由审判委员会专业委员会会议讨论通过。"第38条规定:"审判委员会召开全体会议和专业委员会会议,应当有其组成人员的过半数出席。审判委员会会议由院长或者院长委托的副院长主持。审判委员会实行民主集中制。审判委员会举行会议时,同级人民检察院检察长或者检察长委托的副检察长可以列席。"第39条规定:"合议庭认为案件需要提交审判委员会讨论决定的,由审判长提出申请,院长批准。审判委员会讨论案件,合议庭对其汇报的事实负责,审判委员会委员对本人发表的意见和表决负责。审判委员会的决定,合议庭应当执行。审判

---

[1] 范进学等:《民主集中制宪法原则研究》,东方出版中心2011年版,第170页。

委员会讨论案件的决定及其理由应当在裁判文书中公开,法律规定不公开的除外。"

经过比较,2018年文本的修改具体可分为以下情形:(1)有的将近年来有关司法改革文件所提出的改革举措予以立法化。(2)有的将司法实践中习惯性做法予以成文化,例如,审委会会议由院长委托副院长主持,检察长委托副检察长列席审委会会议。(3)有的将其他法律中的相关规定平移性地纳入,例如,将《民事诉讼法》第198条、2012年《刑事诉讼法》第243条、《行政诉讼法》第92条规定,对本院已经发生法律效力的判决、裁定、调解书是否应当再审,均应当提交审委会讨论决定,统一纳入作为审委会的一项重要职能;将2012年《刑事诉讼法》第180条规定予以吸收,"合议庭开庭审理并且评议后,应当作出判决。对于疑难、复杂、重大的案件,合议庭认为难以作出决定的,由合议庭提请院长决定提交审判委员会讨论决定。审判委员会的决定,合议庭应当执行",从而使其适用于民事、行政合议庭将相关案件提请审委会讨论决定。(4)有的对原有规定进行了限缩,例如,将"审判委员会讨论重大的或者疑难的案件"修改为"讨论决定重大、疑难、复杂案件的法律适用";将"讨论其他有关审判工作的问题"修改为"讨论决定其他有关审判工作的重大问题"。这些修改变化无疑会直接或者间接地影响对审委会民主集中制的理解和把握。

(二)审委会"民主集中制"的理据分析

作为人民法院的最高审判组织的审委会为何要实行民主集中制,可以从多个角度来加以分析论证,我们拟从以下三方面略作探讨。

1. 传统司法制度文明的继承与发展

中国五千年的文明一直以皇权高度集中为历史主流,国家政权组织和运行体制自上而下由中央到地方存在严格的管控,社会规则的制定和执行均由政府统一行使。在生产力水平极端落后的社会发展阶段,农业生产成为人类抵御自然灾害和据以生存的根本,自商周时起统治者一直推行重农思想,但落后的农业生产水平使得人成为农业生产的重要保障。在这种约束下,古代司法呈现出重视实体正义、"慎刑"等思想和理念,并形成了相应的司法制度,其中,会审制度就是贯彻落实"慎刑"思想的重要途径。如西周时期的"三刺断狱",汉朝的"杂治",唐代的"九卿复议""三司推事"和明朝的"三司会审",这些制度在一定范围内汇集集体意见，并在此基础上由司法官员作出判决，虽然与现代化的专门审判组织机构有所区别，但作为一种刚性审判程序，彰显了集体审判和民主审判的内涵。可以说，审委会制度在某种意义上就是对会审制度合理内核的继承，吸收了中华文明中优秀的司法审判经验，并在此基础上加以改进、优化和完善。

2. 法治中国建设的现实驱动

1997年党的十五大报告提出要"依法治国，建设社会主义法治国家"，随后又将依法治国的基本方略写入宪法，自此，中国开启了建设现代化法治国家的征程。为贯彻落实党中央陆续提出的司法改革要求，最高人民法院从1999年开始相继以数个五年改革纲要系统地推进全国法院改革，其中就包括审委会改革。"一五改革纲要"要求限制提交审委会案件的数量，并将审委会工作重心限缩在法律适用功能方面。"二五改革纲要"强调改革审委会内部组织与人员的调整和重新构造，如审理案件的程序和方式，审委会活动由会议制改为审理制，改革审委会的表决机制等。"三五改革纲要"从司法体制问题、司法职权配置等总的方面入手，将是否符合"公正高效权威"的要求作为检验司法改革是否成功的标准，提出要完善审委会讨论案件的范围和程度，落实检察长列席制度。"四五改革纲要"进一步致力于深化司法体制改革，将审委会从审判权运行的高度进行改革，强化其宏观指导职能，完善审委会议事规则及其他相关的制度和机制。司法改革无疑是实现中国法治现代化的重要一环，其终极目标便是建设法治国家，让人民群众在每一个司法案件中感受到公平正义。这一改革目标促使各级法院必须始终贯彻与发扬民主集中制原则，审委会作为法院内部最高审判组织，尤其需要以坚持和完善民主集中制原则为权力运行准则，最大限度保障社会公平正义的实现。

3. 审委会议决案件的内在需求

"司法的功能包括辨别是非、释法补漏、定分止争、维权护益、控权审规、定罪量刑、缓解矛盾、促进经济、引领风气，甚至建构法治秩序和解决政治困境。"[1]审委会议决案件过程遵循运用法律规范—根据法律事实—得出法律结论的逻辑推理过程，但很多案件，尤其是提交审委会的重大疑难复杂案件，任何一个审委会委员均不可能一次性完成法律事实的发现和法律规范的寻找，需

---

[1] 孙笑侠、吴彦："论司法的法理功能与社会功能"，载《中国法律评论》2016年第4期。

要将目光穿梭于法律规则与法律事实之间。这一过程更要求参与议决的委员综合运用法律规则、逻辑推理规则及与案件事实相关的专业知识,分析案件背后错综复杂、相互牵制的利益因素,同时考虑案件的社会效果,通过上述复杂的思维过程体现司法的慎重与公正,逐步实现国家治理中司法治理能力的效能。[1]民主集中制不仅仅是一种原则,更是一种规则、程序与议事方法,是一个具有丰富内涵的制度体系。遵循民主集中制的民主一维,可以最大限度汇集各个委员的智慧,弥补各个委员因法律修养不足、社会经历缺少等因素而导致的对案件考量所欠缺的妥当性与合理性;而遵循集中一维,可以使委员的多数意见成为审委会对个案议决的最终意见,进而成为合议庭对案件的最终裁判结果,使对重大疑难复杂案件的裁判不仅具备非常高的审慎性,更在此基础上具有极高的执行效率。

(三) 审委会"民主集中制"的运行场域

根据《人民法院组织法》第37条关于审委会履行职能的表述可以得出审委会的职能主要包括案件议决、经验总结及审判管理三项基本职能。审委会议决个案的职能与总结审判经验和审判管理职能的不同属性,决定了民主集中制的运行场域上有较大差别、发挥的功能作用各有侧重。

1. 对案件议决的功能建设

审委会议决案件的来源包括:(1) 应当提交审委会讨论的案件,这类案件主要是法院自我纠错,检察抗诉和案件刑罚非常规情况类案件。[2](2) 重大疑难复杂案件,[3]这类案件主要涉及案件事实和法律关系难以把握,合议庭或独任审判员自身缺乏足够的裁判能力。(3) 事关程序性事项,需要提请审委会判断的案件。[4]在其启动程序上,无论属于上述哪一类型案件,除院长认为应当交由审委会纠错案件之外,其余案件均由合议庭提出申请,经院长批准后才能

---

[1] 徐远太、陆银清:"'内外有别':审委会决定与裁判文书认定的互动分析——以深度公开为主线",全国法院系统第三十一届学术讨论会获奖论文。

[2] 案件刑罚非常规类包括拟判处死刑立即执行、拟在法定刑以下判处刑罚、免于刑事处罚或拟宣告被告人无罪等情形。

[3] 主要包括合议庭存在重大分歧、难以作出决定的案件,适用法律困难的案件,案件处理结果可能有重大社会影响的案件、新类型案件等。

[4] 如认为案件重大复杂,需要报请中级人民法院审理,案件结果拟判处死刑和无期徒刑,需要报请中级人民法院审理,以及院长需要回避的案件。

正式进入审委会议决范围。案件确定提交审委会议决后，对审委会的议决程序法律和相关司法解释规定了比较详细的议决方式和程序，在这一过程中每位参会委员不论其职务和身份都享有平等、独立地发表自己意见的权利，主持会议的院长或经院长委托的副院长不得以行政职权影响甚至干扰委员意见的发表，这一议决过程极大地展示了民主的成分，在民主议决基础上形成的最终决定也弥补了个人智慧的不足，使得裁判结果更具说服力，提高了当事人对法院审判结果服判息讼的概率。

2. 对经验总结的功能建设

审委会总结审判经验职能因法院层级不同而各有侧重点，如最高人民法院制定司法解释，发布指导性案例和公报案例，对全国各级法院进行审判管理，地方法院发布典型案例，对本辖区及下级法院进行审判指导，统一法律适用，而基层法院因职级较低则侧重审判事务管理和案件裁判事后效果的把控。不论哪级法院，其审委会审判经验的来源主要包括个案裁判积累的审判经验，类案裁判长期积累的经验和审判权运行机制改革试点探索获得的经验。在收集指导性和典型案例时，其素材不仅来源于审委会自身议决案件或指导审判权运行机制改革过程，还来源于大量汇集业务庭室在个案裁判中获取的审判经验，高级法院还可以汇集下级法院有效的审判经验。此种审判经验获取过程一方面通过高级别法院对低级别法院的集中指导收集案例，另一方面发挥了各级法院的集体智慧，无疑是突破了审委会内部固有的民主集中制运行机制，形成了全院乃至该院行政等级辐射范围内的所有法院民主与集中的运行模式。至于负责总结经验制定文件的审委会面对各类素材如何取舍，从而形成最终的指导案例、公报案例或典型案例等正式文件，也是各自的负责人员在民主集中原则基础上筛选与整合形成，这一点与审委会议决案件具有相似性。

3. 对审判管理的功能建设

审委会作为人民法院行使审判管理权的专门机构，其行使审判管理主要对象为本院各业务庭室及其管辖的下级法院，主要内容包括日常事务的管理、审判流程的管理、案件质量评查和审判运行态势分析。审委会行使该项职能是充当审判事务管理者角色，对于本院业务庭室及下级法院案件办理制定了专门的操作流程和考核办法以及奖惩办法，实时对业务庭室及下级法院的审判业务实施指导与考查，使辖区内的案件办理按照法定程序和时限有序进行。可见出于对案件质量和案件时效的严格要求，审委会在行使审判管理职权时，更侧重于对业务庭室及下级法院进行统一的指导，民主集中制原则在此时更侧重于集中性的指导。个案议决制度的存在，对案件审判管理侧重效率至关重要，法院审判只有做到质量与效率并重，才能真正在实体上和程序上保障当事人享受公正裁决。

通过上文分析与比较，我们可以得出这样一个结论，审委会在行使个案议决时，民主制原则得以最大化体现。且经过近些年的司法改革，审委会个案议决时列席人员不再局限于审委会委员、合议庭成员及承办人员等，法院系统外部人员如人大代表、政协委员、专家学者等如有必要均可以列席，而且经主持人同意，上述人员还可以说明或者表达意见。故而审委会个案议决时民主集中制原则的辐射范围能够突破法院系统内部的人员，实现更大范围内的民主与集中。

二、检察长列席审委会会议议决刑事个案的实践困境

如前论述可知，审委会制度科学有效的运行必须始终坚持和贯彻民主集中制原则。四轮司法改革虽然让审委会行使裁判权的机制更趋形式上的专业化和民主化，但在实际操作层面实质上的民主化与合议庭汇报案件的内容、审委会议程的参与者、会议程序的引导者等因素联系更加紧密。最高人民法院实施的"三五改革纲要"要求落实人民检察院检察长、受检察长委托的副检察长列席同级人民法院审委会，自此便确立了检察长列席审委会制度。该制度近几年在司法实践中逐渐发展，尤其2018年最高人民检察院检察长张军列席后，地方各级人民检察院纷纷效仿，据统计，2018年全国各级人民检察院检察长、副检察长列席同级法院审委会会议达8713人次。[1]相比检察院的"强势介入"，作为辩方代表的辩护律师却不享有参与审委会的权利，全国各级法院邀请辩护律师参与审委会的案例更寥寥无几。[2]在检察长列席审委会向常态化发展的趋势下，辩护律师的缺席让审委会在议决个案时缺乏来自控诉对立方的参与，如此情境下运行的审委会制度从形式上和实质上均缺乏民主的成分，主要问题如下。

【典型案例】2018年8月24日，河北某县被告人王某破坏生产经营案和被告人卞某敲诈勒索案上诉后均发回重审，合议庭审理后拟作无罪判决提请审委会讨论，该县检察长应邀列席审委会会议，就两案在事实认定、证据采信、法

---

[1]《2019年最高人民检察院工作报告》。

[2] 援引自新浪网数据，载http://www.sina.com.cn/article_5507903695_1484bf0cf01900iayz.html，最后访问日期：2019年8月25日。

律适用等方面发表意见建议。审委会讨论后,采纳检察机关意见,分别对王某破坏生产经营案、卞某敲诈勒索案作出有罪判决。判决下发后卞某对此不服,上诉至保定市中级人民法院,2018 年 12 月 19 日保定市中级人民法院作出终审判决,改判卞某无罪。

(一) 法检权力偏离预设轨迹

上述案件经讨论,审委会采纳检察长意见后将案件由无罪改判为有罪,虽不能说检察院和法院存在违法监督与违法裁判之处,却凸显检察权较为强势,影响审判权行使的问题。场域是相互独立又相互联系的行动者争夺有价值的支配性资源的空间场所。[1]在司法场域,法检部门均系刑事诉讼程序实践活动的进入者。法院和检察院作为司法二元主体依法独立行使审判权与检察权,二者职权范围存在严格界限,两种权力各自遵循特有的规律,遵守既定的规则方能平衡场域内的资源,维护稳定的场域关系。赋予检察院列席审委会会议权力系保障其行使检察监督职能,[2]但该职能无论在制度设计还是实践层面,暂时无法与检察机关就个案提出的公诉意见明晰、实质性地进行区别和切割。[3]这导致检察监督职能异化为控诉职能,进而干预审判权独立公正行使。法检两种权力无法维持应然的稳固状态,致使实际运行偏离预设轨道。

(二) 控辩双方力量格局失衡

刑事案件控辩双方的程序参与本身即为一场博弈。双方在对抗过程中分别运用掌握的案件资源和法律技巧调整控辩策略和行为,以实现各自的目的。[4]检察机关拥有庞大的权力资源,且依托国家强制力作为后盾,在案件事实掌握和案件整体发展态势的控制上具有绝对优势。被告人既缺乏优势资源去搜集证据,获取案件信息,也不具有与控方平等的诉讼权利和攻防手段。案例中检察长列席审委会会议发表意见,整个讨论程序辩方无权参与。在该阶段控辩双方所处位置无论从形式上还是实质上均与"平等武装"理念不符,[5]"武器"不平等则信息

---

[1] 李艳培:"布尔迪厄场域理论研究综述",载《决策与信息(财经观察)》2008 年第 6 期。

[2] 《最高人民检察院关于进一步深化检察改革的三年实施意见》第 10 条。

[3] 车浩:"关于律师参与审委会的三点看法",载 https://chuansongme.com/n/2995873752419,最后访问日期:2019 年 6 月 10 日。

[4] 姚国庆编著:《博弈论》,南开大学出版社 2003 年版,第 5~6 页。

[5] 刘忠:"未完成的'平等武装'刑辩律师非知识技艺理性的养成",载《中外法学》2016 年第 2 期。

获取难以对等,辩方无法与控方进行有效对抗,双方力量格局失衡进一步加剧。

(三) 辩方缺位审判有违程序公正

据 J 省近五年调研统计,检察长列席审委会会议讨论刑事案件占所有审议议题的比例超过 99%,提出的检察意见采纳比例达 78.69%,[1]此情境下检察院已转换监督者角色,自动转换为类似"原告"地位,与辩方同为诉讼主体。但辩方缺席审委会会议,陈述诉讼主张的活动受到抑制,审委会委员仅通过承办法官对案情的介绍获悉辩方意见,感知程度非常有限,如仅依检察院"一家之言"进行表决,难免有偏袒之嫌,使得讨论程序的中立性无法得到保障。辩方程序主体地位未受到委员同等尊重,诉讼权利及与案件相关的法律意见均未受到同等重视,讨论程序缺乏平等性。加之辩方就案件无法充分阐述诉讼主张,也无法就指控进行有效防御,程序实施过程缺乏充分性。缺少中立性、平等性和充分性的审委会会议将可能丧失公正程序应有的内涵,[2]而委员未经历庭审,对案件真相挖掘有限,裁决的作出既有违司法亲历性,[3]更难以保证相应的法律事实符合客观事实。

三、辩护律师参与审委会会议个案议决的实践扫描及价值阐述

鉴于检察长列席审委会会议存在上述问题,有必要创新审委会制度以防范制度运行中的风险,在此背景下,辩护律师列席审委会会议的实践探索逐步兴起。

(一) 初露萌芽的点滴实践

2014 年 12 月最高人民法院周强院长在最高人民法院审委会上强调审委会制度改革既不能脱离司法实践盲目推进,也不能形改实不改,使改革流于形式;既要鼓励大胆探索,又要使审委会制度改革依法有序向前推进。[4]2016 年 5 月,最高人民法院首次邀请律师参与审委会会议讨论《人民法院特邀调解规定》。积极响应改革号召,2019 年 4 月 30 日山西省晋城市中级人民法院印发《关于建立审判委员会听证制度的规定》的通知,并就意见分歧巨大的几案邀

---

〔1〕 尹孟良:"检察长列席人民法院审判委员会会议制度之完善——基于 J 省近 5 年司法实践的考察分析",载《检察调研与指导》2018 年第 4 期。

〔2〕 左卫民:"公正程序探析",载《四川大学学报(哲学社会科学版)》1993 年第 3 期。

〔3〕 朱孝清:"司法的亲历性",载《中外法学》2015 年第 4 期。

〔4〕 海伟:"周强在最高人民法院审判委员会全体会议上强调 认真贯彻落实党的十八届四中全会精神 积极推进审委会制度和量刑规范化改革",载《人民法院报》2014 年 12 月 2 日,第 1 版。

请控辩双方参加了审委会听证会；2019年6月4日福建省高级人民法院邀请辩护律师就林某某故意杀人一案向审委会陈述意见，并发表文章，随后最高人民法院对该篇文章进行转发。2019年8月2日，最高人民法院发布了《关于健全完善人民法院审判委员会工作机制的意见》，规定除合议庭成员、承办人和承办部门负责人外，其他有必要的人员应当列席审委会会议，必要时审委会可以邀请人大代表、政协委员、专家学者等列席。经主持人同意，列席人员可以提供说明或者表达意见，但不参与表决。以下归纳了两个地方法院的具体做法。

通过表8-1可以看出两个法院对辩护律师陈述意见的内容及参与的具体步骤设置相近，且均系限阶段参与，以确保控辩双方程序参与权利和委员讨论与评议的非公开性。但晋城市中级人民法院制定了具体听证规则，在案件参与类型、参与人员两方面比福建省高级人民法院范围更广，经验比较成熟。福建省高级人民法院直接邀请辩护律师参与审委会会议，创新性比晋城市中级人民法院更强，但制度落实存疑。

表8-1 晋城市中级人民法院和福建省高级人民法院辩护律师参与审委会会议对照

分类	晋城市中级人民法院	福建省高级人民法院
参与会议类型	审委会听证会	审委会会议
是否制定具体规定	是	否
参与人员	当事人及其法定代理人、委托诉讼代理人、公诉人、辩护人等诉讼参与人或案外人	辩护人、检察长
案件分类	刑事、民事、行政案件，列明了七大类案件	刑事案件
陈述内容	案件关键事实和主张	案件关键事实及主张
启动程序	承办人申请或院长认为有必要	不明确
参与流程	1. 承办法官汇报案件事实 2. 当事人就争议事实和诉辩主张进行陈述 3. 委员可提问 4. 听证结束、当事人退场、审委会继续讨论案件	1. 承办法官汇报案件事实 2. 检察长发表检察意见 3. 辩护律师陈述意见 4. 委员提问 5. 控辩双方退场、审委会继续讨论案件

(二) 基于实证的内部价值分析

辩护律师参与审委会会议从提出到类似实践均引来法学界褒贬不一的广泛议论，其中赞成者对辩护律师参与审委会议决，贯彻民主集中制原则提出如下价值期待。

1. 纠偏法检权力

充分听取控辩双方诉讼主张是裁判者获得内心确信的来源，实践中辩护律师的意见尤其是量刑意见对法官的影响从来就不容小觑，笔者通过分析南部D市中级人民法院2018年一审裁判刑事办结案件，[1]发现265个案件共有358个被告人，其中有301个被告人获得了律师辩护（包括委托辩护与指定辩护），所有辩护律师共计提出1226条辩护意见，其中量刑意见910条，最终被法院采纳的量刑意见有712条，采纳比例达78.24%。可见引入辩护律师参与审委会会议适当发表辩护意见，可作为"抵御检察院的监督权在个案中转化为再次强势控诉的一项武器"。[2]这既是法院出于个案必要而为之，并未违反法律强制性规定，也未破坏审委会工作性质和既定审理程序，更未矮化检察院检察监督职能，其可监督法检依法行使职权。也能在一定程度上抑制检察权过度扩张，使审判权和检察权回归正常轨道，从而实现法检权力平衡。

2. 平衡诉讼构造

上述调查中有9个被告人的辩护律师提出"案件证据不足，指控罪名不能成立"的辩护意见，5个辩护律师提出"有证据证明被告人无犯罪事实"的辩护意见，最后有6个被告人被作无罪处理，包括公诉机关撤回起诉3个，法院宣告无罪3个，无罪处理人数占无罪辩护人数的42.86%。而没有辩护律师的被告人中有4个提出无罪的自行辩护，但最终无一人被作无罪处理。刑事案件中"无罪处理"属"峰回路转""柳暗花明"之结果，相较被告人的自行辩护，律师的辩护意见对此显然功不可没。在刑事诉讼程序中，控辩双方的法律地位及相互关系影响着程序运行的效率及实体结果的公正。允许辩护律师在审委会会议陈述意见，于被告人而言无疑扩充了其有效抗衡控方的实力，使控辩双方失衡的天平重归平衡，实现控辩双方武器平等、信息对等。于审委会而言，可还原

---

[1] 案件来源于中国裁判文书网，鉴于中院案件复杂，辩护率更高，故择其为调查对象，结果可更具说服力。

[2] 邓学平："律师列席法院审委会，福建高院开了个好头"，载http://blog.sina.com.cn/s/blog_7e323adc0102yqs9.html，最后访问日期：2019年6月7日。

法院中立裁判的位置,合乎司法公正之实质。[1]而控辩双方就事实、证据和法律适用充分说理,裁判者可通过双方说理不断调适内心推论,寻找最佳判决。[2]而诉讼构造平等参与,各方独立客观地发表意见,不受对方的干扰,使审委会同时汇集控辩双方分散的不同的意见,无疑扩充了审委会个案议决的民主性范围。

3. 实现有效辩护与公正程序

有效辩护的内涵之一即辩护律师忠实于被告人的合法权益,精准地提出各种有利于被告人的辩护意见,与裁决机关开展富有成效的协商、抗辩、说服等活动。[3]允许辩护律师参与审委会虽不是行使辩护权,但可延伸辩护效果的辐射范围。辩护律师在该程序中运用辩论技巧与辩论策略,通过尽职尽责地陈述让裁判者充分了解辩方诉讼主张,使裁判结果尽量有利于当事人。[4]同时辩方通过程序参与,充分展开诉讼防御,促使审委会委员趋于中立,平等对待其所陈意见,实现程序公正。依托公正程序展开的有效辩护可使裁判结果从形式上彰显公正理念,实质上确保裁判者就此获得的内心确信最大限度地接近案件客观真实。[5]在此基础上形成的审委会议决形式上实现了民主最大化,实质上保证在民主基础上作出客观公正的裁决,让审判结果实现法律效果与社会效果相统一。

(三) 基于比较的外部证成

辩护律师参与审委会除却具有上述价值功能,笔者还可以通过比较检察院和法院组织法中检委会与审委会民主集中制原则的差异为辩护律师参与审委会证成。

(1) 议决主体:审委会会议分为全体会议和专业委员会会议,经专业委员会会议讨论的案件或者事项,无法形成决议或者院长认为有必要的,可以提交全体会议讨论决定。而检委会没有专业委员会会议。

(2) 议决范围:法院组织法规定审委会可以讨论决定重大、疑难、复杂案件的法律适用,而检察院组织法中对检委会讨论决定重大、疑难、复杂案件的范围没有限制,既可以讨论与案件有关的法律适用,也可以讨论与案件相关的事实。

(3) 参与议决人员:审委会举行会议时,除法院内部人员外,同级人民检

---

[1] 斯伟江:"还原法官的角色——论福建高院邀请律师参加审委会",载 http://www.sohu.com/a/318919303_661293,最后访问日期:2019年6月6日。

[2] 张保生:"审判中心与控辩平等",载《法制与社会发展》2016年第3期。

[3] 陈瑞华:"有效辩护问题的再思考",载《当代法学》2017年第6期。

[4] 左卫民:"有效辩护还是有效果辩护?",载《法学评论》2019年第1期。

[5] 王天民:"实质真实主义:两种认知理论下的模式推演",载《法制与社会发展》2018年第3期。

察院检察长或者检察长委托的副检察长可以列席,必要时也可以邀请人大代表、政协委员、专家学者等列席。经主持人同意,外部列席人员可以提供说明或者表达意见。而检委会会议未规定检察院之外的人员可以列席。

(4) 议决执行:法院组织法规定审委会的决定,合议庭应当执行,《关于健全完善人民法院审判委员会工作机制的意见》规定,经审委会全体会议和专业委员会会议讨论的案件或者事项,院长认为有必要的,可以提请复议。而检察院组织法规定,地方各级人民检察院的检察长不同意本院检委会多数人的意见,属于办理案件的,可以报请上一级人民检察院决定;属于重大事项的,可以报请上一级人民检察院或者本级人民代表大会常务委员会决定。

通过审委会与检委会的上述比较可得出如下结论:(1) 审委会在议决个案时,根据案件难度和决议情况民主集中制作用范围不断扩大,由专业委员会内部的民主与集中扩展到全体会议的民主与集中。(2) 审委会对个案议决的范围限于法律适用,审委会制度改革从对个案裁判功能的微观职能转向总结审判经验及其他有关审判实务的管理等宏观职能。(3) 审委会议决允许法院系统之外的人员参与,议决过程中民主成分不断扩大。(4) 合议庭坚决执行审委会议决结果,依据多数人形成的最终意见作为裁判结果,实现了民主基础上的集中指导。

民主集中制的内涵包括所有参与程序的人的地位、尊严、权利及义务一律平等,享有平等的话语权,各个独立个体以自己名义不受干扰地分散地发表意见,将所有人的不同意见进行汇集,形成多数人的民主决策。在民主基础上形成的多数人的倾向性意见获得全体参与者的信任与服从。审委会议决过程及要求合议庭执行议决结果无疑基本具备了民主集中制的上述特征。审委会议决并不排斥系统外部人员的参与,甚至在必要时希望倾听更多代表不同利益主体独立的意见,辩护律师参与审委会一方面可以在更大范围内汇集多数人的智慧,使议决结果更接近科学合理的决策,另一方面合议庭接受审委会议决结果所作出的裁判具备广泛的民主基础,更易于为控辩双方甚至是社会大众所接受。

(四) 民意取向的深入调查

为了解公众对律师参与审委会会议的支持与反对情况,笔者设计了调查问卷,调查对象包括来自全国16个省级行政区域及海外留学的学者、律师、法官、检察官和其他人员,共收集到375份有效答卷。调查结果统计如下。

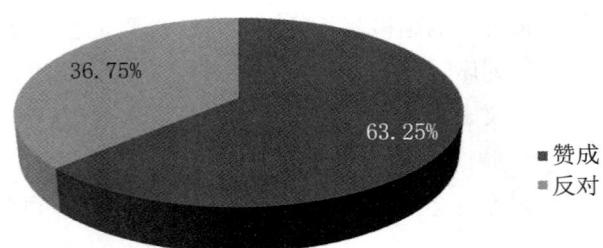

图 8-1 对于律师参与审委会会议赞成与反对人数比

(1) 参与调查者中超过63%的人赞成律师参与审委会会议,高出反对人数26.5个百分点,如图8-1所示。可见检察长列席审委会会议当下已引发普遍关注,大多数人支持律师参与审委会会议,使之成为抗衡检察权,解决审委会现有制度弊端的有效途径。

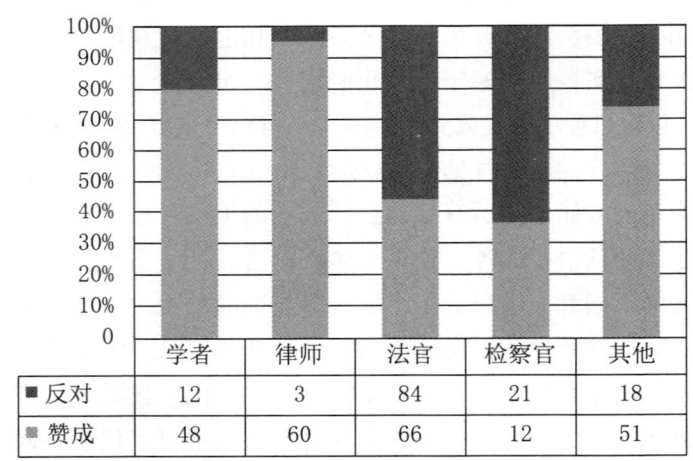

图 8-2 不同群体对于律师参与审委会会议赞成与反对比

(2) 参与调查的学者、律师以及其他人员赞成律师参与审委会会议的人数远高于反对人数,法官与检察官中则反对人数略多于赞成人数,如图8-2所示。赞成派中的学者一贯秉持在法的价值位阶中公平价值重于效率价值,律师则希望在审委会乃至整个诉讼阶段获得与控方同等的诉讼地位,而其他人员作为潜在当事人亦期待诉讼双方地位平等。反对派中的法官追求诉讼效率,也不希望法院独立的审判权受到挑战，检察官则倾向于维护自身在刑事诉讼中的优越权力。[1]

（3）赞成律师参与审委会讨论的案件类型因调查对象研究或工作领域的不同而呈现差异化，如图8-3所示。其中三大部门法领域人员都更倾向律师参与本领域内案件的讨论，民商事领域和行政法领域人员除却本领域外，更倾向律师参与刑事案件讨论，其他领域人员倾向律师参与讨论的案件类型也以刑事案件居多，超过一半人数。显然，大部分接受调查者均支持律师参与刑事案件的审委会讨论。

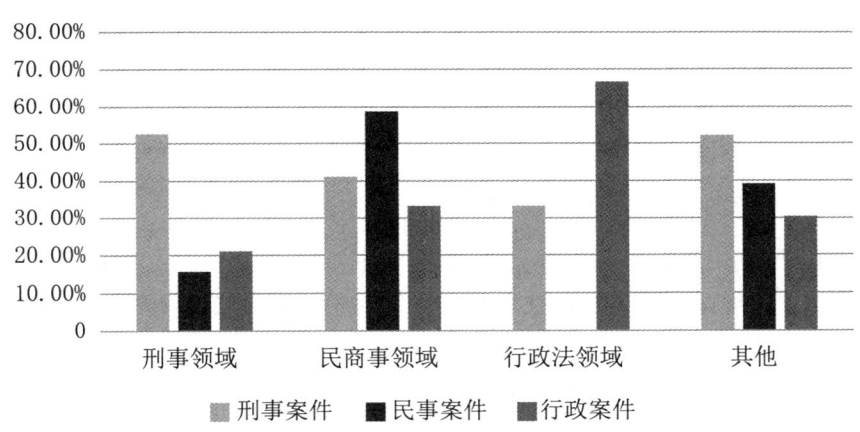

图8-3 各部门法领域人员赞成律师参与审委会会议讨论的案件类型比

四、质疑与回应：辩护律师参与审委会会议的障碍解析

作为一项创新，辩护律师参与审委会会议虽有较高的价值期待和民意支持，但自概念提出到部分法院相关的实践活动均受到些许质疑，制度的正式确立及运行亦面临诸多挑战，下文拟对此进行回应。

（一）二度庭审异化之质疑与回应

（1）质疑：当前审委会工作重心仍倾向于重大、疑难、复杂案件法律适用的个案解决问题，其他职能有所偏废。如何让审委会职能重心向总结审判工作

---

[1] 龙宗智："'以审判为中心'的改革及其限度"，载《中外法学》2015年第4期。

经验和统一法律适用等宏观事项转移，成为审委会制度改革的首要目标。一旦确立辩护律师参与审委会的合法地位并使之常态化，可能导致庭审的空壳化和形式化，实质的审判权上移到审委会，使得审委会异化为二度庭审。法院内部法官庭审与审委会之间的机制平衡将打破，同时也会造成内部权力失衡和法官责任制的落空，对于审委会制度的改革无异于新添阻力。

（2）回应：辩护律师参与审委会会议仅系法院出于个案需要邀请其陈述意见供委员参考，确保裁判公正。讨论时在庭审既有基础上的控辩对抗，虽也有控诉与反驳，但内容与形式都将有别于第一次庭审，没有庭审中举证质证、交换证据环节，更没有询问证人、鉴定人和侦查人员等环节。我们可在厘定二者职能定位和性质差异上，规定辩护律师参与讨论的案件范围和陈述意见的内容，并限定参与讨论的阶段。同时通过总结审判经验，强化审委会个案法律适用对本院及下级法院类案的适用效力。如此既能保障案件审判公正，也可纠正审委会职能倾斜之弊端。

（二）列席规范不明之质疑与回应

（1）质疑：审委会对案件的讨论是在庭审基础上进行的一项不对外公开的审判活动，为确保审委会委员独立判断，该讨论活动具有封闭性，除却审委会委员，其他任何人不得参与。《人民法院组织法》和《人民检察院组织法》等法律及相关司法文件确立检察长列席审委会制度，赋予检察长或其委托的副检察长列席的权力，以充分行使检察监督权。[1]"两高"发布的实施意见规定了检察长列席的发言程序，使之成为一项普遍性权力。但辩护律师参与审委会会议缺乏法律依据，允许其参与是对审委会制度的破坏，也将弱化检察机关的检察监督职能。[2]

（2）回应：事实上，如对检察长列席审委会会议与辩护律师参与审委会会议的法理基础加以甄别，会发现二者的差异。前者基于法律规定，属法定权力，而后者系法院基于审判权，为贯彻落实民主集中制原则，增加决策时考量意见的全面性，出于个案审判之必要而为之。辩护律师参与审委会会议不仅不会破坏审委会制度，弱化检察院的检察监督权，反而可以促使权力正

---

[1]《人民法院组织法》第38条第3款和《人民检察院组织法》第26条。

[2] "邀请辩护律师到审委会陈述意见是对审委会制度的破坏！"，载http://3g.163.com/dy/article/EGV0M81V0521C22L.html，最后访问日期：2019年6月6日。

当行使,增强委员对案件的亲历性,确保委员全面了解涉及定性的事实和证据。[1] 故不妨参照检察长列席制度,通过最高人民法院的司法解释赋予辩护律师参与审委会会议的权利,明确其法律地位后,再制定具体的实施细则或实施意见,以供实践。

(三) 实践操作可行性之质疑与回应

(1) 质疑:法院欲引入辩护律师参与审委会会议防止个案中检察院控诉职权的强势进攻,以保证审判权的独立性和公正性。但检察院仍坚持其列席审委会系行使检察监督权,未越界行使控诉职能,故反对辩护律师参与,以维护自身的优越地位。法院和检察院意见不统一,加之各种支持与反对声音迭起,致各方对确立辩护律师参与审委会制度充满疑问。另外实践中如何保证控辩双方实际享有同等法律地位,实现审委会在决策作出前实质上而非形式上考量双方意见,如何确保会议讨论在信息公开、透明基础上不泄露审判秘密等问题,理论界和实务界对此也持保留意见。

(2) 回应:美国联邦最高法院通过许可上诉制统一重要法律见解。我国审委会性质虽不同于美国联邦上诉法院,但我们可在区别二者职能定位与机构属性的基础上,借鉴部分建制规则,同时吸收晋城市中级人民法院与福建省高级人民法院相关经验,结合《关于健全完善人民法院审判委员会工作机制的意见》制定辩护律师参与审委会制度,明确具体流程。在实施时,可先划定部分试点法院,对试点过程中出现的问题及时反馈,不断改进,待制度完善后再逐步推广。

五、辩护律师参与审委会会议制度的初步构建

辩护律师参与审委会会议是从审判实际出发,缓解审委会制度运行困境的创新举措,实施过程需目标清晰、方向正确,并在实践中不断发展与完善,应坚持如下原则和具体规则。

(一) 辩护律师参与审委会会议的基本原则

1. 民主集中制原则

完善辩护律师参与审委会会议工作机制必须坚持充分发扬民主和正确实行

---

[1] 张杰:"论坚持和发展检察长列席审委会制度",载《人民检察》2019 年第 15 期。

集中有机结合，健全和完善辩护律师参与审委会会议的议事程序和议事规则，确保辩护律师和其他参会人员客观、公正、独立、平等地发表意见，审委会议决时按照多数决原则确定最终意见，防止和克服议而不决、决而不行，切实发挥民主集中制的优势。

2. 目标特定原则

辩护律师参与审委会会议的目标是确保辩护律师享有讨论程序的参与权，以增强审委会委员对案件的亲历性，扩充其意见听取范围，使委员表决前可以充分听取控辩双方的控辩主张，从而确保判决结果趋于实质公正，而非行使庭审中的全部辩护职能。故实践中要注意厘清辩护律师参与的界限与范围，防止辩护律师参与目标宽泛化、目的模糊化，导致原本目的不能充分实现。

3. 有限参与原则[1]

有限参与原则系行政决策公众参与的基本原则之一，属行政法上的概念，其是指行政决策公众参与要有合理限度，包括参与强度限度和参与广度限度。由于辩护律师参与审委会会议本质上亦属于决策与参与行为，可援用该原则。在参与强度上，辩护律师在审委会会议上只拥有一定的知情权和发言权，没有决策权，其陈述的意见对审委会委员的表决仅具有参考作用，而不具有决定作用。在参与广度上，辩护律师仅可参与部分案件的审委会会议，且需在限定阶段陈述诉讼主张，发言内容加以限定，审委会委员讨论和决议阶段应排除在辩护律师参与之外。

4. 逐步推进原则

辩护律师参与审委会会议应逐步推进，不能一蹴而就。在案件类型上，部分刑事案件或案情复杂双方争议较大，或类型新颖法律适用困难，或社会影响较大处理棘手，较普通刑事案件更需要充分听取控辩双方意见，方能作出公正裁决。故宜从案件类型入手，归纳辩护律师可以参与的几类案件，防止"一刀切"。现阶段可根据各级法院审理的案件类型和难易程度选择适宜的试点法院，不宜全面推进。在参与程度上，辩护律师对审委会案件讨论程序的参与可由浅至深，由少至多，不断总结经验，循序渐进。

(二) 辩护律师参与审委会会议的权利边界

为确保辩护律师参与审委会会议时充分行使辩护权，约束控方过度行使控

---

[1] 李进成："行政决策公众参与问题研究"，烟台大学 2018 年硕士学位论文。

诉权，参与讨论案件的范围和内容均应予以明确。

1. 参与讨论案件的范围边界

最高人民法院、最高人民检察院通过的实施意见规定审委会讨论下列案件或议题，同级检察院检察长可以列席：可能判决被告无罪的公诉案件，可能判处被告人死刑的案件，人民检察院提出抗诉的案件，与检察工作有关的其他议题。[1] 各地关于检察长列席审委会会议的案件范围虽各有规定，但基本类型无不出于以下几类：一是认定事实和适用法律有疑难的案件；二是检察院与合议庭之间就定罪量刑有重大分歧的案件；三是审委会或检察长认为需要列席的其他案件。[2]

辩护律师参与审委会会议系发挥对审委会审理案件的咨询作用，有别于检察长列席的法定权力，故参与讨论的案件在审理层级上以中级人民法院审理的案件为宜，在案件性质上须满足以下几点：案情复杂，难以达成一致意见；具有重大指导意义或者法律适用困难；涉及公共利益或者具有重大社会影响力。综上，建议辩护律师参与审委会会议的案件包括以下七大类：（1）控辩双方争议巨大或合议庭成员对案件处理存在重大分歧的；（2）案件重大、疑难、复杂，且对法律准确适用存在直接影响的；（3）法律适用规则不明的新类型案件；（4）案情涉及案外人合法权利、国家或社会公共利益，具有重要社会影响的；（5）再审案件；（6）案件裁判结果在本辖区或对类案有重大指导意义的；（7）各地法院审委会认为律师可以参与的其他案件。

2. 参与讨论的内容边界

控辩双方陈述意见时应围绕案件事实、证据及法律适用补充发表意见。鉴于审委会讨论的案件已经历庭审，故而事实方面应就双方争议较大且影响案件定性的事实发表意见，证据方面着重对非法证据、存疑证据和可以证明案件关键事实的证据发表意见，法律适用方面应围绕争议焦点展开，对双方没有争议的事实、证据和法律适用不得重复阐述。

(三) 辩护律师参与审委会会议的流程设计

辩护律师参与审委会会议作为实现司法公正的有效举措，应充分贯彻前述三大原则，保障辩护律师陈述意见的权利，故从参与前、中、后三个阶段设计

---

[1] 最高人民法院、最高人民检察院《关于人民检察院检察长列席人民法院审判委员会会议的实施意见》第3条。

[2] 吴刚、张建兵："完善检察长列席审委会制度构想"，载《人民检察》2006年第4期。

相关流程。

1. 参与前通知和公开程序

明确规定法院通知辩护律师参与审委会会议，应在会议召开前履行相关通知和案件公开职责。

（1）会前通知。确定辩护律师参与审委会会议的，法院相关工作人员应在合理时间内以书面形式或者其他合理方式通知辩护律师，告知会议议程、时间、地点，并送达审委会材料。辩护律师应当在审委会会议召开前规定的时间内将书面意见提交审委会，书面意见应当围绕主要争议焦点展开，列明辩方意见及相关法律依据，必要时可以载明类案与关联案件检索情况。审委会委员应当在审委会会议召开前仔细阅读该书面意见。

（2）案件信息公开。除却法定不公开和依申请不公开两类案件，其余案件的讨论议题和讨论流程均应在审委会会议召开前规定时间内在法院官网予以公布。并要求对控辩双方参与的部分同步录音录像，同时按照保密要求进行管理。

2. 参与中议事程序

明确规定审委会会议应严格按照基本案情介绍、控辩双方意见陈述、委员询问、审委会讨论决定等程序讨论案件。

（1）基本情况介绍。由承办法官代表合议庭汇报案件事实、证据及控辩双方主张等基本案情，不发表合议庭处理意见。

（2）控辩双方陈述意见。先由检察长或检察长委托的其他检察人员就案件事实认定、取证环节、指控罪名等进行陈述，再由辩护律师就争议事实、证据及主张陈述意见。双方就自己主张的所有论点包括案件事实、证据及法律适用问题必须一次性陈述完毕，陈述内容不可重复先前提交的书面意见。如遇控辩双方提出新的证据，则审委会会议应当中止，案件交由原合议庭或独任法官审理。

（3）委员询问。审委会委员在阅读过辩方提交的书面意见后，如认为有必要的，可待控辩双方意见陈述完毕后就存疑的案件事实、证据和法律适用进行询问。多名委员均需要询问的，可以按审委会委员讨论案件时的发言顺序进行。

（4）签写笔录与保密协议。控辩双方及相关人员在审委会会议的发言应当记录在卷，[1]发言与询问结束后上述人员应退出会议，退场前上述人员应在笔

---

[1] 最高人民法院、最高人民检察院《关于人民检察院检察长列席人民法院审判委员会会议的实施意见》第7条。

录上签名予以确认。参与审委会会议的辩护律师，对讨论过程中知悉的审判工作秘密应当保密，[1]并签订保密协议，如有违反，应承担相应的法律责任。

（5）审委会讨论与决议。相关人员退场后先由承办法官发表合议庭意见，再由审委会委员依次发表意见，主持人最后发表意见，最后由主持人作会议总结，会议作出决议。

3. 参与后有关事项规定程序

规定裁判文书制作过程中，承办法官对于控辩双方意见采纳与否的理由应在文书的"本院认为"部分详细阐述。除却法定不公开案件，应当将审委会讨论案件的决定及其理由以适当形式在裁判文书中公开。裁判文书制作完成后，人民法院应当将裁判文书及时送达辩护律师。[2]

上述流程应同时完善相关立法及司法程序，并制定辩护律师参与审委会会议的配套机制，实现审委会制度运行更加科学化、实效化。

六、结语

允许辩护律师参与审委会会议是落实审委会对特殊案件裁判权的关键一环，是完善以审判为中心，实现"让审理者裁判、由裁判者负责"等审判改革的重要步骤，也是贯彻民主集中制原则重要的一环。完善审委会制度，转变控辩双方绝对对立的观念，允许辩护律师参与审委会会议，以程序正义促进实体公正，实现控、辩、审有效互动，切实保障社会的公平正义，是我们的期许，也是我们法律人共同努力的方向。

---

[1] 最高人民法院、最高人民检察院《关于人民检察院检察长列席人民法院审判委员会会议的实施意见》第9条。

[2] 最高人民法院、最高人民检察院《关于人民检察院检察长列席人民法院审判委员会会议的实施意见》第8条。

第九章

民事诉讼证据裁判说理的内涵延展与逻辑进路[1]
——以《最高人民法院关于民事诉讼证据的若干规定》修正为中心

为全面贯彻证据裁判原则,推进以审判为中心的诉讼制度改革,回应新时代人民群众的司法需求,最高人民法院于2019年对2001年公布的《最高人民法院关于民事诉讼证据的若干规定》(以下简称2001年《证据规定》)进行了全面修正(以下简称2019年《证据规定》)。本次修正对证据行为的设定呈现"双收双放"的特点。"双收"是指新规对当事人举证行为和法院认定证据行为均进行必要性限制,增设书证提出命令、宣誓、自认事实仍可依职权查明等规则,对当事人的不当处分行为进行规制;完善举证期限、鉴定、电子证据审查判断等规则,限缩了法官自由裁量的空间,推动证据采信规范化、办案过程公正化。"双放"是指对以法院为主体和以当事人为主体的证据行为均进一步赋权,对虚假自认的查明、证明力的综合判断等体现出自由裁量权的强化;不真实自认的撤销条件放宽、仲裁事实的反证标准降低等凸显了对当事人举证权利的保障。"双收双放"的制度衍变,将更加彰显证据裁判说理的刚性约束作用和正向促进作用。正义不仅要实现,还要以看得见、读得懂的方式实现。这就需要裁判者牢固树立"说理责任"的意识,以典型案例作向导,以证据规则为遵循,以推理逻辑辨曲直。

一、证据说理的具象化展示——第107号指导性案例

【基本案情】 2008年4月11日,中化国际(新加坡)有限公司(以下简称中化新加坡公司)与德国蒂森克虏伯冶金产品有限责任公司(以下简称德国克虏伯公司)签订了购买石油焦的《采购合同》,约定中化新加坡公司向德国克虏伯公司购买石油焦25 000吨,石油焦的HGI指数典型值应在36~46。中化新加坡公司按约支付了全部货款,但德国克虏伯公司交付的石油焦HGI指数仅为

---

[1] 此部分系与杨惠惠合作而成,以论文形式发表于《法治现代化研究》2021年第2期。

32，与合同中约定的 HGI 指数典型值为 36~46 不符。中化新加坡公司认为德国克虏伯公司构成根本违约，请求判令解除合同，要求德国克虏伯公司返还货款并赔偿损失。

【证据说理】该案裁判文书区分了无争议事实和争议事实，围绕每一个争议焦点，对证据认定进行充分说理，建立起证据与事实之间的"应然"关系，见表 9-1。

表 9-1 本案"争议证据"认证示意

编号	证据	举证方	证明目的	质证意见	法官认证说理
1	上海大学出具的说明	中化新加坡公司	HGI 指数为 32 的石油焦难以在中国市场销售	证据属于证人证言，证人没有出庭作证，不认可真实性	该说明并非以个人名义出具，而是以单位名义出具，且加盖了公章，其内容只是认为货物用途有限，与专家证人证言互相印证，可以采信
2	专家证人证言	德国克虏伯公司	HGI 指数虽然低于合同约定值，但可以在中国市场销售	认可证言真实性，认为证人证言在一定程度上能够证明己方主张	三位专家证人的证言能够互相印证的事实部分，具有科学依据，可以采信。关于石油焦是否符合合同目的，属于裁判性事项，证人无权对此作出判断，该部分证言内容不予采信
3	品质检验证书	德国克虏伯公司	石油焦的 HGI 指数为 36	用于检验的石油焦样品并非涉案石油焦，单方委托检验没有合同依据，对该证据的真实性、合法性及关联性均不认可	用于检验的石油焦样品是否取自涉案石油焦不能确定，且其单方委托检验没有合同依据，故对该证据的关联性、合法性不予确认
4	委托出售函	中化新加坡公司	委托代售关系	未经公证认证，不认可真实性	委托方与受托方系母子公司关系，委托出售函系在中国国内取得，不需要办理公证认证手续，该证据的真实性可以确认

以本案专家证人证言为例，法官对争议证据的说理内容如下：

举证部分：德国克虏伯公司认为，虽然其交付的石油焦的 HGI 指数为 32，表面上看与合同约定不符，但实际上并不构成违约，合同约定的 HGI 指数是典型值。HGI 指数为 32 的石油焦仍然可以在中国市场销售。为证明其主张，德国克虏伯公司申请从事石油焦行业三十余年的美国人 Fisher 先生、中铝公司郑州轻金属研究院原副院长王平甫先生和华北电力大学教授李永华先生三位专家证人出庭作证。该三位专家证人一致认可：HGI 指数表示石油焦的研磨指数，指数越低，石油焦的硬度越大，研磨难度越大，指数越高，则石油焦的硬度越低，研磨难度越低。HGI 指数为 32 的石油焦具有使用价值，符合涉案《采购合同》的目的。

质证部分：中化新加坡公司对德国克虏伯公司证人证言的真实性没有异议，但强调 Fisher 先生的证言表明其在三十年的专业生涯中，从未见过 HGI 指数为 32 的石油焦，其见过的石油焦 HGI 指数最低为 35。王平甫先生本人未做过 HGI 指数的测定工作，也没有使用过不同 HGI 指数的石油焦，其证言的权威性有待商榷。李永华先生的证言表明，不同 HGI 指数的石油焦对研磨设备的要求不同，HGI 指数硬度大的石油焦需要更换设备方可使用。

认证部分：德国克虏伯公司提供的三位专家证人的证言中关于石油焦 HGI 指数与硬度的关系以及涉案 HGI 指数为 32 的石油焦具有使用价值部分的内容能够互相印证，具有科学依据，可以采信；关于 HGI 指数为 32 的石油焦是否符合合同目的，属于裁判性事项，证人无权对此作出判断，故对该三位专家证言中关于涉案 HGI 指数为 32 的石油焦符合合同目的部分的内容，该院不予采信。关于涉案 HGI 指数为 32 的石油焦是否符合合同目的，将在判决裁判理由部分予以详细论证。中化新加坡公司提供的"关于石油焦特性的说明"并非以个人名义出具，而是以上海大学材料科学与工程学院的名义出具，且加盖了单位公章，其内容并不否认 HGI 指数为 32 的石油焦可以使用，只是认为其用途有限。该说明的内容在一定程度上可以与德国克虏伯公司提供的三位专家证人的证言互相印证，具有科学依据，可以采信。

【说理评析】本案完整阐述了证据说理的要素，结合双方当事人举证质证以及法庭调查核实证据等情况，归纳了案件争点并对争点进行了有针对性的回应，充分论证认证过程以及形成结论的理由。

争点是当事人在诉讼中争议的具体事项，是诉讼各方呈请法官审理的对象，被认为是案件审理的"主线"或"脊梁"。[1]一方当事人对对方当事人提出的证据存在异议，法官应当对异议进行回应，向当事人开示证据的认定过程及是否采纳的理由。否则，当事人可能对证据认定的公正性产生怀疑。本案中，法官根据双方当事人的诉辩主张和举证质证情况，整理了案件的争议焦点，且以法律事实为基本单位确定具体化争点，争点是具体的而非抽象的，有效发挥了争点的导向功能。围绕具体争点，对当事人提出的异议主张进行分析，形成采信或者不予采信的理由。

在证据能力和证明力的审查判断上，法官准确运用了证据真实性、合法性、关联性的判断标准以及印证证明的规则。德国克虏伯公司提供了中国检验认证集团北京有限公司出具的品质检验证书，以证明其交付石油焦的HGI指数为36。中化新加坡公司认为，涉案石油焦到达目的港之后，一直处于中化新加坡公司的控制之下，德国克虏伯公司并未向中化新加坡公司提取涉案石油焦作检验样品，并且德国克虏伯公司未经中化新加坡公司同意单独委托中国检验认证集团北京有限公司进行检验，没有合同和法律依据，不认可该证据的真实性、合法性及关联性。法官通过审查鉴定所用的检材以及委托鉴定的程序，认定鉴定意见不具有合法性与关联性。

中化新加坡公司向法庭提交了上海大学出具的"关于石油焦特性的说明"，为了证明德国克虏伯公司交付的石油焦的HGI指数为32，不符合合同的约定，难以在中国市场销售。德国克虏伯公司认为，该证据属于证人证言，证人没有出庭作证，对证据真实性不予确认。法官通过审查证据出具的主体与程序、证据载明的内容以及与其他在案证据的关系，根据印证证明规则，认定证据出具的主体合法，内容上并不否认HGI指数为32的石油焦可以使用，只是认为其用途有限，且证据内容在一定程度上与德国克虏伯公司提供的三位专家证人的证言也可以互相印证，具有科学依据，可以采信。

本案同时也遵循了繁简适当的说理原则。对于告知函、海关保证金、风险担保金专用收据、进口税率表等当事人无争议的证据，简化说理，简要阐明证据能够证明的事实。对于专家证人证言、品质检验证书、委托出售函等争议证据，进行充分说理，阐明庭审调查证据的情况，运用证据规则认定证据的过程以及认证的具体依据。

---

[1] 参见邹碧华：《要件审判九步法》，法律出版社2010年版，第116页。

二、证据裁判说理的内涵延展

辩证唯物主义认识论认为，认识的过程首先表现为从感性认识到理性认识的飞跃，然后由理性认识指导实践。[1]在诉讼中对证据的认定结论，必须是理性认识的结果。裁判理由制度是促进和开示理性认识证据的重要保障。证据裁判说理首先要解决的是说什么的问题，然后才解决怎么说的问题。证据规则的修正较大幅度变更了证据裁判说理的内容。"说好理"的前提条件是准确分析和识别本次修正的变更条款，即"双收双放"条款，厘清其衍变逻辑和规范意旨，寻得说理逻辑的转变点和说理的重心。

（一）当事人不当处分行为的必要限制

按照民事诉讼处分原则的要求，当事人有权支配自己的实体权利和诉讼权利。[2]当事人在诉讼中行使处分权不是绝对的，必须诚信行使权利，不损害国家利益和第三人合法权益。[3]本次证据规则的修正在若干条款中体现了对诉讼参与人不当处分行为的规制。

1. 规制虚假自认

在证据法上，自认本身不是特定的证据形式，而是一种诉讼行为，是当事人行使处分权的结果。自认产生的法律效力是：第一，免除对方证明责任；第二，对法院产生约束力，通常情况下应当确认自认事实；第三，对自认当事人产生约束力，不得任意反言。[4]2019年《证据规定》第8条规定，自认事实与法院已经查明的事实不符的，不予确认。在职权探知主义中，法院对特定证据的收集具有主导权。当证据可能涉及损害国家、社会公共利益，身份关系认定，恶意串通，以及依职权追加当事人、中止诉讼、终结诉讼、回避等程序性事项的，法院可以依职权调查收集证据。当事人不当行使处分权，虚假自认事实与法院查明事实不符的，应当受到司法的否定性评价。根据依职权调查的证据认定虚假自认的，应当在庭审中出示相关证据，当事人有权对证据的证据能力和证明力发表意见。针对当事人提出的异议，法官应当对调查取证的过程和情况

---

[1]《列宁全集（第55卷）》，人民出版社1990年版，第175页。
[2] 参见张卫平：《民事诉讼法（第二版）》，法律出版社2009年版，第26页。
[3] 参见杜闻："简论民事诉讼当事人处分权"，载《政法论坛》2001年第1期。
[4] 参见马文高："略论虚假自认的效力"，载《西南政法大学学报》2005年第2期。

进行说明。

2. 规制证明妨害行为

根据民事诉讼"谁主张，谁举证"的证明责任分配原则的要求，负有举证责任的当事人为使自己的事实主张得到法院认可，必须对该主张进行证明。事实上，负有举证责任的当事人应当提交的证据并不总是在其掌握之中，某些情形下证据被对方当事人所控制，形成"证据偏在"的局面。对方当事人通过作为或者不作为妨碍证明，极有可能导致负有证明责任的当事人承担举证不能的不利后果，在这种情形下，应当考虑以证明妨害为杠杆，避免通过证明责任作出裁判。[1]理论界认为构成证明妨害应当具备四个要件，包括主体要件、主观要件、客体要件、客观要件。构成证明妨害的主体既可以是当事人，也可以是诉讼外第三人；主观要件为行为人在主观上是否具有过错；客观要件包括存在某种证明协助义务但未履行该义务，受妨害的证据具有不可替代性，导致产生不利的制裁后果，行为与后果之间具有因果关系；客体要件为妨害人对何种证据实施妨害行为才可能被认定为证明妨害。[2]我国《民事诉讼法》尚无证明妨害的立法规定，但在 2001 年《证据规定》中有所体现，确立了当事人提出书证的证明妨害规则。本次修改中，2019 年《证据规定》对该制度进行了完善，进一步增强了制度适用的实践性和可操作性。

具体而言，2019 年《证据规定》明确了一方当事人申请对方当事人提交书证的条件，包括书证应当特定化，即明确书证的名称或者内容；书证对案件事实认定的积极作用，即书证拟证明的事实以及该事实的重要性；对方控制书证的根据以及应当提交该书证的理由。其明确了书证提出的义务范围，包括控制书证的当事人在诉讼中曾经引用过的书证，为对方当事人的利益制作的书证，对方当事人依照法律规定有权查阅、获取的书证、账簿、记账原始凭证，以及法院认为应当提交书证的其他情形。其还明确了不遵守书证提出命令的后果，即控制书证的当事人无正当理由拒不提交书证的，可以认定对方当事人所主张的书证内容为真实；持有书证的当事人以妨碍对方当事人使用为目的，毁灭有关书证或者实施其他致使书证不能使用的行为的，可以认定对方当事人主张以

---

[1] 参见［日］高桥宏志：《民事诉讼法制度与理论的深层分析》，林剑锋译，法律出版社 2003 年版，第 466 页。

[2] 参见毕玉谦：《民事诉讼证明妨碍研究》，北京大学出版社 2010 年版，第 1 页。

该书证证明的事实为真实。当事人不遵守书证提出命令的行为将根据证明妨碍的程度形成相应的法律后果。

关于书证提出命令的说理，应当注意从四个方面加以把握：其一，法官应当在适用规则前向当事人进行释明，告知其无正当理由拒不提供证据的法律后果，促使持有证据的当事人及时履行协助义务，防止突袭裁判。其二，当事人否认控制书证的，注意加强对当事人是否负有提交书证义务的说理。个案中，法官应根据公平原则与诚实信用原则，结合案件事实与证据，充分考虑负有举证责任的当事人是否确实存在不能获得证据的客观原因、对方当事人是否具有获得证据的较大便利性或者可能性等因素，作出综合判断。其三，对提出书证申请不予准许的，加强对不予准许理由的阐述，结合申请提交书证的条件，判断当事人申请提交的书证是否不明确，书证对待证事实的证明是否确无必要、待证事实对于裁判结果是否确无实质性影响，以及书证是否未在对方当事人控制之下。其四，双方当事人对是否应当提交书证持相反意见、分别提供证据反驳对方的，应阐述双方举证、质证的结果以及认证的过程，论证证据不予采信的理由。

(二) 裁判者自由裁量权的规制

2019年《证据规定》对法官自由裁量权的行使既有限制亦有扩张。其增加电子证据认定规则，共同诉讼人、委托诉讼代理人自认的认定规则，明确应当提交书证的具体情形等，实际上是通过明确认定规则，以间接方式对法官自由裁量权进行了限制。相反地，在有关证人证言、瑕疵私文证书、逾期举证确有困难的认定上，其则强调要结合印证证据、相关因素以及案件具体情况进行"综合判断"。无论是对自由裁量权的限制抑或扩张，条文修正的宗旨都是通过规范审判权的行使保障当事人的诉讼权益。自由心证原则要求，对于证据能力和证明力，由法官根据证据规则、证明规则、经验法则、逻辑规则、理性良知等作出判断。[1]证据说理既是对自由裁量权的内在约束，也构成对裁量结果公正性与正当性的证明，"有利于防止由于法官判决的任意性导致对当事人诉讼权利的损害"。[2]

以电子数据为例。电子数据是以电子、光学、磁及类似手段生成、传播、

---

[1] 参见江伟主编：《民事证据法学》，中国人民大学出版社2011年版，第17页。
[2] 参见何家弘、刘品新：《证据法学》，法律出版社2013年版，第91页。

储存的数据信息。[1]2012年《民事诉讼法》将电子数据确定为一种独立的证据形式。2019年《证据规定》进一步明确了电子数据的范围，将电子数据分为内容数据、衍生数据、环境数据和通信数据四大类，将电子数据的内容确定为网页、博客、微博客等网络平台发布的信息；即时通信、通讯群组等网络应用服务的通信信息；用户注册信息、身份认证信息等留痕信息；文档、图片、视频等电子文件以及其他以数字化形式存储、处理、传输的能够证明案件事实的信息。

在个案中，当事人提交微信聊天记录、微博截图等电子数据作为证据的，法官应当审查判断电子数据是否具有完整性和可靠性。具体标准包括主体适当，在正常的往来活动中形成和存储，依赖的系统环境完整可靠，系统环境是否处于正常运行状态以及不处于正常运行状态时对电子数据是否产生影响，系统环境是否具备有效的防止出错的监测、核查手段，保存、传输、提取完整可靠。法官在裁判文书中要强化对电子数据完整性和可靠性认定的论证，双方当事人为证明己方主张提交了相反证据的，应当分析对于证据的庭审调查情况及采信或不予采信的理由。

在电子数据的认定上，采用推定真实规则确定一方当事人提交的电子数据真实性的，应当分析推定的依据，是否具备以下情形之一：由当事人提交或者保管的于己不利的电子数据，由记录和保存电子数据的中立第三方平台提供或者确认的，在正常业务活动中形成的，以档案管理方式保管的，以当事人约定的方式保存、传输、提取的。裁判文书说理要充分回应当事人的抗辩意见，分析对方当事人是否提交了相反证据，该证据是否达到了"足以反驳"的证明标准。

当事人以电子数据作为证据的，应当提供原件。由于电子数据具有技术依赖性、存储与传递的隐蔽性、易于篡改性和可恢复性等特点，与传统证据形式相比，电子数据原件的识别具有特殊性。电子数据需要转换为可识别的形式证明待证事实，原始载体本身对待证事实并无证明作用。因此，在诉讼中对于当事人提交电子数据原件义务的审查不宜过于严格，否则可能把能够证明事实的证据排除在外。与原件一致的副本、直接来源于电子数据的打印件或者其他可以显示、识别的输出介质，均可以视为电子数据的原件。在证据裁判中，复本与原本等同的理由，应当根据具体情形予以分析。

---

[1] 参见谢勇："论电子数据的审查和判断"，载《法律适用》2014年第1期。

（三）当事人证据权利的强化

2019年《证据规定》对当事人证据权利的强化表现为多种形式。对于一方当事人不当处分行为的规制，体现出对对方当事人证据权利的保障。证据认定规则的增设和完善，不仅规范自由裁量权的行使，也为当事人具体举证行为提供指引。免证事实的限缩及其反证标准的降低，体现出对既判力的审慎运用，实际上是强化了当事人在"本案"中举证的权利，而非适用"另案"裁判认定的事实。以免证事实为例阐述证据裁判说理的内涵演变。

1. 免证事实的范围限缩

免证事实，是指当事人在诉讼中提出某一事实主张，但免除其相应证明责任的情形。免证事实是证据裁判原则和证明责任适用的例外，包括司法认知的事实、推定的事实、已决事实、自认事实和公证事实等。法院遵循相应的程序规则，可以直接确认免证事实作为裁判依据，但如果当事人提出充足反证或者发现新的事实，则免证事实成为证明对象。[1]2019年《证据规定》把能够形成预决力的生效裁判所确认的"事实"限缩为"基本事实"。

何谓案件"基本事实"？根据《最高人民法院关于适用〈中华人民共和国刑事诉讼法〉的解释》第333条规定，是指用以确定当事人主体资格、案件性质、民事权利义务等对原判决、裁定的结果有实质性影响的事实。当在先案件的某一基本事实被法院生效裁判所确认时，将对尚未作出裁判的案件中的关联事实产生预决力。生效裁判所确认的基本事实产生预决力，必须符合三个要件：（1）事实的认定应当遵循程序保障原则；（2）先案裁判是生效的，没有被依法撤销或者变更；（3）先案与后案的事实相同或者先案事实构成后案事实的一部分。

按照程序保障原则，一方当事人有权对对方当事人提出的事实进行抗辩与反驳。如果没有给予当事人主张事实和提出证据进行防御的机会，则不符合程序保障原则。当事人对于生效判决所确认的基本事实提出异议并提交反证的，该事实成为证明对象。如果反证的证明达到足以推翻生效判决所确认的基本事实的程度，则不能将该事实作为裁判的依据。裁判说理应当分析免证事实是否为生效判决所确定的基本事实，当事人对基本事实提出异议的或者将其作为上

---

[1] 参见江伟主编：《民事证据法学》，中国人民大学出版社2011年版，第129页。

诉和再审理由的，应当作为争议焦点进行充分论证，根据反证的认定结果分析当事人提出的异议能否成立。

生效裁判确认的基本事实具有预决力存在例外情形：（1）当事人因不能归责于本人的事由未参加诉讼，没有机会对案件事实提出异议，且在后案诉讼中提供反证予以证明的，先案事实不具有预决力；（2）先案诉讼违背程序保障原则，剥夺了当事人提出异议和提交反证的权利；（3）当事人提交证据证明先案诉讼存在恶意串通情形，侵害其合法权益的，相关事实不具有预决力。在后案裁判中，认为先案裁判确认的事实不具有预决力的，应当在裁判文书中充分回应双方的诉讼主张，分析采纳反证的依据和理由，让当事人看得见裁判结果形成的过程。

2. 仲裁生效裁决所确认事实的反证标准降低

在推进国家治理体系和治理能力现代化的进程中，仲裁已成为多元化纠纷解决机制的重要组成部分。仲裁对于矛盾纠纷高效化解发挥着重要作用，同时也正是因为更加偏重纠纷化解的效率，仲裁与诉讼程序相比，对当事人的程序保障相对较弱。对此，2019年《证据规定》作出了回应，对生效裁判和生效仲裁所确认的事实，区分了不同的证明标准，对仲裁生效裁决反证证明程度由原来达到"有相反证据足以推翻"降低为"有相反证据足以予以反驳"。裁判文书应当载明当事人提交反驳证据的情况，反驳证据与仲裁生效裁决确定的事实证明力大小的判断，事实是否处于"真伪不明"的状态，以及采信或者不予采信反驳证据的理由。

另外，需要注意的是，与法院生效裁判相比，仲裁生效裁决的预决事实的效力范围更窄。通常而言，由于仲裁具有合意性的特点，只有仲裁当事人才受预决力的约束，即只有两案当事人相同时，后案当事人才可能免于承担仲裁预决事实的举证责任。因此，裁判说理还应当具体分析后案当事人应否受到仲裁预决事实的约束。

（四）裁判者职权探知的强化

1. 识别当事人的真实意思表示

以自认规则为例，当事人作出限制自认或者撤销自认时，法院依职权探知当事人的真实意思表示。自认通常表现为一方当事人对对方当事人主张的于其不利的事实直接、明确地承认，但少数情形下也可以表现为默示地承认，既可以由当事人自己作出，也可以由经其授权的委托诉讼代理人作出。[1]限制自认是自认的特殊表现形式，指附条件的、不完全的自认，即当事人作出自认的意思表示时，还额外附加了限制性的条件，意图冲抵自认部分的法律效果。限制自认能否构成自认？从域外立法来看，《德国民事诉讼法》规定，诉讼中的自认，附加了包含独立的攻击或防御方法的，不影响自认的效力。也就是说，限制自认亦构成自认，一经作出即对当事人产生约束力。而2019年《证据规定》则持不同观点，没有直接赋予附条件自认的法律约束力，而是认为应当由法官综合案件情况对附条件自认进行具体审查。

裁判说理要着重分析当事人是否为真实意思表示，附加事实能否构成对承认事实的有效攻击或者防御。关键是要将当事人承认的事实与所附条件一并审查，考量当事人的真实意思表示，如当事人附条件的事实与承认的事实相悖，且附条件的事实为当事人的真实意思表示，则不构成自认；如附条件的事实不是针对承认事实的攻击或者防御，且属于不同法律关系，则构成自认。

2019年《证据规定》还放宽了当事人意思表示不真实情形下撤销自认的条件，即只要自认是在受胁迫或者重大误解情况下作出的，法院应当准许当事人在法庭辩论终结前撤销自认，不再要求当事人提供充分证据证明自认内容与事实不符。裁判说理只需要分析当事人撤销自认是否符合时间要求以及作出自认的意思表示是否真实即可。

2. 对证据证明力的判断更加依靠自由心证

2019年《证据规定》删除了"数个证据对同一事实证明力"的认定规则和优势证据认定标准，表明法官对于证据证明力的认定将具有更大的自由裁量权。准确认定证据证明力的前提是全面客观地审视证据、有效引导当事人对争议证据的证明力发表质证意见。在认定过程中，运用逻辑推理、经验法则等司法证明方法对证据证明力大小作出判断。得出认定结论后，应当将"自由心证"外化，在裁判文书中开示证据证明力认定的依据以及理由。

证据证明力的审查判断是对案件中各种证据的认识过程，遵循"从个别到整体"以及"印证证明"的逻辑。在不同案件中，有关证据证明力判断的难易程度存在差别。因此，在对个案证据证明力进行说理之前，应当首先辨别案件的差别化程度，树立"繁简适度、论证适当"的说理意识。

---

[1] 参见肖建华主编：《民事证据法理念与实践》，法律出版社2005年版，第110页。

在事实清楚、法律关系简单的案件中，或单个证据与待证事实之间能够直接建立关联性，或数个证据之间能够相互印证形成完整证据链证明待证事实。相应地，法官对证据证明力的说理较为容易，"说好理"的目标也比较容易实现。在疑难复杂案件中，各方当事人通常会提交大量证据证明自身主张，证据不仅错综复杂，印证关系也模糊不清。这对于法官说理技术和说理方法提出了更高的要求。能否有效固定争点、分类整理证据、理顺说理逻辑直接影响说理的效果。首先，应当围绕争议证据进行充分说理。当事人之间的诉辩交锋系由争点触发，法院在裁判文书中对争点的认定是当事人最为关注的问题。因此必须准确区分争议证据和无争议证据，对无争议证据简化说理，对争议证据进行充分说理，回应当事人关于证明力的主张或异议。其次，应当对全案证据进行分门别类，将证据之间的复杂关系"条理化"。哪些证据之间具有相互印证的关系，聚合在一起能够证明一个或数个待证事实，对此进行辨析并分类，不仅能使复杂证据关系变得清晰明了，也有助于判断全案证据能否形成完整证据链。最后，在着笔说理之前还需理清全案证据的说理逻辑。确定证据说理的主次关系与先后顺序，呈现证据说理繁简适度、事实认定一气呵成的效果。

3. 将当事人主张与法院认定不一致的问题纳入争点审理

2019年《证据规定》第53条规定，当事人主张的法律关系性质或者民事行为效力与法院根据案件事实作出的认定不一致的，法院应将法律关系性质或者民事行为效力作为争点问题进行审理。实践中，由于专业法律知识的欠缺，或是出于诉讼策略的选择，当事人主张的法律关系性质或者民事行为效力与法院作出的认定不一致的情形时常出现。例如，当事人签订了名为信托的协议，但协议约定的权利义务关系其实是房屋租赁关系，发生纠纷后原告以被告未履行信托合同为由将其诉至法院，主张双方之间存在合法有效的信托合同关系，被告应履行相应的合同义务，在案件审理中将出现当事人主张与法院认定不一致的问题。

原告请求法院裁判的法律关系即为诉讼标的。在给付诉讼中，诉讼标的为请求被告为特定给付之法律上地位存在之权利主张；在确认之诉中，诉讼标的为原告于应受判决事项之声明所表示一定权利或法律关系存在（或不存在）之权利主张；在形成之诉中，诉讼标的为原告得依裁判确立形成法律上地位存在之权利主张。[1] 民事法律行为效力可能存在有效、无效、效力待定、可撤销、可变更等多种情形,分别形成不同的法律后果。当事人主张的法律关系性质或者民事行为效力与法院作出的认定不一致时,是否应当允许当事人进行变更?在以往实践中存在两种不同的观点。一种观点认为,法律关系或者民事行为效力的变更,属于诉的性质的变化,不允许当事人进行变更;另一种观点认为,当事人的主张与法院认定不一致系出于当事人认识上的偏误,应当允许当事人进行变更,反之,若以判决驳回当事人诉讼请求,当事人另行起诉,不仅增加当事人诉累,也造成司法资源的耗费。2019年《证据规定》采用了后一种观点,赋予当事人对民事法律关系和民事行为效力变更的选择权。

法官对于法律关系和民事行为效力认定的自由裁量主要体现在两个方面,一是对实体问题的认定;二是对释明权的行使限度。对实体问题认定的说理,主要涉及如何根据全案证据对法律关系和民事行为效力进行认定。当事人之间对于法律关系和民事行为效力存在分歧,法院采信一方主张,或者法院认定与当事人主张均不一致的,应当在裁判文书说理过程中对观点分歧进行回应,阐述法院认定的依据和理由。对于释明权行使限度,实践中存在较大的分歧,一种观点认为,在法官已经将法律关系和民事行为效力的争议纳入争点进行审理的情况下,可以视为已经向当事人适当行使了释明权,不必另行作出有关法律关系性质或者民事行为效力是否变更的释明;另一种观点则认为,考虑到当事人诉讼能力的不足,即使已经将法律关系和民事行为效力的争议纳入争点进行审理,也应当向当事人释明不变更的法律后果和诉讼风险。笔者认同后一种观点,法官不仅要向当事人充分行使释明权,还要在裁判中对释明权的行使进行说理。

三、新规背景下证据裁判说理的逻辑进路

(一)厘清庭审说理与裁判文书说理的关系

庭审证据说理与裁判文书说理构成证据裁判说理的"双核",两者既相互区分又相互依存。脱离庭审说理的裁判文书说理是无根之木,脱离裁判文书说理逻辑指引的庭审说理难以有的放矢。

---

[1] 参见王甲乙、杨建华、郑健才:《民事诉讼法新论》,三民书局2006年版,第262页。

1. 庭审证据说理与裁判文书证据说理相互区分

（1）价值不同。

以证据裁判结论的形成为界分，庭审证据说理可以视为"事前说理"，通过对调查核实证据的认识情况进行开示，促使当事人明晰举证责任，并充分举证，属于全案证据认定结论形成前的事前保障；而裁判文书证据说理则可以视为"事后说理"，此时当事人的举证行为已经完成，裁判理由的阐述是为开示证据结论的形成依据和过程，是在全案证据认定结论形成之后进一步增进当事人对裁判结论的理解与认同。在增进当事人权利保障的层面上，庭审说理的价值不低于裁判文书说理的价值，但其重要性一直被严重低估和漠视。

以举证期限的说理为例。诉讼期间分为法定期间和指定期间，举证期限属于指定期间。举证期限经指定后，各方当事人应在举证期限届满前提交证据。实践中，一方当事人逾期举证的行为时有发生，另一方当事人则以"逾期证据不应认定"为由提出抗辩。对于当事人之间关于证据是否逾期的争议，法官应当在庭审中直接开示认定的结论。如果认定证据没有逾期的，应当明确对方当事人是否有权利针对该证据提出反驳证据，是否再次指定举证期限。反之，如果缺乏对于逾期举证争议的庭审说理，则异议一方当事人难以理解司法认定的正当性，也可能错失在一审中提出反驳证据的机会。如果反驳证据进入第二审程序中被采信，则可能成为发回或改判的理由。可见，充分恰当的庭审说理，更加能够保障当事人的举证权利，也更有利于查明案件事实。裁判文书说理则主要阐述对争点的认定结论，论证当事人关于证据逾期不应认定的主张能否采信及其理由，增强证据认定的说服力和公信力。

（2）内容不同。

庭审说理和裁判文书说理分别以"行为""结论"为核心展开。庭审证据说理主要围绕"举证行为"展开，包括询问当事人是否提出某项举证申请（申请鉴定或者评估等），释明举证责任及举证不能的后果，开示证据争点（必要时应开示争点认定的结论和理由），询问证据疑点并要求当事人进行说明或者提交补强证据等。裁判文书证据说理则围绕"认定结果"展开，其重点是对裁判理由的阐述。

以鉴定意见为例。民事诉讼中的鉴定主要包括文书鉴定、医学鉴定、声像资料鉴定等，是鉴定人运用专业经验和专业技能对诉讼中所涉及的专业性问题进行分析而作出的结论。[1]实践中，待证事实需要通过鉴定意见证明的，有相当部分的案件中负有鉴定义务的当事人没有认识到应当由其自身提出鉴定申请，否则将承担举证不利的后果。其原因大致可以分为三类：一是当事人认为其提交的证据能够充分证明待证事实，没有提出鉴定申请的必要性；二是一方当事人认为待证事实需要通过鉴定意见证明，但认为应当由对方当事人提交申请；三是基本法律知识匮乏，不了解应当提出鉴定申请的情形和提出鉴定申请的义务。对于负有申请鉴定义务的认定，在当事人的认识与法官的裁量不一致的情形下，若法官没有在审理过程中向当事人进行释明，则可能导致待证事实真伪不明，最终只能通过举证责任认定事实。承担不利后果的当事人在看到裁判文书时，才认识到自身负有提出鉴定申请的义务，往往会在二审或再审程序中提出鉴定申请。2019年《证据规定》明确提出法官在案件审理中认为待证事实需要鉴定的，应当主动行使释明权，并向当事人指定提出鉴定申请的期限。

　　关于鉴定的庭审说理，应把握好以下几个方面的内容：一是释明举证不能的法律后果。对需要鉴定的待证事实负有举证证明义务的当事人，向其释明须在指定期间内提出鉴定申请并预交鉴定费用、提供相关鉴定材料，如果无正当理由未提出鉴定申请或者不交纳鉴定费用，或者拒绝提供相关鉴定材料，导致待证事实无法查明的，应当承担举证不能的不利后果。二是强化对鉴定材料认定结论与理由的说理。组织当事人对鉴定材料进行质证，未经举证、质证的材料，不能作为鉴定的根据。一方当事人对对方当事人提出的鉴定材料有异议，提出理由并提交证据的，法官应对其异议给予明确回应，阐明异议成立与否的理由。当事人提交的鉴定材料不符合鉴定规范的，法官应及时向其释明，并指定期限要求其补交鉴定材料。三是当事人对鉴定意见有异议的，向其释明行使异议权的程序与方式。明确告知当事人应当以书面方式提出异议，并应当在指定期限内提出；当事人收到鉴定人的书面答复后仍有异议的，可以申请鉴定人出庭接受询问。当事人申请重新鉴定的，分析是否存在鉴定人不具有鉴定资质、鉴定材料未经过质证、鉴定依据不足、鉴定程序严重违法等情形，阐明是否准许重新鉴定的依据和理由。

　　裁判文书对理由的阐述则不能局限于对鉴定意见的认证分析，还要将释明权行使情况、当事人是否申请鉴定以及对鉴定申请不予准许的理由等裁判要点

---

　　[1] 参见江伟主编：《民事证据法学》，中国人民大学出版社2011年版，第79页。

纳入说理范围。

2. 庭审证据说理与裁判文书证据说理相互依存

(1) 庭审证据说理促进裁判文书证据说理。

说理正义目标的实现，与庭审具体的证据评断标准、事实认定标准和法律适用标准有直接联系。[1]如果法官在撰写判决时才发现应该调查的证据没有调查、应该询问的事项没有询问，就会导致证据认定过程不敢说理，甚至回避说理。反之，如果能够对该调查的证据全面调查，向当事人释明举证、认证的规则，必然有助于对案件真实的发现。只有案件事实查清了，裁判文书说理才有底气和根基。2019年《证据规定》对法官释明权的行使提出了新的要求，能否恰当行使释明权直接影响裁判文书说理的精准度与充分性。

例如，2019年《证据规定》确立了当事人的真实完整陈述义务，并通过宣读保证书方式明确虚假陈述的处罚。当事人没有正当理由拒绝签署或者宣读保证书的，应当结合其他证据情况审查认定待证事实的真伪，待证事实没有其他证据证明的，应当作出不利于该当事人的认定。庭审中，法官应当将拒绝签署或者宣读保证书的后果向当事人释明，促使当事人在了解法律后果之后真实陈述案件事实。经释明后，当事人仍然拒绝签署或者宣读保证书的，在裁判文书中写明庭审释明情况，根据2019年《证据规定》确定的规则，认定待证事实。庭审中当事人陈述的案件事实与之前在证据交换、询问、调查过程中，或者在起诉状、答辩状、代理词等书面材料中陈述的事实不一致的，应责令当事人说明理由，结合当事人的举证能力、在案证据和已查明事实进行审查认定。当庭能够作出认定的，应当开示认定的结论和理由；当庭不能作出认定的，在裁判文书中明确进行回应并阐明理由。当事人陈述是民事诉讼证明中的法定证据形式。当事人为民事法律事件或行为的参与者、经历者，如实陈述有助于法庭查明争议事实，但由于当事人同诉讼结果有直接利害关系，又可能作虚假陈述。庭审说理不仅促使当事人作出真实陈述，也有助于识别当事人虚假意思表示，为最终裁判理由的论证提供充分依据。

(2) 裁判文书证据说理指引庭审证据说理。

民事诉讼中的证据具有特定化的形式，不同形式的证据对应的说理要素也

---

[1] 赵朝琴、邵新："裁判文书说理制度体系的构建与完善——法发〔2018〕10号引发的思考"，载《法律适用》2018年第21期。

有所不同。例如，对证人证言的认定应阐述证人是否出庭、是否具有认知能力、证人与当事人之间是否具有利害关系、证人证言能否与其他证据相互印证等；对电子证据应阐述来源是否合法，是否出示原始载体，是否由中立的第三方提供，是否能够反映主体身份，反映的内容是否具体，是否存有疑点等；对笔录应阐述制作主体是否合法，制作过程是否合法，记载的内容是否客观、完整、准确等。裁判文书是证据认定理由的集中载体，对证据的认定应当全面阐述说理要素。以裁判说理为指引，搭建证据调查的"庭审提纲"，让目光在"证据审查"和"说理"之间不断往返，能够检视庭审调查证据是否全面具体，是否遗漏基本说理内容。

2019年《证据规定》的施行也对证据裁判说理提出了新的要求，裁判文书证据说理要素发生衍变，在实践层面裁判文书说理指引庭审说理的作用进一步凸显。例如，2019年《证据规定》明确了申请证人出庭的条件，即申请证人作证的当事人应当说明证人作证内容与案件待证事实的关联性以及证人出庭作证的必要性。不具备基本法律知识和诉讼能力的当事人在申请证人出庭作证时可能忽视对证人作证必要性的说明。申请方当事人没有说明证人作证必要的，法官应当向其释明补充说明相关情况或者直接询问相关情况。

（二）围绕具体化争点说理

2016年版《民事诉讼文书样式》要求裁判者在裁判文书证据认定部分区分无争议证据和争议证据，并针对证据争点展开说理。实践中，有相当部分的裁判文书仍未遵循这一要求，"重事实说理，轻证据说理"的问题仍然突出。[1]证据争点的说理问题集中表现为争点归纳不精准、不具体、争点论证不充分、对当事人的异议回应不足。这些问题导致证据裁判逻辑不清晰，以证据证明事实的说服力不强。

1. 具体化争点的界定

诉讼中一方当事人对另一方当事人所提交证据的证据能力或者证明力不认可，即形成证据争点。实践中，证据争点的概括性归纳方式较为常见，通常表现为双方对某证据的"三性"不认可或者证明目的的不认可。这种归纳方法的问题在于无法从争点中看出双方争议的具体内容，说理的针对性不强。与之相反，

---

[1] 杨惠惠、邵新："裁判文书证据说理的实证分析与规诫提炼——以法发〔2018〕10号为中心"，载《法律适用》2020年第6期。

具体化的争点归纳是把当事人所争议的具体证据问题固定为争点。

例如，在一起民间借贷纠纷案中，原告提出录音证据证明被告在收到原告款项后转贷给案外人时并未向其披露该案外人为实际借款人，被告质证称该证据系与原告调解过程中形成且原告故意进行诱导式对话。该案中，双方对证据形成争议，如果采用概括性归纳，那么争点为录音证据是否具有真实性，而具体化的争点应固定为录音证据内容是否为被告的真实意思表示。可见，具体化的争点是证据争议的直观体现，能够圈定裁判说理的中心。

2. 争点的论证方法

根据证据争点的复杂程度，争点的论证可视案件具体情况采用单一论证法或者综合论证法。某个证据争点可以单独形成判断，其证据属性不涉及由其他证据印证证明的，可以在裁判文书证据认定部分直接阐述争点裁判的理由。某个证据的证据属性无法单独形成判断，需要结合其他证据进行判断的，适用单一论证法难以充分表达说理意见。在这种证据争点认定较为复杂的情形中，有必要将说理后置于"本院认为"部分，综合分析所有关联证据的印证关系进行论证，不仅使得说理更顺畅，也有助于提升论证的充分性和准确度。

例如，在一起买卖合同纠纷案中，原告对被告提交的某个货款支付凭证的真实性提出异议，称其并非该凭证载明的收款方，其没有收到该笔货款，而原告方申请出庭的证人在证言中称其知晓被告向原告支付过该笔货款，其所陈述的金额与转款记录一致，并且证人系双方磋商的介绍人和原告指定的货款催收人。该案中，由于货款支付凭证上载明的收款人不是原告，因而对该证据关联性难以单独进行认定，必须结合证人证言综合审查判断，分析两者是否具备印证关系，从而对争点进行判定。

（三）强化自由裁量权说理

证据裁判自由裁量的对象包括证据能力和证明力的认定、举证责任的分配以及是否达至证明标准。法官行使自由裁量权的前提是对证据认定具有一定的选择与判断的空间。如果对于涉案证据的认定已经存在法律或司法解释的明确规定，则不具有自由裁量的空间。自由裁量权的行使是法官的主动作为，属于主观判断的范畴，其中必然融入价值判断，并会充分考虑社会主义核心价值观、公共政策、社会公众的认同度等因素，在不同利益之间进行衡量与取舍。由于主观判断在认识论上存在的局限性，自由裁量有必要通过正当程序予以规制，确保自由裁量结果符合公平正义要求。

1. 自由裁量的具体情形

自由裁量的具体情形可分为法律明示与法律默示两种类型。法律明示是指法律或司法解释规定法官可以根据案件具体情况进行裁量。2019年《证据规定》第7条、第45条、第52条、第66条、第88条、第92条、第93条、第96条中均规定法官可以根据案件具体情况对证据进行综合审查判断。法律默示是司法职权主义赋予法官的固有权力,包括举证责任分配、证明标准的判断、证据规则的阐释等。

在法律明示情形中,运用自由裁量必须具备法律规定的要件。例如,在判断书证是否处于对方当事人控制之下的事实时,应当在先论证书证提出的必要性,双方均否认控制书证,没有直接证据证明书证的归属等问题。在法律默示情形中,自由裁量应当遵循合法与审慎的原则,即符合法律规范的意旨和基本法理的要求,审慎衡量自由裁量是否具有必要性与适当性。

2. 自由裁量的程序保障

行使自由裁量权,要严格遵循程序保障的要求,充分保障各方当事人的处分权、辩论权和知情权等诉讼权利。自由裁量的事项可能影响当事人实体权利或程序权利,且当事人之间存在争议的,应当由当事人对裁量事项进行辩论,充分发表意见。当事人对行使自由裁量权有异议的,围绕自由裁量的必要性展开辩论;当事人对自由裁量结果有分歧的,围绕自由裁量结果的合理性进行辩论。法官在庭审中对自由裁量事项作出认定的,应当进行庭审说理,并允许当事人提出异议;难以在庭审中回应的,应当在裁判文书中说理,充分保障当事人的知情权。

当事人对一审程序或原审程序中自由裁量结论有异议,并以此作为上诉意见提起上诉或者作为再审理由提请再审的,二审或再审程序中应当列为争议焦点进行审理,审查一审程序或原审程序中自由裁量的必要性和合理性,并充分回应当事人提出的异议。

3. 自由裁量的价值判断

(1) 增强自由裁量的可预见性。

婚姻家事、侵权类案件中,证据与事实的认定常常涉及价值观的表达与实现,个案裁判不只是对当事人争议的认定,也体现司法对某一社会问题所持的态度。社会公众从司法态度中获取法律行为的规范,因此,裁判应尽可能具有可预见性，为公众实施某种社会行为提供向导。自由裁量的过程要反复检视是否符合公平正义的价值观，裁量结果是否符合公众政策的要求以及社会的发展方向。裁判说理可以加强对自由裁量价值观的阐述力度，增进当事人和社会公众对裁判结果的认同度。

（2）综合考量案件涉及的利益关系。

案件涉及的各种利益关系存在相互冲突的情况时，要解决不同利益间的权衡与取舍问题。个体对权利的处分侵害公共利益或者他人利益的，司法裁判应当抑制非法利益，依职权对证据和事实作出认定，限制当事人的不当处分行为。例如，在恶意串通逃避债务的案件中，依法认定恶意串通合同的效力，保护债权人的合法权益。裁判说理要针对利益冲突情形进行分析，并对取舍结论进行论证。

总之，2019年《证据规定》实施后，法官应着力强化庭审说理，引导当事人正确运用新的证据形式和证明规则完成举证责任，提高案件事实认定的公正度和客观度，在裁判文书中充分开示职权探知和自由心证形成的依据和过程，真正彰显事实认定符合客观真相、办案结果符合实体公正、办案过程符合程序公正。

第十章

刑事裁判文书如何进行事实说理？[1]
——"三环九步法"的构建

如果问刑事法官最不愿面对的审判结果是什么，答案一定是所审判的案件被上级法院认定事实不清而裁定发回重审。因为基础事实认定不清，不仅直接导致审判行为归于无效，而且承办法官可能因此遭受"葫芦僧判断葫芦案"式的责难，更何况证据审查准确、事实认定清楚通常被法律职业共同体认为是一名刑事法官的基本能力。事实认定清楚的表征不仅包括刑事裁判文书中"经审理查明"部分表述准确和事实说理部分表达清晰，而且包括事理阐述客观公正，有坚实的证据予以支持。2018年最高人民法院印发的《关于加强和规范裁判文书释法说理的指导意见》明确提出，裁判文书"要阐明事理，说明裁判所认定的案件事实及其根据和理由，展示案件事实认定的客观性、公正性和准确性"。但具体到审判实践中，裁判文书对事实表述到何种程度才属清楚？对事理阐明到何种程度才属清晰？如何详略得当地阐明事理，才能既充分回应控辩主张又不致引发舆情广泛关注？

本部分从事实认定不清的实践样态出发，基于对事实裁判的行为过程和逻辑方法的分析，提出事实说理"三环九步法"。"三环九步法"的内在机理在于，事实说理不是始于裁判文书撰写之时，而是始于刑事立案终于案件宣判，并贯穿于案件审理全过程。"三环九步法"阐述了事实说理的具体步骤方法，以此为刑事法官撰写裁判文书中的事实部分提供可操作性的经验参考，旨在增强一审判决事实的可接受性，推动二审聚焦于争议解决，进而将审级制度的诉讼分流、职能分层和资源配置功能落到实处。

一、事实说理不清的实践扫描

在诉讼程序日渐精密、法官素质显著提升的当下，司法实践中再出现赵作

---

[1] 此部分系与周维平法官合作而成，以论文形式发表于《中国应用法学》2021年第6期。

海式的冤案的概率已大幅降低,但判决事实介于冤错与清楚之间的"灰色地带"却时常出现。从实践来看,事实说理不清主要呈现以下几种样态。

(一)事实说理不清的实践样态

1. 推理过程缺乏论证型

【案例1】在田某某故意杀人案中,检察机关指控"田某某回到宿舍三楼房间时发现张某乙正从其妻子罗某身上下来并提裤子",证人罗某称,案发当晚,丈夫田某某外出散步,张某乙强迫自己与他发生了性关系,后田某某从外面回来,见状与张某乙扭打。田某某供述,其看到老婆罗某仰躺在床上,张某乙压在罗某身上,罗某还在挣扎,张某乙看到自己进来就从床上下来,并有提裤子的动作。温州市中级人民法院判决事实认定:"被告人田某某从外面回到宿舍房间,发现张某乙对罗某进行性侵犯,遂与其发生扭打,后持菜刀砍击张某乙头部、颈部、上肢等部位二十余刀致其当场死亡。"理由为"田某某的供述和罗某的证言相互印证,并有刘某、何某、朱某等人的证言佐证,证实案发的主要原因是田某某目睹被害人对其妻子实施性侵犯……"[1]

该案宣判后,《温州商报》以"目睹妻子遭人强暴丈夫砍死施暴者被判无期"为题率先报道,随后各大媒体争相转载并引发对被害人的行为是否构成强奸及对被告人的量刑是否恰当的热议。[2]从温州市中级人民法院随后发布的《关于被告人田某某故意杀人案的情况说明》来看,该判决对舆论关注问题的认定处理并无不当,[3]但"判决理由"部分未公开法官心证推理的过程依据,结果呈现从证据到事实的巨大飞跃,是公众产生对判决背后是否存在隐情质疑的最大原因。

---

[1] 浙江省温州市中级人民法院(2014)浙温刑初字第111号刑事判决书。

[2] 参见叶竹盛:"砍死强暴妻子者,被判无期合理吗?",载《新京报》2015年6月17日,第A05版。

[3] 温州市中级人民法院向社会发布情况说明称,关于被害人的行为是否属于强奸的问题,经查田某某与妻子罗某及被害人张某乙都是工友,三人在员工宿舍的一个房间同住,关系比较密切。案发后,罗某即随田某某一起逃离,没有配合公安机关侦查。案发长达8年之久后,才指证张某乙强奸自己,但是由于张某乙已经死亡,现场没有目击证人,也没有相关物证(如被害人精斑或其他痕迹等)予以证实。虽然田某某供述其看见罗某仰躺在床上,张某乙压在罗某身上,张某乙看到自己进来,就从床上下来,并有提裤子的动作,但其供述并不能证实张某乙的行为就是强奸。根据证据采信规则,本案仅能认定张某乙曾对罗某实施不法侵害,认定张某乙强奸罗某的证据不足。载 https://society.huanqiu.com/article/9CaKrnJMcIH,最后访问日期:2021年5月6日。

2. 事实说理变相拒绝型

【案例2】 在李某某故意伤害案中，就辩护人所提有关自首的辩护意见，判决书记载"辩护人提出被告人李某某有自首情节，无事实依据，对该辩护意见亦不予采纳"。[1]

《刑法》第67条第1款规定，犯罪以后自动投案，如实供述自己的罪行的，是自首。因此，自首的认定要同时具备自动投案和如实供述自己的罪行两个要件，而该判决在驳回辩护意见时并未说明被告人欠缺具体自首要件的依据，虽然表面阐述了不予采纳辩护意见的"事理"，但因为未作出实质上的否定论证，因而实系变相拒绝说理。

3. 质证意见压缩舍弃型

【案例3】 在张某故意伤害案中，判决书先记载"被告人张某辩解自己没有持木棍殴打被害人"，后在"经审理查明"部分认定"张某遂从地上捡起木棍、砖块先后多次殴打茆某某的头面部"，同时列举了张某在侦查阶段作出的自己持械殴打被害人的有罪供述，并认定"以上证据经庭审质证，被告人张某及辩护人均没有异议。经审查，公诉人出示的上列证据均合法、有效，并能够互相印证证实本案的事实，本院予以确认"。[2]

通常而言，辩方展开事实辩护的基础是对控方证据提出质证意见。但本案判决书却呈现被告人在否认指控事实的同时，认可有罪证据的反常现象。其可能的原因是，判决书有意压缩舍弃了辩方针对有罪供述的质证意见。

4. 证明方法选择错误型

【案例4】 在王某非法拘禁案中，针对辩方所提王某主观上缺乏非法勒索财物的明知的辩护意见，一审判决认定"根据同案犯周某的供述，……并结合被告人王某的供述及被害人李某某的陈述，证明王某全程参与了绑架的犯罪事实，足以推定王某对于合伙绑架勒索财物的行为系主观明知"。[3]

该判决对于王某主观目的事实的认定，既未运用证据证立王某具有勒索财物的主观明知，亦未运用证据证伪王某出于索要债务的目的，而是在基础事实与推定事实之间明显缺乏常态联系、没有法律规定且未给予辩方反驳机会的情

---

[1] 陕西省榆林市靖边县人民法院（2021）陕0824刑初24号刑事判决书。
[2] 浙江省温州市中级人民法院（2020）浙03刑初34号刑事判决书。
[3] 北京市海淀区人民法院（2020）京0108刑初700号刑事判决书。

况下，舍弃正向证明而采用事实推定来认定主观事实，错误选择证明方法。[1]

5. 事实表述背离常识型

【案例5】 在赵某甲等故意伤害案中，赵某甲曾供述其在追逐被害人孟某某途中经过一百货店，遂顺手拿起一把铁锹并取下锹把。承办法官曾据此认定"赵某甲在奔跑过程中取下铁锹并持锹把殴打被害人"。[2]

商店在出售铁锹时通常将铁锹与锹把安装好一并出售，并为防止两者在使用过程中分离，往往相互嵌入极为牢固。法官仅根据被告人供述即认定其在奔跑中轻松分离了铁锹与锹把，显然背离了生活常识。

（二）事实说理不清的具体影响

根据事实说理"不清"的程度及对判决稳定的影响，事实说理不清的裁判文书一经作出，可能带来如下几个方面的影响。

1. 一审判决被改判发回

根据《刑事诉讼法》第236条第1款第3项规定，一审判决事实不清的，二审可在查清事实后改判，也可发回重审。但实践中如何处理，则需要考虑事实说理不清的具体程度、二审重新查清事实的可能性及说理不清对审判公正的影响力度。但无论是在查清事实后改判，还是直接发回原审法院重新审判，一审判决均归于无效。

2. 生效判决遭申诉信访

从信访实践来看，信访人面对生效判决往往提出多种不同意见，但"在信

---

[1] 该案二审判决认为，第一，在案没有直接证据能够证明王某明知周某等人具有勒索财物的主观目的。第二，在案间接证据不能证明王某明知周某等人具有勒索财物的主观目的。第三，本案不宜采用推定方法证明王某的主观目的事实。一审法院运用推定方法时既未说明推定启动的原因及反驳的事实和理由，亦未阐释裁断的形成过程，因而一审判决运用推定方法认定的主观目的事实并未达到确实充分的证明标准。第四，在案证据亦不能证明王某具有参与索取债务的主观目的。虽然王某辩称其系出于帮助周某索取债务目的而参与本案，但在案并无其他证据对此加以印证，因而该事实主张亦缺乏充分证据支持，且在案证据只能证明王某具有非法剥夺他人人身自由的主观故意。最终认为辩护人所提王某对周某勒索财物的目的不明知的辩护意见成立，而一审判决有关"王某对于合伙绑架勒索财物的行为系主观明知"的认定证据不足，属事实认定错误。见北京市第一中级人民法院（2021）京01刑终127号刑事判决书。

[2] 该案判决书认定，赵某甲将手中的木质痒痒挠扔掉，在路边余某某经营的小店内拿走一根木质铁锹把追逐寻找孟某某。后赵某乙持墩布棍、赵某甲持铁锹把及王某甲空手相继赶到饭馆，并共同强行将孟某某从饭馆内拖往雨顺堂超市西侧空地（第二现场）。孟某某在此处被强行按在地上，后赵某甲先持铁锹把击打孟某某，后拳打脚踢孟某某的头部和上身，并曾捡起砖块多次欲砸孟某某但被他人阻止。见北京市第一中级人民法院（2020）京01刑初10号刑事判决书。

访理由中,有相当一部分信访人认为法院采信证据的理由不足或不对,从而对事实认定提出异议"。[1]因而判决事实不清、事理阐述不明是纠纷未息、信访持续的重要缘由之一。研究论文也普遍认为,法院办案"'萝卜快了不洗泥',公正与效率的统一受到挑战"是导致申诉信访的成因之一。[2]其中在事实说理部分,"萝卜快了不洗泥"通常指向的就是从证据直接飞跃到事实,其间缺乏理由阐明。

3. 审级职能被混淆错乱

审级制度"设计的一般原理是,越靠近塔顶的程序在制定政策和服务于公共目的方面的功能越强,越靠近塔基的程序在直接解决纠纷和服务于私人目的方面的功能越强"。[3]党的十八届四中全会也强调,"一审重在解决事实认定和法律适用,二审重在解决事实法律争议、实现二审终审,再审重在解决依法纠错、维护裁判权威"。一审如不能在查清事实的基础上,通过裁判文书充分认定事实和阐述事理,无疑将导致二审乃至再审程序重新调查并阐述事理,这必然阻碍了制度预设审级职能的实现,而且浪费了司法资源。

(三)事实说理不清的溯因假定

针对一份判决在事实说理方面作出评价,可能需要从不同侧面开展,进而为提高裁判文书事实说理水平提供不同进路。就裁判文书撰写方法而论,判决认定事实不清的原因林林总总,有文理、法理、情理及事理等诸多方面。此处主要从事理角度,立足刑事裁判文书事实说理的裁判逻辑与裁判行为两个基础来加以展开。

虽然在程序顺位上,事实说理载于裁判文书,而裁判文书撰写于合议庭评议之后,但裁判文书事实说理工作实际始于法官收案并终于判决宣告,且贯穿于事实裁判全程。事实说理的本质是对事实证据争议的评判,对事实裁判行为的记载,并体现事实裁判自身的逻辑。唯认清本质并遵循规律,方可构建为控辩双方及社会公众所接受的裁判文书事实说理的方法。

---

[1] 参见尤铁梅等:"强化文书说理 减少涉诉信访——江苏省淮安市淮阴区人民法院关于裁判说理与涉诉信访关系的调研报告",载《人民法院报》2014年2月20日,第8版。

[2] 参见李赞:"涉法涉诉信访案件的成因、难点及出路探析——基于对B市2014—2015年中央集中交办案件的调研分析",载《北京政法职业学院学报》2017年第4期。

[3] 参见傅郁林:"审级制度的建构原理——从民事程序视角的比较分析",载《中国社会科学》2002年第4期。

二、事实说理的裁判行为基础

事实说理依托于事实裁判。对事实裁判行为的解构,有助于分析事实说理的内容指向。从事实裁判行为的角度来看,刑事立案实际上是检察机关向法官移送证据材料,案件宣判实际上是对判决事实的宣告。法官在这期间依照审判程序相继历经筛选庭审证据、确认定案根据及建构判决事实三个事实裁判阶段。在每一个阶段,控辩审三方均承担相应职责,发挥相应作用,其中,法官在不同的阶段实施不同的裁判行为,并发挥着不同形式和内容的主导作用。

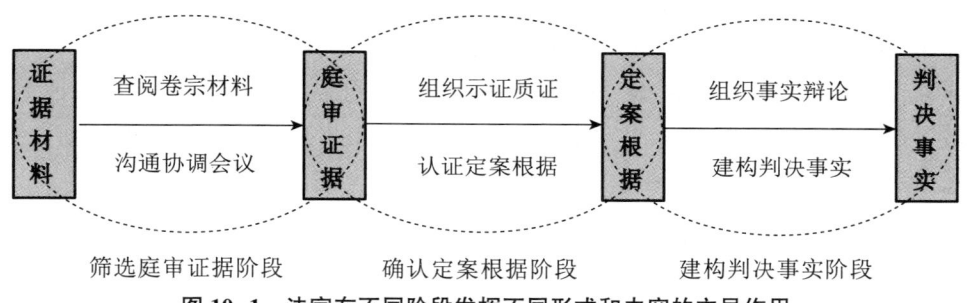

图10-1 法官在不同阶段发挥不同形式和内容的主导作用

(一)筛选庭审证据阶段

1. 裁判环境

筛选庭审证据的目的在于确保庭审能够审查有意义、有价值的证据材料,避免与指控事实无关的证据材料出现在庭审中,因而该阶段在时间上完成于庭审之前,而裁判环境体现为控辩审三方以各自阅卷及法官询问、庭前会议等形式表现的单向非对席环境。

2. 裁判行为

一是查阅卷宗材料。全卷移送主义要求辩审在庭前完成阅卷(当然控方已完成阅卷),其意义不仅在于明确庭审焦点,更在于筛选证据材料以识别并防止非法及瑕疵证据进入庭审。

二是沟通协商会议。阅卷不仅静态地表现为辩审独立阅卷,而且动态地体现为控审、辩审互动。法官需要做以下方面工作:首先通过正式询问、非正式沟通及庭前会议等形式,提示、告知控辩双方补正瑕疵证据及放弃非法证据;其次召开庭前会议审查非法证据排除申请,确保当庭出示的庭审证据不存在合法性质疑；再次要求控辩双方提交示证目录，目的在于既为控辩双方的质证提供准备上的便利，亦为法院筛选庭审证据奠定基础；最后对控辩双方提出的证人出庭、调取证据等证据性申请，及时作出程序性裁判。

查阅卷宗材料的目的在于沟通协商会议，而沟通协商会议的目的在于确定庭审出示证据的名录。这二者前后相继，既为提高庭审效率，更为法庭调查乃至确认定案根据奠定基础。

3. 裁判成果

事实裁判行为最终体现为如下成果：首先是与控辩双方达成共识，确定庭审证据目录，保障法庭调查质效；其次是召开庭前会议启动非法证据排除调查程序，初步达成非法证据处理意见，为庭审作出正式裁定奠定基础；再次是引导补正瑕疵证据，避免证据"带病"进入庭审，让法庭调查专注于合法证据；最后是处理证据性程序申请，确保庭审集中于证据出示与质证，避免证据性程序申请与事实认定相互纠缠。

（二）确认定案根据阶段

1. 裁判环境

定案根据的确认包括调查与评议两个阶段，因而确认定案根据完成于法庭调查及合议庭对证据的评议阶段，而裁判环境既包括控辩审同时参与的公开对席审判，也包括秘密的合议庭评议。

2. 裁判行为

一是组织示证质证。庭审是控审分离、控辩平等、审判中立的"三角形"诉讼结构的典型体现，其中示证、质证系控辩双方的互动，而诉讼指挥则系控审与审辩的互动。在法官积极中立的主持下，控辩双方以示证与质证方式完成对证据合法性、关联性及客观性的集中论证。

二是认证定案根据。承办法官首先独立思考并以审理报告形式提出认证意见，合议庭在此基础上秘密讨论，并最终表决确定作为建构判决事实的定案根据。合议庭确认定案根据的同时，亦是对其他庭审证据的排除，而排除的理由或者是庭审证据缺乏证据能力，或者是证明力过于微弱。

3. 裁判成果

事实裁判行为最终体现为如下成果：首先是确认庭前会议结论，裁定部分证据材料或者庭审证据不具有合法性，进而排除在定案根据之外；其次是确认部分证据作为建构判决事实的定案根据,为后续建构判决事实奠定基础;最后是在裁判文书中记载并评价控辩双方的质证意见,阐明支持与否的依据和理由。

(三) 建构判决事实阶段

1. 裁判环境

建构判决事实是事实裁判的最后一环,具体过程包括庭审中的事实辩论及合议庭评议中的事实评议。建构事实的裁判环境既包括控辩审同时参与的公开对席审判,也包括秘密的合议庭评议。

2. 裁判行为

一是组织事实辩论。事实辩论是定罪辩论、量刑辩论及涉案财物处理辩论的基础,由控辩双方运用逻辑推理等证明方法,总结论证本方事实主张及依据理由,同时反驳对方的事实主张及依据理由。法官居中主持事实辩论,引导控辩双方围绕事实争议焦点展开对抗。

二是建构判决事实。判决事实首先由承办法官运用证明方法和修辞手段独立建构而成,体现为审理报告中的"经审理查明的事实"及"证据综合分析";其次由合议庭闭门讨论并付诸表决;最后按照少数服从多数原则加以确定。

3. 裁判成果

事实裁判行为最终体现为如下成果:首先完成从证据性事实到判决事实的推理论证,避免呈现事实说理的断层与飞跃;其次运用修辞手法描述判决事实,避免判决事实呈现证据性事实的破碎性和片段性,确保连贯性和故事性;最后全面评价控辩双方的事实主张,即通过对定案根据的分析推理来证成或证伪事实主张,以确认指控事实是否成立,并据此作出是证据不足、指控事实不能成立的无罪判决,还是进入行为性质评价的法律适用阶段。

三、事实说理的裁判逻辑基础

虽然法条规定事实由法院"认定",但从建构主义立场及裁判可接受性角度来看,判决事实并非法官经由证据对客观事实的被动反映和临摹所得,而系先由控辩审三方沟通、对话、论证,后由法官选择、加工、建构而来。程序正义的基本要求就是参与性与对等性,[1]且"多主体的认识互动和对话是裁判结

---

[1] 参见陈瑞华:"程序正义论——从刑事审判角度的分析",载《中外法学》1997年第2期。

果形成的正当性基础",[1]因而事实说理的基础是体现程序正义的事实裁判逻辑,即程序逻辑、证据逻辑与建构逻辑。

(一) 事实裁判的程序逻辑

虽然从溯因推理的角度看,建构事实与考古发现具有一定的相似性,但建构事实不同于考古发现之处在于,建构事实处于特定时空且受法定程序制约,在思维、时空和范围方面体现出鲜明的程序逻辑特点。

1. 无罪推定的思维规制

《刑事诉讼法》第12条虽然没有直接表述无罪推定原则,但学界普遍认为其已经蕴含了该原则的基本要求,因为"无罪推定的首要含义是指证明有罪的责任应当由控诉方承担"。[2]基于无罪推定原则,法官对指控事实成立与否并不承担证明责任,因而在建构事实前在逻辑上应当假定指控事实不成立,自行从定案根据中去"组建"判决事实。质言之,法官在收案时应当对指控事实持怀疑心理,审判中应抛开指控事实并在控辩积极参与下,从定案根据出发重新建构判决事实。

2. 审判程序的时空限制

判决事实的建构受到严格的程序限制,诉讼程序的限制在时间上体现为审理期限及开庭时间等限制,在空间上体现为对席审判的法庭场所限制。原则上,在法定时空范围之外作出的审判行为无效,相应的事实裁判因缺乏程序合法性而不具有法律效力。

3. 指控事实的范围控制

控方在诉讼中总是基于特定的诉请和主张提起指控,辩方总是针对指控准备辩护和进行防御,因而控辩双方总是围绕控诉展开抗辩与对话,法官则根据控诉来组织审理和作出裁判。仅就事实裁判而言,控诉方需要提出明确的指控事实,审判不得及于未经指控的事实,辩方无需抗辩未经指控的事实,[3]此即"诉审同一原则"。与之相应的是,在事实辩论中,控辩双方不得超出起诉书记载的事实范围进行指控和抗辩。法院在裁判文书中记载事实时,不得认定指控事实之外的其他事实;在阐明事理时,法院不得对指控事实之外的其他事实主

---

[1] 参见尚华:"论建构主义与案件事实的认定",载《前沿》2011年第15期。
[2] 参见易延友:"论无罪推定的涵义与刑事诉讼法的完善",载《政法论坛》2012年第1期。
[3] 参见谢进杰:《刑事审判对象理论》,中国政法大学出版社2011年版,第1页。

张作出评价。

（二）事实裁判的证据逻辑

随着证据概念从"事实说"向"材料说"的转变，法庭认识论上"证据材料—庭审证据—定案根据"的概念逻辑得以建立，事实裁判的证据基础也相应地呈现为三次飞跃。

1. 从证据材料到庭审证据的飞跃

控辩双方移送提交的侦查卷宗及自行收集的材料，不会全部进入庭审，均只被视为证据材料。从证据材料到庭审证据的飞跃发生在庭审之前，体现为庭审证据筛选。唯有经过庭审证据筛查进而获得庭审出示资格的证据材料，才能在身份上"飞跃"为庭审证据，进入证据评价的视野。未在庭审中出示的证据材料不得作为定案根据，这无疑是基本的程序要求。

2. 从庭审证据到定案根据的飞跃

证据必须经过查证属实，才能作为定案根据。所谓查证属实，实系法官对经过庭审出示及质证的庭审证据，经审查确认具有证据能力和证明力，进而作为认定案件事实的依据。从庭审证据到定案根据的飞跃，即定案根据确认，有些已当庭认证完成，但大多在庭后评议时实现。

3. 从定案根据到判决事实的飞跃

相比于判决事实，定案根据只是证据性事实。法官"只能通过运用证据的经验推论来认知过去事实发生的可能性"，因而从定案根据到判决事实的飞跃，即判决事实建构，实际是"事实认定者在头脑中重建过去事实的信息加工过程，是通过'证据之镜'对实际上发生了什么进行经验推论的探究过程"。[1]这种飞跃完成于庭后，在法官撰写审理报告及合议庭评议中借助事实推理而成。

（三）事实裁判的建构逻辑

不同于传统认识论强调认识是主体对客体的反映，"当今的建构主义者主张，世界是客观存在的，但是对于世界的理解和赋予意义却是由每个人自己决定。我们是以自己的经验为基础来建构现实，或者至少说是在解释现实"。[2]

---

[1] 参见张保生：《事实、证据与事实认定》，载《中国社会科学》2017年第8期。
[2] 参见张建伟、陈琦：《从认知主义到建构主义》，载《北京师范大学学报（社会科学版）》1996年第4期。

从建构主义视角来看,判决事实的建构与社会知识的习得具有一致性。

1. 参与主体的多元性

审判中参与建构事实的主体不仅包括法官,还包括公诉人、被告人及辩护人等。控辩双方通过法庭调查及法庭辩论,均力图将证据信息及事实主张转化为具有完整情节的不同"故事",促使法官形成有利于本方的事实裁判。而法官则既要把守证据能力门槛以防止非法证据进入庭审,又要明辨控辩主张并据此完成判决事实的自我建构。

2. 交互过程的民主性

程序正义要求利害关系人有机会充分而有效地参与到裁判过程中来,[1]因为人们至少有理由期望,在作出关系他们的判决之前,法官听取其意见,即他们拥有发言权。[2]为此,虽然控辩审三方在庭审内外分工不同、职权具有差异,但交流互动的目的均为参与建构判决事实,因而交互过程具有民主性,相应的意见表达具有规范性,交互行为体现尊重理性。唯有主体间民主性的交互,才能确保各方在判决事实的建构中均能充分表达意见。心理学研究表明,即使法院的最后判决对被告人不利,但只要程序本身是中立的、公平的、公开的,人们也趋向于接受判决结果,中立、公平、公开有助于达成一个令人满意的判决。[3]

3. 最终裁决的参与性

对主体多元性原则的彻底坚持,还要体现在多元主体对裁决结果的积极贡献上。判决是否说理的特征不在于判决是否认定了事实,而在于判决是否阐明了控辩主张能否成立的依据及理由。虽然在文书样式中,判决事实位于定案根据之前,而事理阐明位于定案证据之后,但在逻辑上事理阐明应先于判决事实,系判决事实的建构基础。因而,无论控辩主张是否获得判决事实的支持,控辩双方均已实质性参与到判决事实的建构当中。

四、事实说理"三环九步法"的构建

鉴于刑事案件的事实裁判历经三个阶段,且判决事实系控辩审在程序内交

---

[1] 参见陈瑞华:《法律人的思维方式》,法律出版社2007年版,第192页。

[2] [美]迈克尔·D.贝勒斯:《法律的原则——一个规范的分析》,张文显等译,中国大百科全书出版社1996年版,第38页。

[3] 转引自万毅、林喜芬:"从'无理'的判决到判决书'说理'——判决书说理制度的正当性分析",载《法学论坛》2004年第5期。

互建构而成,事实说理最终主要落实在庭审证据争议、定案根据争议及判决事实争议三个环节之中,进而体现在全面记载并客观评价控辩主张之上,就此可提炼为事实说理的"三环九步法",见图10-2。

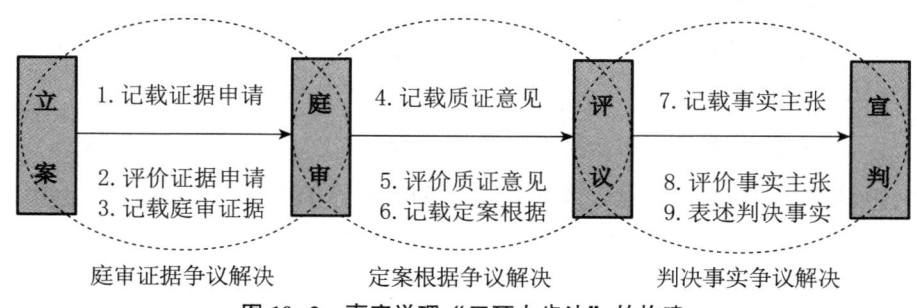

图 10-2 事实说理"三环九步法"的构建

(一) 庭审证据争议解决环节的事实说理

控辩双方庭前向法院提出的调取证据、排除非法证据等各类证据事项的申请,旨在提出庭审证据争议。对此,《刑事诉讼法》要求法院应当在规定期间内答复回应。此种"申请—回应"的互动不仅要求法院及时作出具体裁判行为,更要在事实说理层面完成三个说理步骤。

1. 第一步:客观记载证据申请

证据申请记载客观性的体现,时间顺序上按照提出申请的时间轴来依次记载申请,内容上要完整而不遗漏地记载控辩双方提出的各项证据申请内容。虽然证据申请始于刑事立案且已经答复,但客观记载既是对控辩行为的尊重,更是为证据申请评价奠定基础。

2. 第二步:明确评价证据申请

所谓明确评价证据申请,即是对控辩事实主张作出支持与否的明确宣告,并附合法、合理、客观、中肯的评价理由。判决对证据申请的评价,既是对控辩参与建构事实行为的确认,也为二审提供审查重点。事实上,部分法院已开始在判决中评价证据申请。[1]

3. 第三步:全面记载庭审证据

所谓全面记载庭审证据,即判决不得遗漏任何一方当庭出示的证据。记载

---

[1] 参见刘树德:《无理不成"书"——裁判文书说理23讲》,中国检察出版社2020年版,第433页。

的目的是为判决记载并评价质证意见奠定基础。从裁判文书撰写实践来看，记载的方式有两种：第一种方式是集中记载全部庭审证据，表述方式为"对上述指控事实，公诉人当庭出示了下列证据""就上述辩护意见，辩护人当庭出示了下述证据"。第二种方式是在确认的定案根据之后单独记载未采纳的庭审证据，表述方式为"辩护人还当庭出示了如下证据"，随后直接评价不予认定为定案根据的具体理由。

(二) 定案根据争议解决环节的事实说理

定案根据争议解决往往关系控辩对抗的成败，因为关键性证据有时直接决定指控事实能否成立。该环节的事实说理主要有三个步骤。

1. 第四步：客观记载质证意见

对质证意见可以概括性地合并表述，但不能舍弃与无视。判决全面并简练地记载质证意见，既是对控辩意见的尊重，更为后续评价奠定基础。前述的案例3的问题即在于判决未予客观记载质证意见，导致判决事实说理自身呈现无法解释的矛盾。

2. 第五步：双向评价质证意见

首先，阐明证据能力判断及依据。即法官基于合法性、关联性与真实性要求，反向阐明不采纳庭审证据的理由。法官凡经审查确认庭审证据缺乏任一要求，则排除"飞跃"为定案根据的资格。其次，阐明证明力评价理由。即在证据能力审查的基础上，从证据来源的可靠性及证据内容的可信度的角度深入分析证据之间哪个"更为可信"的问题，[1]从证据信息量的多少及与指控事实关联度的强弱角度评价证据相关性的大小强弱，[2]以决定如何使用被采纳的证据。虽然从"两个证据规定"（即最高人民法院、最高人民检察院、公安部、国家安全部、司法部《关于办理死刑案件审查判断证据若干问题的规定》《关于办理刑事案件严格排除非法证据若干问题的规定》）到 2021 年《最高人民法院关于适用〈中华人民共和国刑事诉讼法〉的解释》大量增加证明力评价规则，但实践中主要由法官根据经验法则和逻辑规则，并在尊重自然科学定论的基础上进行自由判断。公开证明力评价理由，是对法官自由心证的限制，意在让裁判理由接受社会监督及上诉审查。

---

〔1〕 参见何家弘、刘品新：《证据法学》，法律出版社 2011 年版，第 381~383 页。
〔2〕 参见陈瑞华：《刑事证据法学》，北京大学出版社 2014 年版，第 103 页。

3. 第六步：记载排列定案根据

作为解决定案证据争议的裁判成果，不同种类证据进入判决都须转化为文字且须经必要概括，但概括必然存在遗漏信息的风险，因而需要考虑裁剪内容和排列顺序。在内容裁剪方面，对庭审证据适当裁剪的目的在于简洁，但须保持内容客观、形式"原汁"、适度压缩、剔除重复。在证据排列方面，鉴于定案根据与判决事实的关联度、判决受众的阅读习惯、不同证据的种类特征及司法审判的指导思想，证据排列通常体现一定的逻辑。首先，考虑到尽可能给受众阅读判决以完整故事感，犯罪起因证据往往置前，而犯罪结果证据往往置后；报案材料往往置前，而到案经过置后。其次，考虑到无行为即无犯罪，强力支持犯罪行为的证据通常距判决事实更近，相应位置排前。再次，考虑到判决整体形式之美，同种类证据往往排列在一起，而不宜散见穿插在其他种类证据之间。最后，考虑到对"不轻信口供"原则的坚守，客观性证据往往置前，主观性相对强的证据往往置后，被告人供述置于定案根据的最后。

（三）判决事实争议解决环节的事实说理

即便面对同样的定案根据，控辩双方仍可讲述版本各异的"事实故事"，因而事实争议解决环节的事实论证具体包括三个步骤。

1. 第七步：客观记载事实主张

在判决的控辩意见部分将双方对指控事实与法律适用的意见相区分，目的在于为后续评价事实主张奠定基础，避免将对指控事实及法律适用的评价相互交织在一起，而无法实现事理阐明清晰的目的。

2. 第八步：详尽评价事实主张

即在详细阐明推理依据、过程及结果的基础上作出是否支持事实主张的宣告，因为推理系"连接证据与待证事实的桥梁，其功能在于完成证明过程"，[1]证立判决事实。虽然"自由心证是裁判者的一种主观认识活动，裁判者要想对这种认识活动进行事后审查，就必须使之通过一定的客观形式表现出来，从而成为可以评价的对象，一旦心证通过客观化的形式予以表达之后，也为纠正心证中的错误提供依据"。[2]公开评价理由的目的在于公开法官心证，以接受公众监督及上级法院审查。前述案例1的问题在于，判决只是记载了定案根据与判决

---

[1] 参见张保生等：《证据科学论纲》，经济科学出版社2019年版，第157页。
[2] 参见李昌盛："不自由的自由心证"，载《人民法院报》2004年12月15日。

事实，却未阐明具体推理过程，而前述案例2则在实质上没有说理。

需要说明的是，法官在评价事实主张时需要慎重运用推定规则。因为推定造成证明过程的中断，[1]带来证明责任的转移，且推定事实难以达到确实充分的标准，因而通说认为应限制法官对事实推定的适用。[2]推定一般仅用于必须确认却难以举证证明的案件事实，至于是否适用，一般以法律、司法解释规定为限，[3]且在程序上须经过启动、反驳及裁定三个阶段。[4]前述案例3的问题在于基础事实与推定事实之间的联系不具有常态性，即控制他人人身自由既可能为勒索财物，也可能为索要债务，还可能基于其他目的。

3. 第九步：精确表述判决事实

相比起诉书记载指控事实的凝练明晰，[5]针对判决事实如何表述，实践中存在两种倾向，即直接照搬与修辞丰富。[6]虽然直接照搬因不超出指控范围而

---

[1] 参见张保生：“推定是证明过程的中断”，载《法学研究》2009年第5期。
[2] 参见陈瑞华：《刑事证据法学》，北京大学出版社2014年版，第341页。
[3] 如毒品犯罪、走私犯罪及赃物犯罪解释中对"明知"的推定。
[4] 参见何家弘、刘品新：《证据法学》，法律出版社2011年版，第274~275页。
[5] 《人民检察院刑事诉讼规则》第358条第2款第3项要求，起诉书记载案件事实的必备要素包括时间、地点、经过、手段、动机、目的、危害后果等与定罪量刑有关的事实要素。
[6] 如在赵某甲案中，三被告人先后在三地持械殴打被害人。起诉书指控事实共计202字，不区分具体犯罪地点及各自行为，具体表述为"被告人赵某甲于2019年8月12日13时许，在北京市昌平区史各庄村村委会南侧街道北京勤雄富迪超市门前，因行车纠纷与被害人孟某某（男，殁年39岁）发生争执并互殴。被告人王某甲、赵某乙先后赶到现场，伙同赵某甲在史各庄村追逐、殴打孟某某，致孟某某左侧硬膜下出血，继发多脏器功能衰竭，经抢救无效于2019年8月21日死亡。被告人赵某甲于2019年8月12日被当场抓获；当晚，赵某甲协助侦查人员将被告人王某甲抓获到案；被告人赵某乙于2019年8月21日向公安机关投案"。而判决事实共计1304字，详细叙述起因、地点、工具、过程、行为、结果、到案及赔偿等情况，较起诉书的修辞明显丰富，且更能反映各被告人的行为及责任，具体表述为："2019年8月12日13时许，被告人赵某甲驾车经过北京市昌平区史各庄村村委会南侧街道北京勤雄富迪超市门前（第一现场），适逢被害人孟某某（男，殁年39岁）骑电动自行车在此处送外卖。双方因行车问题产生纠纷，并发生争执。后赵某甲下车，纠缠并与孟某某撕扯互殴。被告人王某甲之妻上前拉架，未果后前往被告人赵某乙家，通知赵某乙前往拉架。在互相撕扯过程中，赵某甲对孟某某拳打脚踢，并从旁边汤某某经营的商店摊位上取一木质痒痒挠击打孟某某头部多下，而孟某某的行为致赵某甲唇部及右乳下皮肤抓伤。赵某乙到现场后对孟某某拳打脚踢。王某甲路过现场亦对孟某某拳打脚踢，并曾持墩布棍殴打孟某某。后孟某某挣脱赵某甲等人，空手沿街道北向西、后向北、再折向西跑离第一现场，而赵某乙、赵某甲和王某甲则随后依次追逐寻找。在追逐过程中，赵某乙在路边王某乙经营的小店内取走两个空啤酒瓶，从后方砸向奔跑中的孟某某，未砸中后又捡起一根墩布棍继续追逐寻找孟某某。赵某甲将手中的木质痒痒挠扔掉，在路边余某某经营的小店内拿走一根木质铁锹把追逐寻找孟某某。王某甲则空手追逐并在追逐过程中越过赵某甲。孟某某最终跑进距离北京勤雄富迪超市约255米的雨顺堂超市旁边田某某与涂某经营的小饭馆内躲藏，后赵某乙持墩布棍、赵某甲持铁锹把及王某甲空手相继赶到饭馆，并

免受可能的责难，但从裁判可接受性及司法公开价值角度来看，情节丰富的判决事实应是未来的发展方向。即判决事实在明确记载"六何"之外，增加对起因动机、发展过程、工具形状、行为动作及具体结果的精确表述，在"六何"框架上以修辞笔法增加一定的文学叙事，可弥补判决事实在伦理立场及故事情节方面的不足。因为"基于严格的逻辑分析和先例判决约束的法律推理，对于已经演变为证据和事实记录的活生生的案件进行司法裁判，往往会因追求形式逻辑推导下的合理结果，而忽略具体案件中当事人的个性特征和质性差异，进而在少数案件中出现判决结果与社会公众所普遍认可的共同利益相背离的现象"。[1]这种骨骼与血肉并存的叙事方式，不仅更为受众所接受，而且能为后续法律适用尤其是量刑奠定事实基础。

五、申论：价值判断在事实说理中的适用空间

建构判决事实时是否应当存在价值判断，进而阻断从证据材料到判决事实的某一次飞跃？例如在强奸案中，当性行为是否违背被害妇女意志的事实存疑时，

（接上页）共同强行将孟某某从饭馆内拽往雨顺堂超市西侧空地（第二现场）。孟某某在此处被强行按在地上，后赵某甲先持铁锹把击打孟某某，后拳打脚踢孟某某的头部和上身，并曾捡起砖块多次欲砸孟某某但被他人阻止。在这过程中，赵某乙和王某甲共同对孟某某拳打脚踢，其中赵某乙还曾持墩布棍击打孟某某。外卖员姚某某路过现场见状上前拉架，在被赵某甲赶走后拨打110电话报警。随后孟某某逃离第二现场，沿原路朝勤雄富迪超市方向离开，并到达位于勤雄富迪超市以东105.5米处的史各庄村村委会南侧街东头的车库旁边（第三现场）。赵某乙持墩布棍与赵某甲、王某甲亦离开第二现场，且分别沿原路亦朝勤雄富迪超市方向走去。在到达第三现场后，孟某某趴坐在一辆电动自行车上，随后外卖员赵某丙和王某乙先后经过此处。孟某某分别向赵某丙及王某乙陈述被殴打过程，后赵某丙拨打110电话报警并离开现场去送外卖。王某乙扶孟某某下电动自行车并靠坐在复印店旁边墙上，后在拨打120急救电话后亦离开现场继续送餐。其间警察王某在接警后亦到达第三现场。孟某某向王某陈述了被殴打过程、自己身份信息及嫌疑人体貌特征。后王某在现场周边寻找到赵某甲，确认赵某甲系嫌疑人之一，并准备带赵某甲离开现场。赵某甲在经过孟某某身边时突然拳击孟某某头面部多次，致孟某某随即趴倒在地，后赵某甲被警察直接带回史各庄派出所接受审查。120急救车赶到现场后，将孟某某送至北京大学国际医院抢救。2019年8月12日晚，赵某甲带领侦查人员前往王某甲居住地将王某甲抓获到案。2019年8月21日7时，孟某某经抢救无效死亡。8月21日9时，赵某乙主动前往史各庄派出所投案。后经鉴定，孟某某符合头面部受钝性外力作用，致左侧硬膜下出血，继发多脏器功能衰竭死亡；赵某甲身体所受损伤程度为轻微伤。2019年12月12日，赵某甲、赵某乙、王某甲在各自家属的协助下与孟某某的亲属达成和解协议，三被告人家属共同赔偿人民币180万元，被害人亲属对三被告人的犯罪行为表示谅解，请求司法机关对三被告人最大限度地从轻或减轻处罚。"

[1] 参见张轶君："司法文书中的文学叙事与判决伦理"，载《理论月刊》2018年第1期。

能否因考虑到强奸罪的打击对象与保护价值而直接认定强奸事实成立,这在实践中存在巨大争议。

不可否认的是,建构事实在宏观层面不能离开价值取向的指导,无论是论证过程还是用语表达都要弘扬真善美、鞭笞假丑恶。最高人民法院《关于深入推进社会主义核心价值观融入裁判文书释法说理的指导意见》也明确要求,"对于裁判结果有价值引领导向、行为规范意义的案件,法官应当强化运用社会主义核心价值观释法说理,切实发挥司法裁判在国家治理、社会治理中的规范、评价、教育、引领等功能,以公正裁判树立行为规则,培育和弘扬社会主义核心价值观"。但在微观层面,需要深入事实说理的具体行为,分类讨论价值判断的适用空间。

(一) 证据审查时需考量价值判断

证据能力审查受证据法规范,而"证据法不仅应当反映社会价值观的现状,而且应当反映它的发展,只有这样才能指导旧规则的修订和新规则的创制,从而更好地服务于我们共同信奉的社会价值"。[1]法官在把控从证据材料到定案根据的两次飞跃时,需要融入公正、和谐及法治等社会主义核心价值观。

首先要融入公正价值。公正是判决可接受性的基础,也是非法证据排除规则的唯一正当理由。《刑事诉讼法》第 56 条规定,排除以刑讯逼供、暴力、威胁等方法取得的言词证据,理由即是因取证手段侵权而欠缺公正性,同时规定排除物证、书证的条件是"可能严重影响司法公正"。文明审判不能容忍不公正的取证方法。虽然公正常表现为"普罗米修斯的脸",但来自人民群众实践的常识常情常理则较为恒定。事实说理不能只为追求逻辑严密而背离常识常情常理。[2]若真如此,则犯错的一定不是老百姓的常识常情常理,而是事实说理自身,正如前述案例 1 所示。

其次要融入和谐价值。"和谐理念作为一项证据政策,体现了人们在求真和求善之间所作出的价值选择。"[3]《刑事诉讼法》第 193 条有关被告人的配偶、父母、子女即便没有正当理由也不能强制出庭的规定即明显体现了和谐价值观。

---

[1] 参见张保生:"证据规则的价值基础和理论体系",载《法学研究》2008 年第 2 期。

[2] 参见陈忠林:"'常识、常理、常情':一种法治观与法学教育观",载《太平洋学报》2007 年第 6 期。

[3] 参见张保生:"证据规则的价值基础和理论体系",载《法学研究》2008 年第 2 期。

《美国联邦证据规则》第 407 条确立的排除事后补救措施证明过错时证据能力的规定，也体现了和谐的社会政策考虑因素，因为"用一个人的善良行为来反对该人是不正当的",[1]且"破坏了这些特殊关系而获得查明事实真相的价值，不及牺牲查明事实真相而维护这些关系的价值"。[2]

最后要融入法治价值。在公正、和谐之外强调法治价值，意在严格遵守证据法规范，尤其是对非法证据排除规则及瑕疵证据补正规则的遵守，防止具象的法治为抽象的公正与和谐所湮没。

（二）事实建构时宜远离价值判断

从定案根据飞跃到判决事实的事实建构，直接关系指控事实能否成立，因而应远离价值判断，遵循自然推理规则。首先，事实建构关系被告人能否出罪。建构判决事实的同时是对指控事实能否成立的判断，而这直接关涉对被告人名誉、自由、财产乃至生命的剥夺，故不宜存在价值判断。在前述案例 1 中，法院在面对强奸事实存疑时不能仅考虑强奸罪对女性提供的立法保护，还应该考虑到刑法也是"自由人的大宪章"，应对男性被告人的非犯罪行为提供保护。其次，事实建构关系到犯罪真凶能否被追惩。刑事司法的目标是"惩罚犯罪，保护人民"，被害人希望惩戒的是真凶，而建构判决事实直接关系到被指控人是否被司法认定为"犯罪真凶"。如因价值判断影响认定"犯罪真凶"，对被害人将是另一种伤害。

（三）阐明事理时可融入价值判断

事理阐明体现在对控辩意见的评判中，常受公众聚集性围观与解剖式评价。因评判控辩主张要讲明情理以体现法理情相协调，进而论证推理要发挥价值引领作用，故应融入社会主义核心价值观，引导社会向善风尚。

"事理是所有道理的基础，一个案件的事理不清，其他道理就没有根基",[3]当然后续定罪量刑也就无精确可言。在事实争议案件中，为确保一审判决稳定，法官可参照"三环九步法"的逻辑与方法，在社会主义核心价值观的指导及控辩审三方的交互参与下，客观记载证据性程序争议、定案根据确认争议及判决

---

[1] 参见王进喜：《美国〈联邦证据规则〉条解》，中国法制出版社 2012 年版，第 95 页。
[2] 参见张保生："证据规则的价值基础和理论体系"，载《法学研究》2008 年第 2 期。
[3] 参见胡云腾："裁判文书的说理艺术"，载《法制日报》2007 年 6 月 17 日，第 14 版。

事实认定争议，运用法律规范、逻辑规则、经验法则及常识常情常理建构判决事实并客观、中立、充分评价控辩主张。事实说理"三环九步法"既是判决对事实建构逻辑方法的映射，也是对审判实践经验的总结，并为最高人民法院《关于加强和规范裁判文书释法说理的指导意见》及《关于深入推进社会主义核心价值观融入裁判文书释法说理的指导意见》的落地见效提供经验路径。

第十一章
量刑说理如何运用类案？[1]
——量刑参考机制的再构建

在刑事裁判文书中，量刑说理是裁判结果正当性、权威性和可接受性的重要载体，"正义不仅要实现，而且要以看得见的方式实现"。然而，现阶段刑事裁判文书普遍重定罪说理、轻量刑说理，量刑说理中重结论而轻分析、重定性而轻幅度、重叙述而轻回应，量刑说理仍处于不完全说理阶段，普遍简单陈述事实、援引法律条文后直接得出判罚结果。千篇一律、公式化的量刑说理忽视个案特征，难以满足人民群众对司法公正、司法公开的期待。有学者统计，当事人因刑罚过重提出上诉的比例不断提高，其中80%在二审阶段均维持原判且该比例逐年增长。[2]量刑说理现状与民众期待间的巨大落差，提示我们亟需探索新的说理方法和说理规范。

说理是司法裁判的特有过程，但说理却不仅仅是一个司法问题，说理的过程实际上是对依据立法规范及司法解释等大前提进行司法推理的过程说明，是一项体系化的工程。有论者认为，"理"蕴含在成文法中，要件规制了法官说理的范围，法官只要正确适用法律就可以充分说理。[3]这种观点是在法律规范完备时的一种理想情境，但反观现阶段宽泛的量刑规范，并不足以为量刑说理提供明确的推理大前提，仅凭逻辑亦无法从宽泛的量刑规范中推理出待决事实的刑量。因而仅提高说理要求、增设量刑说理考核指标、提高量刑说理责任负担，而不提供说理方法（包括量刑指导和说理规范）对于法官而言是过于严苛的。

对于量刑，各国普遍通过细化规范来解决量刑不均衡的问题，包括判例法国家在内，如《美国量刑指南》通过量化方法，将罪行划分等级并对应相应刑

---

[1] 此部分系与江珞伊合作而成，以论文形式发表于《法律适用》2022年第1期。
[2] 参见张武举、胡泽恩："辅助量刑说理的量刑模型附表制度研究"，载《公安学刊（浙江警察学院学报）》2020年第3期。
[3] 参见胡云腾："论裁判文书的说理"，载《法律适用》2009年第3期。

罚；英国没有采用统一的法典，而是通过《英国刑事司法法》《英国验尸官和司法法》等单行本的模式。[1]在我国，《关于常见犯罪的量刑指导意见（试行）》《关于规范量刑程序若干问题的意见》等都旨在进一步规范量刑活动，针对具体罪名法律适用的司法解释中也普遍对量刑幅度进行分级和细化。但除幅度宽泛之外，问题还在于现有量刑规范仅列出某诉争量刑行为对应的刑罚幅度，而司法中对评估待决案件事实是否属于诉争行为及其程度判断需要的理论基础、认定要素，以及诉争量刑行为对应刑罚的判断中需要的司法趋势、相关数据等均未涉及，未给量刑司法提供方法指导和数据参照，且其中缺失的部分在实践中并不能得到充足培训的支持。同时，仅仅通过刑罚幅度无法倒推出立法者的思考过程，现有规范实际上并未说明落实的方法和路径。这不仅使单个诉争行为的刑罚幅度难以确定，还可能使量刑由于量刑规范的分散性而变得更加困难，在存在多个诉争行为时极易出现重复评价问题，对于"隐蔽式"的量刑过程亦无法进行有效的监督。

以此为基础，针对上述量刑说理中的诸多问题，尤其是量刑不均衡的问题，笔者试以类案为基础为量刑推理提供更精细但不具备强制适用效力的参考，以此丰富量刑指导方式，缓解量刑推理大前提难以应用的问题；同时通过规范说理将量刑方法、量刑尺度、量刑思维融入量刑说理过程，探索缓解量刑不均衡问题的路径，从而规范、细化、均衡量刑说理，使量刑过程可视化，从形式公开向实质公开转变，减少量刑环节的腐败滋生，满足人民群众不断增长的司法需求和对同案同判的司法期待。

一、量刑类案参照的逻辑基础

司法的本质是通过适用法律来实现正当的个案裁判，个案裁判的"正当"不仅要求罪量与刑量相适应，而且要求"对相同情形或极为相似的情形予以平等对待"，[2]因而量刑中参照类案是实质正义的内在要求。除此之外，量刑中类案参照的必要性还体现在更具体的层面上。

---

[1] 参见[英]安德鲁·阿什沃斯：《量刑与刑事司法》，彭海青、吕泽华译，中国社会科学出版社2019年版，第20~38页。

[2] 参见[美]E.博登海默：《法理学 法律哲学与法律方法》，邓正来译，中国政法大学出版社1999年版，第319页。

（一）量刑三段论推理的必然选择

在刑事司法三段论推理中，依据罪刑法定这一"底线"原则，法律规范未涵摄待决案件事实的情形应当认定为无罪没有争议；对于法律概念含义模糊的情况，应当对法律概念进行解释，对待决事实进行加工，不断往返于法律规范和待决事实之间，以认定二者之间是否存在涵摄关系。法律解释实际上是运用法律原则、解释方法，[1]从不同角度对某一法律概念含义、范围具体化的过程，已决类案针对相似事实通过法律解释得到结论并发生效力，从中可以提取解释过程、解释方法、解释结论。因而与普通法系类案的司法应用不同的是，大陆法系类案在司法推理过程中不是作为大前提存在的，而是为待决案件的法律解释过程提供参照，成为强化判决结论或所持立场的理由，已决类案与待决案件间是否真正具有实质相似性依然取决于实践者的理性证成（事实相似性判断+价值相似性判断），类案检索并不能直接取代类案判断。[2]这意味着，普通法系判例中凝练出的规则一般抽象程度较高，本身即作为法律规则，而大陆法系判例中提炼出的规则一般抽象程度较低，只是对法律规则在某一类案件适用中的细化解释。对此有观点认为，参照已决类案进行法律解释的方法违反了刑事司法中禁止类推解释的原则性规定，有违罪刑法定原则。这种观点实际上混淆了类推解释和类比推理两个概念的含义。[3]

类推解释是与扩大解释相关联的概念，按照法律解释与法律概念词义的对应关系，法律解释可以分为文义解释、扩大解释和缩小解释，其中，扩大解释按照解释后的含义是否明显超过法律概念词义范围以致违反罪刑法定原则分为一般的扩大解释（不违反）和类推解释（违反）。而类比推理是一种依据案件相似性（包括在基本事实、争议焦点、法律适用问题等方面具有相似性），由前提推导结论、适用法律原则进行实质推理（辩证推理）的思维过程，"法是一种对应，因此法的整体并非条文的复合体，也并非规范的统一体，而是关系

---

〔1〕 法律解释的分类存在多种观点，一般的解释方法包括语法解释、逻辑解释、系统解释、历史解释、目的解释和当然解释等。参见张文显主编：《法理学》，高等教育出版社1999年版，第331~332页。

〔2〕 参见孙海波："类案检索在何种意义上有助于同案同判？"，载《清华法学》2021年第1期。

〔3〕 参见刘树德：《无理不成"书"：裁判文书说理23讲》，中国检察出版社2020年版，第105页。

的统一性。关系统一性与对应，便意味着类比推理"。[1]类比推理中类案仅是法律解释过程中的参照，不同于英美刑法中以先例作为推理起点的类比推理，亦不同于解释含义超出罪刑规范的类推解释。

定罪过程和量刑过程中参照类案的类比推理亦存在差异。司法权是一种判断权，与其他判断权相比，其"特色"在于以个案的方式将抽象的法律具体化，从而为人们未来的行动提供具体的指南。[2]定罪过程的判断是"是非"判断，而量刑过程的判断主要是"程度"判断，这决定了：其一，罪量和刑量之间没有自然或必然的对应关系，因而充分的个体思辨和论证可以作为定罪过程中"是非"判断的依据，但却不能为量刑中的"程度"判断提供充分的理由，逻辑性的法律解释方法难以适用于量刑过程，经验性的类案参照可适用性更强。其二，定罪过程中参照的类案可以是个案，而量刑过程中参照的类案必须是"大样本"意义上的，因为从我国现有裁判文书量刑说理的现状来看，多个量刑过程（包括量刑基准、量刑起点、量刑情节幅度的确定等）对应一个量刑结果，量刑裁判中缺少对各量刑阶段的划分，其中的规律往往是隐性的，从个案刑罚结果中难以倒推出各阶段的量刑结果及某一阶段的量刑"程度"。因而较之于定罪过程中作为辅助方式的"个案"视角的类案参照，量刑过程中从"大样本"视角参照类案是必要的。

（二）自由裁量中法官刑罚观念的平衡参照

量刑说理的根基在于法官自由裁量权的范围，现有量刑规范规定量刑过程包括确定量刑起点、基准刑和宣告刑三个步骤，[3]其中，在法定刑范围内依据基本犯罪构成事实选择量刑起点、根据其他影响犯罪构成的犯罪事实在量刑起点的基础上确定基准刑、酌定情节的认定、量刑情节幅度的确定、综合全案情况确定宣告刑等阶段均存在较大的自由裁量空间，而多个阶段的叠加使得量刑的不确定性呈指数倍增大，同时实践中也存在不分阶段整体量刑的情况，这无疑将进一步增大量刑的不确定性。以故意伤害致一人重伤、具有自首情节这一事实为例，根据现有量刑规范，故意伤害致一人重伤的法定刑区间为三年至五

---

[1] 参见［德］阿图尔·考夫曼：《类推与"事物本质"：兼论类型理论》，吴从周译，学林文化事业有限公司1999年版，第41页。

[2] 参见陈景辉："同案同判：法律义务还是道德要求"，载《中国法学》2013年第3期。

[3] 参见2021年最高人民法院、最高人民检察院《关于常见犯罪的量刑指导意见（试行）》。

年有期徒刑,具有自首情节的可以减少基准刑的40%以下,犯罪较轻的可以减少基准刑的40%以上或者依法免除处罚。理论上法官可以在三年至五年有期徒刑中选择任一点作为基准刑,对于一般的自首情节可以在0到40%的幅度内选择减少基准刑的幅度。从刑罚幅度范围来看,选择三年有期徒刑作为基准刑同时因自首情节减少基准刑的40%和选择五年有期徒刑作为基准刑同时因自首情节减少基准刑的5%,二者的宣告刑分别为一年九个月十八天有期徒刑和四年九个月有期徒刑,相差约三年有期徒刑,当然如果法官判断自首情节量刑幅度时认定属于"犯罪较轻"的,宣告刑的差异可能进一步扩大。可见量刑中法官自由裁量的范围明显过于宽泛。同时"鉴于根据宽泛的规范量刑之法官为数众多这一事实",[1]量刑不均衡的问题日益凸显,无法满足民众对量刑公平、均衡、可预测的合理期待。

自由裁量宽泛带来的量刑不均衡只是表象问题,更为严峻的问题是其中包含了法官个体的刑罚观念。量刑方法、评判标准是立法问题,将其纳入司法中自由裁量的范围是对立法和司法边界的混淆,法官可以对不同于立法规范的观念以个人名义进行论述和表达,可能以建议的形式体现在修法中,但不能借用自由裁量权的名义。

"一致的价值经验是认识正义的基础,认可此种主张并不困难,难处正在于实际获得一种广泛一致的价值经验。"[2]需要关注的是,客观法律价值本身带有一定的"主观性",一方面,关于法律概念的客观性(是否同与之相关的外部世界客体种类之间存在一种对应关系)长期以来存在争论。[3]另一方面,价值判断亦不可避免地带有主观性。即便认可存在完全客观的法律价值,客观的法律价值与主观的"价值经验"亦并非相对立的概念,客观的法律价值仅能通过法官主观的"价值经验"选择的概率来趋近。正如海因里希·胡布曼指出的:假使不仅若干人认定这些价值是宝贵的,反之,其可以满足所有——具有人类本质的——人的需求,并实现他们的希望,那么这些价值就是"客观的",

---

[1] 参见[德]汉斯·海因里希·耶赛克、托马斯·魏根特:《德国刑法教科书》,徐久生译,中国法制出版社2017年版,第1173页。

[2] 参见[德]卡尔·拉伦茨:《法学方法论》,陈爱娥译,商务印书馆2003年版,第7页。

[3] "唯实论"认为概念同与之相关的外部世界客体种类之间存在一种对应关系;"唯名论"认为概念不是现实世界中事物的复制品,人心智的世界必然同客观世界相分离。

或者说一般有效的。[1]而类案正是在法官主观"价值经验"选择概率载体的意义上作为趋近客观法律价值的参照,进而成为约束量刑自由裁量权、平衡法官刑罚观念的参考标准制定的基础。

(三)刑量尺度"普遍性"的合理来源

罪量和刑量间没有自然或必然的对应关系,其不可避免地受到刑罚观念、社会价值理念、民众认知、刑事政策、社会治理情况等多重因素的影响,在司法中将"幅对幅"的规范细化到"点对点",仅通过逻辑推导是不可行的;同时不能追求对应关系的绝对性、唯一性,只能讨论其相对性、合理性。从量刑公平和均衡出发,笔者认为,合理的对应关系至少需要满足两个条件:横向上,量刑是公共谴责的一种方式,所施加的刑量应当合理表达对某个罪行的谴责程度,诉争行为对应的刑罚幅度符合一般观念,即适用的刑罚具有普遍性;纵向上,行为、结果与刑罚的程度间能够成比例地对应,即刑罚的轻重具有阶梯性。

理想的普遍性来源是涵摄所有民众观念的统计结果,而该结果在操作层面上难以获取,部分民众的代表性亦存疑,同时民众对犯罪趋势和量刑实践的了解有限,因而往往关注"纸面上的正义",相信裁判文书中量刑的严苛性与威慑效果之间存在因果关系。但一方面,犯罪黑数、侦查起诉、刑罚执行、附带后果(如职业限制、后代影响等)均影响刑罚系统,如剑桥大学一项研究发现高风险的侦查要比刑罚更具有威慑效果;[2]另一方面,更广泛的社会因素可能对犯罪率产生影响,如贫困人口比例、毒品形势、监控覆盖率、防盗技术的发展等,一项关于机动车犯罪的研究表明,20世纪60年代转向锁的引入在减少盗窃车辆方面远比更严厉的量刑政策有更多的作用。[3]因此关于刑罚威慑力的过于简单的想法是不成立的。因而虽然以比例为基础的量刑制度是通过对犯罪严重性和刑罚严厉性的公众评估而广为人知,与民意的紧密性将会强化量刑制度可感知的合法性,必须重视吸收基于社会变化的国民规范意识的变化,但民意不是"王牌",仅仅是讨论中的一个要素,同时应当在使民众知情这方面提

---

〔1〕 参见〔德〕卡尔·拉伦茨:《法学方法论》,陈爱娥译,商务印书馆2003年版,第8页。

〔2〕 参见〔英〕安德鲁·阿什沃斯:《量刑与刑事司法》,彭海青、吕泽华译,中国社会科学出版社2019年版,第89页。

〔3〕 参见〔英〕安德鲁·阿什沃斯:《量刑与刑事司法》,彭海青、吕泽华译,中国社会科学出版社2019年版,第82页。

供方法和路径。

从普遍性来看，类案相较于民意更适合作为确定刑罚幅度的基础。类案实质上是司法领域的民意，代表了法官在个案中的选择，相较于民意，其具有专业、明确、易获取等优势，同时裁判中参照类案也是司法产品统一性的内在要求。量刑阶段与定罪阶段的类案参照不同，需要以大量甚至全部类案为基础。一方面，个案对比中无法讨论量刑均衡，亦无法评价优劣，大样本中多数选择内含的公共理性和"客观"规律是讨论的基础。其中，刑法作为公共规范，其正当性、权威性、有效性源于公共理性；[1]"客观"规律是指在量刑过程中普遍存在的某些因素之间相对客观的联系。因此大样本类案中量刑活动的规律可以作为量刑参照或评判量刑的标准，这是基于法律权威性来源的合理论断。另一方面，基于量刑说理现状，已决个案中普遍仅能提取部分量刑事实、法定刑、量刑情节类型及宣告刑，只有在大样本视角下，通过控制变量的方式，才能还原个案司法裁判中的具体过程。因而与定罪过程不同的是，量刑中类案的可参考性不仅源于已决案件的裁判效力，更源于在已决案件裁判结果的趋势中体现的"普遍性"。或许正义所要求的量刑幅度的"普遍性"是一个只能靠近而永远无法达到的理想，但所有具有参照性的已决类案裁判的统计结果是实践意义上距离理想"普遍性"最近的一点，且此行为本身即具备了程序上的"普遍性"。因而类案可以作为量刑幅度标准的参照基础，同时量刑中参照的类案应尽量覆盖所有具有参照性的已决裁判，随着类案样本的扩大，统计的结果逐渐接近理想的"普遍性"来源。

综上，量刑过程中的类案应用思路不同于案例指导制度和类案检索制度，后两者是个案意义上的，而量刑中的类案应用是大样本意义上的。样本容量越大，类案的统计结果就越接近普遍性的要求。同时基于现阶段司法中案多人少的矛盾、司法责任制的要求，也为了避免个案中重复性统计工作对司法资源的浪费、统计样本差异导致的结果差异，量刑中的类案参照应着手于规范细化层面，补充、细化、明确量刑推理的大前提。

二、量刑中大样本类案参照的功能衔接

大样本类案参照与个案参照的区分不仅在于类案数量的多少，随着量变引

---

[1] 参见刘军："刑法学中的被害人研究"，山东大学2010年博士学位论文。

发的质变，大样本类案可以在以下方面拓展其参照功能，并更好地与量刑中的程度判断相衔接。

(一) 差异化判决合理性的判断

参照类案裁判受到以下最广泛的质疑：一是大样本类案应用实际上依赖于概率，裁判结果所占的比例可能与其合理性并不相关，且随着类案样本的扩大，占大概率的裁判结果可能是变化的，这本质上等同于抛硬币或掷骰子，仅是一种随机正义（random justice）。[1]二是已决类案的裁判结果并不必然是正确的，在"前案"存在缺陷时，参照类案仅是"错上加错"，且社会是不断发展变化的，已决类案的裁判理由是否仍适用于待决案件需要检验。

笔者认为，第一点质疑对于定罪阶段的类案参照可能是合理的，但并不适用于量刑阶段。如上所述，定罪阶段的推理是"是非"判断，仅以类案结果的概率进行判断，必然存在结果不确定等问题，因而定罪阶段的类案参照不应当依赖于概率，而应注重基础事实间的实质相似性和裁判理由的可参照性。参照类案并不改变原三段论推理的结构，并不是将占大概率的已决类案的裁判结果直接作为推理的大前提，仅是将已决类案的推理过程作为参照，因此对于定罪阶段的类案参照，裁判结果的概率仅是参考的一个因素，核心是类案裁判理由中的三段论推理是否对于待决案件具有参考价值或指导意义。而量刑阶段的推理是"程度"判断，占大概率的类案裁判结果在一定程度上代表了刑罚幅度的"普遍性"，这本身即为量刑正当性的重要来源。因而与定罪过程不同的是，类案结果的概率对于量刑幅度的确定具有重要参照价值。对于第二点质疑，差异化判决是客观存在的，可以分为正当的差异化判决和不正当的差异化判决，正当的差异化判决是基于事实差异性通过法官自由裁量进行区分的合理结果，因而对于第二点质疑应对的关键是对不正当差异化类案的筛选和排除。在这一点上，基于量刑推理的特点，可以从大样本视角改变类案裁判结果的参照方式，以大样本类案裁判趋势中所包含的司法规律和代表的程序正义为基础，通过幅度修正划定差异化判决中刑罚的正当范围，排除正当范围外的已决类案，为差异类案的合理性判断提供标准。因而上述质疑无法从根本上否定类案的参照价值，合理运用大样本类案可以为评价量刑合理性，进而筛选可参照类案、细化

---

[1] 参见孙海波："反思智能化裁判的可能及限度"，载《国家检察官学院学报》2020年第5期。

量刑幅度、弥合程度判断的主观差异等提供方法和路径。

(二) 类案规律的积累和修正

现阶段宽泛的量刑规范使自由裁量的空间过大,法官在量刑中缺少量刑尺度的参照和量刑方法的培训,法官个体刑罚观念的融入使得量刑不均衡的问题凸显。在量刑中参照类案可以有效缓解量刑不均衡的问题,但其一,量刑中参照的类案是"大样本"意义上的,鉴于可获取的司法案件数量巨大,期待法官在每个个案中进行"大样本"的类案检索和统计未免要求过高,这也是对司法资源的巨大浪费。其二,虽然从普遍性来看,类案适合作为划定刑罚幅度的基础,但基于司法人员在教育背景、工作内容等方面的相似性,接触犯罪的频繁性、非亲历性,与其他群体的刑罚观念间可能存在差异,类案中的司法趋势与"普遍性"的要求仍存在差距。其三,司法量刑与社会治安间并不是直接相关的,犯罪形势、司法政策、刑罚执行状况、替代刑罚方式,甚至监狱管理现状等因素的变化均会对刑罚适用产生影响,同时只有通过相关数据的变化方能反映刑罚的实际影响,确定调整方向。因而量刑良性循环的形成需要以相关数据作为支撑,才能把握好尺度,避免刑罚幅度沦为一种"数字游戏"。

量刑规范设计不是一个纯粹逻辑、经验的比较与判断问题,更是一项科学的统计分析工作。在类案、民意、相关数据等的基础上,需要全局视角的加入,从整体上对刑罚幅度进行阶梯性的宏观调控:其一,量刑规范本身蕴含了公正,只有在全面把握诉争行为客观表现的基础上才能合理划定其程度;其二,某些政策调整只有通过宏观调控的方式才能实现。因而在刑罚幅度的确定中,类案、民意、相关数据、宏观调控都必不可少,将大样本类案统计结果进行积累和修正是量刑过程中类案应用的必经之路,将其进行规则化和推广,将极大地减少再试错成本,亦是司法效率、资源分配与责任落实的共同导向。同时,"法律必须是稳定的,但不可一成不变",[1]法律通过修订与解释日益适应生活的复杂多样性与变幻无穷性,其导向与内容亦会随着时间发展、变化,因而类案筛选中应当注重时效性。

问题的关键在于如何平衡量刑规范的强制性与精确性,作为基础的一点是,

---

[1] 参见 [美] 罗斯科·庞德:《法律史解释》,邓正来译,中国法制出版社2002年版,第2页。

相较于客观事实的复杂多样，规范类型化的能力是有限的，强制性规范需要严格的制定程序作为其合理性与合法性的保障，同时亦应当具有稳定性，这决定了强制性规范不可避免地存在无法涵盖特殊事实及滞后于社会发展等问题，因而强制性的量刑规范在幅度上不能过于精确，否则量刑自由裁量权的丧失将因为同等评价不同的事实而产生不公平的问题。量刑规范中强制性与精确性是一对"矛盾"概念，现有强制性量刑规范的宽泛性是难以避免的，因而在提高量刑精确性的同时必须舍弃其强制性。在现有量刑规范的基础上，可以尝试构建非强制性的、更精确的量刑参考，以平衡量刑指导方式的强制性与精确性。结合类案样本的实时更新性、类型丰富性，可以运用类案作为构建量刑参考的数据基础，按照事实类型等进行分类，提供全面化、类型化、个性化的量刑指导。

（三）与网络技术结合的方式及限度

大样本类案应用需要进行大量的提取、统计、筛选、修正等工作，因而如何将大样本类案与网络技术相结合，利用网络技术计算准确、便捷的优势将大量、繁杂的重复性工作简化，提供多视角、多标签的量刑参考是需要关注的一个重要问题，关乎量刑中类案应用构想的落地。2016年发布的《国家信息化发展战略纲要》和《"十三五"国家信息化规划》将建设"智慧法院"列为国家信息化发展战略，2017年最高人民法院针对智慧法院建设专门发布了《关于加快建设智慧法院的意见》，网络技术融入司法是科技发展和司法效率的必然要求，但对于如何融入及融入的限度存在争议。

从导向层面来说，完全理性的司法需要具备司法适用法律而不创造法律、法体系完美无缺、概念主义、裁判的非道德性四个条件。[1]仅在满足这些条件的情形下，司法裁判中可以排除价值判断，但这些条件均是法律规范完备时的理想情境，是法律规范制定的目标与追求。当前，基于规范的滞后性、事实的多样性、价值的多元性，司法的本质在于它是一种依靠人类理性通过争辩和对话获致裁判结论的过程，逻辑推理与价值判断共同组成了司法的推理过程。其中，价值判断的过程是复杂多样的，往往需要进行协商甚至妥协（立法中的价值判断亦是如此），这也是司法推理的核心。而司法裁判智能化采取

---

[1] 参见［美］斯科特·夏皮罗：《合法性》，郑玉双、刘叶深译，中国法制出版社2016年版，第311~314页。

的"简化裁判过程"和"消解价值判断"的双重策略均与司法的一般性质相悖,因而机械化司法可能会走向实质正义的对立面。[1]从操作层面来看,网络技术是否可以识别裁判文书中的语言亦受到质疑,因为法律语言是一种活生生的语言,单义性法律语言的理想是无法达到的,[2]因而裁判的"智能化"必须是有限度的。其具体应用可以分为辅助性功能与决定性功能,[3]现有网络技术的应用范围主要涉及辅助性功能,同时应以司法裁判中的"理性"部分为限。

就量刑中类案应用而言,如民意等数据的融入、政策性调整、量刑中程度的对应等应当在网络技术应用中作出保留。网络技术主要可以应用于类案智能化识别、检索、归类(从数据库中归纳出规则模型)、统计、通过编程和算法进行运算以及裁判偏离预警几个方面。具体而言,第一步尝试可以在以下几个方面进行:其一,中国裁判文书网对可以公开的文书进行了汇总,但作为研究样本的类案应当涵盖不可以公开的文书,因而可以在中国裁判文书网的基础上,构建涵盖不公开案件、供内部研究的类案案例库,共同作为类案智能化应用的基础样本库。其二,将类案样本库与法院结案系统相对接,由法官在结案上传文书时自主为文书设定标签(如量刑事实类型、量刑基准、认定的量刑情节类型与幅度等),系统也可以自主识别案件的地域、时间、审级等特征,由系统进行自动化识别、汇总、计算,并根据计算结果对类案进行筛选,以筛选后的类案趋势作为量刑参考制定的数据基础,同时在运用智能系统自动计算类案量刑幅度时,在选项的设定上,除了作为参照主体的量刑因素,应当为使用者提供更多细化、分类的选项,如地域、时间、当事人基本情况等,便于法官在应用时获得更贴近待决案件事实的类案量刑趋势,以实现动态化调整和更新、个性化选择和应用。其三,依据量刑参考定期对量刑裁判进行自动检测,针对偏离量刑参考较远的裁判文书进行复核,一方面核查其偏离理由,另一方面通过合理的偏离理由进一步调整量刑参数。

---

[1] 参见孙海波:"反思智能化裁判的可能及限度",载《国家检察官学院学报》2020年第5期。
[2] 参加[德]考夫曼:《法律哲学》,刘幸义等译,法律出版社2004年版,第187页。
[3] 参见冯洁:"人工智能对司法裁判理论的挑战:回应及其限度",载《华东政法大学学报》2018年第2期。

三、量刑参考机制的再构建

已决裁判文书量刑说理的概括性、模糊性、多因一果性为量刑过程的类案参照提出了新的要求，基于"普遍性"作为统计基础的样本，应尽可能全面地涵盖可参照的类案，并将类案量刑中的认定要素和刑罚幅度进行个案还原和宏观调整，笔者试以类案为基础、以刑罚评价要素为核心，在量刑规范的基础上，通过降低强制性、提高精确性丰富量刑指导方式，构建一种新的量刑参考机制。

（一）"类案"发现

类案应用的首要问题是确定"类案"的范围，对于何为类案存在不同的观点，不仅如此，在更为基础的层面上亦存在争议。概念否定论认为"同案同判"的逻辑前提本身不成立；本质消解论认为"同案同判"是一种道德性要求，而非强制性的法律义务；方法怀疑论着眼于"同案同判"在实践运行中面临可操作性的困难和障碍。[1]对于本质消解论，现阶段类案参照不是司法的必经程序和必然要求，其原因在于没有明确的参照方法和路径，定罪过程中"是非"判断如何参照类案尚存在诸多争议，更遑论规范幅度宽泛、先例表述不明、诸多环节交融的量刑过程中的"程度"判断了。但这仅是方法上的困难，并不影响类案参照的底层逻辑，类案参照在司法中，尤其在量刑过程中，是完善法治的必经过程。一方面，法律旨在创设一种正义的社会秩序，如果法律制度不能满足正义的要求，从长远来看，其无力为政治提供秩序与和平，如果没有有序的司法执行制度来确保相同情况获得相同待遇，正义也不会实现。[2]因而同样情况被同等对待是实质正义的必然要求，司法的内在性质决定了类案参照的必要性和不可放弃性。另一方面，司法产品应当具有统一性，司法的外在期待赋予法官参照类案的责任。而概念否定论和方法怀疑论是对于"类案"概念划定和应用路径的质疑，本质上均集中于应用层面，并不影响同案同判的司法导向。而概念划定与应用路径是相互关联、相互影响的，"类案"的范围决定了

---

[1] 参见孙海波："'同案同判'：并非虚构的法治神话"，载《法学家》2019年第5期。"同案同判"与"类案类判"在词语含义上虽存在差别，但其在法学研究中的实质意义上是相同或者说是相近的。

[2] 参见[美]E.博登海默：《法理学 法律哲学与法律方法》，邓正来译，中国政法大学出版社1999年版，第332~333页。

其应用路径，应用路径构建的可行性亦影响"类案"的范围，因而合理的"类案"范围可以同时回应上述两个方面的质疑。

如何判断案件的相似性，不同学者可能提供不同的方案，但其核心是从案件的关键性事实（material facts）中区分出"相同点"和"不同点"并进行比较，当相同点更重要时，可以认为属于类案。[1]在量刑问题的研究中，如何尽可能多地筛选出对诉争量刑行为、量刑事实或其中的某一因素具有参照性的类案，其关键在于事实拆分与变量控制。不同案件实际上是不同诉争行为、事实的不同组合，量刑中通过类案还原个案裁判思路的基础是通过控制变量或大样本抵消的方式排除诉争行为外其他因素的影响，因而量刑中的类案不要求事实整体上的相似程度，而是诉争行为、事实本身的相似性，进而拆解为其组成要素间的相似性。

以某一酌定量刑情节 A 为例，量刑中诉争行为可以划分为构成要件行为和量刑情节行为，多个诉争行为对应一个刑罚结果，因而第一步是控制量刑基准、排除构成要件行为对量刑的影响，筛选构成要件行为类型、主观过错、损害结果（包括犯罪数额、后果、次数）均相同的案件。假设筛选结果见表 11-1 所示，案件 1~6 均为研究范围中的"类案"。第二步控制其他量刑情节行为的影响，一方面需控制其他量刑情节的类型，案件 1~4 为一组研究的"类案"；另一方面需控制其他量刑情节程度，根据情节 B1~B4 的程度划分，如 B1 和 B2 程度相近，B3 和 B4 程度相近，则案件 1 和案件 2 为一个对照组，案件 3 和案件 4 为一个对照组，该过程实际上是将 A1 和 A2 的差异与刑罚 1 和刑罚 2 的差异相对应，将 A3 和 A4 的差异与刑罚 3 和刑罚 4 的差异相对应。第三步将诉争量刑行为 A 的组成要素进一步细分为组成事实、程度、认定结果、基本情况及刑罚等，见表 11-2，在确定某一要素为研究对象后，重复上述控制变量过程进一步细分类案，进而得到情节 A 各组成要素的变化对刑罚变化的影响。

---

[1] 参见孙海波："'同案同判'：并非虚构的法治神话"，载《法学家》2019 年第 5 期。

表 11-1　酌定情节与刑罚对应中的类案说明

案件	诉争行为		刑罚
	构建要件行为	量刑情节行为	
案件 1		A1、B1	刑罚 1
案件 2	1. 构成要件行为类型相同	A2、B2	刑罚 2
案件 3	2. 主观过错相同	A3、B3	刑罚 3
案件 4	3. 损害结果相同，包括犯罪数额、后果、次数（表示量刑基准相同）	A4、B4	刑罚 4
案件 5		A5、C1	刑罚 5
案件 6		A6、B5、C2	刑罚 6

表 11-2　情节要素与刑罚对应中的类案说明

研究情节	组成事实	程度		认定结果	刑罚
A1	a1、b1	一	案件情况 行为人情况 被害人情况	认定 A 情节	刑罚 1
A2	a2、b2	二		未认定 A 情节	刑罚 2
……	……	……	……	……	……

可见，"类案"是一个相对的概念，其涵盖的范围是根据研究的问题划定的。随着研究问题的细化，"类案"的范围亦不断缩小。同时，已决案件与待决案件的时间与地域差异需要得到关注，在保证样本数量的同时，应尽可能缩小类案样本的时间和地域范围。

（二）量刑参考幅度的划定

如何在类案的基础上划定量刑幅度是量刑说理中类案应用的核心问题，与定罪过程相比，一方面，基于罪刑法定原则，定罪推理有明确的法律规范作为大前提，而量刑推理中，尤其对于酌定量刑情节，推理之前需要法官进行概括和归纳；另一方面，量刑说理中往往缺少作出"程度"判断的理由，法官在参照时难以进行判断和取舍。因而在量刑幅度的划定中，总的思路是"将案件的各种属性换算为可比的量值，将案件之间绝大部分在法律上有意义的异同点科学、合理地组合起来，使千变万化的个案获得综合的可比性，进而做到等量之罪等量配刑"。[1]

具体而言，可以分解为如下步骤。第一步，识别关键事实，基于事实间的相似性对类案样本进行类型化，分别讨论以保证行为间刑罚意义的可比性，将量刑事实通过类型化由无限变为有限。第二步，筛选认定要素，在各类型事实中分别将诉争量刑行为的各组成要素（包括组成事实、程度、基本情况等）与认定结果进行显著性检验，以保证类案量刑可参照的普遍性基础，对检验结果具有显著性的，进一步通过刑罚评价要素进行筛选，从而确定各类型事实中影响量刑的认定要素。第三步，量刑事实分级，根据认定要素组成及刑罚情况对量刑事实的刑罚影响程度进行分级。第四步，量刑类案筛选，以分级后的量刑事实为基础，通过划分刑罚等级，对类案进行筛选，选取量刑均衡的类案。第五步，量刑幅度确定，通过构建量刑体系，结合政策、民意和相关数据等进行调整，确定量刑幅度范围。第六步，在量刑均衡的类案中，根据确定的量刑幅度范围，选取具有一定代表性和典型性的类案作为量刑的个案参照，以弥补量刑幅度参照中案件事实的缺位。

在幅度划定中，应当构建以类案为基础，以民意及相关数据为参考，以行为程度阶梯性和相关政策为宏观调控的刑罚幅度参考体系。在量刑参考幅度的制定中，定时对类案幅度、民意数据、相关政策等进行更新，并确定责任主体，可以由司法部门和学者共同组建量刑委员会，负责量刑参数和量刑参考案例库的制定，以司法裁判为基础，结合调研数据进行修正与完善，同时为法官和民众意见的提出提供规范化途径。

（三）量刑参考的说理规范

参考幅度的构建可以为量刑提供更加明确的指引和参考，减轻法官的论证负担，增强裁判结果的可接受性。但量刑终究是"点到点"的过程，从某一量刑幅度具体到某一行为、某一事实仍存在距离，基于量刑幅度参考的非强制性，这最后"一步"的问题可以尝试通过筛选典型案例提供个案参考的方式来解决。

1. 幅度参考

基于量刑幅度参考划定过程中所包含的普遍性，一般而言，法官在量刑推

---

[1] 参见刘树德："刑事司法语境下的'同案同判'"，载《中国法学》2011年第1期。

理中应当将其作为大前提，但案件存在特殊情况应当突破现有量刑幅度参考的除外，即幅度参考的适用是非强制性的，法官可以决定是否参照。因量刑幅度参考的数据来源于对已决类案量刑结果的统计，且幅度范围更小，故而应当为存在特殊情况的未决案件预留空间。量刑幅度参考在司法中的效力可以通过要求法官在幅度外量刑时应当就偏离幅度参考的原因进行说明的方式来体现。同时控辩双方可以针对幅度参考的适用性发表意见，以此为量刑辩论提供焦点，使量刑意见充分表达，促进量刑庭审的实质化。

现有量刑说理一般仅包括构成罪名（法定刑范围）、量刑情节、量刑情节对量刑的整体影响（从轻、减轻、从重、加重）和宣告刑四个部分，注重性质认定，而缺少幅度说明。一方面，缺少量刑基准、量刑起点和各个情节量刑影响的说明，[1]难以获取各量刑阶段（量刑基准、量刑情节）的程度和刑罚；另一方面，裁判文书应当结合庭审举证、质证、法庭辩论以及法庭调查核实证据等情况，针对裁判认定的事实或者争议点进行释法说理，而现阶段量刑说理中仅罗列部分法条和结论，没有事实、事实对应和刑罚选择过程，普遍将量刑事实与定罪事实混合在一起，对此难以区分与识别。针对上述问题，量刑说理中应当包括如下内容：第一，阐述已查明的量刑事实（认定证据，未认定原因）；第二，阐述法院量刑依据、适用的量刑幅度（包括量刑规范和幅度参考）；第三，按照量刑基准、量刑情节分别说明适用上述量刑依据、量刑幅度的理由；第四，分别说明各量刑阶段的量刑结论；第五，回应控辩双方的量刑意见；第六，综合各项量刑结论，注重审查量刑要素在量刑过程中的单一性，避免重复评价和遗漏评价。

需要注意的是，其一，在关注各量刑要素对应的刑罚评价要素的同时，注重其对应的刑种及执行方式，各刑罚类型间不单是层级关系，亦存在性质差异。如死刑立即执行在刑罚严厉程度量变的过程中产生质变，这个质变表现为其不可逆性所带来的政治上或者社会上的象征意义及影响力；再如缓刑主要依附于对被告人人身危险性的判断，虽然实质上极大地减轻了监禁刑执行所带来的痛苦，但除确定是否可以适用缓刑的刑罚范围外，缓刑适用与行为人的行为严重程度之间并不存在直接的因果关系。其二，注重特殊地域、时间及个体的差异。量刑幅度划定的基础是类案中大概率所体现的普遍性，但如果待决案件中存在

---

〔1〕 参见周光权：" 量刑的实践及其未来走向"，载《中外法学》2020年第5期。

特殊因素，其特殊性足以超越普遍观念的话，量刑幅度适用的基础也就不存在了。其三，在选定的量刑幅度内确定具体的量刑点，可以参照该量刑因素的认定要素及其对刑罚的影响程度，结合案件事实进行调节和判断。

2. 个案参考

个案参考不同于指导案例，其不具有指导或必须遵照的效力，仅供法官在量刑过程中参考。个案参考在量刑中的优势在于：第一，规范中的语义需要进一步解释，法官在适用中可能存在不同理解，而个案中行为是特定的，所对应的刑罚是明确的。第二，应规范稳定性的要求，一般而言，规范的语句都具有一定的概括性，量刑规范仅规定某一情节的刑罚范围，但对某一案件中的具体情节，在规范适用中如何把握其在该量刑情节中的等级和程度，则缺乏参照，个案参考的设置正是为了补足这一参照的缺失。第三，规范无法针对某一情节的具体情形进行描述，故无法将每一种可能发生的情况涵盖在内。第四，规范难以将当下的政策调控、量刑相关因素的变化纳入其中，而个案参考案例可以结合当下的变化及时进行调整。综上所述，相较于量刑规范，个案可以为法官提供更明确、更精确、更灵活、更全面的参考。

在参考案例的筛选中应当注意：其一，应当在符合类案量刑幅度的案例中进行选择；其二，筛选出的诉争行为应当具有典型性和代表性；其三，尽量控制其他量刑情节的变化，为诉争行为和刑罚的变化提供明确的对应关系；其四，应当注重案件中行为程度和刑罚轻重间的阶梯关系。

个案参考是非强制性的，且即便偏离参考案例的裁判结果，法官也不必在说理中进行说明，即法官可以基于待决案件的具体情况决定是否参照个案，当然，如果在量刑中参考个案，应当在说理中说明所参照的个案，并说明待决案件与参照案例之间的相似性。控辩双方可以对量刑参考案例发表意见，法官在说理中应当对其意见进行回应。对于偏离参考案例量刑的不设置强制说理义务是由自由裁量的必要性和案件事实的多样性决定的，一方面，个案中案件事实直接对应一个量刑点，而量刑规范中精确性和强制性是不能同时存在的，否则将剥夺法官量刑中自由裁量的权力。实际上，量刑规范所追求的是明确规定和裁量空间的平衡，进而在参照对象精确性提高的同时，应当降低其强制性。另一方面，正如前文提到的对"同案"是否存在的质疑，实践中存在完全相同案件的概率微乎其微，如果要求强制参照典型个案，将使量刑辩论的重点集中于个案事实的形式相似性上，与个案事实中具有参考性的行为人的实质可罚性背道而驰。

总之，量刑不仅要合理、合法还要合群，所谓"合群"即要求法官个体与法官职业共同体中他人的职业行为保持一致，即"同案同判"，这是实质正义所内含的要求，也是民众对司法的合理期待。随着《最高人民法院关于统一法律适用加强类案检索的指导意见（试行）》等规范性文件的发布与实行，裁判均衡与类案应用日益受到关注，大样本视角的类案应用是对个案视角的类案参照在量刑领域的改良与革新，为量刑均衡的实现提供了可能性，也为智能化的应用提供了契机。而如何进一步应用"类案"这一宝库，同时与现有案例库、智能算法等相结合，以此为契机完善司法大数据应用、推进智慧法院建设，则有待今后进一步的探索。

第十二章

量刑如何精细化说理？[1]
——以被害人过错的要素量化为中心

被害人过错情节的量刑说理是司法实践中的难题，一方面，被害人过错情节是酌定量刑情节，量刑司法推理大前提的缺失，致使被害人过错在司法中量刑说理不均衡的问题凸显；另一方面，被害人过错具有一定的特殊性，认定在刑事案件中受到损害的被害人方存在过错，需要充足的理由和充分的说理，因而存在一定规避被害人过错认定的问题，[2]被害人过错情节的量刑说理亟待规范。而如何确定被害人过错说理要素，即针对是否认定被害人过错情节，法官从哪些要素进行说理，或者说法官根据哪些要素判断是否认定被害人过错，是量刑说理的首要问题。因侵害公民人身权利罪中的被害人过错是最典型、最集中、最受关注的，[3]所以此处在研究中以侵害公民人身权利罪中的被害人为例。

正当防卫是被害人过错最严重的表现形式，其假定是人类对于过错行为的自然反应，是立即对过错行为的实施者实行反击。[4]广义上的被害人过错包含正当防卫，但因刑法已明确将正当防卫规定为正当化事由，且二者影响量刑的理论基础存在差异（被害人过错程度的量变产生质变，正当防卫因制止不法侵害使行为不具有实质违法性），故此处"被害人过错"限于酌定情节的范畴。

一、被害人过错说理要素的量化分析

笔者通过无讼案例网，在侵害公民人身权利罪的判决中以"被害人过错"

---

〔1〕 此部分系与江珞伊合作而成，以论文形式发表于《法治现代化研究》2023年第1期。

〔2〕 参见陈兴良："被害人有过错的故意杀人罪的死刑裁量研究——从被害与加害的关系切入"，载《当代法学》2004年第2期。

〔3〕 参见罗灿："刑法三元结构模式下被害人过错的认定与适用——以侵犯人身权利命案为视角"，载《中国刑事法杂志》2011年第2期。

〔4〕 See Aya Grube, "Victim Wrongs: The Case for a General Criminal Defense Based on Wrongful Victim Behavior inan Era of Victims' Rights", TempleLaw Review, 2003, Vol.76, p.66.

为标签进行全文检索,共检索出 1026 份判决,涉及 1029 个诉争被害人的过错行为,通过阅读整理,探析其中存在的问题和问题背后的成因。

(一) 说理要素存在的问题

整体上说理少,说理格式化、形式化、公式化、不均衡,重结论而轻分析,忽视个案独特性,"综合以上情节",反映不出单一情节功能,量刑事实缺失,仅罗列部分法条和结论,没有事实、事实对应和选择过程、对双方建议是否采纳的理由等。

1. 要素分歧

样本文书中仅 7.58% 在说理部分表明被害人过错的认定要素,大部分文书在说理部分未表明认定或不认定被害人过错的标准,进而难以判断构成或不构成被害人过错的原因。表明的认定要素组成存在多样化、差异化、概括化及循环定义等问题。其一,多样化。样本中认定要素标准主要可以划分为"二要素""三要素"和"四要素"三种类型(见表 12-1),各类型中根据要素组成又可分为不同类型,如"二要素"中包括过错类型+行为间关联,过错类型+程度,过错程度+行为间关联三种类型。其二,差异化。不同认定标准在过错类型、程度、主观,被害人和行为人行为间关联性、相对性等方面均存在分歧。其三,概括化。过错类型中"不当行为""不正当行为""不符合社会一般伦理要求""显而易见的根据社会常理即能得出否定性评价而非一般否定性评价"等表述,过错程度中"比较恶劣的影响或严重的损害""有过错""应受非难""达到一定程度""必须受到社会之严厉否定性评价"等表述均较为概括,实践中难以作为判断标准。其四,循环定义。如"被害人不当行为达到刑法所能评价的过错程度"这一表述,被害人过错的认定标准是用来说明、判断达到什么标准或程度的被害人的不当行为可以被认定为被害人过错情节,进而在量刑中对被告人从宽处罚,而以"刑法所能评价的过错程度"作为标准实际上是在用问题来回答问题,并没有给出可以适用的标准。

表 12-1　样本中被害人过错说理要素梳理

认定要素		频数	要素内容						
			过错			关联		对象范围	其他
			类型	程度	主观	因果关联	时间关联		
二要素	类型关联	16	不当行为/不正当行为/错误或不当行为/不合法或不道德/违法或违背伦理道德、善良风俗			直接影响犯罪行为/与犯罪行为存在关联/导致双方矛盾/激起犯罪行为人产生犯罪意识或者激化犯罪行为/行为人由于激情或在愤怒情绪刺激下的情况下当场实施犯罪导致危害结果加剧	（间隔短）	无限制/被害人	（行为有持续时间、强度、次数等，具体内容）
	类型程度	9	损害精神或其他利益/侵害人身、财产权利/违反法律法规、道德规范或公序良俗	比较恶劣的影响或严重的损害/常人所不能容忍/违法严重后果/一定严重程度/损害一定法益或社会公共利益				被害人/被告人及其亲属	（限于婚姻家庭、邻里纠纷、民间矛盾）
	程度关联	8		有过错/应受非难		刺激被害人/与犯罪行为有直接或间接关系			
三要素	类型程度关联	6	不当行为/不符合社会一般伦理即能否定出其不当评价或显而易见的依据社会常识即能否定出其不当评价的行为/违反法律、道德规范或公序良俗（社会常理）	必须受到社会之严厉否定性评价/达到一定程度/侵犯正当法益或公共利益		直接影响犯罪行为的产生、发展和结果/激起犯罪行为且关联依照一般常理就是为常人所知悉/与犯罪行为或结果有关联		无限制/被害人	
	类型关联	5	违法犯罪、违背道德或其他社会规范的行为		故意或过失	与加害行为之间存在刑法意义上因果关系			
	类型主观	2	违反法律或社会伦理		故意	引发实施犯罪或激化危害程度		被告人	
	类型程度主观	3	不当行为/违反法律法规、道德规范和公序良俗	损害正当法益或公共利益	故意或过失			被告人	
		2	严重的违反法律或社会伦理的行为	侵犯合法权利或正当利益	故意			被告人	
四要素	类型程度主观关联	21	（严重的）违反法律或社会伦理（公序良俗）	侵犯合法权利或正当利益	故意	（必然）引发实施犯罪或激化危害程度/客观上导致了犯罪行为的发生			（被害人过错与犯罪人行为具有相当性）
		1	不正当行为	侵害合法权益	故意或过失	对被害人实施犯罪行为具有诱发、促发、激化作用，并最终导致危害		他人	
	类型程度关联期待可能	1	不当行为	侵犯正当法益或公共利益		与犯罪行为存在关联性	间隔短	被告人	在当时情况下无法律期待可能性
描述定义		3	被害人诱使或促使犯罪人实施加害于己的犯罪行为，对犯罪人定罪量刑产生影响的被害人故意、过失等错误						
		1	被害人不当行为达到刑法所能评价的过错程度						
相对性争议		9	双方均负一定责任，可适当减轻被告人的罪责						
		3	双方均负一定责任，不能单纯强调被害人过错而据此对行为人从轻处罚						

2. 主观介入

通过对诉争行为各事实因素与刑种、刑期进行交互分析、方差分析、回归分析等，从故意杀人罪、故意伤害罪和非法拘禁罪中检验出具有显著性[1]的因素进行汇总可见（见表 12-2）：其一，具有显著性的多为被害人与行为人关系、被害人心理状态、起因类型等较易感知的事实因素，而直接反映过错行为客观的过错类型、程度、作用等均不显著。其二，不同罪名、刑种、刑期对应的显著因素差异较大。其三，诉争行为从宽幅度与法定刑轻重、范围存在明显的同向变化趋势。其四，除被害人谅解外，量刑情节对宣告刑的影响普遍较小。故意伤害罪适用于有期徒刑的样本中，在三个法定刑区间分别以各量刑情节为自变量、刑期为因变量，通过回归方程得到量刑情节对宣告刑的解释程度仅为 11%、15.6%、10.2%。其五，故意杀人罪样本中具有显著性的因素大多与被害人死亡结果相关。其六，诉争行为的量刑影响普遍不显著，表明文书中表述的与实际的量刑影响普遍不对应，单一情节的影响未在宣告刑中有效体现。上述

---

[1] 社会科学中 $p<0.05$ 一般即表明检验结果具有显著性，表示检验因素存在差异性或相关性的概率在 95% 以上，本书采用此标准，表述为有显著影响或关联。

现象在一定程度上反映出司法中"打包"式的量刑方式，被害人过错的量刑较大程度地受到法官主观感受和刻板印象的影响。

表12-2 样本中故意杀人罪、故意伤害罪、
非法拘禁罪中部分因素间关联显著性检验汇总

检验对象		故意杀人罪（112件）	故意伤害罪（822件）			非法拘禁罪（66件）
诉争行为量刑影响	诉争行为认定结果	有显著关联	有显著关联			无显著关联
	其他显著因素	被害人与行为人关系	法定刑区间、被害人死亡结果、起因类型、基础矛盾过错方、被害人心理状态			有无看护人
量刑情节整体影响	诉争行为认定结果	无显著关联	有显著关联			有显著关联
	诉争行为量刑影响	无显著关联	有显著关联			有显著关联
	其他显著因素	自首、坦白、前科、情节恶劣	自首、坦白、认罪悔罪、积极赔偿、累犯、情节恶劣、救治被害人、防卫过当			累犯
主刑种类	诉争行为认定结果	无显著关联	有显著关联			无显著关联
	诉争行为量刑影响	有显著关联	有显著关联			无显著关联
	量刑情节整体影响	有显著关联	有显著关联			无显著关联
	其他显著因素	死亡结果、未完成形态、起因类型、被害人谅解	行为类型、法定刑区间、被害人死亡结果、犯罪停止形态、辩护人情况、被害人与行为人关系、被害人谅解、认罪悔罪、积极赔偿			无
有期徒刑刑期			三年以下有期徒刑	三到十年有期徒刑	十年以上有期徒刑	有显著关联
	诉争行为认定结果	无显著关联	无显著关联	有显著关联	无显著关联	无显著关联
	诉争行为量刑影响	无显著关联	无显著关联	有显著关联	有显著关联	有显著关联
	量刑情节整体影响	有显著关联	无显著关联	有显著关联	有显著关联	有显著关联
	其他显著因素	被害人死亡结果、犯罪停止形态；单个情节均无显著关联	积极赔偿	被害人谅解、自首、坦白、防卫过当	被害人谅解	起因归属、自首、坦白、认罪悔罪
缓刑	是否适用	诉争行为认定结果		有显著关联		有显著关联
		诉争行为量刑影响		有显著关联		无显著关联
		其他显著因素		无		被害与行为人关系
	刑期	诉争行为认定结果		无显著关联		有显著关联
		诉争行为量刑影响		无显著关联		无显著关联
		其他显著因素		被害人谅解、救治被害人		被害人谅解

3. 标准模糊

一方面，实质性削弱问题。样本中11.95%的诉争行为认定为被害人过错外的其他酌定情节（见图12-1）：其一，认定为被害人过错和其他情节的行为并无实质区分；其二，认定为其他情节的在量刑中共同从轻、不予死刑立即执行、酌情考虑的比例均高于认定被害人过错的样本，其中不予死刑立即执行的在认定为因民事矛盾纠纷激化的样本中分布最多；其三，整体检验中是否认定为被害人过错与刑种、刑期普遍无显著关联。综上所述，被害人过错与其他情节在认定和从宽幅度上无明显区分，削弱了被害人过错在量刑中的实质作用。

另一方面，重复评价问题。其一，同一行为被认定为多个情节。如同一诉

争行为既认定为被害人过错又认定为行为人主观恶性小。其二,同一情节正反多次评价,"通常犯罪情形"模糊。如将激情犯罪作为从轻情节,将蓄意犯罪作为从重情节。其三,对同一刑罚要素多次评价。量刑情节简单并列可能使某一要素对量刑的影响幅度过大,如自首、坦白、认罪认罚、认罪悔罪均评价行为人的认罪态度。其四,同一行为多次影响量刑,可能表现为既影响量刑基准又作为量刑情节,既影响刑种又影响刑期,既影响刑罚又影响民事赔偿。经检验,未认定为被害人过错的样本中,诉争行为过错程度与有期徒刑刑期呈明显反比关系,说明诉争行为对量刑基准存在影响。

图 12-1　诉争行为被认定为被害人过错和其他酌定情节的情况统计

(二) 说理要素问题的成因

反思上述说理要素存在的差异化、主观化及模糊化问题,直接原因是作为酌定量刑情节的被害人过错缺少明确、具体、可适用的规范,同时还基于量刑过程中观念上、基础上、方法上更深层次的原因。

1. 罪的理解:从"单向"到"互动"

"判决书是法官代表主权者传递法律秩序与价值的载体",[1]因而裁判文书说理要素反映的是法官对犯罪过程中被害人过错行为的评价,其基础是被害人在犯罪中的地位问题。"在传统刑法理论中,犯罪一直被视为个人针对社会或国家实施的侵害行为",[2]被害人不过是某一具体法益的载体,是判断某一犯罪行为社会危害性和行为人人身危险性的"媒介"或者说是一个"指标"。在立

---

[1] 参见刘树德:《无理不成"书":裁判文书说理23讲》,中国检察出版社2020年版,第19页。
[2] 参见初红漫:"被害人过错与罪刑关系研究",西南政法大学2012年博士学位论文。

法研讨、法律适用和理论研究中都着眼于行为和行为人，将与行为和行为人相关的因素从事实上的犯罪过程中抽象出来，作为定罪量刑的判断因素，而将其他因素剥离。问题在于我们所剥离的是否都是与定罪量刑无关的因素？这涉及对"罪"的理解，即犯罪的本质究竟是什么？

犯罪究竟是罪行还是罪人，这是对犯罪存在方式的理解、阐释、分析的两个出发点，影响着我们对犯罪现象分析的单位、控制犯罪的对象和否定评价的标准，并延伸、发展、演变出两种不同的罪责刑基础、重点及原则。犯罪是罪行的观点是古典犯罪学的基本观点，从客观环境与人的相互作用出发解释犯罪，认为评价犯罪的根据是犯罪行为本身及其社会效果，这也是现阶段受到普遍认可的主流观点。犯罪是罪人的观点是实证主义犯罪学的基本信念，从行为人的角度出发解释犯罪，认为犯罪是人实施的，认为评价犯罪的依据是人身危险性、主观恶性和未然的犯罪倾向，这种研究思路逐渐与规范学相分离，发展成为犯罪学的一部分。[1]这两种观点的共性是将行为或行为人从加害—被害关系中剥离出来，只是逻辑起点或侧重点不同。但"这真是绝妙的讽刺，那些直接遭受犯罪侵害的人们反而不是解决犯罪方案中的组成部分，实际上，他们甚至没有被纳入我们对这一问题的理解的框架之中"。[2]在行为人被主体化之后，又如何正当化地将被害人客体化？

所以思考这一问题，我们不妨回到起点，回到在对犯罪进行抽象之前。在存在被害人的犯罪中，犯罪的过程实际上是行为人和被害人的互动过程。第一，刑法作为其他部门法的保障法，刑事案件的发生一般来源于民事、商事、行政等纠纷的升级，既然本质上都源于纠纷，那么作为纠纷主体之一的被害人因素就不应当被排除。第二，在互动关系中，除行为和行为人之外，我们可以看到被害人对行为人的刺激和影响，行为对被害人的伤害和痛苦，甚至对社会的不同意义，这些因素对衡量罪量有重要的意义。第三，德国犯罪学家汉斯·冯·亨蒂指出，被害人与犯罪人之间是互补的合作者，被害人在很多场合影响并塑造了犯罪人。[3]挫折攻击理论假定侵犯行为的发生中有挫折的存在，侵犯行为是

---

[1] 参见白建军："从犯罪互动看刑罚立场"，载《北大法律评论》2003年第0期。

[2] 参见劳东燕："事实与规范之间——从被害人视角对刑事实体法体系的反思"，载《中外法学》2006年第3期。

[3] 参见姜良浩："被害人过错责任制度之构建"，载《江西警察学院学报》2014年第5期。

否发生取决于挫折的强弱、范围、频率以及可能受到惩罚的程度。[1]这些观念的落脚点都在于犯罪是在互动中发生的,甚至可能是在互动中产生的。以此为基础,被害人逐渐从刑事古典学派刑罚观中"犯罪的附属者",发展为刑事近代学派刑罚观中"被动的承受者",直到新社会防卫理论中"主动的参与者"。[2]第四,犯罪作为社会事件的一种,犯罪人、被害人及双方的作用、环境(居民和社会特点、文化观念、对被害危险的认知以及其他间接影响犯罪事件的因素)组合构成了犯罪事件。所以在犯罪的研究中需要分析具体人际关系,特定的心理和行为,与环境的相互作用,双方的相互作用、过程及结果等。

基于此,"罪"所关注的不仅仅是行为,也不仅仅是行为人,而是互动关系。对犯罪的分析、调整和评价单位应当是"加害—被害关系",从而使国家摆脱"被害人总代理"的角色,获得相对中立的刑罚立场。正是因为关注到了被害人在犯罪过程中的作用,被害人因素由排除在定罪量刑之外逐渐发展成为通过影响行为人人身危险性进而影响量刑的酌定量刑情节。[3]但笔者认为,现有司法中适用的被害人因素的相关规定,仍是基于犯罪是罪行兼之考虑罪人的立场。基于犯罪是互动的观点,被害人过错不仅仅影响行为人人身危险性的判断,还可能影响行为的社会危害性,因为在互动中,被害人因素对行为人的影响是全过程、多方面、密不可分的。

2. 刑的把握:重规范而轻均衡

在量刑中,首先要做到的是合法,在罪名对应的量刑区间确定量刑基准,再根据量刑情节进行调节,法定量刑情节的影响根据法律的规定,酌定量刑情节的影响根据情节程度和法官的裁判尺度。同时,量刑要做到合理,在法定刑范围内依据行为人罪行合理确定量刑基准,再根据法定、酌定量刑情节在此基础上合理调整量刑,进而确定宣告刑。但是基于法官个体的差异、文化观念的差异及地区发展的差异,即便是合法、合理的量刑亦存在整体量刑不均衡的问题,在此基础上,刑罚裁量不仅要合理、合法,还要合群。所谓合群就是要求法官个体与法官职业共同体中他人的职业行为保持一致,即"同案同判"。这是

---

[1] 参见吴纪奎:"刑讯逼供的社会心理学阐释——以挫折攻击行为理论为分析工具",载《刑事法评论》2009 年第 2 期。

[2] 参见许辉:"量刑中的被害人因素研究",中南财经政法大学 2018 年博士学位论文。

[3] 参见彭新林:"被害人过错与死刑的限制适用",载《法学杂志》2017 年第 11 期。

实质正义所内含的要求，也是民众对司法的合理期待。[1]

量刑或者说罪量和刑量的对应，在法律规定的范围内，不可避免存在一定的主观性，这部分差异可以由法官的自由裁量权覆盖，但超过合理范围的极易出现同案异判的问题。为此，应尝试从司法判决的共性规律上寻找办法，将研究视角从个案对比扩展到大样本中的规律，在二选一的主观性问题中难以分辨对错，但基于制定法与自由裁量本质均是从应然（社会中具支配力的法伦理、通行的正义观等）到实然（规范的构成要件、个案的裁判结果）的类推，[2]在多数人的主观选择中存在一定的规律性和合理性。此处的"合理性"不是客观意义上的，而是主观意义上的；同时刑法作为公共规范，其合理性的论证本身就依据于公共理性，即多数人的主观选择。因此大量司法判决中所体现的量刑活动的规律可以作为量刑的参照或评判量刑合理性的标准，这是基于法律权威性来源的合理论断。而所谓量刑活动的规律，是指在大量日常量刑实践中反复出现、普遍存在的、不能创造也不能消灭的、可检验的一些客观联系。

在对包括被害人过错等量刑问题的研究中，为保证司法适用的统一性，应当立足于对大量司法判决的研究，总结司法量刑活动中的规律。在分析规律合理性的基础上进一步根据现实需要、政策导向等进行改良，将改良结果通过规范或指导案例等方式固定下来，作为今后量刑的参照。基于此，司法中类似案件的量刑将不断向改良后的结果靠拢。同时，该过程是可以不断重复的，随着司法样本的增多，结果的准确性将得到进一步的提高。根据现实需要重复上述总结、改良、应用的过程，从而不断提高量刑均衡，彰显刑法公正价值，实现刑罚个别化。

3. 情节评价：量刑影响路径的缺失

现有量刑情节的规范和研究，均注重对量刑情节实际量刑影响幅度的讨论，往往忽视对其影响量刑的理论基础的讨论。对理论基础讨论的缺失，导致量刑情节与刑罚评价要素间关联的缺失，难以构建客观的评价标准；各量刑情节间的涵盖幅度、影响程度的关系模糊；量刑规范是量刑合理性判断的唯一依据，从中难以倒推出量刑情节影响量刑的理论基础，量刑幅度合理性判断标准缺失，

---

[1] 参见刘树德、胡继先："关于类案检索制度相关问题的若干思考"，载《法律适用》2020年第18期。

[2] 参见［德］考夫曼：《法律哲学》，刘幸义等译，法律出版社2004年版，第216页。

量刑合理性缺少有效监督，只要在法律规定的幅度内，未遗漏法定量刑情节，一般而言，量刑即是形式上正确的，进而导致实践中重定罪、轻量刑的观念盛行和庭审中控辩双方量刑辩论的虚置。

这一问题在被害人过错的司法适用中表现得更为明显。一方面，大多数被害人过错行为属于犯罪原因。犯罪原因影响量刑本身具有一定的模糊性，"犯罪原因，大多并无实证研究为其基础，几乎任何人均可以靠着玄想功能，信手拈来就可以列出一大堆犯罪原因，在我们日常生活中，包括个人方面和社会方面，只要是在我们通常的价值判断中，可以当作负面的价值判断者，包括所有偏差现象、行为和事实，均可作为犯罪原因，例如，私生子、低智商、精神病、心理变态、出身贫寒或者破碎家庭、居住于贫困区中、父母离婚，等等"。[1]另一方面，基于被害人在刑事诉讼中地位的缺失，被害人相关因素在量刑中极易受到忽视；同时，在刑事案件中认定被害人具有过错似乎是在向已经受到损害的被害人进行归责，因而我国司法实践对被害人过错的认定持保守态度，只认定程度极为严重的过错行为，[2]即便法官认为诉争被害人过错情节可以影响量刑，也往往趋向于不认定为被害人过错情节，而通过其他酌定量刑情节来影响量刑，这一点在上述检验结果中已经得到检验。因而在量刑情节的研究中，需要把各量刑情节影响量刑理论基础的讨论摆在首位，只有在明确了各量刑情节影响量刑的路径，即在量刑情节与刑罚评价要素关系的基础上，才能合理评估某一案件的事实行为是否可以认定为某一量刑情节及其对量刑的影响程度，才能梳理、对比各量刑情节之间涵盖范围、影响幅度的关系，才能为法官量刑幅度的确定、控辩双方量刑辩论的观点提供基础。

4. 要素关联：体系化构建欠缺

现有规范中量刑基准、量刑情节之间的关系是扁平的，没有充分说明量刑基准和量刑情节之间的关系，以及各量刑情节之间的关系，没有构建出合理的量刑评价体系。一方面，量刑基准的认定要素与量刑情节之间的划分不明确，对于部分因素是在量刑基准中考量还是在量刑情节中考量存在争议。[3]另一方面，在各量刑情节的关联上，现有法定量刑情节和酌定量刑情节的种类较多，

---

[1] 参见林山田、林东茂：《犯罪学》，中国人民公安大学出版社1990年版，第99页。
[2] 参见张金玉："暴力犯罪案件中被害人过错的认定"，载《中国刑事法杂志》2014年第4期。
[3] 参见周光权："量刑的实践及其未来走向"，载《中外法学》2020年第5期。

但是量刑规范对于各量刑情节之间的规定是并列的,没有对量刑情节之间的关系进行进一步的讨论。

这样的方式造成:其一,量刑情节对量刑影响程度不均衡,法官在量刑时仅通过法律规定的"从轻""减轻"或某两个百分数划定的影响范围来进行衡量,但是"从轻""减轻"及现有的量刑幅度都较为宽泛,法官在缺少参考的情况下只能凭借个人对规范的理解和主观感觉作出裁判,量刑的随意性在所难免。其二,可能造成重复评价问题,在对样本中各量刑情节的检验中,被害人是否谅解与行为人是否积极赔偿,自首与坦白、认罪与悔罪之间均存在显著关联。从上述量刑情节的关系来看,实际上被告人获得被害人谅解往往是在积极赔偿被害人损失的基础上,而自首的被告人往往在案件办理阶段认罪认罚,自首与认罪认罚,这些情节实际上都是对被告人认罪态度的评价,仅依据量刑规范对符合条件的量刑情节一并认定,这是否存在重复评价问题都需要进一步的研究。其三,量刑情节实际上是一种"人造概念",对于人造概念中认定范围和量刑影响的讨论应当建立在二者的对应关系之上。即对量刑情节的认定范围和量刑影响的讨论不是独立的,概念所划定的认定范围决定了其量刑影响,其量刑影响亦决定了认定范围。对于被害人过错情节,其与相关的正当防卫、防卫过当、被害人对引发矛盾存在一定责任、被害人不当行为等关系如何、孰轻孰重,直接影响了被害人过错行为的认定范围及从宽幅度,在量刑情节体系未构建的情况下,单独讨论某一情节的范围和幅度,将造成整体上量刑情节不均衡、不协调的问题。

5. 量刑方法:"打包"式量刑的弊端

我国现阶段司法中的量刑过程是"打包"式的、"估堆"式的,是一个概括的、笼统的、主观的过程。在裁判文书中,法官一般不逐一说明每个量刑情节对最终刑量的影响,而是只列举量刑中考量的情节,至多表述量刑情节对刑量的影响程度是从轻、减轻,还是从重。这说明了大多数法官在量刑中的思维路径,确定基本犯罪事实和相关量刑情节后,根据对罪行程度和所有量刑情节的综合印象,依据法官的办案经验和主观感受,在法定刑范围内选择最终的刑量。这一过程虽然给法官的自由裁量权留下了充足的施展空间,虽然可以保证量刑结果的大体公正,但无法保证整体上的量刑均衡,且司法的不确定性最容易出现在这个"打包汇总"的过程中。[1]"打包"量刑现象的出现有很多原因。一是我国一直存在重定罪、轻量刑的传统，无论是刑事司法、理论研究，还是法律、司法解释等规范的制定，都侧重对行为的认定、对此罪与彼罪之间的辨析，往往忽视定罪后的量刑过程。这一倾向影响规范制定和司法责任导向，致使量刑过程在立法方面缺少规范，在司法方面缺乏重视。二是量刑的过程是根据个案的罪量对应刑量的过程，一方面，案件中的行为方式、涉及因素不胜枚举、难以衡量，并与有限的刑量相对应；另一方面，如上文所述，对"罪"的理解、量刑是侧重惩罚还是预防都存在不同观点，每个法官对同一案件所评估的罪量可能不同，对各个量刑情节影响的衡量也可能不同。因而量刑过程本身存在较大的主观性、模糊性、概括性，行为的千姿百态难以用规范将其与刑罚影响一一对应。三是我国现有量刑规范都较为概括，没有形成系统的、规范的量刑参考体系，法官在司法中难以根据现有规范对每个量刑情节给出"精准"的刑量。

这种概括式量刑的问题在酌定量刑情节的适用中尤为明显，被害人过错作为酌定量刑情节，没有明确的、具体的规范予以参照，同时在上述犯罪本质观念的发展过程中，对被害人相关因素影响量刑的理解存在较大的分歧与争议，[2]使得被害人过错的认定与量刑在司法中难以达成统一的共识，进而影响量刑均衡和量刑公正。对此，笔者认为，量刑是刑事法律适用的最后过程，量刑的结果是评价刑事司法、衡量公平正义的重要"指标"，应改良现有"打包"式量刑，通过明确说理要素、细化量刑规范、多样化指导方式等"精细"化量刑说理。

基于对上述问题的反思，量刑基础和量刑方法是应用层面的问题，其基础是量刑观念问题，因而对被害人过错的讨论应建立在其影响量刑的理论基础之上。

二、被害人过错影响量刑理论基础的反思

被害人过错影响量刑的理论基础存在多种观点，[3]结合样本统计数据，笔

---

[1] 参见白建军："法秩序代偿现象及其治理——从妨害公务罪切入"，载《中外法学》2020年第2期。
[2] 参见车浩："被害人教义学在德国：源流、发展与局限"，载《政治与法律》2017年第10期。
[3] 具体包括责任分担说、谴责性降低说、期待可能性降低说、主客观合并说、有条件的权利理论、自我创设危险理论、被害人自我答责理论、被害人义务违反说、成本与效率说、值得保护理论、社会标准理论等。

者认为，诉争被害人过错行为可以划分为影响行为主观的被害人过错（主观型）和参与行为客观的被害人过错（客观型）。主观型被害人过错是指被害人过错行为对行为人的主观产生影响，进而引发行为人实施不法行为，如因被害人过错引发争执、行为人殴打被害人，被害人实施人身伤害行为或其他不当行为致使行为人反击等；客观型被害人过错是指被害人过错行为与行为人行为相结合共同导致损害结果的发生，或者进一步扩大了损害结果。

客观型被害人过错影响量刑的理论基础在于被害人行为与行为人行为同向叠加、互相促进、产生合力，共同组成犯罪行为或扩大了损害结果。例如，被害人违反交通规则在先，如闯红灯，因而与另一个违反交通规则的行为人，如酒驾或超速的车辆相撞。对于此种情况，应按照过错比例来分担后果，《最高人民法院关于审理交通肇事刑事案件具体应用法律若干问题的解释》中确立了按事故过错比例认定"重大事故"的标准，这也是责任分担原则的体现，符合公平正义的一般要求。正是这二者的过错叠加才导致最后危害结果的出现，双方行为的结合在客观表现上类似于共犯，但行为人与被害人一般无意思联络，仅对自身行为承担责任（分担给被害人的"责任"不是刑事责任，而是因果责任）。

主观型被害人过错影响量刑的理论基础争议较大，笔者认为对此问题的讨论需要反思自由意志的含义和产生。"自由意志"是刑法学中老生常谈的概念，意志自由集中反映了人类心理与认知结构的复杂，也正是这种复杂使人与万物有别。[1]现有规范通过排除部分因年龄、精神疾病或他人胁迫等意志自由丧失或受限的情形来判断意志是否自由，不完整且不直接，对意志自由的讨论还需回到何为"我"，即主体性哲学之中。

（一）个体理性和公共理性视野中的意志自由

主体性哲学经历了主体性认识论的兴起、主体性实践论的发展、主体性本体论的思考数个阶段的发展，[2]在发展的过程中形成了主体性理论和主体际理论两种观点。主体性理论支持纯粹理性之意志自由，源于形而上学的论证，将"我"定义为"一个在怀疑，在领会，在肯定，在否定，在愿意，在不愿意，也

---

[1] 参见[古罗马]奥古斯丁：《独语录》，成官泯译，上海社会科学院出版社1997年版，第100页。
[2] 参见刘军："刑法学中的被害人研究"，山东大学2010年博士学位论文。

在想象，在感觉的东西",[1]使"主体"脱离了"自在之物"而成为另一实体。[2]将人的主体性，即自由意志置于至高无上的地位，行为人负担责任是因为个体只受个体理性的支配，个体的意志是完全自由的，因此个体基于自由意志选择实施违法行为应当受到刑罚处罚。无论受到何种威胁或挑衅、辱骂或欺凌，行为人是否实施反击行为都是自由的，强调个体理性，是刑罚可归责性的基础。正如康德所说："有意选择行为的自由，在于它不受感官冲动或刺激的决定。"[3]在此基础上逐渐发展出的主体际理论，认为人与世界的关系并不是并存的，而是"在之中"，人的本质在于"是其所是"，人是与"他人"共在的。[4]对主体的思考逐渐脱离了自我的范围，将空间扩展到人与他人的关系上，自我在某种意义上仍然依赖于自然世界，受因果规律的支配，强调公共理性，是刑罚正当性的来源。[5]责任不再是一种自我责任，而是一种对他的社会责任，同时认可犯罪主体行为所受到的来自他者主体的影响。

对于自由意志，第一，主体性理论是从外在的自我意志形成的角度来说明，通过对理性进行纯化，去除感性部分，强调人对自身行为的控制是完全自由的，强调纯粹理性之意志自由，对于完全刑事行为能力人在自愿的前提下，无论在何种情况下行为人是否实施某一反击行为都是自由的、是自身可以控制的，每一个行为的实施都是理性作用的结果，均来源于行为人的选择，从这个角度来看，意志是完全自由的。主体际理论则是从意志形成过程去关注其起因和规律性，人的意志来源于自我的思维结构和当下的感受刺激，当下的感受刺激影响行为人形成不同的感受，如他人的辱骂激发出行为人报复的欲望，这是普遍存在于人的意志中的一般规律或者说客观规律，当这种感受刺激输入行为人的思维结构中，或是足够理智地认为报复行为今后造成的负面效应带来的痛苦大于

---

[1] 参见[法]笛卡尔：《第一哲学沉思集：反驳和答辩》，庞景仁译，商务印书馆1986年版，第25~26页。

[2] 哲学中实体的概念源于亚里士多德，他将实体和其他范畴，即属性相区别，实体只为其他范畴所述说而不述说其他范畴。申言之，实体就是其自身，凡是用来说明实体的只能是范畴或者属性，而实体并不能用于说明其他范畴或属性。参见[古希腊]亚里士多德："正位篇"，转引自萧诗美："从'它是'到'我是'：西方哲学主体性转向的内在逻辑"，载《江海学刊》2002年第4期。

[3] 参见[德]康德：《法的形而上学原理——权利的科学》，沈叔平译，商务印书馆1991年版，第29页。

[4] 参见陈嘉映编著：《〈存在与时间〉读本》，生活·读书·新知三联书店1999年版，第67页。

[5] 这种规律虽未经过世界上所有人的检验，但基于长期积累的普遍共识和感知是普遍存在的，且不受行为人自身意志所控制，故使用"客观规律"这一表达。

当下报复的快乐,或是对刑罚的恐惧已经无法抵挡想要报复的欲望,即不同的人对于不同价值存在不同的排序,进而输出报复或忍耐的意志,基于该意志实施后续的行为。一方面,其中的感受刺激与意志输出之间具有一定的规律,即挑衅、辱骂等伤害行为会使对方产生报复的意志,而给予帮助、好处等会带来对方感恩的意志,等等;另一方面,个人的自我思维结构的形成很大程度上也受到外界的影响,且其中也具有一定的规律,如原生家庭对孩子性格的影响等。所以从这个角度来看,行为人意志的形成与存在,很大程度上受客观环境、客观规律的影响,可以说不仅意志自由本身是相对的,意志自由的载体的形成也不是完全自由的。

第二,自由意志是刑法理论的责任基础,是罪责自负的应有之义。刑法中自由意志的概念起源于报应主义的刑罚观,即人有自我选择、自我决定、自我完善的能力,基于恶有恶报的朴素正义观念,可以选择不违法的犯罪人因其自由意志选择了违法,所以可以通过刑罚对其进行惩罚,刑罚是对其犯罪行为和违法自由意志的报应。而从功利主义的视角来看,刑罚通过带给犯罪人痛苦的预期来压制其实施犯罪的欲望,使其选择遵守法律。[1]刑法具有主体性与主体际性的双重属性,对于刑法中的自由意志也需要从个体和社会,即个体理性和公共理性两个角度来理解。从宏观来看,刑法是一种公共理性,符合公共理性是其合法性、权威性、正当性的来源和基础;从微观来看,刑法是一种个体理性,基于个体理性选择的违法行为是刑罚可归责性的基础。在对行为人"自我"的内在理性,即个体理性进行思考的基础上,必须承认"他者"是一个与"自我"并存共在的主体,即需要对公共理性进行思考。公共理性不是个体理性的集合,也不是个体理性的放大,无法从个体理性中推导出公共理性。而反观古典刑罚理论,无论是功利主义还是报应主义都从其个体主义的立场出发,都存在从个体理性直接推演出公共理性的问题。[2]因而对于自由意志,主体性理论和主体际理论并不存在本质矛盾,区别在于如何理解"归责中的责任"。

(二)定罪责任和量刑责任的划分

笔者认为对"责任"需进一步进行划分,一是成立犯罪所必须具备的责任

---

[1] 参见张明楷:《刑法学》,法律出版社2016年版,第504~506页。
[2] 参见刘军:"刑法学中的被害人研究",山东大学2010年博士学位论文。

第十二章 量刑如何精细化说理？

（定罪责任），二是所有责任要素所表明的责任（量刑责任）。我们将其应用于定罪过程和量刑过程的评价中不仅能够化解两种观点的矛盾，也能进一步划分定罪和量刑。定罪过程中评价的责任讨论的是行为人对自身行为的控制，即整体的行为自由，也是主体性理论中的自由意志；量刑过程中评价的责任讨论的是排除长期思维结构和短期刺激等客观规律作用下的选择自由，这是主体际理论中的自由意志（见图12-2）。因为在具有完全刑事责任能力且自愿的情况下，行为人对自身行为具有完全的控制能力，其行为构成犯罪的，行为人应当构成犯罪并承担责任，这也是我们通常意义上所使用的自由意志的含义。但同时我们不能忽视意志自由的相对性，正如恩格斯所言："意志自由只是借助于对事物的认识来作出决定的那种能力。"[1]人的主体性不在于其是否具有绝对的意志上的自由，而在于其具有反思、批判进而行动的能力。意志的形成和发展不可避免地受到客观规律的影响，包括短期刺激和长期形成的思维结构的影响，这些客观因素经由客观规律对意志自由造成的影响非行为人自身所控制，这些因素的影响在量刑中应当予以考虑。

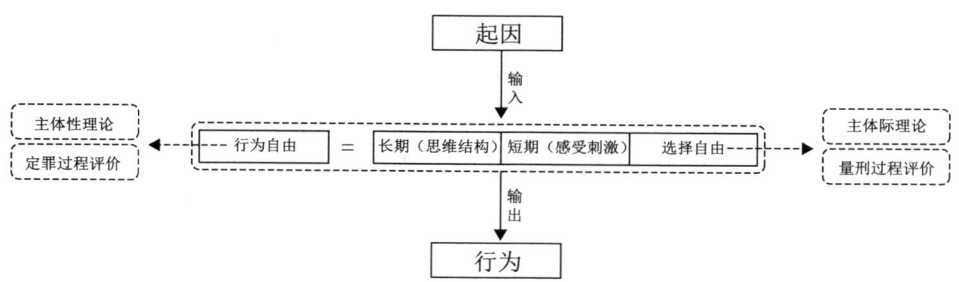

图12-2 定罪过程对应的行为自由与量刑过程对应的选择自由区分说明

需要说明的是，其一，图12-2中行为自由对应的是个体理性的视角，是对个体外在行为表现，是否受到外界干扰、胁迫，是否受到客观上年龄或精神状态的影响等因素的评价。而选择自由对应的是公共理性的视角，即在对被告人进行量刑时考虑在自然人中普遍存在的情绪及理智缺陷、客观存在的被害人行为与行为人意志之间的因果关系，区分客观规律对自由意志的影响和行为人具有绝对自由的意志范围。公共理性不仅独立于个体理性而存在，同时也会对个

---

[1]《马克思恩格斯选集（第3卷）》，人民出版社2012年版，第153~154页。

体理性的判断产生影响；个体理性和公共理性共同组成了论证规范正当性的视角，因而在规范因缺失或模糊而变得有限时，法律解释与适用的过程中要从个体理性和公共理性两个角度来论证其正当性和合理性。刑法规范的公共理性之中包含着对社会规范之共同价值，即社会相当性的论证，是对个体所服从的社会规范之正当性、相当性和必要性的论证。从公共理性的视角来看，因被害人过错而对行为人从宽处罚是基于过错行为对引起行为人反击行为意志具有社会相当性。对具有社会相当性的判断是从一般人的角度出发，判断某种行为对超过了一般人的行为限度。在被害人过错的判断中，亦应依据长期社会伦理秩序沉淀所形成的一般人的道德观和价值观来对被害人的行为给予评价以确定被害人有无过错。[1]因而，诉争行为是否认定为被害人过错情节进而影响行为人的责任可以通过社会相当性进行判断。具体来说，主要看是否在大多数情况下或者对于一般人来说，被害人的行为足以引起对方的反击意图，是否足以让有理智者与被告人实施相同的行为。其中作为基础的，必须承认被害人过错行为对行为人反击意志的引起符合自然人情绪、意志的变化规律，而这种规律虽未经过世界上所有人的检验，但基于长期积累的普遍共识和普遍存在感知，且不受行为人自身意志所控制，故笔者使用"客观规律"这一表达。

其二，定罪过程关注的是不法行为，对行为人主观评价的是，其是否具有实施不法行为的行为自由，即不论影响因素对意志的作用如何，行为人都有控制其是否实施行为的自由。而这种经过行为人整体意志，包括思维结构、感受刺激及自由权衡后，所输出的结果是行为人对其行为的意志体现，其权衡后得出实施行为的意志输出结果即是其行为可归责于行为人的原因所在。而量刑过程中所评价的行为人在人身危险性上的主观问题，更多关注行为人行为自由中除思维结构和感受刺激之外的，行为人有"绝对"控制权的自由，因为其他客观规律作用的结果是行为人自身所不能控制的，这种绝对自由中行为人主观恶性的大小是评估其再犯可能性、对其进行处罚的原因所在，在量刑的过程中需要进行评估。对量刑中自由的评估，需要排除长期思维结构和短期感受刺激的影响，即对于在客观规律作用下影响行为人意志的因素应当排除，短期的如被害人明显的挑衅刺激、伤害亲人等行为，长期的如行为人遭受长时间的家暴等。修正的道义责任论认为，只有应归属于行为人之责的人格的形成可以成为且必

---

[1] 参见潘庸鲁："被害人过错认定问题研究"，载《法学论坛》2011年第5期。

须成为责任的根据。[1]需要注意的是，对于长期影响因素，如果在排除其主要因素后所形成的思维结构展现出明显的反社会性，严重影响其自由选择判断的，则纳入量刑评价中。

其三，长期思维结构、短期感受刺激和选择自由并不是相互独立的，在短期感受刺激作用于个体时，其对个体的影响通过两个方面起作用，一方面是短期感受刺激的客观规律，如辱骂、挑衅等对个体带来的反击冲动，这种冲动的存在是基于人的意识中的共性；另一方面是冲动的大小、作用力的大小也受到个体主观上的长期思维结构的影响，即个体通过其个人经历、对行为后果反馈的学习等过程所形成的个体化的思维结构，一般外在表现为个性，内在表现为对不同利益的排序，对不同事件重要性、影响力的认识和反应，等等。换句话说，长期思维结构是个体处理短期感受刺激，并对其赋予权重的过程。短期感受刺激通过客观规律和个体主观长期的思维结构影响行为人的意志，其中，客观规律是所有个体共性的、普遍存在的，更偏重影响输出冲动的"质"，而长期思维结构是个性化的，不同个体存在显著分化的，更偏重影响输出冲动的"量"（当然，特殊的长期思维结构也会影响输出冲动的质，如存在受虐倾向或因特殊经历而形成的对某一行为的特殊认知和反应等），在二者的共同影响下输出个体对该短期感受刺激的意志冲动情况。该冲动进而与违法成本进入个体的比较"天平"，最终的选择结果即为该个体的选择自由，可以说，选择自由是在自然的行为冲动与其对违法成本的认知的共同作用下的选择，最终如何选择是个体自由的体现，也是不法行为及其后果可归责于个体的原因。

根据这一个体意志模型，能很好地解释很多问题，比如，为什么在挑衅或攻击后，短时反击较之间隔一段时间的长期反击更值得宽宥，[2]再如，为什么累犯作为法定量刑情节要加重对行为人的处罚等。

基于上述观点，影响行为人主观的被害人过错属于短期的感受刺激，如辱骂、殴打等行为所引起的反击符合意志的客观规律，进而引起行为人的反击冲动，从而影响其选择自由。此时行为人自我意识控制并未减弱，但因冲动的影

---

[1] 参见［日］西田典之：《日本刑法总论》，刘明祥、王昭武译，中国人民大学出版社2007年版，第159页。

[2] 参见陈旭文："西方国家被害人过错的刑法意义"，载《江南大学学报（人文社会科学版）》2004年第1期。

响其违反规范的主动性相应减弱,这属于量刑责任的评价要素,应当在量刑中予以考量。同时因为被害人行为的不当性,量刑评价中应当减轻行为人的责任。这种设计在很大程度上是建立在法律对普通人人性弱点的体谅之上,"因为刑法视野中的'人'是普通人,而非在任何情况下都能坚守规范的圣人"。[1]

三、被害人过错说理要素的拟定

明确了被害人过错影响量刑的理论基础后,下一个问题是如何在实践中把握标准,进一步明确认定的说理要素。结合样本中说理要素统计结果、被害人过错影响量刑的理论基础、被害人过错与其他相关情节关系,再结合样本案例认定情况,笔者认为可以从以下几个方面来拟定被害人过错的说理要素。

(一) 客观型

客观型被害人过错在样本中发生的比例较小,存在的争议也较少。根据上文检验结果及被害人行为与行为人行为相结合的方式,当被害人行为对犯罪行为(客观性质和程度)和结果存在实质影响时,一般可以认定为被害人过错,因而说理要素为是否存在"实质影响"。"实质影响"一般通过排除被害人行为后,行为人实施的不法行为是否会造成损害结果来判断。其主要分为两种情形:一是影响客观行为,二是影响损害结果。

影响客观行为的被害人过错主要是指被害人行为和行为人行为共同构成犯罪行为的情况。主观型被害人过错行为与客观型被害人过错行为的不同之处在于,主观型被害人过错行为作用的对象是行为人,即通过威胁或损害行为人利益的行为,引发行为人实施针对被害人利益的犯罪行为;而客观型被害人过错指向的是被害人自身的法益,与行为人行为侵害法益的对象和方向相同。

影响损害结果的被害人过错主要是指在行为人行为造成被害人损害后,被害人实施的致使损害结果扩大的行为。在认定中应具体分析被害人致使损害结果扩大的行为是否超过一般限度,分为两种情况:第一,如果被害人后续实施了其他造成损害结果扩大的积极行为,如自行使用偏方致使伤情扩大或不顾身体情况参与危险活动致使伤情进一步严重的,其行为足以切断行为人先前的伤害行为与扩大的损害结果之间的因果关系,扩大部分的损害结果不应由行为人

---

[1] 参见张金玉:"暴力犯罪案件中被害人过错的认定",载《中国刑事法杂志》2014年第4期。

承担。第二，如果诉争的被害人过错行为系被害人受伤后不及时就医或未就医等消极行为的，笔者认为就医行为不完全受被害人主观所控，还受其经济情况、居住地医疗水平等多方面客观条件的限制。[1]所以，如果认为生病就应治疗未免使被害人承担了太多的期待责任，故因被害人未就医而扩大的损害结果仍应由行为人承担。

(二) 主观型

基于意志自由的"相对性"受到客观规律的限制，被害人过错行为的"不当性"引起行为人的行为意志是符合客观规律的，因而行为人因被害人过错而实施的反击行为相较于一般的同类型的犯罪行为，其选择违法的主动性更小，主观恶性整体更小，具有一定的可谅解性。同时，因为被害人行为的不当性，行为人的反击行为具有一定的在刑罚中可以考虑的"正当性"。这是主观型被害人过错作为量刑情节的本质原因。结合样本裁判文书说理检验结果，下文分别从行为不当性、行为关联性和行为相对性三个方面细化说理要素。

1. 行为不当性

经检验，被害人过错类型与被害人过错的认定存在显著关联，不同的过错类型与互动过程和行为程度密切相关。从检验出的对被害人过错认定具有显著影响的因素来看，普遍集中在被害人过错类型及程度、对行为人的影响及被害人和行为人之间的关系，均旨在还原被害人和行为人之间的互动过程。除被害人和行为人之间的关系外，前两个因素与理论基础讨论中的被害人行为不当性、行为人行为意图被引起中的客观规律这两点相互对应。

(1) 过错类型。

从过错类型来看，除去样本中数量较少的行为，按照认定为被害人过错行为比例从高到低的顺序依次为非法入户，动作挑衅，人身伤害行为，道德或观念上不正确的行为，言语不当，争吵打斗，侵夺财产或欠钱不还，违约行为，争吵、争夺凶器行为。无被害人过错情节认定的行为包括不谨慎行为、防卫或保护行为。过错行为类型可以反映一定的过错程度，从行为类型认定比例的排序中可以看出，形式上，所有的诉争行为均是不当的，包括违反法律及道德规范的行为，违反法律的如人身伤害、非法入户等，违反道德的如出轨、对异性

---

[1] 参见江珞伊、徐宇翔："以危险方法危害公共安全犯罪认定的规范与完善——基于对1124份相关判决的考察"，载《山东法官培训学院学报》2019年第1期。

动手动脚等；也包括侵犯他人法益或存在侵害他人法益风险的行为，如侵夺财产、动作挑衅等，及其他可能引发行为人反击冲动的不当行为，如争吵打斗、无故招惹等。实质上，对于被害人过错情节的认定，不是以行为的违法程度或可归责程度等来评判，而是依据被害人行为对行为人主观的影响，是否达到对于一般人来说可以引起反击冲动的程度。如违反道德的行为，认定为被害人过错的比例相对较高，但从行为的不法程度来看尚未达到违法或严重侵害法益的程度，其中很多行为如婚外情、对异性动手动脚、骚扰他人女友等行为在当下对行为人的刺激程度可能较大。有观点认为，伦理道德方面的被害人过错不能作为刑法上的被害人过错，因为道德是在法律之外、可以自由抉择的领域，即使被害人实施了违反道德的行为，亦不能影响刑事责任。同时，将过错解读为对非法律规范的违反会导致判断上的不确定性。[1] 从上文对被害人过错影响量刑理论基础的讨论和实践中认定的情况来看，违反道德规范的行为本身虽不为法律所规制，但并不代表违反道德的被害人行为不具有刑法意义。例如，丈夫发现妻子存在出轨行为，在中国的传统伦理观念中，妻子出轨行为对丈夫产生的刺激甚至超越一般的犯罪行为，在此情况下丈夫由于遭受强烈的精神刺激伤害甚至实施杀害妻子及其情人的行为，应当认定具有被害人过错情节进而减轻其责任。[2] 同时，习惯和宗教通常受到特定领域个体的普遍认可，违背特定领域风俗习惯或者宗教规范的行为也可能对特定个体产生较大程度的刺激，可以认定为被害人过错。当然，如果习惯或宗教中部分内容严重不符合现代社会普适理念的，即使被害人违反这些内容也不应作为被害人过错予以考虑。

同时，对于诉争行为系被害人不谨慎行为的，因单纯的不谨慎行为一般未达到引起对方反击的程度，在样本中亦均为诱发行为人犯罪意图的情形。这种诱发和引起行为人反击具有本质区别。反击是在一定客观规律支配的主观意志下所实施的行为，而诱发是行为人基于犯罪实施的便捷性或成功率的考量而选择实施的行为，故不谨慎行为一般不属于被害人过错。同理，言语挑衅行为，如被害人说"来打我啊"的情形，[3] 虽是一种刺激，但并未损害行为人利益，也不存在损害行为人利益的风险，因而并不属于合规律地引起行为人反击意志

---

[1] 参见陈恺："被害人过错的类型化研究"，载《上海公安学院学报》2019 年第 4 期。
[2] 参见（2016）黔 0522 刑初 184 号、（2015）浙杭刑初字第 201 号刑事判决书。
[3] 参见（2018）桂 0125 刑初 91 号刑事判决书中事实认定部分。

的情形。

综上所述，认定为被害人过错的行为应当是不当的，类型上具体包括：第一，违反法律或道德规范的行为；第二，侵犯他人法益或存在侵害他人法益的风险的行为（不包括非法法益）；第三，其他可能引发行为人反击冲动的不当行为。认定为被害人过错的在说理中应当说明行为属于哪一类型及判断的原因。

（2）过错程度。

划定过错行为类型后，下一个问题是如何理解及判断上文所述的"客观规律"。笔者认为，可以参考《美国模范刑法典》确立的"处于行为人情形中的理智人在当时的情形下是否也相信行为人会那样做"的"行为人"标准，[1]其核心是社会相当性理论。德国学者韦尔兹尔（Welzel）认为，社会相当性是指社会生活中历史所形成的社会伦理秩序范围内，存在这种秩序所允许的行为。[2]社会相当性行为是指社会秩序允许的一种自由行为，只有明显侵害社会秩序的行为才属于逾越社会相当性的行为，被评价为一种社会危害行为。如上所述，一方面，从逻辑层面，主观型被害人过错，其影响量刑的核心在于被害人过错行为对行为人反击意图的引起符合客观规律，而此处的"客观规律"是否客观存在，是无法通过对世界上的每一个人进行测试而得到验证的，其本质上是通过大样本汇总而获得的一种经验。既然这种经验的获得是通过大样本的汇总，那么对这种"客观规律"的判断亦可以大样本为代表，即以一般人的标准进行判断。另一方面，从应然层面，如果被害人过错行为对行为人反击冲动的引起符合一般人的观念，或者一般人处于行为人的情形也会选择实施类似的行为，那么行为人反击冲动的产生本身在刑罚上就是应当考量的，这是刑罚评价要素所包括的内容。

在此基础上，对被害人过错程度的说理应当说明该行为达到足以在一般情况下合规律地引起行为人的反击意图的程度。其中，是否符合客观规律或者"足以"的判断主要看是否在大多数情况下或者对于一般人来说，被害人的行为足以引起反击意图，是否足以让有理智者实施与被告人相同的行为。实际上是通过长期社会伦理秩序沉淀所形成的一般人的道德观和价值观来对被害人的

---

[1] See James J. Sing, "Culture as Sameness: Toward a Synthetic View of Provocation and Culture in the Criminal Law", Yale LawJournal, 1999, Vol. 108, p. 1849.

[2] 参见李海东：《刑法原理入门（犯罪论基础）》，法律出版社1998年版，第39页。

行为给予评价从而确定被害人有无过错。[1]在判断中有以下几个要点：其一，判断时应以一般社会民众的认知为基础，事发后站在案发当时的情景角度，判断该过错是否足以引发一般人处于情绪失控或不可期待其继续保持理性继而实施犯罪行为。[2]其二，判断的核心是诉争被害人过错行为对行为人的刺激和影响，而不是被害人过错行为的类型和程度。二者虽对行为人刺激的程度存在较大影响，但只是其中一个判断因素。其三，判断标准为"一般人"的认知。"一般人"既不是指社会整体，也不是指当事人个体，而是指当事人所处的社会阶层。因为"具有相似特征的人有着基本一致的想法，他们对某些社会事件的评价具有相似性；他们对某种社会政策执行结果的感知具有相似性；他们对某一社会演化结果的欲求也具有相似性"。[3]其四，要将被害人和行为人的特殊性，及二者之间关系的特殊性考虑在内。在判断时不能单纯从被害人行为类型和程度来判断，行为人、被害人相关的特殊影响因素同样应纳入其中，如地域、民族等风俗、传统、习惯，再如父母、祖父母等对晚辈不当行为的数落、责备甚至一般的体罚，一般不认为是被害人过错。其五，判断时考虑被害人和行为人行为程度的相对性，选择实施严重刑事犯罪行为本身可以说明行为人的犯罪倾向，因而行为人和被害人行为之间的程度差距越大，被害人行为成立被害人过错的可能性应当越小，相应地因被害人过错情节对行为人量刑从宽的幅度就越小。其六，被害人的行为是否构成犯罪并不直接影响被害人过错对被告人责任的从宽幅度，过错行为对行为人的影响程度始终是判断的核心。被害人过错程度和对行为人的影响程度的认定是两个独立的评价过程，不能相互替代。

（3）被害人和行为人主观问题。

其一，被害人实施过错行为的主观心态是否限于故意。部分样本裁判文书说理中认为被害人过错要求被害人故意实施不当行为，表述如"并未实施故意激化行为人的不当行为""被害人没有恶意引发矛盾""被害人的行为属于过失行为，不是刑法意义上的过错"等，进而未认定为被害人过错。样本中，经检验被害人对其不当行为是否故意与被害人过错的认定间无显著关联（p =

---

[1] 参见潘庸鲁："被害人过错认定问题研究"，载《法学论坛》2011年第5期。

[2] 参见初红漫："故意杀人案件死刑限制之被害人过错情节的提取与界定"，载《重庆大学学报（社会科学版）》2018年第5期。

[3] 参见郑成良等：《司法推理与法官思维》，法律出版社2010年版，第139页。

0.386)。被害人主观呈故意的占比 98.7%,过失的占比 0.5%,无过错的占比 0.5%,主观未知的占比 0.3%。其中,被害人对诉争行为主观为过失的认定比例为 11.8%。理论上,认为被害人过错限于故意的观点可能来自于对"过错"的字面理解,或是认为足以影响量刑的被害人过错是对被害人的一种负面评价,所以要求被害人的主观需为故意。但对被害人过错的认定不是对被害人的一种负面评价,量刑本质上是对行为人实施犯罪的客观行为和主观心态的评价,所以被害人过错认定的核心是被害人行为对行为人的影响,既包括对客观行为的影响,也包括对主观心态的影响。因此,虽然被害人对其行为的故意与过失的主观心态不同,但如果被害人的过失行为与行为人反击冲动的引起之间存在客观规律的,同样应当通过认定为被害人过错情节来影响行为人的刑事责任,而不应以被害人主观上的故意或过失来进行划分。在此基础上,对于行为人因发现配偶出轨而杀害配偶情人的案件中,笔者不同意根据被害人(即配偶的情人)是否明知行为人配偶已婚、是否明知自己的行为侵害他人夫妻关系而在被害人过错的认定中区别对待的观点。[1]从行为人中心的量刑视角出发,被害人是否明知并不影响其行为对行为人的短时刺激,亦不影响其行为的客观不当性,故对于行为人杀害配偶的情人的,被害人是否明知其行为侵害他人夫妻关系并不影响相应案件中被害人过错情节的认定,但可以在从宽幅度中进行考量。可见被害人过错的核心不是对被害人行为不当性的"归责",而是从被害人行为对行为人影响的角度将行为人因受被害人不当行为影响而产生的反击冲动与其自身实施不法行为的主观恶性区分开来,进而对行为人进行"减责"。

其二,行为人实施行为的主观心态是否限于故意。部分样本裁判文书说理中认为仅在故意犯罪中存在认定被害人过错的空间。[2]样本中过失犯罪共 20 件,占其中的 1.94%,其中,过失致人死亡罪 19 件,过失致人重伤罪 1 件。过失致人死亡罪中 5 件认定为被害人过错,约占其中的 25%,与样本整体中认定被害人过错 38.9%的比例相比略低。行为人故意犯罪的,被害人不当行为足以影响其实施犯罪行为意图的,应当在量刑上予以考虑,但如果行为人对于犯罪行为的实施本身就是过失的,被害人行为对其主观的影响是否仍影响量刑呢?

---

[1] 参见张金玉:"暴力犯罪案件中被害人过错的认定",载《中国刑事法杂志》2014 年第 4 期。
[2] 参见(2016)桂 0125 刑初 92 号刑事判决书:"被害人过错必须是被害人出于故意,实施侵犯了被告人的行为,而本案是过失犯罪,不可归咎于被害人的其他行为,不能认定被害人有过错。"

对此，笔者认为，在过失致人死亡罪和过失致人重伤罪中，行为人对于行为的实施是故意的，是基于自身对行为的控制而实施的，而对行为造成被害人的损害结果是过失的，即行为人在实施行为时因疏忽大意未能预见行为的后果或轻信可以避免损害结果的发生。与故意伤害或故意杀人相比，相同的是过失致人重伤或死亡罪中行为人所实施的行为客观上造成了被害人重伤或死亡的结果；不同的是过失犯罪中行为人的行为程度较轻，一般情况下不会造成损害结果，但因行为人疏忽的或者轻信可以避免的特殊因素而造成了损害结果。过失犯罪行为的客观侵害性程度一般较弱，但性质和表现上与故意犯罪相同，都是针对被害人的人身伤害行为，被害人过错行为对行为人的影响与故意犯罪相比，并不应因其主观意图而产生本质区分。因而如果被害人的不当行为对行为人过失犯罪行为的引起确实符合客观规律的，亦应当在量刑中予以考虑。但如果引起行为人反击的行为不是针对被害人的伤害行为，仅在其他因素作用下共同导致损害结果发生的，一般不影响行为人的刑事责任。即主观型被害人过错作为量刑情节的理论基础在于被害人行为对行为人实施犯罪行为的意图（包括目的和是否实施）的引起符合一般人的认知，或者说符合意志产生中的客观规律。

其三，是否需要考虑行为人的特殊主观情况。有观点认为，判断行为人因被害人的言语挑衅而实施不法行为是否合理时，需要考虑两个因素：一是是否存在特殊原因致使挑衅对于行为人的影响严重程度明显重于普通人，如行为人特殊的信仰或疾病等；二是行为人的控制能力是否显著低于普通人，如年龄或者精神障碍等。[1]笔者同意该观点，该观点实际上是在讨论行为人长期思维结构在被害人过错认定中的影响。既然被害人过错影响量刑的理论基础立足于对行为人面对被害人不当行为而实施不法行为的谅解之上，同样的行为对不同人的影响可能不同，而这是被害人过错评价的核心内容，故影响行为人思维和反应的特殊因素应当在被害人过错的认定中予以考虑；而对于年龄和精神障碍，本身即作为法定量刑情节，在认定被害人过错时可以适当考量，但要关注重复评价问题。

2. 行为关联性

（1）事实关联。

主观型被害人过错行为对行为人的影响可能发生在如下三个阶段：一是起

---

[1] 参见张金玉："暴力犯罪案件中被害人过错的认定"，载《中国刑事法杂志》2014年第4期。

因阶段。多数情况下，行为人与被害人存在争执或者基础矛盾，进一步演变成打斗、人身伤害等行为，在此阶段被害人可能存在过错。二是质变阶段。在存在争执或基础纠纷的情况下，将双方的言语争执变为使用暴力的往往是其中一方的"先动手"行为，一般情况下先动手一方对损害结果的发生负有一定过错，是判断被害人过错的一个重要节点。当然，一方在基础矛盾上存在较大过错足以引发另一方使用暴力，或者双方存在斗殴故意的，先动手一方的行为不应单独认定为过错。三是量变阶段。即在打斗过程中，某一方暴力升级，致使另一方使用更严重的暴力，从而导致损害结果发生的情况。经检验，样本中前两个阶段的过错对被害人过错的认定影响显著，而对暴力升级方的影响不显著。笔者认为，理论上，一方暴力升级很有可能导致另一方使用更严重的暴力，直接导致双方的打斗升级，此种行为的性质类似于先动手行为，与另一方使用严重暴力存在一定的引起与被引起的客观规律，故应当作为考察被害人过错的一个因素。但样本中对被害人过错认定结果的影响不显著，可能是因为很多情况下在打斗中暴力升级且并无明显的节点，打击部位或打击力度的改变很难从客观上辨识出来，除打斗双方外其他人很难察觉到暴力程度的变化，故暴力升级的节点和过错方在有效识别和诉讼举证上均存在困难。但对于可以客观有效识别出来的暴力升级，如样本中在打斗过程中一方拿酒瓶砸、掐脖子、使用利刃等行为，应当作为被害人过错的考察因素。对于互动关系中的事实关联应当在说理中进行表述。

对于因其他因素介入因果关系进程、行为人行为与损害结果间可能存在偶然因果关系的，[1]需进一步判断该介入因素是否可以阻却行为人行为与损害结果之间的因果关系，可以阻却的属于意外事件，未能阻却的需进一步评估行为人的主观心态。对于第三人的行为引发行为人反击致使被害人受伤的情况，考虑到上述主观型被害人过错作为量刑情节的理论基础在于行为人反击意图的引发，如果他人过错行为引发行为人反击，符合被害人过错认定基础条件的，行为人的反击行为误伤被害人的，仍可以减轻行为人的责任，当然这并不属于被害人过错的范围。但如果行为人可以预见反击行为会伤害被害人仍实施的，一般不能因此减轻行为人的责任，因为第三人的过错行为引起行为人针对被害人实施的反击行为意图并不符合一般人的认知。同时，对于被害人过错行为指向

---

[1] 参见（2016）沪02刑初86号刑事判决书事实认定部分。

的对象是否可以涵盖行为人亲属等行为人之外的其他人，基于我国几千年来人情、亲情社会的传统，对亲人的伤害与对自身的伤害对行为人的刺激程度无明显差异。如被害人因邻里纠纷殴打行为人的妻子，行为人基于气愤将被害人打伤的，从一般的社会观念出发，殴打妻子的行为足以引发一般人的反击意图，因而可以认定存在被害人过错。[1]同时，参考正当防卫及紧急避险，可以防卫或避险的前提不仅包括自身的法益遭受侵害，而且包括行为人之外的他人的法益遭受侵害，因而被害人过错行为指向的对象不应限于行为人。

（2）时间关联。

经检验，行为人反击行为是即时反击还是蓄意反击对被害人过错的认定影响显著且影响力较大，行为人的反击目的对是否认定被害人过错存在显著影响。行为人即时反击或蓄意反击对应的被害人行为的过错类型和程度可能不同，引发即时反击的多为侮辱、暴力等不当行为，而引发蓄意反击的多为欠钱不还、婚外情等相对长期的行为。行为人的反击冲动会随着时间逐渐减轻，反击行为与被害人不当行为之间的时间间隔越长，被害人行为对行为人反击意图的影响就越小，但是减小后的影响仍然足以引起行为人的反击冲动的，仍符合被害人过错情节的认定条件。所以在蓄意反击中，相较于即时反击的情况，被害人行为对行为人的影响要达到更高的标准，足以在时间间隔增大、冲动减少的情况下仍对行为人的反击意图具有一定的影响。对于双方打斗停止后再动手的行为，[2]一般认为打斗的双方各有过错，停手后再动手的一般不属于被害人过错，但如果被害人在打斗前存在严重不当行为，打斗后再动手的，也可能符合被害人过错的认定条件。

需要说明的是，有观点认为，仅在即时反击中存在被害人过错认定的空间，[3]蓄意的反击已经不是一种"冲动"，经过一段时间的思考后行为人的犯罪意图与被害人不当行为刺激间的关系已经被切断，故在此情况下考虑被害人过错的认定实际上是对"以牙还牙"的传统暴力复仇观的支持。笔者不同意此种观点，一方面，反击的冲动不是指没有足够的时间思考、考虑不完全的一种非理性状态，而是指行为人想要反击被害人的一种自身难以控制、产生于客观规律

---

[1] 参见李洁晖："被害人过错对定罪量刑的影响"，载《法律适用》2016年第5期。

[2] 参见（2019）01刑终353号刑事判决书。

[3] 参见王新清、袁小刚："论刑事案件中的被害人过错"，载《中国刑事法杂志》2008年第3期。

的感觉。这种主观意图产生的过程，与一般情况下犯罪意图的产生相比，恶性较小，应当在量刑中予以考虑。因此，蓄意反击中，虽然时间间隔带来了理性思考的空间，同时削弱了行为人的反击倾向，但是并不能完全切断被害人行为对行为人反击冲动的影响。这种量刑评价并不是鼓励私力复仇，行为人需要为实施的行为负刑事责任，只是在责任承担中排除不应归责于行为人的、被害人行为和主观意图产生规律对于行为人的影响。

（3）必要性关联。

部分样本裁判文书说理中认为，若要认定为被害人过错，行为人的反击行为需要具有"必要性"，即可以有效避免被害人的进一步侵害或行为人已经无其他可选择的方法只能在不得已的情况下进行反击。[1]这种对反击行为必要性的要求，实际上是对被害人过错影响量刑理论基础的误解。如上所述，被害人过错评价的是被害人对行为人的影响，而不是立足于行为人行为的正当性。要求行为人为了避免进一步侵害或无其他选择而反击的，过于强调反击行为的正当性，亦即对正当性的要求过高，一般属于防卫行为认定中考量的因素。

3. 相对性问题："足以"的判断

被害人过错的认定须达到足以在一般情况下合规律地引起行为人的反击意图的程度，对"足以"的判断不仅须考量行为人和被害人之间过错的相对性，也须考量二者之间关系的相对性。

（1）过错相对性（短期相对性）——评价标尺。

对被害人过错的评价不仅是性质认定，也是程度评估。在犯罪互动过程中，被害人和行为人之间的关系是动态的，从损害结果发生后的时间节点反观整个互动过程，双方的过错是相对的，在被害人过错认定中既要考量被害人一方的"绝对"过错，也要考量其在犯罪互动过程中相较于行为人行为的"相对"过错，这两方面都影响着过错程度的评价，须在说理中进行说明。

绝对过错评价上，对于"足以"应以一般人的标准进行评判，即是否超过了日常生活中一般人可以包容理解的范围，如单纯的争执、不谨慎等行为，程度上不符合认定被害人过错、从宽处罚的程度要求。一般而言，人身伤害、侵夺财产、欠钱不还、打斗、非法入户等行为具有一定的法益侵害性；其他如动作挑衅、招惹、言语辱骂、道德或观念上不正确的行为等虽无上述行为的危害

---

[1] 参见（2015）珠香法刑初字第2933号刑事判决书说理部分。

性，但对行为人的影响一般较大，均可认定此行为超过了一般人的忍受程度。

相对过错的评价上，被告人行为程度明显超过被害人行为程度的（如被害人以侵害人身的犯罪行为报复被害人侵害财产的民事违法行为等），[1]不能认定为被害人过错情节。以此为基础，笔者认为如果行为人在反击前也对被害人实施了程度相近的过错行为的，二者间程度相近的行为可以相互抵消。如行为人与被害人相互辱骂，行为人之后因被害人辱骂而实施殴打，一般不应减轻其量刑，因为其辱骂对方的行为已经抵消了被害人的辱骂行为，不应再因此减轻其责任。再如被害人先动手是因为行为人过错的情况，[2]要评估行为人在先过错和被害人动手的过错程度之间的关系，以此为基础评价被害人行为的过错程度。样本裁判文书说理中亦认可过错程度相对性的要求，[3]以争执打斗过程为例，在双方都未能理性处理的情形下，要考察整个互动过程，比较行为人和被害人的行为，评价被害人在应对行为人行为时是否存在不当行为，及该不当行为对行为人的影响。面对纠纷，被害人与行为人发生口角，行为人殴打被害人的，被害人的口角行为不属于不当行为；如果被害人在口角中辱骂行为人，并先动手殴打行为人，或在行为人使用轻微暴力手段时被害人实施程度明显严重的暴力升级等行为，致使行为人反击的，都可以认定为被害人过错情节。

（2）关系相对性（长期相对性）——调解砝码。

部分样本裁判文书说理中将行为人与被害人之间的关系作为被害人过错的认定要素，主要划分为以下三种类型：其一，二者间的身份关系。在犯罪互动中，自然人情绪和意志受到多种因素影响，因素间的影响作用可能是相互叠加的，双方的基础身份关系会影响行为的作用，即表现相同的行为在不同的主体之间意义是不同的，行为对象对其反应也可能是不同的。不仅包括形式上的关系，如父子、亲属等，也包括实质上的监护、照顾、长时间相处等关系。样本裁判文书说理中对于特殊身份关系在认定被害人过错情节中是有所考虑的，如针对发生于家庭内部晚辈和长辈之间的纠纷，表述为"被害人有违尊敬长辈的家庭道德，对被告人使用暴力，进而引发本案，辩护人称被害人在案发起因上存在过错的意见成立，予以采纳"。[4]其二，二者间的职业关系。部分样本裁

---

[1] 参见姜伟："被害人过错行为在量刑中的定量分析"，载《犯罪研究》2009年第6期。

[2] 参见（2017）闽0624刑初113号刑事判决书中事实认定部分。

[3] 参见（2017）甘0302刑初266号、（2017）粤0402刑初127号刑事判决书。

[4] 参见（2017）内05刑初30号刑事判决书。

判文书说理中在被害人过错的认定时考量了双方的职业因素，如（2016）粤0404刑初306号刑事判决书说理部分，认定被告人作为小区保安，系所在小区安宁秩序的维护者，拥有高于普通人的容忍期待，有责任采用冷静克制的态度处置有损秩序的行为，必要的时候应当联系公安机关介入处理，而非采用暴力手段直接殴打强行闯入小区的被害人，因而未认定被害人过错。可见，不同职业的要求所带来的职业义务造成了对被害人行为期待可能性的差异，在对被害人过错行为的不当性及对行为人影响的判断中应当考量被害人和行为人的职业因素。其三，二者间的长期关系。一般来说，在亲密程度超过一般人的关系中，对对方的不当行为应有更大的包容度，如父母打骂孩子和陌生人之间的打骂行为不同，亲密关系可以削弱被害人行为对行为人反击意图的引起。对于被家暴一方反击家暴一方致其伤亡的案件，如果犯罪发生前二者间存在长期的暴力关系，即便在犯罪时被害人对行为人实施轻微暴力或者尚未实施暴力的，因过去行为人在长时间的暴力行为中累积的恐惧，行为人难以评估本次行为的伤害程度，而选择实施犯罪行为进行反击的，应当考虑二者间长期的暴力关系的影响。实践中部分判决亦将二者之间长期的暴力关系作为被害人过错认定的考量因素。[1]

总之，在刑法研究和司法实践中，习惯性地将被害人视为一个标准化角色，带着无辜、不幸、同情等一系列标签，而忽视其有血有肉的存在。还原到生活中，被害人往往以更鲜活的面孔、更主动的姿态，影响、改变甚至推动着犯罪的发生。在定罪量刑中重新定位"被害人"，不仅是基于量刑规范化改革对实质正义的追求，也是司法实践、学术研究对被害人"刻板印象"去标签化的人性还原，对这一角色的关注是我们对犯罪究竟是罪行还是罪人、定罪是针对行为还是行为人、量刑是侧重惩罚还是预防等一系列问题研究和思考的逻辑起点。规范说理要素、明确说理要点是规范被害人过错说理的起点，如何在说理中清晰、简练地释明法律，同时兼顾司法温度、落实司法为民理念，为公众了解、监督、评价司法提供有效途径，从而提升司法公信是说理规范研究需要关注的问题。

---

[1] 参见（2017）鄂0582刑初58号、（2017）甘10刑初15号刑事判决书。

下 篇

司法改革话语宜区分"检"与"法"

——品读《论司法体制改革》的一点感想

相比于过去几轮司法改革主要是机制性改革而言，伴随着全面深化改革、全面推进依法治国进程的新一轮司法改革无疑是体制性改革。以司法责任制为核心的四项改革，即司法人员分类管理和法官、检察官员额制改革，司法责任制改革，司法职业保障制度改革，省以下法院、检察院人财物省级统一管理改革，以审判为中心的诉讼制度改革（包括完善认罪认罚从宽制度等），国家监察体制改革所带来的司法职权配置改革等一系列改革，即"想了很多年、讲了很多年但没有做成的改革"，"由于党中央的坚强领导和强力推动；由于各级司法机关和广大司法人员以舍我其谁的精神积极探索实践；由于坚持科学的方法，如坚持顶层设计与基层探索相结合，坚持先试点、后推广"以及"法学、法律界的广大研究人员为改革提供了有力的理论支撑"，[1]终于被"做成"了。"脱离实践的理论是空洞的理论，没有理论指导的实践是盲目的实践"，这句话强调的是认识过程中理论与实践的统一。此轮司法体制改革的生动实践促发了《司法体制改革导论》（陈瑞华，法律出版社2018年版）、《司法改革的知与行》（蒋惠岭，法律出版社2018年版）、《论司法体制改革》（朱孝清，中国检察出版社2019年版）等专著的出版，就是很好的例证。

近日，吾乡好友、时任中国检察出版社总编刘志远学兄知悉我一直对司法改革研究有兴趣，遂赠送了最高人民检察院原副检察长朱孝清先生的专著《论司法体制改革》。朱先生在检察机关恢复重建三十周年之际（2008年）出版了专著《中国检察若干问题研究》，又在恢复重建四十周年之际（2018年）萌生了将近三四年所写的有关司法体制改革的文章结集出版的想法，时隔一年，就以《论司法体制改革》为名见诸于世。作者把相关文章归于五个部分，即"司法原理研究""司法权配置改革研究""司法权运行改革研究""司法责任与司

---

[1] 朱孝清：《论司法体制改革》，中国检察出版社2019年版，自序。

于法保障改革研究""刑事诉讼制度改革与适用研究"。虽然书中许多佳作尤其是发表于法学权威期刊上的论文,例如,《刑事诉讼法实施中的若干问题研究》(载于《中国法学》2014年第3期)、《司法的亲历性》(载于《中外法学》2015年第4期)、《检察官相对独立论》(载于《法学研究》2015年第1期)、《司法职权配置的目标和原则》(载于《法制与社会发展》2016年第2期)、《错案责任追究与豁免》(载于《中国法学》2016年第2期)、《国家监察体制改革后检察制度的巩固与发展》(载于《法学研究》2018年第4期)、《再论辩护律师向犯罪嫌疑人、被告人核实证据》(载于《中国法学》2018年第4期),等等,我均已经认真地阅读过,但此次花几天时间连续地读完这本厚重的专著,还是深深地被朱先生"胸怀天下,情系检察"的使命感所折服,同时也敬佩其面对"我国检察制度缺失屡受质疑,在每轮司法体制改革过程中尤甚"之际保有的那份理论清醒,即"我国检察制度是在质疑声中不断发展的,检察理论也是在质疑声中不断走向繁荣的。从这个角度来说,有质疑又未必是坏事。对各种质疑检察制度的观点,一要认真听,二要正确应对:对正确或有道理的要虚心采纳;对没有道理或站不住脚的要加强沟通交流,在理论上予以回应;对主张照搬西方检察制度的,要坚决予以驳斥。而要正确应对,就需要加强检察理论研究,因为理论是制度的根基,系统化的制度理论是制度成熟的重要标志"(第116页),"检察体制改革关系到检察体制向什么方向改、改什么、怎么改、司法资源如何优化配置等重大问题,检察机关自身必须高度重视,认真研究,特别是在检察制度屡受质疑的背景下更应如此"(第117页)。

  或许是基于在司法岗位从事司法改革的类似角色的缘故,此次拜读论者在研究司法改革有关问题的过程中保有的区别"检察院视角"与"法院视角"的意识给我留下深刻的印象,例如,在《司法的亲历性》中论述,"司法亲历性主要是对法院和法官而言,但各国检察机关也要求检察官办案尽可能亲历……检察官亲历的程度和严格程度与法院又存在明显区别,综合多数国家的情况,其区别主要表现在:一是上命下从。在上级对个案没有指示的情况下,检察官可以独立作出决定,但如上级作出指示,检察官应当服从……二是职能协助。全国检察机关是执行检察职能的统一整体,当甲地检察院执行职能需要乙地检察院协助时,相关检察院应当协助……三是职务承继。检察机关在执行职务中需要更换检察官时,原检察官所进行的活动与接任检察官的活动可以前后承继,而不必像法官更换那样必须更新审判程序。四是领导审批重要案件。检察官对重要案件的拟处理意见要报领导人审核批准……五是不强求当面讯（询）问人证。对犯罪嫌疑人、被害人，审查起诉时应当讯（询）问，但对证人，就不要求必须当面询问核实，可根据履职需要和案件实际情况灵活作出决定"（第36-37页）。在《检察官相对独立论》中论述，"根据我国宪法和法律的规定，人民检察院和人民法院在依法独立行使职权上不存在任何区别，但在检察官和法律的独立性上却有明显区分。如在刑事诉讼中，检察权行使的主体是检察院，案件的决定权归于检察长与检委会；而审判权行使的主体却主要是法官（包括独任法官和合议庭），只有疑难复杂重大案件，合议庭认为难以作出决定的，才由合议庭提请院长决定提交审判委员会讨论决定。可见，在现行法律制度下，检察官几乎没有多少独立性，法官的独立性却相当明显；即使在司法体制改革之后，检察官的独立性也要比法官的独立性小得多"（第58-59页）。在《也谈"检察官中立性"》中论述，"法院的中立性是典型的标准意义上的中立性。检察机关在审查批捕、审查起诉、诉讼监督中的中立性与法院一样，都具有中立性的一般特征，但与法院的中立性相比，检察机关的中立性又存在一定的区别，这种区别主要表现在以下四个方面：一是程序启动有时具有主动性。法院审判程序的启动是被动的，即所谓'不告不理'……检察机关的中立性大多建立在被动受案的基础之上，但在少数情况下（例如，检察机关在专项监督中主动发现有关线索）。二是诉讼性不足。法院以诉讼的方式处理案件，即以法庭为平台，在控辩双方面对面对抗辩论、所有诉讼参与人参与的情况下，查明事实并对案件作出判断，其诉讼性明显。而检察机关所行使的职能大多具有过程性和中间性，所依据的主要是案卷材料，并辅之以必要的亲历性审查，对审听证的方式用得少，诉讼性显得不足……三是某些情况下角色混同。法院的法官都行使审判职能（除民事执行职能外），一般不存在角色混同问题，其中立性不会因角色而被干扰。但检察机关在某些情况下却存在角色混同问题，如审查起诉与出庭支持公诉一般由同一位检察官负责，该检察官既是审查起诉时的中立者，又是出庭支持公诉时的刑事原告……行使不同职能的检察官都在同一位检察长领导之下，检察长在对有关事项作决定时也难免存在角色混同的问题，这也可能对中立性产生一定的影响。四是审查起诉和诉讼监督中的中立性在一定条件下会发生转化。法院在行使审判职能时始终处于中立立场。而检察机关在审查起诉和诉讼监督中的中立性在一定条件下却会发生转化，从而使中立性发生偏移或不复存在。具体地说，检察机关在审查起诉时是中立的，但当对案件作出起诉决定、公诉人出庭支持公诉时,审查起诉时的三方关系就变成新的三方关系,即以检察机关为控方、以被告人及其辩护人为辩方、以法院为中立的第三方。这时,检察官就由审查起诉时中立的第三方,转变为刑事原告……"(第77-79页)。在《对人民检察院组织法修订草案二次审议稿的五点修改意见》中论述了提请检委会讨论的主体应区别于提请审委会讨论的主体,"因为在定案权的行使上,检察院与法院存在明显区别:法院的定案权一般在独任法官和合议庭,院长对不是自己办理的案件没有决定权,故申请将案件提交审判委员会讨论决定的权力在审判长,是否批准将案件提交审判委员会讨论决定的权力在院长。而在检察院,检察官只对一般案件有决定权,重大案件和其他重大问题决定权在检察长。除法律规定必须提交检察委员会讨论决定的事项外,对重大案件和其他重大问题是否提交检察委员会讨论,应当由检察长决定,而不是由检察官决定"(第194页)。

在我国自1954年《宪法》到1982年《宪法》的制定过程中,对人民法院究竟是叫"司法机关"还是叫"审判机关"存在争议,经过慎重考虑,我国的人民法院是叫"审判机关"而不是司法机关",其行使的职权是"审判权"而不是"司法权"。与之对应,我国的人民检察院是叫"检察机关"而不是"司法机关",其行使的职权是"检察权"而不是"司法权"。《人民法院组织法》《人民检察院组织法》以及1995年通过的《法官法》《检察官法》等基本法律中均未使用"司法""司法机关""司法权"等术语。"司法"一词在法律中的出现始于2000年的《立法法》(其中有"司法制度"的表述),2001年修正后的《法官法》《检察官法》再次使用了"司法"一词(其中有"保障司法公正"的表述)。从党的文件来看,党的十五大报告(1997年)中"推进司法改革,从制度上保证司法机关依法独立行使审判权和检察权"的表述,意味着审判机关和检察机关都属于"司法机关","司法改革"包括了对这两个机关的改革。党的十六大报告(2002年)采用了类似的表述,"推进司法体制改革……改革司法机关的工作机制和人财物管理体制,逐步实现司法审判和检察同司法行政事务相分离"。从最高人民法院工作报告来看,1996年第一次提出"加强法院改革"的用语;1997年采用的是"审判方式改革"的提法;1999年采用了"深化法院改革""以司法改革为主线,加大法院改革力度""法院改革是我国司法改革的重要组成部分"的表述。确如刘松山教授所言,"司法""司法机关""司法改革"都是受学术讨论的影响而提出的概念,至少尚未见诸宪法文本；与此同时，中国语境中的"司法"与国外的"司法"又有很大区别，即国外的"司法"常常仅指法院审理案件的活动，但中国的"司法"究竟是什么含义，无论是在理论界还是在实践中都没有形成统一的认识（见刘松山：《再论人民法院的"司法改革"之非》，载《法学》2006年第1期）。"司法"一词至少存有最广义、广义、中义、狭义的区别，最广义的"司法"包括侦查权、检察权、审判权、执行权，广义的"司法"包括侦查权、检察权、审判权，中义的"司法"包括审判权和检察权，狭义的"司法"仅指审判权。立足于此，无论是法学学术界关于司法改革的理论争鸣，还是法律界"各种力量激烈博弈"的司法改革设计，均得对"司法"有一共识的前提界定，否则难免出现各说各话的局面或者论证逻辑不严谨的现象。可以说，朱先生《论司法体制改革》的前述始终注意区分"检察维度"和"法院维度"来论述有关司法改革问题的做法为我们提供了示范。

检察学视野下检察改革的镜鉴

——品读《刑事法研究（第五卷·检察学）》有感

"人到老年往往会怀旧，喜欢回忆曾经的辉煌和趣事。一个学者，当学术思想枯竭的时候，也会追溯以往的成就，一方面是总结学术研究之路，宽慰自己的一生没有白过；另一方面也是给自己的家人、同行、亲友及弟子一个交代，留下一生劳苦的瞬间喜悦。"这是张智辉教授为其《刑事法研究》（共五卷，第一卷·中国刑法学、第二卷·国际刑法学、第三卷·刑事诉讼法学、第四卷·犯罪学、第五卷·检察学，中国检察出版社 2019 年版）所作"自序"中一段自谦的话。其实，此种学术成果的阶段性整理何尝又不是为广大读者一次性提供的精神大餐呢？

缘于较长时期从事司法改革工作之故，我当下最为关注的是《刑事法研究（第五卷·检察学）》，尤其是其中有关检察改革的论述。该卷共包括"检察学研究的学科使命与理论体系""检察学研究与检察改革""中国特色检察制度的理论探索""检察机关的宪法地位""检察官在刑事司法制度中的地位和职能""检察机关在非刑事司法领域的作用""检察机关的职能与职权：变迁与转型""检察侦查权的回顾、反思与重构""再论检察权的性质""论检察权的优化配置""法律监督三辨析""关于法律监督能力建设""论依法独立行使检察权的宪法原则""论宽严相济刑事司法政策与法律监督""刑罚执行监督断想""法律监督机关自觉接受监督的内容及其途径""试论检察事业的科学发展""论检察事业的可持续发展"等章。

正如张教授曾经总结 1978—2008 年 30 年来检察基础理论研究经验时所指出的，"从研究问题的角度看，大致上是从四个视角展开的：一是从检察制度的视角进行研究，系统论述中国特色社会主义检察制度的基本理论及其理论基础；二是从检察权的视角进行研究，重点研究检察权的性质、构造、权能及其运作机制；三是从检察学的视角进行研究，探讨检察制度的基本理论和检察活动的规律，构建检察制度的理论体系；四是从检察改革的视角进行研究，着力探讨检察制度在实践中遇到的困难和问题,以完善中国特色社会主义检察制度为目的,提出改革完善的建议"(第26-27页)。就检察学而言,国内较早就有了专著,例如,王洪俊所著的《检察学》(重庆出版社1987年版),赵登举等主编的《检察学》(湖南人民出版社1988年版),朱孝清、张智辉主编的《检察学》(中国检察出版社2010年版)。按照张教授的观点,"检察学作为一门独立的学科,其学科使命主要包括以下几个方面的内容:第一,从宪政的、比较研究的和历史发展的角度深刻论证我国现代检察制度存在的历史必然性和现实合理性,为完善中国特色社会主义检察制度提供理论依据;第二,从国家权力配置的角度论证检察权配置的科学性及其具体内容,为保障检察权的正确运行提供智力支持;第三,着力研究制约检察事业发展的制度性、机制性问题,为完善相关立法,推动检察体制和工作机制改革提供理论支撑"(第2-6页),那么,检察学与检察改革须臾不可分离,检察改革必然成为检察学的重要研究对象和内容。尤其是在第三轮司法体制改革不断深化推进的当下,检察学研究面临着许多新的课题,应当重点研究并回答以下问题:一是如何从制度上保证检察机关依法独立公正行使检察权;二是如何构建科学的检察权运行机制;三是如何科学调整检察机关的内设机构;四是如何完善检察机关的内部管理(第15-20页)。

就《刑事法研究(第五卷·检察学)》而言,"检察学研究的学科使命与理论体系""检察学研究与检察改革""中国特色检察制度的理论探索"三章从总体、宏观上阐释和勾连了检察学(检察理论研究)与检察改革的内在多维关系,例如,作者在"检察学研究的学科使命与理论体系"中论述"检察学研究应当坚持立足检察职能,强化法律监督的原则"时指出,"检察学的研究,不应仅限于理论层面对于检察机关法律监督属性的探讨,还应当立足于检察机关的基本职能,研究如何强化检察机关的各项职能,通过各项具体职能的深入完善加强检察机关的执法能力和法律监督能力"(第12页);又如,作者在"检察学研究与检察改革"中强调,"检察学研究要抓住新一轮检察改革乃至整个司法体制改革的机遇,围绕改革中希望解决的重大问题,进行脚踏实地的实证研究和理性分析,揭示检察制度发展中体制性、机制性保障表象背后的深层次问题,总结和论证检察制度发展的规律,为坚持和完善中国特色社会主义检察制度提供理论向导和科学支持,促进检察改革沿着党的十八大确定的目标推出科学的举措"(第20-21页);再如,在"中国特色检察制度的理论探索"中,作者认为,"检察理论研究担负着重要的使命。既要在充分地、客观地研究现行制度利弊得失的基础上，为现行制度的改革完善提供理论先导和改革方案，又要站在中国社会发展和世界法治发展的前沿，展望未来走向，进行前瞻性的理论探索，谋划检察制度的发展蓝图"（第83页）。接下来，其他各章则具体地围绕检察机关的宪法地位，检察官在刑事司法制度中的地位和职能，检察机关在非刑事司法领域的作用，检察机关的职能与职权的变迁与转型，检察侦查权的回顾、反思与重构，检察权的性质，检察权的优化配置，法律监督的概念、特性及权能，法律监督能力建设，依法独立行使检察权的宪法原则，宽严相济刑事司法政策与法律监督，刑罚执行监督，法律监督机关自觉接受监督的内容及其途径，检察事业的科学及可持续发展等问题展开论述，其中仅从"中国检察官职能在刑事司法制度中的发展趋势""完善检察机关在非刑事司法领域确保法律实施职责的改革措施""关于检察职权转型的若干思考""检察侦查权的重构""论检察权的优化配置（优化检察权配置的现实意义；优化检察权配置的指标体系；优化检察权配置的理性考察；优化检察权配置的路径选择）""法律监督能力建设问题""依法独立行使检察权的改革思路""法律监督中贯彻宽严相济刑事司法政策的情况及存在的问题""刑罚执行监督机制需要进一步完善""完善对减刑、假释、保外就医的程序控制权""人民检察院在接受监督方面存在的问题及改进意见""完善管理机制，保障法律监督权的有效行使"这些章节标题就可看出检察改革的话语占据了重要篇幅。具体来说，这些检察改革话语，有的是论者关于检察改革的具体论述，例如，"随着依法治国进程的推进，根据法治建设的需要，法律可能扩展或者缩小检察机关法律监督的范围，但是在任何情况下，检察机关都必须在法律规定的范围内行使法律监督权，而不能任意扩大或者缩小监督的范围，特别是不能任意对法律没有规定的事项进行法律监督"（第86页）。有的是论者对有关检察改革观点的辩驳，例如，"检察机关对法院审判活动的监督不仅不应取消或限制，而且应当进一步加强。其主要理由是：第一，从诉讼规律上看……；第二，从权力制衡的角度看……；第三，从我国的司法实践看……"（第115页）。有的是论者提出的检察改革具体意见，例如，"完善检察机关在非刑事司法领域确保法律实施职责的改革措施：一是检察机关提起公益诉讼的职权；二是检察机关对民事执行实行法律监督的职权；三是检察机关参与社会管理的职责"（第127-128页）。"在检察职能不变的前提下，讨论检察职权的转型，最主要的是围绕如何更好地发挥检察机关的职能作用来完善检察机关的职权配置：一是职权配置——应当赋予检察机关对行政执法活动的监督权（从审判监督转向执法监督）；二是权力运行的外部环境——应当确保检察机关依法独立公正地行使检察权；三是权力的运行模式——应当逐步实现遵循司法规律来管理职权的运行，去行政化；四是权力运行的保障机制——既要对行使检察权的主体在身份上、待遇上给予必要的保障，更要对其行使职权的行为给予法律上的保障；五是权力运行的监督机制——加强对检察职权行使的监督制约，防止检察职权的滥用"（第 154-155 页）。有的是论者关于司法体制改革（检察改革）方法论的，例如，"改革要稳妥进行，就必然是一个循序渐进的过程，总有些问题要先解决，有些问题要后解决"（第 210 页）。"在制度设计上，既要设置必要的制约环节，不能由一个主体完全独立地处理案件，以防止滥用办案的权力，又不能设置过多的制约环节，使办案主体既无责任感，也无效率观"（第 226 页）。"在权力配置中处理权力之间的关系，应当遵循以下原理：第一，每一种权力都应当有明确的边界、有一定的作用范围、条件和对象；第二，权力之间的边界应当相互衔接但不能相互交叉或重叠；第三，当一种权力作用于另一种权力的时候，应当给被作用的权力设定义务"（第 249-250 页），等等。

  张教授如同国内多数学者始终对中国的司法制度及其改革投入了较大的热情，一直关注司法改革的进程，并就司法改革的问题进行了卓有成效的研究（2014 年承担国家社会科学基金重点项目"检察权优化配置研究"、2018 年承担国家哲学社会科学基金重大项目"优化司法职权配置研究"就是明证），只是因其身份角色和工作岗位（长期任职于最高人民检察院检察理论研究所和司法体制改革领导小组办公室）之故，其"对司法改革的研究重点在检察制度的改革方面"，因而对司法改革的言说往往侧重于检察之维。基于现行宪法对"两院（人民法院和人民检察院）"宪政地位的类似安排（例如，人民法院和人民检察院均由本级人大产生，受其监督，对其负责）、"两院"在现行党政架构中的类似处境（例如，人民法院和人民检察院均受本级党委政法委的领导；均受相同的财政保障；共享相同的组织人事政策）、"两院"改革被同步骤地、统一地纳入中央司法改革方案和被立法机关同时地予以立法固化（例如，中央第一轮司法改革即根据中央司法体制改革领导小组关于司法体制和工作机制改革的初步意见进行的改革，第二轮司法改革即根据中央政法委员会关于深化司法体制和工作机制改革若干问题的意见进行的改革，目前正在进行之中的第三轮司法改革均是同时部署和安排有关法院改革和检察改革；《人民法院组织法》

《人民检察院组织法》,《法官法》和《检察官法》的修改几乎总是同时进行)等因素的影响,检察改革与法院改革在存在不同面向的同时也存在诸多共同之处(例如,改革面临的时空、改革要解决的问题、改革方法论,等等)。基于此,《刑事法研究(第五卷·检察学)》中有关司法改革尤其是检察改革的言说与论述无疑会对法院改革提供有益的镜鉴。例如,作者在"论依法独立行使检察权的宪法原则"中分析"依法独立行使检察权的制度性障碍"时指出,"妨碍检察权独立行使的制度性因素,主要是检察权的地方化,其主要表现是:(1)检察机关的人事不独立;(2)检察机关的经费不独立;(3)检察官的身份不独立"(第397-398页),这同样适用于对审判权不能独立行使的分析。又如,作者在"论检察权的优化配置"中"检察权优化配置的指标体系"的相关论述指出,"通过下面四组要素的对比来衡量检察权配置的优化程度:(1)权力设置中的目的与手段的匹配度;(2)权力行使的有效性与可控性的平衡度;(3)权力运行中相关主体的协调度;(4)权力运行的需求与供给的满足度"(第227-256页),这无疑值得在优化审判权的配置时予以参考。再如,作者有关"(法律)监督"的如下论述,"监督存在四种用法:1. 上级对下级的监督;2. 平等主体之间的监督;3. 下级对上级的监督;4. 外界的监督。监督的主体不同,监督的目的和功能也就不同:上级对下级的监督是为了行使管理权,因而具有管理的功能;平等主体之间的监督(包括积极的监督和消极的监督)是为了相互制约,因而具有制衡的功能;下级对上级的监督是为了提请上级注意自己的行为,具有提示的功能,同时作为一种民主权利,具有参与管理的功能"(第350-351页),这无疑为司法责任制改革不断深化推进的现阶段如何处理好审判权、审判管理权、审判监督权之间的关系提供了具有价值的理论指引,等等。

走进讲堂的司法改革话语

——品读《法政讲堂》有感

"改革是一个国家生生不息的动力,对于中国这个古老的国度更是如此。千百年来,正是一场又一场改革助推历史前行。于当代中国来说,改革更是一幅波澜壮阔的现实画卷。从近代以来这一百多年时间,中华民族一直置身于伟大的改革图景之中,尤其是最近这四十多年的改革,为中国发展注入了新的活力、新的动力,为中华民族赢得了无限生机和灿烂前景。它是中国从传统社会向现代社会的转型,从专制政治向民主政治的转型,从人治国家向法治国家的转型。如何描绘这一历史画卷,中国社会科学学者包括法学学者在内都有义不容辞的责任。"这是卓泽渊教授为其四卷书《法治期待》(法学短文汇编)、《法政讲堂》(在中央党校任教的讲稿汇编)、《法之言说》(与媒体互动的有关文稿与资讯汇编)、《法眼园窥》(任职中央党校研究生院院长期间的演讲文稿等的汇编)(法律出版社 2019 年版)所写"总序"中的一段话,自然地让我回忆起卓教授当年挂职最高人民法院司法改革办公室副主任期间对我的言传身教,同时也让我重新拜读了他储存在我电脑里的有关中国司法体制改革理想图景的书稿。可以说,正是有这样一批类似于卓教授的学者怀着义不容辞的责任去传播宣讲改革理念、积极献言改革建议、参与论证改革方案、跟踪评估改革效果、描绘改革历史画卷,极大地助推了"改革能够沿着既定道路一往无前,将中华民族带进那神圣的现代化理想之中,带进那伟大复兴的梦想之中"("总序"第 3 页)。

此处我仅以"编外学生"身份,通过阅读而非现场聆听的方式参与到《法政讲堂》所再现的"课堂"之中,重温卓教授有关司法改革的言说与理想。从司法改革之维来说,《法政讲堂》共 28 讲,大致可分为以下几类:一是专门以司法改革作为讲义题目的,包括"司法改革的理论与实践""司法体制改革的主要问题研究""当代世界法治与中国司法改革"。二是讲义内容或详或略地直接论及司法体制改革的,包括"建设社会主义法治国家""司法公正问题研究""全面落实依法治国方略""构建和谐社会与法治建设""依法执政的理论与实践""依法治国与建设社会主义法治国家""我国法治建设的若干问题研究""加快建设社会主义法治国家""全面落实依法治国基本方略""构建和谐社会与弘扬法治精神""科学发展观与中国特色社会主义法治建设""科学发展观与依法执政""全面推进依法治国""关于全面推进依法治国的重要论述""全面依法治国新理念新思想新战略"。三是讲义内容基本不直接论及司法体制改革的，包括"全球化与当代法律的新发展""法治的理论与原则""权力制约理论""当代世界法制发展的历史走向""法学基本知识""世界视野中的中华法文化""突发性群体事件及其处置""法学研究方法与能力的培养""全面依法治国与提高领导干部的法治能力""加强法治思维"。

纵览上述有关司法体制改革的讲义篇章，卓教授的下列诸多论述、命题、观点和建议均具有较强的学术创新性和实践价值性。（1）关于现行司法体制。他认为，"我国目前的司法体制已经是非改不可了。它是在计划经济和高度行政集权的背景下建立的，在设立的一般基本理念上都存在误区"（第106页）。（2）关于司法改革的属性。他认为，"司法改革是法律改革的重要内容；司法改革是法治建设的基本方面；司法改革是社会发展的必然要求；司法改革是政治改革的重要内容"（第24-27页）；"司法改革在所有的改革中具有政治性很强、风险性很小的特征"（第28页）。（3）关于司法体制改革与其他改革的关系。他认为，"司法改革应当与法制系统改革和社会整体改革相协调。司法改革仅仅是社会整体改革的构成部分，仅仅是社会整体改革中法制改革的构成部分"（第109页）。（4）关于司法体制改革和机制改革的关系。他认为，"目前的改革措施主要是机制改革方面，改革措施更多的是针对机制改革而设定的。要深化司法体制改革，还必须从体制入手。改革体制远比改革机制更加艰难。体制改革大到涉及国家整体的权力配置，小到处理司法机构之间的相互关系，都需要从体制重构与调整来加以解决"（第236页）。（5）关于司法改革的方法论。他认为，"司法改革应当将构成要素改革与整体结构改革相结合；司法改革应当将内在状况改革与外在环境改革相并重；司法改革应当将运行机制改革与监督机制改革相并行"（第33-38页）；"司法体制改革，一是必须有宏观的宪政体制设计作为前提；二是必须有科学的改革措施作为路径"（第247页）。（6）关于司法改革方案的拟制。他认为，"没有好的改革方案一定不可能有好的改革成果。拟订一个良好的改革方案的条件是：拟制者对于相关的客观情况有良好的把握；拟制者对于相关的理论与业务知识有良好的把握；拟制者与改革事项没有直接的利害得失关系"（第129页）。（7）关于司法改革所要解决的主要问题。他认为，司法改革要解决"司法机构的建设问题；司法机制的设置问题；司法权威的确立问题；司法公正的实现问题"（第129-134页）。（8）关于司法功能。他认为，"现代司法所承担的功能在解决社会纠纷之外，还有更加扩展的维系社会秩序、实现社会整合、维护国家统一等功能"（第373页）。（9）关于司法环境。他认为，"司法之外的因素就构成了司法的外在环境。经济、政治、文化、道德、意识构成司法的第一层次的外在环境，立法、守法、法律监督构成司法的第二层次的外在环境"（第109页）。（10）关于（司法）权力。他认为，"权力的人民性、相对性、支配性、权威性、组织性都决定了它要正常运行，就必须受到制约"（第87页）。（11）关于司法公正。他认为，"司法公正作为一个整体，既是司法机关包括司法官员的自我要求，也是社会的外在期望；司法公正的评价主体包括司法官员、诉讼当事人、社会大众；司法公正的评价客体包括司法结果、司法过程、司法行为；司法公正的制约因素包括法律制度、司法官员的道德修养和业务素质、司法机制、客观限制、社会意识"（第97-107页）；"司法改革必须围绕司法公正来进行。能否实现司法公正将是检验司法改革成败的首要且根本的标准"（第38页）；"司法公正是纠纷解决的本质要求；司法公正是赢得群众的信赖基础；司法公正是社会发展的现实需要"（第119-120页）；"司法公正具有三个层面的要素：一是司法自身必须公平正义；二是司法必须维护社会的公平正义；三是司法必须让人民群众感受到公平正义。'努力让人民群众在每一个司法案件中感受到公平正义'这一目标是整个司法体制改革的出发点和落脚点，也是检验司法体制改革成败的标准"（第329页）。（12）关于司法公开。他认为，"司法公开是司法的人民性、社会性、公共性所决定和要求的。全面推进司法公开，就是要构建开放、动态、透明、便民的阳光司法机制"（第331页）。（13）关于监督司法。他认为，"要实现司法的公正高效权威，提高司法公信力，加强对司法的监督必不可少。对司法的监督，既是对法律实施进行监督的重要环节，更是法治监督体系不可或缺的重要组成部分"（第374页）；"权力机关对于司法的监督是必要的。个案监督不应成为权力机关的日常工作，也不能将个案监督演化为变相司法；否则司法权就得不到应有的尊重和维护，权力机关的监督就可能演变成为立法对于司法的不当干预，或成为第二司法机构，从而影响立法工作的进行"（第37页）。（14）关于司法机构的设置。他认为，"司法机构的设置既包括在宏观上的司法机关与其他机构之间形成的政治构架，也包括司法机构内部的组织元素和组织形式"（第104页），等等。

  需要指出的是，上述这些司法改革的言说仅仅是我品读《法政讲堂》过程中"只言片语"式的点滴摘录，难免挂一漏万，因此也就更增加了一份期待——卓教授早日出版以《未来中国：体制改革的理想图景》研究报告为基础的学术专著，从而让广大读者感受其"废忘一年思国是，苦尽心衷"的心路历程，并惠享更丰富、更全面的精神食粮。

言说司法的法理追问

——品读《司法沉思录》有感

"司法和司法改革是当今中国法治国家建设事业的基本环节,投身其中,也是我个人的一种情怀,算不上什么了不得的抱负和担当。聊以自慰的是,在长期的学术实践中,由于坚持专业学者的定位,秉持恒定法理的分析立场,不逢迎应景,不凑合走笔,使得这些文字经得住时间的锈蚀,在诸多主题上已然显现了前瞻性。"这是张志铭教授在专著《司法沉思录》(北京大学出版社2019年版)"序言"中的一段话。拜读完此书后,我尤其对其"秉持恒定法理的分析立场"的表白产生了深刻印象,并为张教授作为"司法问题研究专家"所运用的"法理思维"(在法解释学中,法解释思维存在法律思维、法治思维和法理思维之分[1])、展示的"法理视界"和烙下的"法理底色"所折服。

《司法沉思录》是张教授将其20余年发表在不同媒介的有关司法和司法改革的篇目"连珠成串,结木成林"而成,共分为14个专题,即"司法改革评议""司法观念更新""司法职业化""司法考试制度""司法官培训、法律教育""法律职业伦理建设""司法组织的合理构造""司法与传媒的关系""司法责任制建设""司法程序改革""证据与案件事实""裁判文书说理""司法判例制度的法理""中国律师业的发展"。张教授在这些专题的许多篇目中直接或者间接、或多或少地强调或者提醒从广义法理[2],即包括狭义法理、原理、学理、理念、理论的角度、层面、视角、背景,来辨析、论证有关司法和司法改革的问题。

从"法理"来看,具体包括:"从法理上分析现代检察制度,首先要关注的一个问题就是检察权的性质问题。检察权到底是一种行政权还是司法权?"

---

[1] 参见姜涛:《刑法解释的基本原理》,法律出版社2019年版,第173页。
[2] 所谓"法理","是指形成某一个国家全部法律或某一部门法律的基本精神和学理,包括法的原则、法的价值、法的精神、法的根据、法的公理、法的逻辑、法的生活、法的本意、法的目的等",参见张文显:"法理:法理学的中心主题和法学的共同关注",载《清华法学》2017年第4期。

(第 44 页)；"从法理角度分析，第二个层面的问题是检察制度的正当性基础。对这方面的追问，可以采取回归原点的办法。也就是说，从发生学的意义上考察检察制度最初是基于什么样的目的而设立的"（第 45 页）；"如何在法理上对检察权的性质、检察制度的正当性基础作出圆融一贯的解说，是中国检察制度改革和检察理论发展必须面对的深层次问题"（第 46 页）；"按照'没有救济就没有权利'的法理，如果信访是一种权利，那么在法律上就必须有相应的保障和救济机制；如果是一种与其他权利不同的独特的权利形态，那么还应该有专门的保障和救济机制"（第 279 页）；"非法证据排除规则之于中国司法发展的意义是业内讨论较多的理论和实践话题，表面上看这只是一个涉及内容有限的讨论，实际上则包含着深刻的法理意涵，连带着对证据概念和特性、证据运用实践的认识和把握，以及对现行法学理论、诉讼法理论、司法理论和实务中关于非法证据的一些认识、观念和实践的反思与分析"（第 301 页）；"聚焦于司法判例的作用或影响力来探讨建立和落实司法判例制度的法理基础，那么关于司法判例制度的意义、含义和运作机理等三方面的重要问题，就可以明确地表述为如何确认司法判例作用的价值，如何界定司法判例作用的性质和含义，以及如何明确司法判例作用的实现机制这样三个方面的问题"（第 359 页）。

从"原理"来看，具体包括："制度设计应该立足于一般原理，而非一时一地具体个案中的是非得失。在谈论媒体与司法的关系时，如果只是局限于所选择的一些'典型'个案作单向度的表达，那么在民众和决策者中激起的只能是义愤，是制度设计上的感情用事"（第 218 页）；"在制度原理上，建立合理、有效、符合法治要求的裁判责任制度不仅是现代司法制度的重要组成部分，也是落实我国宪法'审判独立'要求的基本环节"（第 238 页）；"在制度原理上，它（法院的审判责任制改革——笔者注）不仅体现了一般意义上的职权和职责的统一，而且还因为司法审判权的功能特性而对其权威和独立行使的特别强调，体现了权威与责任、独立审判与负责任审判的统一"（第 248 页）；"从更为深刻的原理看，司法在作为和不作为之间向来有，也应该有自我节制的倾向，如果说法律是理与力的结合的话，那么法院作为司法裁判组织在制度安排和行为宗旨上从来是重理不重力的，这是人类司法文明和司法哲学的重要内容，也是司法权威得以建立的关键所在"（第 297 页）；"司法判例作用的自然生发原理主要包括两层含义：（1）司法判例作用是一个与法官裁判活动必然伴生的现象；（2）司法判例的作用是一个与统一的司法管辖权制度、法院审级制度、法官职业共同体制度等必然伴生的现象"（第360-361页）；"'指导性案例可以作为当事人裁判依据，并应当作为裁判依据在裁判文书中引用，如果违反，则可能成为当事人上诉抗辩的理由，可能成为上级法院撤销判决的理由'。这样的解释尽管明确果断，却难以与当下国家在立法制度和司法制度上的基本安排对接，也缺少法源理论所涉及的裁判依据原理的支持"（第366页）；"讨论司法判例作用的实现，有必要在制度原理上对法官自由裁量权的意义予以澄清"（第375页）。

从"学理"来看，具体包括："从学理角度审视，检察能力应该是一个综合性的概念：从内在构成上分析，它是由不同资源要素组成的一个有机的系统；从外在表现考察，检察机关在功能意义上所拥有的不同形态的实际检察能力，组成了一个完整的能力体系"（第47-48页）；"无论从学理还是实践上看，正确的职能定位，恰恰是强化组织作用的一个基本条件。如果审判委员会不该承担'讨论和决定案件'的职能，那么，取消这一职能，意味着审判委员会其他职能的相对突出和强化"（第195页）；"当事人主义和职权主义皆为现代民主政治和法治社会中的诉讼构造，它们各有自己凭靠的学理基础和在具体制度上（存在于审判及其前后的各个环节）的一整套设计，因此，简单地品评孰优孰劣是不可取的"（第270-271页）。

从"理念"来看，具体包括："检察权的合理配置是一个多层次、多方面的复杂问题，表面上好像涉及的仅是检察权的增减、调整，深层次上关涉的则是政治哲学中国家建构的基本理念、法律文化上的价值选择等"（第212页）；"从制度理念和设计看，关键既在于弄清'审判责任'这一概念本身，更在于有针对性地深入追问和澄清到底谁是'审判者'这一前置性的关于'责任主体'的问题"（第250页）。

从"理论"来看，具体包括："正确解读审判独立原则，首先有必要确定现实的理论的坐标，只有找到了坐标，才能准确理解该原则的内涵及外延。具体主要包括两个方面：一是阐明我国审判独立原则的现实落脚点和理论对照系；二是通过对比坐标定位该原则并健全其制度构成体系"（第63-64页）；"从理论上认识司法考试制度的意义，最重要的是揭示司法考试制度与中国社会法治进程的内在逻辑关联，审视它在实践中是否推动了中国社会的法治进程"（第115页）；"这（人民监督员制度能不能如期上升为国家立法——笔者注）不仅取决于改革试点在范围和内容上的不断推开，从而成为一种'既成事实'，而且更需要扎实的理论总结和论证，使一种鲜活的实践在获得立法提升的同时承载有恒久的制度理性"（第209页）；"设立执行局并形成相应的统一（或垂直）领导的管理体制，是执行改革的'核心'所在，而这种改革的理论基础，则是对执行权性质的重新认识"（第289页）。

与此同时，张教授无论是对"司法是社会正义的最后一道防线"（第79页）、"取消法律本科专业"（第143-145页）、"延缓法官退休年龄"（第202-203页）、"个案监督"（第255-257页）等系列命题的质疑或者商榷，还是对"司法效率"（第82-84页）、"能动司法"（第85-88页）、"职业伦理"（第169-170页）、"法律真实"（第315-316页）、"增强裁判文书的说理性"（第340-342页）等诸多概念或范畴的辨析与界定，均呈现思辨性和论证性强的"法理"思维。前者如，针对"司法是社会正义的最后一道防线"命题，论者认为，作为一种事实判断，很难认为它恰当地刻画了域内和域外的司法状况；作为一种价值判断，它很难或者应该转化为一种现实的制度设计和实际操作；此命题的成立前提，至少需要肯定地回答以下疑问：（1）司法本身在正常情况下都能体现公平或正义吗？在非正常情况（如纳粹德国时期）下能够完全避免成为"恐怖的司法"吗？（2）各种纠纷解决方式中难道只有司法才应该具有社会正义实现的终局性吗？难道在各种纠纷解决途径之间有一个先后序列，而最终都可能归结于司法救济吗？（3）这种表述是否能够与有限政府、有限司法的政治理念和操作原则和谐共存呢？（第80-81页）。后者如，论者在辨析效率和司法效率的基础上，总结出司法公正与司法效率的组合模型划分：（1）减少时间和/或费用的投入，提高司法产品的数量，则效率越高，司法越公正；（2）减少时间和/或费用的投入，提高司法产品的质量，则效率越高，司法越公正；（3）同样的时间和/或费用的投入，提高司法产品的数量，则效率越高，司法越公正；（4）同样的时间和/或费用的投入，提高司法产品的质量，则效率越高，司法越公正（第84页）。特别需要指出的是，张教授还在一些地方秉持"追问，并不等于否定"的立场，[1]通过连续追问的方式来增强论证的理论深度，例如，针对人民监督员制度，就提出需要认真对待的系列疑问，诸如人民监督员制度是不是有宪法和法律依据；人民监督员作为检察机关控制下的外

---

[1] 参见孙歌：《寻找亚洲：创造另一种认识世界的方式》，贵州人民出版社2019年版，"写在前面"Ⅷ。

部监督是否能真正发挥作用；在职务犯罪查办这样一种需要专门法律知识和技能的活动中，人民监督员的"外行监督"是否可能、是否能起好的作用；相对于人民监督员制度所要解决的问题，在制度设计上是否有其他更优的选择；域外有没有可资借鉴的制度实践；从司法资源稀缺的前提出发，人民监督员制度的投入和产出是否成比例；人民监督员制度与人民陪审员制度在司法原理上是否具有可类比性；什么是人民监督员的合理构成；人民监督员制度的引入是简单嵌入还是涉及相关组织程序的复杂调整；人民监督员制度两年多的试点实践为该制度的立法提升积累了什么经验；等等（第210页）。

既然如张志铭教授所言，"职业理性为流俗看法所遮蔽、浮躁喧嚣吞没沉静的思考和言说，是我们这个急剧变化的社会当下的一个特点"（第253页），那么，在全面推进依法治国进程和从"立法中心"向"施法中心"转变、全面推进司法体制综合配套改革的过程中，"秉持恒定法理的分析立场"来言说司法或者追问司法改革更显重要和必要。

司法改革路上"平衡"的寻求

——品读《司法改革的知与行》有感

"30多年的最高人民法院工作经历已经让我不由自主地把自己与中国司法的命运连接在一起,如果司法感冒了,好像我也在发烧。"这是蒋惠岭先生在其新近出版的《司法改革的知与行》(法律出版社2018年版)"自序"中给我留下深刻印象的一句话。国庆期间,我认真地拜读了此书。虽然书中很多文章先前均已拜读,但此次又系统地读一遍,确实有不一样的收获和感受。

作为一位长期在司法岗位从事司法改革的法律人,蒋先生"已习惯于从司法视角观察法治发展,以改革思维审视司法工作,从全球视野分析中国问题"。《司法改革的知与行》共包括41篇,具体是:1995年3篇、1998年3篇、1999年2篇、2003年2篇、2004年4篇、2007年2篇、2008年2篇、2009年1篇、2010年2篇、2011年1篇、2013年4篇、2014年5篇、2015年3篇、2016年2篇、2017年4篇、2018年1篇。这些论文所跨的时间段大致对应着最高人民法院五个"五年改革纲要"的出台时间(1999年、2004年、2009年、2014年、2019年),论文所涉的关键词"司法体制改革的目标""现代司法理念""司法权力地方化""中央司法事权""审判独立""法官独立""司法民主""全面深化司法体制综合配套改革""上下级法院关系改革""司法职权优化配置""司法行政管理配套改革""司法人事制度配套改革""法院内部运行机制""审判活动行政化""审判权运行机制改革""审委会制度改革""审判管理制度""司法职业保障""法律职业共同体""法官惩戒""事实审""法律统一适用机制""案例指导制度""案件请示""相对独立量刑程序""庭审中心主义""司法效率""多元纠纷解决机制",等等,均是不同时间阶段改革的重点、难点或者热点,同时也是法学界的关注主题和学术研究重点。蒋先生先后参与了四个人民法院"五年改革纲要"的起草,参与了中央司法改革方案的起草,并承担了ADR方案、司法公开制度、审判权力运行机制、法官职业保障、法官职业道德、法官制度等多个司法改革项目的起草论证、组织落实和协调工作。可以说，这些论文有的是蒋先生对其参与的司法改革（"行"）的理论总结（"知"），有的是蒋先生为推动司法改革沿着符合司法规律之道前行（"行"）所作的理论准备（"知"）。无论是先"知"后"行"，还是先"行"后"知"，均是蒋先生践行党的十八届四中全会"推进法治理论创新，发展符合中国实际、具有中国特色、体现社会发展规律的社会主义法治理论，为依法治国提供理论指导和学理支撑"要求的具体体现。

从中医角度来说，"感冒"是感受风邪或时行疫毒，引起肺卫功能失调，出现以鼻塞、流涕、喷嚏、头痛、恶寒、发热、全身不适、脉浮等为主要临床表现的一种外感病症。也就是说，"感冒"意味着"肺卫功能失调"，亦即肺卫功能"不平衡"。或许是受"司法感冒"这一譬喻的"感染"吧，我阅读过程中特别关注和留意蒋先生在《司法改革的知与行》中有关司法改革"平衡""失衡""不平衡""不均"的论述，具体包括以下情形。

一是涉及两方的平衡。例如，关于人大监督与法院审判之间，"如果人大在监督中代替法院行使了司法职能，权力结构的平衡将被打破，司法的特有功能将受到侵害，其危险恐怕远比人大少纠正几个确实错误的判决严重得多"（第22页）；关于法院外部独立与内部独立之间，"将法院行政事务管理定位为'保障与服务'是符合司法权的属性的，而保障和服务由法院之外的机构来掌控则难免会与法官的需求脱节，并成为间接影响法官独立作出裁判的工具。也有一种担心，认为法院行政事务的内部管理会加剧司法的行政化。因此，建立一个能够平衡外部独立和内部独立关系的行政事务管理体制是当务之急"（第53页）；关于外部监督审判与法官独立裁判之间，"对审判权的监督在世界各国都是一个敏感、微妙的话题，因为监督必然会与审判独立发生碰撞甚至导致失衡。从各国的实践来看，除自身监督和审级监督外，其他各种监督机制都不能直接改变法院的裁判，不能通过监督手段试图影响法官的独立裁判，不能通过监督来控制法官的裁判倾向"（第54页）；关于司法民主与审判独立之间，"司法民主是对传统独立审判理念的完善和丰富，但关键是要在司法民主与审判独立之间寻找一个平衡点。从某种程度上讲，司法民主也是对司法的一种问责方式，是对独立审判一定意义上的制约。但是，任何形式的司法民主，都不能代替和限制法官的独立判断，不能压制法官独立作出判断的精神"（第86页）；关于外界改革动力和法律界内部的改革动力之间，"来自外界的改革动力所指向的改革措施，经常侧重于对法律活动和司法机关的外部控制……而对于一些科学规律层次上的改革措施涉及较少。而来自法律界内部的动力正好相反……实践表明，来自两种角度的两种推动力之间的矛盾一直存在，而且处在不断协调之中，影响着司法体制改革的进程"（第119页）；关于法院和政府相关部门的司法行政管理职责之间，"我国法院的司法行政管理职责分散在法院和政府相关部门手中。从权力行使的制约角度来说，这种模式有其合理性，但仍要根据司法的总体目标和中国国情寻找最佳的分割点"（第234页）；关于司法行政机构与审判机关之间，"在干部职级配备、政治待遇方面，司法行政机构与审判机关等量齐观、均衡设置，在一定程度上冲淡了法院的本质属性和基本功能，影响了以法官为中心的审判机关构造，最终影响了行政管理的效率"（第235页）；关于惩戒者和被惩戒者之间，"如果在行政性质主导下，对法官的惩戒将成为两个主体之间的'战争'。对法官进行调查、处理的官方机构（通常是法院自身）既作为追诉者，又作为决定者。这样的结构既不存在被惩戒者与惩戒者之间的地位平衡，又缺乏对被惩戒者的权利保障"（第318页）。

二是涉及多方的平衡。例如，关于司法职权之间，"司法职权配置需要全局谋划、整体设计、注重制衡、综合配套，要考虑不同层次、不同领域、不同类别司法职权的平衡协调，考虑司法职权与非司法职权之间的相互关系"（第229页）；关于国家机器之间，"不正常的行政化在一定程度上和一定范围内抹杀了司法与其他国家职能的区别，从根本上淡化了司法在国家职能中的作用，这不仅无法发挥司法应有的作用，而且会打破国家机器运转机制的平衡，甚至会造成更严重的后果"（第251页）；关于各级法院之间，"各级法院在审判中能够基本达成适用法律的平衡状态，而不至于出现过多的偏狭的情况。这一方面在于全国法官都遵守着基本的公正的指导思想，另一方面在于各个法院、各级法院在具体裁判案件方面相互学习、相互尊重和相互借鉴"（第287页）；关于政治权力之间，"政治责任的落实并不容易，因为它的责任形式并不确定。有的是立法机关承诺的实现（如增加司法经费投入），有的是在政治权力之间的平衡（如以司法的导向换取政治的赏识），也有的是非法干预的事实发生后政治权力职位的更迭（如因存在干预司法的嫌疑而辞去政治职务）"（第292页）；关于多种意见之间，"职务豁免权在一些特殊的领域中是存在的，但这些职业的一个共同特点就是：存在多数意见和少数意见是决策过程中的常态，主导意见被上级机关推翻也时常发生，作出某种决策的重要特点就是从多种意见得到均衡的结果"（第295页）。

三是有关"不均"的论述。例如,"在寻求克服问题的措施时,必须区分原因类型和各种原因的不同作用。对于根本原因,应当着力克服,而不应当把精力放在次要原因上。但是,目前的司法体制改革中仍然存在着力不均、避重就轻的情况"(第126页);"如果对于法院的经费需求不给予特殊保障,由省级地方财政负担司法经费的改革措施仍然会留有经费保障不足、司法保护不平等、正义质量不均的隐患,并最终影响当事人平等的法律权利"(第135页);"由于中国城乡差别、地区差异的客观存在,还应当考虑一些城市'收入高、消费高'的实际情况,采取一些变通的措施。可以将一些副省级城市、特区城市、计划单列市等从省级统管的预算模式中独立出来,以照顾实际存在的不平衡现状"(第180页)。

在我看来,这些论述既契合科学发展观所蕴含的一项基本要求即"协调"("发展要有协调性、均衡性,各个方面、各个环节的发展要相互适应、相互促进")的精神,也符合《中共中央关于全面深化改革若干重大问题的决定》强调的"必须更加注重改革的系统性、整体性、协同性"要求,是科学的改革方法论,"能像抗感冒药一样,从理论上支持和维护我国的司法制度正常发挥作用,让人民群众在每一个司法案件中感受到公平正义"。

大众化司法的政治底色

——品读《从司法为民到大众司法》有感

"陕甘宁边区所尝试的大众化司法,不仅没有现成的理论,更与源自西方的现代法治学说背道而驰,也没有可资仿效的对象,在人类司法制度的发展史上极为独特"(封底),侯欣一教授正是立足于对其"极其独特"的判断和"对陕甘宁边区司法制度问题的研究采取政治与法律相结合的视角,而不仅仅是从单一的政治角度去考察和分析既是完全可能的,也是必要的"(第28页)主张,"追求法学、史学、政治学等跨学科的整合,综合运用上述学科知识对陕甘宁边区大众化司法制度进行深描,在此基础上进行研究和分析"(第26—27页),进而形成极有分量的佳作《从司法为民到大众司法:陕甘宁边区大众化司法制度研究(1937—1949)》(生活·读书·新知三联书店2020年增订版)。

该书增订版是侯教授在其出版于2007年的《从司法为民到人民司法——陕甘宁边区大众化司法制度研究》(中国政法大学出版社2007年版)的基础上新增近10万字而成。记得当初第一次品读完该书以后,其中,有关陕甘宁边区司法改革的精英化与大众化争论与反复的篇章,一直促发我对当下司法改革的诸多理论和实践问题不断地进行深入思考。此次再读该书,自然地多了一份目的,即想为撰写一部有关司法改革的专著(重点结合自己2003—2019年参与司法改革的所见所闻所思所感)做些知识和素材储备。立足于此,我特意从司法制度/改革的政治之维作了系统的梳理和摘录,力图知悉侯教授是如何从政治维度/视角来为陕甘宁边区大众化司法制度(包括司法改革)"画像"的。概言之,大体可从以下几个方面来进行。

一是从政治角度来分析大众化司法制度(包括司法改革)尝试建立与最终确立的背景/环境。例如,"近现代的中国,自然也包括陕甘宁边区,司法制度方面的建设很少成为一项独立的任务,而是一直被裹挟在政治变革与社会变革的时代大潮之中"(第33页);"从政治上讲,陕甘宁边区大众化司法制度的产生是中国共产党人出于夺取政权的政治需要;从法律上讲,陕甘宁边区大众化司法制度的确立则是中国共产党人为了纠正新型司法制度中的某些弊端而进行的一种制度尝试"（第40页）；"有关司法与政治的关系，早在根据地时期便在党内形成了不变的主流观点及牢不可破的理念，这种关系最终又被简化为对共产党政策的执行"（第103页）；"作为对法律问题较有研究的政治家，谢觉哉敏感地意识到改革如果再推行下去势必会出现司法工作与政治脱离的倾向，或者更准确地说是司法工作将逐渐成为一种独立的、不受边区党的领导的工作"（第214页）；"一旦改革出现了试图脱离政治、脱离民意支配，而朝着形成具有自己独立知识系统和价值取向的方向发展的时候，边区政府便感到了问题的严重"（第216页）；"尽管当时边区的司法制度存在着很多问题，但就总体而言，建立正规化司法制度的政治基础，并不完全具备"（第233页）；"陕甘宁边区大众化司法制度的最终确立，是边区各种因素综合作用的结果，其中既有客观环境的问题，也有政治上的考虑，同时还包括对未来司法制度方面的长远安排"（第305-306页）；"在政治高度一元化的陕甘宁边区，指导思想方面发生的变化，对司法制度的影响不言自明"（第317页）；"大众化司法的确立，其目的和动机不仅仅局限于司法方面的考虑，还包括政治方面的因素，乃至社会现实的压力——尽可能地让民众满意。即便是有司法制度方面本身的考虑，也是与政治上的考虑结合在一起的"（第350页）；"尽管陕甘宁边区大众化司法制度的形成有着法律方面的考虑，但最终得以确立则主要是政治作用的结果"（第444页）。

二是从政治角度来总结大众化司法制度的主要特色。例如，"经过初步摸索（1937年9月至1941年——笔者注），陕甘宁边区的司法制度已形成了自己的特色，显示出了与古今中外一切司法制度的明显不同。这些特色包括：强调司法工作的政治化；强调司法机关的一体化；强调司法程序的简单化"（第143页）；"司法工作必须在中国共产党的领导下，忠实、严格地执行党的方针、路线以及按照党的方针、路线所制定的法律进行……一支具有坚定政治信仰、必要的法律知识、一心为民众服务的执法队伍。这就是陕甘宁边区政府在经过多年的探索之后所认可和必须坚持的新型司法制度的核心，就是大众化司法制度"（第439页）。

三是从政治角度来论述/阐释大众化司法制度蕴含或者关联的具体命题。例如，"要想保证司法公正，还必须使司法人员同政治社会保持一定的距离，同时，不可对当事人抱有先入为主的倾向，即保持必要的中立"（第67页）；"裁判者的着眼点并不完全站在法律层面,突出表现为判决书(黄克功案判决书——笔者注)通篇所贯穿的政治和道德论说"(第111页);"这种半独立的司法(司法机关在党和政府的领导下,依照法律从事审判工作,行使审判职权——笔者注)不仅强化了边区司法工作同政治的关系,还使初建的边区司法制度深深地打上了行政化的烙印,为司法大众化扫除了制度上的障碍"(第125页);"司法人员要不要专业化,是专业知识技能重要,还是政治素质第一,这也是李木庵等想要尝试解决的问题"(第191页);"审干运动的扩大化,是典型的不讲法制,以政治代替法制,以运动代替程序的结果"(第206页);"列宁的人人当家作主的政治理想,也在一定程度上促使中国共产党内形成了一种政治第一、经验第一,即轻视知识、轻视专业的倾向"(第221页);"作为边区的司法工作者,一定要懂得自己不仅是一个法律家,更是一个政治家,要懂得边区的司法不仅是一种解决纠纷的工具和手段,还是一种组织社会、改造社会的工具"(第261-262页);"边区领导人说:司法人员最重要的是政治素质,业务素质可以在实践中逐渐培养"(第266页);"大众化语言不仅体现在判决书中,而且要反映在诉讼审判活动的全过程中。经过一段时间的努力,让司法人员自负的各种专业术语,即人们习惯所说的'法言法语',逐渐被一般民众熟悉的生活语言或政治话语所替换"(第290页);"在突出法律阶级性的大环境下,援用国民政府的法律成了一个极为敏感的政治问题,很少人愿做此尝试,给自己平添不必要的麻烦"(第338页);"边区各级司法机关审理的案件以刑事案件为主,刑事案件中出于政治原因的又远远多于社会原因"(第347页);"纵观中国近现代的历史,可以发现一个非常有趣的现象,即各种政治力量、各个阶层都曾对司法制度改革问题提出过具体主张和建议"(第358页);"发现和培养典型人物,并将典型人物英雄化和先进化,这是党从根据地时期就已掌握及擅长的工作方法和政治仪式"(第367页);"边区司法系统出于政治上的需要在司法实践中被迫进行妥协,对买卖婚姻事实上加以默认"(第401页);"边区的司法工作者应该是一个政治家,他不能仅仅满足于单纯地从法律上解决问题,而是应该通过审判活动改造社会"(第438页);"法律职业共同体既是现代法学教育追求的目标,又是现代法制发展的必然结果,当然也是政治家担忧的问题"(第440页);"边区缺乏完备的程序和制度,从而使错案的避免与纠正少了制度上的保证,只能寄希望于个人的品行和偶然。于是作风、方法、品行乃至执法者的政治素养等方面的作用被无限夸大,带有明显的人治痕迹"

(第451页);"边区司法实践中对政治标准和民意的过分强调,一定程度上扭曲了司法须对当事人平等对待和中立的本质,有时会造成严重的社会后果"(第453页)。

四是从政治角度来分析大众化司法制度体系中的具体制度。(1)人民调解制度。例如,"人民调解制度的推行,既是出于与国民党政治斗争的需要,也是探索未来中国新型司法制度的结果,也就是说,人民调解制度的出现是长期制度考虑与短期行为共同作用的结果"(第357页);"调解制度的推行,其目的和动机不仅仅局限于司法方面的考虑,还包括政治方面的考虑,乃至社会现实的压力——尽最大可能减少纠纷。即便是有司法方面本身的考虑,也是与政治上的考虑结合在一起的"(第371页);"边区政府始终强调政府对调解工作的主导地位和指导作用,反映了政府试图将调解这种传统的民间'遗产'加以规范,进而服务于自己政治目的的努力"(第383页);"作为一种手段,调解中一旦掺杂政治方面的因素,必将使简单的问题变得复杂和混乱"(第406页);"陕甘宁边区的调解制度,原本就是政治与法律相结合的产物,其中政治上的考虑占有更大的成分……调解制度在边区推行的结果,为边区政府政治上带来了极大的益处"(第411页);"通过参与调解工作,陕甘宁边区民主所换得的自治权利,以及所表现出来的政治参与方式,与中国传统乡村中的乡绅议政传统之间的关系可能更为密切"(第416页)。(2)律师制度。例如,"陕甘宁边区虽然也曾实行过群众团体代理制,但这种制度的设立更多是出于政治方面的考虑,是一种民众利益的表达机制,而非法律的,因而它在纠错和法律服务方面的作用不大"(第465页)。(3)人民陪审制度。例如,"陕甘宁边区设立人民陪审制度的初衷,在很大程度上是出于政治上的考虑"(第468页);"由于边区所实行的人民陪审制度过于随意,甚至在某些时候,如不能合理驾驭的话,有可能演变成一种民众合法的'暴力'"(第469页)。

五是从政治角度来描述大众化司法制度的建构/解构方法。例如,"陕甘宁边区政府和主政司法者在既无多少司法实践方面的经验积累,又缺少必要的司法知识的储备,甚至法治意识也存在着某种欠缺的情况下,凭着创建新型司法制度的政治需要,对晚清以来历届政府追求的专业化、精英化司法制度大刀阔斧地进行了改造,使陕甘宁边区早期的司法制度呈现出了迥异的风格"(第155页);"雷经天等人的反击办法,也主要是对李木庵主导的司法改革从政治角度、路线方针以及意识形态上进行批判,这在当时以及日后的中国都是最为致命的做法"（第205页）；"理想的司法制度，能否适合边区的实际，能否得到民众和现有司法人员的拥护，能否解决边区的现实问题，特别是如何平衡政治与法律之间的关系，边区现行司法制度为什么能够存在，其中有无合理之处，对不合理之处能否改造，等等，均需认真地进行研究"（第233页）；"陕甘宁边区政府司法民主观的形成除政权合法性方面的政治考量之外，还有策略及方法论方面的考虑"（第267页）；"司法机关强调案件性质不同，处理的方法也应不同。观察边区的司法实践，可以发现凡属政治案件、农民与地主之间的案件以及重大刑事案件基本上采用法庭判决的方法加以解决。民事纠纷以调解方法解决"（第300-301页）；"尽管边区政府对于专业化司法制度的弊端有着相对清醒的认识，但由于受政治的影响，在解决问题的方法上，陕甘宁边区党和政府未能从完善司法制度的角度去寻找解决办法，而是采取了尽量简化程序，将整个审判过程向民众开放，并在特定情况下让民众直接参与司法审判的简单方案"（第443页）。

六是从政治角度来评价大众化司法制度尝试建立与最终确立的成效。例如，"如果从政治的角度进行观察，即从减少民众对政权不满的角度进行观察，尽管尝试（大众化司法的尝试——笔者注）本身还存在着一些问题，但就总体而言，我们必须承认这种尝试在陕甘宁边区取得了相当的成功"（第5页）；"在一切高度政治化的陕甘宁边区，抛开政治去讨论所谓的纯粹司法制度，结论很可能会出现偏颇"（第38页）；"如果仅从司法的角度讲，边区早期的司法制度确实存在着许多问题，解决这些问题也并不困难。但若从政治的角度来考察，问题就不那么简单了"（第232页）；"如果从政治角度来评价，陕甘宁边区政府所推行的大众化司法显然取得了巨大的成功"（第445页）；"边区政府和司法机关在解决纠纷、维护社会秩序与公正之外，又为司法机关赋予了更高的，或许也是它本身极难达到的目标和一些新的政治功能。面对着这种政治功能，近代以来中国一直孜孜以求的新型司法制度，则渐显尴尬和不适应"（第474页）；陕甘宁边区大众化司法制度"与中国共产党的执政风格、执政理念，与中国普通民众的要求高度契合，并与当时的政治制度形成有机的统一体，具有牵一发而动全身的效果"（第474页）。

正如有学者所言，"中国近现代历史的主题无可争辩地是政治。政治性的泛化不可避免地影响着司法制度的理念和运作。中国司法制度在清末修律中的现代转型，本身就是政治'变法'的一部分。在其后的发展过程中，面临政治化的要求,遭受政治化的装扮亦属势所必然。时代的主题要求常常是司法现实而迫切的改造力量,这种改造不仅指在内涵上对司法理念本身的偏离,而且还体现在政治以自身的需要以种种名义任意抽取并频繁置换司法的某些因素,司法在这样的运作中被架空以致成为政治表达的一种机器,沦为政治的工具。自清末修律开启中国传统法律制度的近代化进程以来,以司法与行政分离、实现司法独立为主要内容的司法制度改革基本上都是各时期不同政治力量所奉行的政治纲领的内容,并在具体制度设置上有所体现"。[1]陕甘宁边区政府存续时期更是属于中国近现代历史的"非常政治"时代,尤其凸显"一切问题的关键在政治,一切政治的关键在民众"[2]的时代特色,侯教授从政治维度来"深描'陕甘宁边区大众化司法的"画像"无疑是更为合理的路径,亦更能展示其"政治"特色。

---

〔1〕 参见马怀德:"法院制度的理论基础与改革方向",载陈光中主编:《中国司法制度的基础理论专题研究》,北京大学出版社2005年版,第118~119页。

〔2〕《毛泽东文集(第2卷)》,人民出版社1993年版,第202页。

司法面相的政治之维

——品读《司法的普遍原理与中国经验》有感

"司法问题既有系统的理论,又有丰富的实践。法律的本质就是司法。司法是一个国家法制现代化的窗口,司法文明化的程度直接反映了一个国家的文明程度,一个国家通过司法化解纠纷的能力直接关系到整个社会的长治久安。"这是吉林大学法学院李拥军教授在《司法的普遍原理与中国经验》(北京大学出版社 2019 年版)"后记"中对为何研究"司法"所作说明中的一段话。同时,确如李教授所言,"法律活动的中心在于司法,与之相应,对法律的研究更大程度上应该是对司法的研究",特别是社会主义法律体系的基本形成,法治建设的重点从"以立法为中心"向"以司法为中心"的转变,更是触发了法理学界、诉讼法学界、实务界对司法问题的研究热情。

李教授的这部专著是其长期从事司法问题研究成果的集中展示。该书共有十章,具体是:"司法的本体论阐释"(第 1 章)在本体论意义上阐释司法的特征、功能和基本原则;"司法文明化的内在逻辑"(第 2 章)从制度发生学的角度阐释了人类司法文明的内在逻辑以及中国的司法改革;"陪审制度的理论与实践"(第 3 章)阐释了司法民主化的核心表现形式——陪审制度的中外经验,指出人民陪审员制度的完善路径;"法官绩效考核制度的解读与反思"(第 4 章)对当下的法官绩效考核制度进行系统的解读与反思,提出在司法规律意义上构建良性的法官管理制度的设想;"司法改革中的体制性冲突"(第 5 章)系统地反思了当下司法改革中存在的主要问题,提出破解这些问题的具体路径;"司法裁判中的合法性与合理性:以'掏鸟窝案'为例"(第 6 章)分析当下司法裁判中合法性与合理性冲突产生的具体原因,提出克服这一冲突的具体路径;"判例法的中国经验"(第 7 章)系统地阐释判例法在克服成文法之局限性方面的功用,进而提出以案例指导制度为基础,完善中国判例制度的具体设想;"'比'的思维与现代中国的司法运用"(第 8 章)从中国人"比"的思维传统出发,指出当下中国应该在司法中充分利用"比"的技术化解法律与现实之间的矛盾;"司法仪式的文化功能"(第9章)系统地阐释司法仪式在法律文化构建方面的功能,指出当下中国司法仪式应该成为法律信仰主义文化建构的主要力量;"主体性重建视野下的社会纠纷解决方式的转向"(第10章)针对以主体性为价值核心的现代司法中产生的滥讼、未来指向性缺失等问题,提出以主体间性为价值指引,重建一套以合意为核心的多元纠纷解决机制的构想。可以说,李教授始终紧扣"普遍原理"与"中国经验"两个维度,从传统到现代,从国际到国内,从理论到时间,从文化到制度,对当下中国的司法面相进行了较为系统的勾勒与展示,无疑对深化司法改革、优化审判管理、促进司法公正、培植法治文化、完善国家治理体系等均具有理论指导价值。

此处拟不对李教授所勾勒和展示的司法诸面相进行全面的重述与归纳,而聚焦于更彰显司法"中国特色"的政治之维。李教授在该书许多章节中或详或略地从政治视角来展开对相关问题的研究与论证。例如,"从古至今,对司法权力的控制都是国家控权的重点。从司法产生那一刻起,程序就相伴而生,其首要功能就是控制司法权的恣意和滥用"(第7页);"陪审制度是司法专业化通向司法民主化的一个通道,是剧场化的司法留给民众的一个窗口"(第29页);"只有在司法规律的意义上进行改革,实现司法从整体主义向个体主义、从'公权优位'向'私权本位'转型,更精细化地设计制度,实现权力与权力之间的合理分工与制衡以及权利对权力的有效制约,理顺审判权运行机制,建立以审判权为中心的诉讼机制,才能从根本上实现司法公正"(第58-59页);"当下无论是针对人民陪审员制度提出的批评,还是要求改革或者废除的建议,都不同程度地陷入一种误区,即过分地关注它的司法功能,忽视了它的政治功能"(第75页);"中国的陪审制度从建立伊始就带有很强的政治功利性,其功用在很大程度上在于向列强昭示中国社会治理模式和指导理念的变迁"(第80页);"陪审制度不单单是一个司法制度,关闭这一窗口、拆毁这一桥梁的行为也就不单单是一个司法行为,而是一个触动到一个国家政治架构、文化传统、基本价值理念的政治行为"(第87页);"在当代中国,在陪审制度存在的背后隐藏着复杂的权力结构。在这一权力结构中,国家、法院、民众扮演着极为重要的角色"(第100页);"司法权作为一种判断权,是以一种反官僚的方式设计和运作的。如果说行政权的运作奉行的是规训的逻辑,那么司法权的运作奉行的便是自由的逻辑;如果说奉行规训的逻辑的行政机关是科层型组织,那么奉行自由的逻辑的司法机构便是自治型组织。在科层型组织中,规训的逻辑强调的是对成员的控制和约束,以便充分实现组织的目标;在自治型组织中,自由的逻辑强调的是组织是成员探索和实现目的的平台"(第 112 页);"作为国家审判机关的法院,它的权威由政治权威和专业权威两种形式构成,前者由作为'合法暴力的垄断者'的国家直接赋予,后者则来自法官的业务素质和职业操守"(第 123-124 页);"从终极的意义上说,欲建立一种良性的法官管理制度,必须彻底地抛弃行政化、政治化的思维和规训的逻辑,要以自由的逻辑管理法官,把法官的能动性、积极性、创造性解放出来"(第 126 页);"改革者选择了一种行政化的推进模式,即通过权力由上往下依次推进的方式完成改革。通过行政化的模式去行政化,这本身就是一个悖论"(第 130 页);"在中国这样一个单一制国家,在以官僚化和科层制为总体特征的国家权力结构中,作为整个国家机器一部分的法院系统也不可能去除行政化色彩"(第 131 页);"推进法官、检察官单独职务序列、特殊的职业保障等改革策略必然会对惯常的政治思维和国家思维以及被政治同质化的司法传统构成挑战,冲突难以避免"(第 142 页);"对于诉讼结构的调整,必须发挥中央深改委、中央政法委这些机关的协调功能,打破公、检、法、司各机关的利益壁垒,进行实质意义上的权力调整,将'以审判为中心'落到实处"(第 148 页);"欲使改革顺利推进,中央有必要将司法的特殊性提到战略的高度、政治的高度,如此才能减少在提高司法人员的特殊性待遇、进行特殊性保护方面的阻力"(第 148 页);"从福柯的知识社会学意义上说,这(最高司法机关制定司法解释——笔者注)是少数人借助所谓的'知识'对人们的行为进行强制性分类和定性,是一种知识主体导演的'真理的游戏'[1],是一种通过知识权力对人的身体进行规训的'惩罚技术'[2]"(第 158 页);"'比'的思维和方法得以发挥作用的前提在于良性司法体制的建立和营造。当下中国正在进行的以去行政化、实现专业化和职业化为目标的司法改革或许能为'比'的技术的应用带来契机"(第 207 页);"与历史相契合,新中国承袭了古代的一些法制传统,对司法礼仪不够重视;同时既有的司法仪式又过多蕴含军事化的色彩和革命主义的情结"(第 220 页);"改革开放以来,随着原有的政治型社会的解体,中国司法也开始向职业化、正

---

[1] 参见包亚明主编:《权力的眼睛——福柯访谈录》,严锋译,上海人民出版社 1997 年版,第 17 页。
[2] 参见 [法] 米歇尔·福柯:《规训与惩罚:监狱的诞生》,刘北成、杨远婴译,生活·读书·新知三联书店 2003 年版,第 30 页。

规化、国际化和弱政治化的方向发展"（第242页）；"当下中国司法改革方向的调整既可以看成中国传统司法理念的复归，也可以视为对世界范围内主体性重建过程中现代社会纠纷解决方式转向的一种回应"（第243页），等等。

正如达玛什卡所言，"一个国家的法律程序和司法制度不是孤立存在的，而是与这个国家的社会经济组织形式、政府的特性密切联系的"，[1]我国的"法律程序和司法制度"同样如此，李教授从政治之维来审视当下中国司法制度运行的现状和呈现的面相、分析研究当下中国司法问题、提出破解当下中国司法困境的对策，既符合马克思主义哲学的普遍联系原理，也契合卢曼系统论的内在要求。尤其是，按照达玛什卡在比较世界各国司法制度基础上所提出的韦伯意义上的"理想类型"观点，既然中国的司法制度属于典型的"科层理想型"和"政策实施型"制度，[2]那么，从政治之维来分析研究就更有必要，同时也更能发现"司法中国"或者"中国司法"的独特面相及其背后的政治方面的理据。可以说，李教授在该专著中从政治之维来勾勒和展示"中国司法"面相，让笔者体会到了"吾道不孤"之感，因为笔者也一直注重从宪政维度、政治视域、法政语境来展开学术研究或者分析相关问题，例如，针对当初死刑复核制度改革和最高人民法院收回死刑复核权的决策问题，就作了如下一段论述，"死刑复核制度是为死刑而设，因死刑问题的政治性、法律性和社会性并存，死刑复核权回收的决策自然就不是一个单纯的法律问题，而既是政治问题又是法律问题。具体来说，死刑复核权应否回收、何时回收、如何回收、由谁回收等问题的决策应属于政治决策，而这些政治问题决策出台后相应地如何落实到法律层面的跟进、完善，例如，如一次性收回，死刑复核程序应如何加以完善；如分批次收回，未收回的死刑案件复核程序和收回的死刑案件复核程序如何设计或者完善；如决定不收回，现有的死刑复核程序是否应加以完善以及如何完善，等等，这些问题应属于法律问题"。[3]

---

〔1〕 参见［美］米尔伊安·R.达玛什卡：《司法和国家权力的多种面孔——比较视野中的法律程序》，郑戈译，中国政法大学出版社2004年版，第9~17页。

〔2〕 参见［美］米尔伊安·R.达玛什卡：《司法和国家权力的多种面孔——比较视野中的法律程序》，郑戈译，中国政法大学出版社2004年版，第24页、第145页、第270页。

〔3〕 参见刘树德：《司法改革的科学观——与德赛勒先生的法政漫谈》，法律出版社2010年版，第264~265页。

政法委制度：新制度主义的政治学分析

——品读《政法委制度研究》有感

每隔一段时间上网去当当、京东网上书店浏览一下新出的书目或者某个领域的学术著作已成为我的习惯，间或发现自己感兴趣的书，就买下来。这比逛实体书店确实方便和省时多了，但美中不足的是偶尔会被"诱人"的书名所欺骗，见到书后难免大失所望。钟金燕博士所著的《政法委制度研究》（中央编译出版社2016年版）当然是我感兴趣的书，具体理由有三点：一是当时因工作所需正在比较研究审判委员会制度与检察委员会制度；二是凭自我记忆感觉这是第二本专门研究政法委制度的著作（第一本是曾先后任中央政法委研究室主任、政法研究所所长的林中梁先生所编著的《各级党委政法委的职能及宏观政法工作》，中国长安出版社2004年版）；三是本人曾先后在2004年和2012年被借调到中央司法体制改革领导小组办公室（设在中央政法委）工作近三年的经历，自然地强化了我知悉该书所写内容的愿望。

正如王续添教授在该书"序"中所言，"该书在对政法委和政法制度加以理论阐释和建构的基础上，全面系统地梳理和分析了政法委制度的历史演进、体制机制和主要功能，深入剖析了这一制度产生和变化的历史和现实、主观和客观的缘由，阐释了其历史和现实价值，提出了改革和完善的深入思考，完整清晰地回答和解决了是什么、怎么样、为什么的问题，显现了作者对研究主题和对象的整体的把握和深入的理解"。该书共包括8章，即"绪论""'政法'、政法委、政法制度的理论阐释""中国共产党政法委的历史演变""中国共产党政法委的组织结构和关系结构""中国共产党政法委的运行机制""中国共产党政法委的主要功能""中国共产党政法委制度探源""中国共产党政法委与当代中国政治发展"。基于学界对政法委的研究，几乎属于法学界的专项与专长，鲜有政治学学者涉足，作为从事政治学研究工作的钟博士运用政治学、法学、历史学、新制度主义等研究方法，对政法委展开了拓展性的研究。对曾经有所略知"政治学"但更长期浸染于"法学"中的我而言，此次阅读给我留下印象最深的还是钟博士运用政治学的新制度主义对政法委制度所作的分析与研究。

20世纪八九十年代,政治学经历了从旧制度主义(传统政治学的研究方法)到行为主义(以美国政治学者伊斯顿和达尔为代表)再到新制度主义(以美国政治学者马奇和奥尔森论文"新制度主义:政治生活中的组织因素"为序幕)的方法论变化。按照美国学者彼斯特的观点,当今已成为政治学主流分析范式的新制度主义存在以下流派:规范制度主义、理性选择制度主义、历史制度主义、经验制度主义、社会学制度主义、利益代表制度主义和国际制度主义。[1] 正如我国学者所分析的,"所有的新制度主义分析都必须要回答这样一个核心问题:制度与行为的关系是怎样的?也正是在回答这个问题上反映了不同的制度主义之间的差异性",其中,"历史制度主义的突出特点有以下几点:一是坚持在制度与行为之间进行明确的划分;二是认为制度对个体行为具有直接的约束作用,但不具有教化与塑造作用;三是认为制度的变迁不容易形成,且要受到以往的选择的影响,而不是直接取决于某些人的当下想法;四是注重历史性因素对制度的影响"。[2] 钟博士在该书中更多地运用历史制度主义对政法委制度进行了政治学的多方面分析,具体包括:(1)作者立足于历史制度主义的观点,"当一个观念被接受并赋予结构形态时,制度就产生了",[3] 恰切地选择了考察当代中国共产党政法观的学术视角,从文本分析以及具体的历史场景出发,诠释其基本特点、来源及实践中存在的问题,进而审视和阐明其与政法委制度的内在勾连(第38-51页)。(2)作者基于马奇、奥尔森的观点,"政治制度是相互关联的规则和惯例的集合,依据角色和情境间的彼此关系,这些制度规定了哪些行为是适当的。这个过程要决定:情境是什么,要实现什么角色,那种情境下的那个角色的职责是什么",[4] 界定了当代中国政法制度,即"1949年以后,为了服务于中国共产党和国家的中心工作、政治目标,在中国共产党的领导下,公、检、法、司、安等国家执法、司法部门/机关相互配合、相互制约等一系列制度的总称"(第60页)。(3)作者援引钱穆的观点,"某一项制度之逐

---

[1] 参见薛晓源、陈家刚主编:《全球化与新制度主义》,社会科学文献出版社2004年版,第106页。
[2] 参见余宜斌:"政治学:从旧制度主义到新制度主义",载《兰州学刊》2007年第7期。
[3] 参见[美]B. 盖伊·彼得斯:《政治科学中的制度理论:"新制度主义"》,王向民、段红伟译,上海人民出版社2011年版,第74页。
[4] 参见[美]詹姆斯·G. 马奇、约翰·P. 奥尔森:《重新发现制度》,张伟译,生活·读书·新知三联书店2011年版,第160页。

渐创始而臻于成熟，在当时必有种种人事需要，逐渐在酝酿，又必有种种用意，来创设此制度。这些在当时也未必尽为人所知，一到后世，则更少人知道。但任何一种制度创立，必然有其外在的需要，必然有其内在的用意。单凭异代人主观的意见和悬空的推论，决不能恰切符合该制度在当时实际的需要和直接的用意"，[1]并从"马列意识形态与苏联实践的影响""中国共产党法律与政治治理传统的延续""司法公正与效率需求的共同作用"等方面来展开论述（第177-216页），进而得出"政法委制度有强烈的历史根源，是政治、社会长期演化的必然结果"的结论。（4）作者援引马奇、奥尔森的观点，"意图的转变对于研究制度变迁具有特别重要的意义……偏好或意图结构的不同部分在变迁进度上的差异，提供了制度变迁和变迁压力的稳定因素"，[2]并结合政法委发展变迁的整个历史（建立、短暂撤销到恢复发展）的描述（第67-100页），得出"政法委的存续与运作逻辑，随着中国共产党民主执政理念的变化而变迁""既与一定时期政治精英的主观认识有关，更重要的是与执政党对政治发展的构想与设计密切相关"的结论（第252页）。（5）作者援引鲍威尔的观点，"一种制度可能与其所处的环境逐渐形成矛盾关系（正如生态学思想所描述的那样），可能与其他的制度形成矛盾关系（正如马克思所表述的那样），或者与基本的社会行为逐渐形成矛盾关系。这些矛盾，或者单独的外部环境震荡，可以通过阻止再生产程序的激活，或者阻扰再生产程序的成功完成，而迫使制度发生变迁，并因此修正或破坏制度"，[3]强调指出"政法委制度是中国特色政治法律环境下生成的产物，它并不是超越时间和空间的独立实体，而是深深地嵌入在社会历史环境之中"，并且预测"中国政治法律环境发生变化，包括立法、司法、执法的正义推进效能得到提升，司法独立的体制得到理顺，诉讼程序得到完善，审级结构得到优化，公民树立司法终局的观念，司法公正和效率最大限度地实现，必将引发政法委制度自身的变革"（第263页）。（6）作者援引马奇、奥尔森的观点，"制度不仅是社会力量的简单映射物。经验观察似乎表明，虽然政治制度自身可能由外部事件所触发，但政治制度的内在过程也在影响着

---

[1] 参见钱穆：《中国历代政治得失》，生活·读书·新知三联书店2005年版，前言第1页。

[2] 参见［美］詹姆斯·G.马奇、约翰·P.奥尔森：《重新发现制度》，张伟译，生活·读书·新知三联书店2011年版，第66页。

[3] 参见［美］沃尔特·W.鲍威尔保罗·J.迪马吉奥主编：《组织分析的新制度主义》，姚伟译，上海人民出版社2008年版，第167页。

历史进程",〔1〕意在强调"研究政法委的历史、现状和成因,考察支撑其长期存在的政法理念和逻辑,分析其在何种意义上可能被问题化",对于"重新解读中国共产党民主执政历史和审视当下政治体制改革现实处境及症结"和"把握、认识甚至推动中国政治发展"(第264页)的学术价值与实践效能均有侧重,等等。

黑格尔曾言,"凡是合乎理性的东西都是现实的,凡是现实的东西都是合乎理性的"。〔2〕尽管学界对政法委制度存在的问题和弊端进行了"问诊切脉",并开出了或全面撤销或保留较高层级或改良的各种"药方",〔3〕但是,官方通过中央改革文件旗帜鲜明地表明了主张和立场,例如,2014年10月23日十八届四中全会通过的《中共中央关于全面推进依法治国若干重大问题的决定》明确强调,"政法委员会是党委领导政法工作的组织形式,必须长期坚持。各级党委政法委员会要把工作着力点放在把握政治方向、协调各方职能、统筹政法工作、建设政法队伍、督促依法履职、创造公正司法环境上,带头依法办事,保障宪法法律正确统一实施。"尤其是,2019年1月13日施行的《中国共产党政法工作条例》更是以党内法规的形式将党对政法工作的领导推进到法治化、规范化和制度化轨道,其中,第3条规定:"政法工作是党和国家工作的重要组成部分,是党领导政法单位依法履行专政职能、管理职能、服务职能的重要方式和途径。党委政法委员会是党委领导和管理政法工作的职能部门,是实现党对政法工作领导的重要组织形式。政法单位是党领导下从事政法工作的专门力量,主要包括审判机关、检察机关、公安机关、国家安全机关、司法行政机关等单位。"第5条规定:"政法工作的主要任务是:⋯⋯推动政法领域全面深化改革⋯⋯"第6条规定:"政法工作应当遵循以下原则:(一)坚持党的绝对领导,把党的领导贯彻到政法工作各方面和全过程⋯⋯(八)坚持改革创新,建设和完善中国特色社会主义司法制度和政法工作运行体制机制⋯⋯"第11条规定:"中央

---

〔1〕 参见[美]詹姆斯·G. 马奇、约翰·P. 奥尔森:《重新发现制度》,张伟译,生活·读书·新知三联书店2011年版,第18页。

〔2〕 参见[德]黑格尔:《法哲学原理》,范扬、张企泰译,商务印书馆1961年版,序言第11页。

〔3〕 参见崔敏:"论司法权力的合理配置——兼谈检察制度改革的构想",载信春鹰、李林主编:《依法治国与司法改革》,中国法制出版社1999年版,第267页;侯猛:"'党与政法'关系的展开——以政法委员会为研究中心",载《法学家》2013年第2期;周永坤:"论党委政法委员会之改革",载《法学》2012年第5期;杨哲勇:"论政法委协调案件职能之废除",苏州大学2009年硕士学位论文;张雯珺:"论司法体制改革视野下政法委员会的职能",太原科技大学2017年硕士学位论文,等等。

和县级以上地方党委设置政法委员会。中央政法委员会职能配置、内设机构和人员编制方案由党中央审批确定。地方党委政法委员会职能配置、内设机构和人员编制规定，由同级党委按照党中央精神以及上一级党委要求，结合本地区实际审批确定。乡镇（街道）党组织配备政法委员，在乡镇（街道）党组织领导和县级党委政法委员会指导下开展工作……"，等等，对政法委的定位、职能、机构设置、领导体制、运行机制等作出了明确、具体规定，从而为坚持和加强党对政法工作的绝对领导，做好新时代党的政法工作提供了根本遵循。"一种制度得以长期且普遍地坚持，必定有其存在的理由，即具有语境化的合理性，因此，首先应当得到后来者或外来者的尊重和理解。"[1]立足于此，钟博士对政法委员会制度进行新制度主义的政治学分析，无疑有助于充分地理解政法委员会制度的"语境化的合理性"，进而从《中国共产党政法工作条例》的原则精神出发，提出健全和完善政法委员会制度及政法工作运行体制机制的建言与良策。

---

[1] 参见苏力：《送法下乡——中国基层司法制度研究》，中国政法大学出版社2000年版，第90页。

宪法"民主集中制"条款深度诠释的标杆

——品读《健全宪法实施和监督制度若干重大问题研究》有感

正如刘松山教授所言,"宪法实施和宪法监督在几十年的法治建设历程中,是令人疲惫的老话题了,但在不同的历史时期,这个老话题稍一激活,又能勾起人们无限的遐想"。2013年十八届三中全会通过的《中共中央关于全面深化改革若干重大问题的决定》"要进一步健全宪法实施监督机制和程序,把全面贯彻实施宪法提高到一个新水平"、2014年十八届四中全会通过的《中共中央关于全面推进依法治国若干重大问题的决定》"完善全国人大及其常务委员会宪法监督制度,健全宪法解释程序机制。加强备案审查制度和能力建设,把所有规范性文件纳入备案审查范围,依法撤销和纠正违宪违法的规范性文件"的论断无疑是重要的"激活器",引发全社会各界再度关注宪法实施和宪法监督这一"依法治国事业中最核心、最根本的问题"。近日,我拜读的刘松山教授所著的《健全宪法实施和监督制度若干重大问题研究》就是最佳的例证。该书勒口的"内容提要"强调,"以落实依法治国伟大思想为目标,针对几十年宪法实施和宪法监督中存在的关键性问题展开研究;注重史料分析,在历史脉络中把握宪法前进的节奏与方向;努力抓住重大问题,使宪法实施和监督纲举目张;以健全宪法实施和宪法监督为突破口,为将依法治国的整体事业推向历史的新高度尽绵薄之力"。该书的六个部分,即"宪法实施状况之评估""宪法监督状况之评估""健全宪法实施制度的关键措施及需要考虑的问题""健全宪法监督制度之若干设想""充分实施宪法监督的条件、可能遇到的问题及策略步骤""宪法修改后备案审查、合宪性审查和宪法监督需要研究解决的若干重大问题",确实始终围绕着"宪法实施和宪法监督"这一主题,既回顾评估宪法实施和宪法监督的历史状况,也立足现实和未来重点分析健全宪法实施和宪法监督制度所面临和需要重点解决的系列关键性问题并提出有理有据、恰当中肯的具体建议或破题思路。例如,2018年《宪法》修改后对"党在宪法和法律范围内活动"的含义如何把握?如何衔接党内法规和国家法律？如何妥善处理党领导立法和人大及其常委会主导立法的关系？党领导立法工作与国家机关依法行使立法权是什么关系？"党大还是法大""权大还是法大"背后的真问题是什么？为什么说权力机关行使职权时国家法律的效力高于党内法规？国家法律的效力高于党内法规，党又必须成功实现对权力机关的领导，这一目标如何实现？司法职权与"中央事权"是何种关系，司法职权的"中央性"主要体现在哪些方面？省以下法院检察院人事权统一管理是否与人民代表大会制度存在冲突？如何认识人大监督和支持的关系？跨区划设法院检察院的理论基础是什么，与人民代表大会制度是否存在冲突？司法体制改革为何有必要区分法院和检察院来考虑？为何建议设立党中央的宪法监督委员会？为何要重视地方人大及其常委会的宪法监督职权？为何建议全国人大及其常委会授权人民法院行使部分宪法监督职权？充分实施宪法监督需要具备哪些条件、可能会遇到哪些问题以及需要何种应对策略？这一系列问题，刘教授均作了详细的说理论证，并提出稳妥可行的建议意见，令我耳目一新。

或许是基于近期我正在关注人民法院审判委员会如何贯彻落实民主集中制的缘故，该专著有关《宪法》第3条"民主集中制"的多维度诠释和深入的论述更是解除了长期困扰我的诸多困惑。作者从有必要充分思考和回答下列这些问题出发，即"宪法体制中人民民主的各个方面是否也必须无条件地适用党内民主集中制呢？党内民主集中制适用于人民民主是否应当遵循一些基本原则呢？党内民主集中制在何种情形下适用于人民民主才是符合人民民主发展的规律呢"？具体从"多面的党内民主集中制""党内民主集中制运用于人民民主的原则""作为组织原则或者组织制度的运用是必需的""另外几种意义上的运用"四个部分加以深入论述。其中有许多令人耳目一新、见解独到的观点或者论断，例如，"民主集中制在同一系统中对同一事件的决定或者决策，实行少数服从多数，这一意义上民主集中制的表现就是民主（制）；决策或者决定作出后，在同一系统中实行，要求少数服从多数，这一意义上民主集中制的表现就是集中（制）……民主集中制的运用更多的是在不同系统中……这时候，民主集中制中'民主'与'集中'的主体和内涵，不仅存在相当的距离，甚至有被割裂的可能，而且它们之间的关系就变得异常复杂"。"党内民主集中制的内容十分广泛，可从不同的视角，在不同的意义上理解、认识和使用，1. 作为党内组织原则或者组织制度的民主集中制；2. 作为党内活动原则或者领导制度的民主集中制；3. 作为党内运用认识论的民主集中制；4. 作为党的群众路线的民主集中制"。"党的民主集中制与人民民主的形式毕竟不同，党内民主与人民民主发展的特点和规律也毕竟不同，因此，党不适宜也不必要将自身的民主方式完全覆盖于人民民主的方方面面，党对自身的民主集中制在人民民主中的运用应当保持相当的'克制'，总体看来应当遵循以下原则，1. 要切实保障党对人民民主的领导；2. 要有利于促进人民民主的发展；3. 要充分尊重党内民主和人民民主发展的不同特点和规律；4. 要以党内民主集中制的确定内涵和确定方式适用于人民民主中；5. 要以党内民主集中制的成功经验运用于人民民主"。"《宪法》第 3 条规定表明：1. 民主集中制是作为一种组织原则或者组织制度在国家机构的体系中运用的，而不是在各个国家机关内部运用的，它表现的是人民—人民代表大会—'一府两院'以及中央—地方之间的关系；2. 即使在国家机构体系中运用民主集中制，也并不是说民主集中制涉及了国家机构体系中的全部国家机关；3. 宪法并不要求民主集中制适用于一切国家机关的内部组织和职权的行使；4. 在国家机构体系中，民主集中制原则的适用并非面面俱到的"；"党内民主集中制只有在人民代表大会制度的政权体制中运用，并且仅仅是作为一种组织原则或者组织制度运用，才是必需的"。"在人民民主的政权组织形式中，民主集中制表现为三者之间的关系，即人民群众—民意机关—政府即行政机关之间的关系，前两者代表的是民主，后者代表的是集中，而且民主集中制仅仅是指这三者之间的外在关系，而不涉及人民群众、民意机关以及行政机关内部的关系，并不要求适用于三者的内部"。"除作为组织原则或者组织制度的运用外，党内民主集中制在人民民主中其他方面的运用，具体包括：1. 党内民主集中制不适宜在基层直接民主中一概推行；2. 作为世界观和方法论的党内民主集中制应当运用于各级国家机关；3. 党内民主集中制在人民民主中的一切党内成员中都必须得到运用；4. 民主集中制作为活动原则或者领导制度的运用，应当具体情况具体分析"。"在人民代表大会及其常务委员会的组成人员中，党内成员必须无条件地遵守党内民主集中制的各项原则和制度"。"国家主席、中央军事委员会、行政机关、人民法院、人民检察院的活动原则或者领导制度并不完全是或者可以说主要的不是民主集中制的运用"。"人大及其常委会的内部和上下级之间均不是实行民主集中制的活动原则或者领导制度"。"法院组织法对审判委员会如何实行民主集中制并没有作出具体规定，这实际使审判委员会中民主集中制的具体做法产生了不确定性"。"《人民检察院组织法》第 32 条的规定对于解释民主集中制其实是相当微妙的,检察委员会讨论决定问题实行少数服从多数,其实就是民主制,但检察长有'集中'的权力,可以主持甚至指导检察委员会的讨论,只是无权要求检察委员会服从,这也许才符合民主基础上的集中和集中'指导'下的民主的原始含义"。"对权力机关议事表决规则的原则应当持有的理解是,权力机关议事表决的过程中遵循的是民主原则,但是表决结果出来以后权力机关少数不同意见者应当服从,即议事表决是'民主'的,执行是'集中'的,这才是民主集中制",等等。这些命题和论点,若从时下宪法教义学纷纷关注和注释宪法文本的特定"范畴"〔1〕来看,一方面必将促发理论学术界对《宪法》第3条规定中"民主集中制"这一范畴的进一步深入阐释,进而丰富宪法教科书有关这方面的内容,另一方面也必将指导实务部门健全和完善民主集中制的系列机制(具体包括"民主机制""集中机制""民主与集中的结合机制")。此处以审判委员会实行的民主集中制为例略加说明。最高人民法院于2019年8月2日发布的《关于健全完善人民法院审判委员会工作机制的意见》除强调"实行民主集中制"外,即"坚持充分发扬民主和正确实行集中有机结合,健全完善审判委员会议事程序和议事规则,确保审判委员会委员客观、公正、独立、平等发表意见,防止和克服议而不决、决而不行,切实发挥民主集中制优势",同时还规定了一些有关落实民主集中制原则的具体条款,例如,"审判委员会召开全体会议和专业委员会会议,应当有其组成人员的过半数出席""审判委员会全体会议及专业委员会会议应当由院长或者院长委托的副院长主持""审判委员会全体会议和专业委员会会议讨论案件或者事项,一般按照各自全体组成人员过半数的多数意见作出决定,少数委员的意见应当记录在卷。经专业委员会会议讨论的案件或者事项,无法形成决议或者院长认为有必要的,可以提交全体会议讨论决定。经审判委员会全体会议和专业委员会会议讨论的案件或者事项,院长认为有必要的,可以提请复议",等等。这些细化规定虽然在一定程度上弥补了现行《人民法院组织法》有关审判委员会实行民主集中制的原则性规定的不足,但从具体操作性层面而言,仍需研究解决如何确保审判委员会委员平等、独立、充分、理性、正当地发表意见,如何健全审判委员会专业会议与全体会议的衔接机制,如何确保审判委员会专

---

〔1〕 例如,韩大元:"中国宪法上'社会主义市场经济'的规范结构",载《中国法学》2019年第2期;李响:"'按劳分配'在中国:一个宪法概念的浮沉史",载《中外法学》2019年第5期,等等。

业会议以及全体会议真正全面合法地代表人民法院的意志等问题。无疑，刘教授在该专著中有关《宪法》第 3 条民主集中制的深刻论述具有很强的实践指导价值。

民主集中制：审委会与检委会视角的"同"与"异"

——品读《检察委员会制度研究》引发的一点思考

《人民法院组织法》和《人民检察院组织法》，即"两院"组织法是规定人民法院和人民检察院机构设置及其职责权限的重要法律，是我国司法制度的支柱性法律。除死刑复核权收回最高人民法院引发立法机关单独修订《人民法院组织法》之外，立法机关往往是统一地修改"两院"组织法。2013 年，全国人大常委会将修改"两院"组织法列入立法规划，确定由全国人大内务司法委员会（现为全国人大监察和司法委员会）牵头修改。2017 年 8 月，十二届全国人大常委会第 29 次会议初次审议了"两院"组织法（修订草案）。2018 年 6 月，十三届全国人大常委会第 3 次会议再次审议"两院"组织法（修订草案）。2018 年 10 月，十三届全国人大常委会第 6 次会议审议通过了"两院"组织法（修订草案），并决定新修订的"两院"组织法自 2019 年 1 月 1 日起施行。

此次修订是自 1980 年施行以来第一次全面修订，相较于以往而言，此次修订的条文之多、涉及范围之广、力度之大，是前所未有的。以《人民法院组织法》为例，除条文数量从原有的 40 条增加到 59 条、体例框架有了较大调整、立法技术有了进步之外，立法确立的原则和规定的内容均有许多"亮点"。新增的原则性条款包括：第 6 条"人民法院坚持司法公正，以事实为依据，以法律为准绳，遵守法定程序，依法保护个人和组织的诉讼权利和其他合法权益，尊重和保障人权"，第 8 条"人民法院实行司法责任制，建立健全权责统一的司法权力运行机制"，第 11 条"人民法院应当接受人民群众监督，保障人民群众对人民法院工作依法享有知情权、参与权和监督权"，等等。修改的主要内容包括：健全人民法院组织体系，明确规定最高人民法院可以设立巡回法庭，规定专门法院包括军事法院、海事法院、知识产权法院、金融法院等；完善最高人民法院职能，规定最高人民法院可以审理按照全国人大常委会规定提起的上诉、抗诉案件，发布指导性案例，规定最高人民法院巡回法庭审理案件范围；明确人民法院内设机构及各自的职能，完善审判委员会制度，理顺审委会与专业委员会的关系；强调法院正规化职业化建设，严格法官入职程序和条件，实行人员分类管理制度，加强法官履职保障，确保法官专司裁判工作，等等。《人民检察院组织法》的修改也同样如此。可以说，"两院"组织法的此次修改突出地体现了三个重要特点：一是贯彻落实了党中央深化司法体制改革的重大决策部署；二是适应了改革开放以来"两院"设置、组织结构、职责权限等的新变化和司法工作的新发展；三是完善了中国特色社会主义法律体系，确保"两院"组织法与刑事、民事、行政诉讼法等法律之间的和谐统一，为建构立法与改革良性互动的关系提供了示范。

　　近日，于微信群中拜读了同乡好友王旭教授《作为国家机构原则的民主集中制》（载《中国社会科学》2019年第8期）的论文，既勾连起先前对审判委员会民主集中制的若干片思，[1] 又触发了比较审判委员会与检察委员会实行民主集中制的"同"与"异"的念头。或许正是此念头的潜在刺激，某日在当当网上书城游逛之际，苏志强博士《检察委员会制度研究》的书名令我当即决定购买一本。仔细拜读完以后，该专著中有关检察委员会民主集中制的论述确实既为我提供了从检察委员会看待民主集中制的新视角，又为我比较审判委员会和检察委员会民主集中制的异同提供了丰富的素材。作者在第一章"检察委员会制度概述"中专列一节"检察委员会议事原则"，具体从"民主集中制原则的产生——苏联共产党与民主集中制度""民主集中制在中国的发展——中国共产党对民主集中制的发展""检察委员会民主集中制议事原则的确立"加以阐述，同时，第二章"检察一体化"、第三章"检察委员会与检察长"、第四章"检察委员会与检察官客观义务"、第五章"检察委员会职能定位"、第六章"检察委员会相关制度完善"、第七章"检察委员会制度的影响与评价"均或多或少，或直接或间接地对检察委员会民主集中制进行了论述。可以说，作者关于民主集中制的形成及发展过程、具体内涵、运行机制、存在的问题及其解决思路等方面的论述，可以让我们知晓审判委员会与检察委员会民主集中制的"相同"之处，而其结合检察一体化原则、检察长的独立地位、检察官的客观义务等对检察委员会民主集中制的思考，无疑会使我们发现检察委员会与审判委员会民主集中制的"相异"之处。其实，单纯从立法文本来说，我们也已可得知立法者对审判委员会与检察委员会民主集中制的"区别性对待"。2018年

---

[1] 参见刘树德：《司法改革：小问题与大方向》，法律出版社2012年版，第64~74页。

修订前的《人民检察院组织法》第3条第2款规定："各级人民检察院设立检察委员会。检察委员会实行民主集中制，在检察长的主持下，讨论决定重大案件和其他重大问题。如果检察长在重大问题上不同意多数人的决定，可以报请本级人民代表大会常务委员会决定。"2018年修订后的《人民检察院组织法》第32条第2款至第3款规定："检察委员会会议由检察长或者检察长委托的副检察长主持。检察委员会实行民主集中制。地方各级人民检察院的检察长不同意本院检察委员会多数人的意见，属于办理案件的，可以报请上一级人民检察院决定；属于重大事项的，可以报请上一级人民检察院或者本级人民代表大会常务委员会决定。"而2006年修正的《人民法院组织法》第10条第1款规定："各级人民法院设立审判委员会，实行民主集中制……"第3款规定："各级人民法院审判委员会会议由院长主持，本级人民检察院检察长可以列席。"2018年修订的《人民法院组织法》第38条第2款规定："审判委员会会议由院长或者院长委托的副院长主持。审判委员会实行民主集中制。"比较"两院"组织法的前述相关规定就可发现，立法者针对检察委员会民主集中制运行过程中检察长与检察委员会多数人意见不一致的情况作出了对策性安排，而对审判委员会民主集中制运行过程中院长与审判委员会多数意见不一致的情况保持"沉默"。当然，从法体系角度来看，"两院"组织法的其他有关条款可以为我们提供一些"释疑解惑"的指引，例如，2018年修订的《人民检察院组织法》第29条规定："检察官在检察长领导下开展工作，重大办案事项由检察长决定。检察长可以将部分职权委托检察官行使，可以授权检察官签发法律文书。"第36条规定："人民检察院检察长领导本院检察工作，管理本院行政事务。人民检察院副检察长协助检察长工作。"而2018年修订的《人民法院组织法》第29条第1款规定："人民法院审理案件，由合议庭或者法官一人独任审理。"第30条第3款规定："审判长主持庭审、组织评议案件，评议案件时与合议庭其他成员权利平等。"第31条规定："合议庭评议案件应当按照多数人的意见作出决定，少数人的意见应当记入笔录……"第32条规定："合议庭或者法官独任审理案件形成的裁判文书，经合议庭组成人员或者独任法官签署，由人民法院发布。"第41条规定："人民法院院长负责本院全面工作，监督本院审判工作，管理本院行政事务。人民法院副院长协助院长工作。"也就是说，《人民检察院组织法》强调了检察长的"领导"角色，检察官与检察长之间是既相对独立（基于检察官客观义务）又相对服从（基于检察一体化原则）的关系，而《人民法院组织法》关注了院长的"监督"角色（尤其是针对案件审理），法官与院长之间或是平等关系（院长加入合议庭审理案件）或是间接的服从关系（院长参加审判委员会讨论决定案件并且与审判委员会讨论形成的决定一致）或是直接的服从关系（院长管理本院审判案件以外的所有工作）。可以说，苏志强博士的《检察委员会制度研究》有助于我们对审判委员会和检察委员会民主集中制的"同"与"异"这一司法责任制改革背景下的新课题"知其然"且"知其所以然"。

正如张智辉教授在该书序言中所指出的，"随着司法实践的不断发展，检察委员会制度在运行过程中暴露出一定的问题。一方面，由于检察委员会定位的行政化、人员组成的行政化、议事程序的行政化、议案范围的不明确以及相应的责任追究机制的虚化等制度性缺陷，检察委员会制度的存废成为学术界广为争议的话题；另一方面，检察委员会作为一个集体议事和决策的机构，其中的每一个成员都有自己的认识、思想和态度，不同个人的观点如何形成统一的决策，并保证这种决策的正确性，亦成为检察委员会制度运行中的难题。特别是随着司法体制改革和诉讼制度改革的不断推进，检察官办案责任制的确立，检察委员会制度的发展，面临着新的挑战"。同处于司法体制改革背景下的审判委员会无疑面临着同样或者类似的难题与挑战。2019年8月最高人民法院发布的《关于健全完善人民法院审判委员会工作机制的意见》无疑就是确保新修订的《人民法院组织法》有关审判委员会规定"落地生根"的细化之举，其中仅就审判委员会民主集中制原则的具体落实与运行机制保障便作了若干规定：（1）重申实行民主集中制，即坚持充分发扬民主和正确实行集中有机结合，健全完善审判委员会议事程序和议事规则，确保审判委员会委员客观、公正、独立、平等发表意见，防止和克服议而不决、决而不行，切实发挥民主集中制优势。（2）审判委员会讨论决定案件和事项，一般按照以下程序进行：……委员按照法官等级和资历由低到高顺序发表意见，主持人最后发表意见；主持人作会议总结，会议作出决议。（3）审判委员会全体会议和专业委员会会议讨论案件或者事项，一般按照各自全体组成人员过半数的多数意见作出决定，少数委员的意见应当记录在卷。经专业委员会会议讨论的案件或者事项，无法形成决议或者院长认为有必要的，可以提交全体会议讨论决定。经审判委员会全体会议和专业委员会会议讨论的案件或者事项，院长认为有必要的，可以提请复议，等等。当然，如何更好地健全和充分发扬审判委员会委员民主的机制和主持人院长正确地集中机制这一课题，仍有待审判委员会实践运行经验的总结。

审判委员会功能的变化与追问

——品读《审判委员会研究》有感

德国学者基尔希曼曾言,"立法者三句修改的话,全部藏书就会变成废纸"。[1]此话虽说有些夸张,但对于那些围绕实定法的规定进行命题设定和论证展开的书籍而言,确实会给读者增加比对变化文本、权衡立论依据、反思结论主张等方面的"阅读负担"。当然,至于那本书的学术价值究竟会受到立法修改的多大冲击和影响,学术主张是否契合新立法文本的精神与规定,学术使命是否已经完成,等等,无疑会仁智各见。近日,我阅读樊玉成博士所著的《审判委员会研究》(人民出版社2017年版),就是在"痛并快乐着"的心境中完成的,因为该书在许多章节中援引的2006年《人民法院组织法》条文被2018年《人民法院组织法》所修订、设定的有关论题不同程度地与现行立法文本不协调或者滞后,提出的有关改革建议已经被立法机关所采纳。正如作者在书的"封底"所言,"审判委员会是最具中国特色的司法组织。在近一百年的发展历史中,具有浓厚中国气息的审委会制度是中国特色社会主义法治演化和发展的代表缩影。审委会制度是中国司法走中国道路的历史选择。它一经产生就嵌入中国革命政权,并为特定政治目的服务,从而构成新中国成立前革命政权司法制度的核心。作为革命成功经验,审委会制度被确立为新中国特色社会主义司法制度的重要内容。用司法民主补强裁判专业性的审委会制度有其历史合理性。20世纪90年代以来,司法专业性建设成为司法改革主线,审委会制度进入快速调整时期。以法院审级为根据,各级法院审委会的职能聚焦有差异划分。审委会总体上将超然于个案之外,以总结审判经验为规范根据,逐步成为法院系统内的政策主体和管理主体"。该书除"前言"与"总结与展望"之外,共设三编九章,第一编"审判委员会的历史演化",包括两章"新中国成

---

[1] 参见[德]J.H.冯·基尔希曼:"作为科学的法学的无价值性——在柏林法学会的演讲",赵阳译,载《比较法研究》2004年第1期。

立前审判委员会的原型""新中国成立后审判委员会的演变";第二编"审判委员会的体制机制",包括四章"审判委员会的组织结构""审判委员会的法定职责""审判委员会的自我管理""审判委员会的审级功能";第三编"审判委员会的实际运行状况",包括三章"审判委员会如何裁判案件""审判委员会如何制定规范""审判委员会如何管理审判"。应当说,作者基于如下认识,"国内学界大多从历史、实定法或司法规律为立论基础切入研究审判委员会制度。切入式范式研究在逻辑链条开始一端存在一个不证自明的假定,即研究者、评价者和阅读者似乎都达成共识,认为我们已足够了解审判委员会,了解它是怎么来的、是个什么样子的、怎么运作的、都做了些什么等。然而事实上,最起码到目前为止,我们还缺乏一个全景式观察的研究成果",为该书设定这样的主要研究目标,即"对审判委员会制度的一种知识整理,尽可能在审判委员会所延伸的时间和空间内,全景式展示它的存在全貌",本书已圆满地实现,进而亦充分地展示出该研究成果较为系统的、深厚的学术理论价值和实践指导功能。

此处我重点结合 2018 年 10 月 26 日通过的《人民法院组织法》,对 2006 年《人民法院组织法》有关审判委员会制度规定的修订完善以及 2019 年 8 月 2 日发布的最高人民法院《关于健全完善人民法院审判委员会工作机制的意见》作些延伸的追问思考,以供作者有机会修改该书时参考。这里摘录两个文本的相关规定,即 2006 年修正的《人民法院组织法》第 10 条规定,各级人民法院设立审判委员会,实行民主集中制。审判委员会的任务是总结审判经验,讨论重大的或者疑难的案件和其他有关审判工作的问题。各级人民法院审判委员会会议由院长主持,本级人民检察院检察长可以列席。2018 年修订的《人民法院组织法》第 36 条规定,各级人民法院设审判委员会。审判委员会由院长、副院长和若干资深法官组成,成员应当为单数。审判委员会会议分为全体会议和专业委员会会议。中级以上人民法院根据审判工作需要,可以按照审判委员会委员专业和工作分工,召开刑事审判、民事行政审判等专业委员会会议。第 37 条规定,审判委员会履行下列职能:(1)总结审判工作经验;(2)讨论决定重大、疑难、复杂案件的法律适用;(3)讨论决定本院已经发生法律效力的判决、裁定、调解书是否应当再审;(4)讨论决定其他有关审判工作的重大问题。最高人民法院对属于审判工作中具体应用法律的问题进行解释,应当由审判委员会全体会议讨论通过;发布指导性案例,可以由审判委员会专业委员会会议讨论通过。第 38 条规定,审判委员会召开全体会议和专业委员会会议,应当有其组成人员的过半数出席。审判委员会会议由院长或者院长委托的副院长主持。审判委员会实行民主集中制。审判委员会举行会议时,同级人民检察院检察长或者检察长委托的副检察长可以列席。第39条规定,合议庭认为案件需要提交审判委员会讨论决定的,由审判长提出申请,院长批准。审判委员会讨论案件,合议庭对其汇报的事实负责,审判委员会委员对本人发表的意见和表决负责。审判委员会的决定,合议庭应当执行。审判委员会讨论案件的决定及其理由应当在裁判文书中公开,法律规定不公开的除外。

经过比较,2018年文本的修改具体可分为以下情形:(1)有的将近年来有关司法改革文件所提出的改革举措予以立法化,例如,最高人民法院发布指导性案例,审判委员会专业委员会会议、审判委员会委员的审判责任、裁判文书公开审判委员会讨论案件的决定及其理由。(2)有的将司法实践中的习惯性做法予以成文化,例如,审判委员会会议由院长委托副院长主持,检察长委托副检察长列席审判委员会会议。(3)有的将其他法律中的相关规定平移性地纳入,例如,将《民事诉讼法》第205条、《刑事诉讼法》第254条、《行政诉讼法》第92条规定,对本院已经发生法律效力的判决、裁定、调解书是否应当再审,均应当提交审判委员会讨论决定,统一纳入作为审判委员会的一项重要职能;将《刑事诉讼法》第185条规定予以吸收,"合议庭开庭审理并且评议后,应当作出判决。对于疑难、复杂、重大的案件,合议庭认为难以作出决定的,由合议庭提请院长决定提交审判委员会讨论决定。审判委员会的决定,合议庭应当执行",从而使其适用于民事、行政合议庭将相关案件提请审判委员会讨论决定。(4)有的对原有规定进行了限缩,例如,将"审判委员会讨论重大的或者疑难的案件"修改为"讨论决定重大、疑难、复杂案件的法律适用";将"讨论其他有关审判工作的问题"修改为"讨论决定其他有关审判工作的重大问题"。

结合上述法律文本的修改和该书相关章节的既有论述,下列问题有必要予以深化研究:(1)关于审判委员会职能的问题(第99-127页、第154-188页),包括指导性案例制度的改革完善(指导性案例的效力定位、援引规范、生成机制,指导性案例制度与抽象性的司法解释制度的关系);高级人民法院、中级人民法院(审判委员会)应否赋权制定脱离个案的适用法律的规范性文件(2015年修正的《立法法》第104条第3款规定:"最高人民法院、最高人民检察院以外的审判机关和检察机关,不得作出具体应用法律的解释。")以及(若可以制定）如何保障此种带有"联邦司法"特色的多元规则供给状态不背离单一制中央集权国家的法制统一原则，（若不可以）又通过何种方式使得高级人民法院、中级人民法院确保辖区内适用法律的相对统一进而体现原则性与灵活性相统一、中央与地方"两个积极性"都要发挥的精神；审判委员会讨论决定重大、疑难、复杂案件的法律适用中，如何合理区分法律适用与事实认定（《人民陪审员法》第22条规定，"人民陪审员参加七人合议庭审判案件，对事实认定，独立发表意见，并与法官共同表决；对法律适用，可以发表意见，但不参加表决"，亦区分了事实认定和法律适用两种情形），如何归纳理由并形成讨论的决定，如何在裁判文书中公开讨论案件的决定及其理由，审判委员会委员如何对本人发表的意见和表决负责又负何种责任，等等。（2）关于审判委员会实行民主集中制的问题（第108-111页），包括审判委员会专业会议组成人数、出席会议人数、多数决人数如何设定，方具有民主正当性；审判委员会民主集中制在讨论决定案件与讨论决定事项中的具体落实机制有何不同；审判委员会讨论决定形成了多数意见，但院长认为有必要提请复议（《关于健全完善人民法院审判委员会工作机制的意见》规定，"经审判委员会全体会议和专业委员会会议讨论的案件或者事项，院长认为有必要的，可以提请复议"。），复议仍未作出决定的，如何处理；审判委员会的民主集中制与检察委员会的民主集中制有何异同（例如，2018年修订的《人民检察院组织法》第32条第2款至第3款规定，"检察委员会会议由检察长或者检察长委托的副检察长主持。检察委员会实行民主集中制。地方各级人民检察院的检察长不同意本院检察委员会多数人的意见，属于办理案件的，可以报请上一级人民检察院决定；属于重大事项的，可以报请上一级人民检察院或者本级人民代表大会常务委员会决定。"），等等。（3）关于审判委员会的管理（具体包括审判委员会的自我管理和管理审判）问题（第128-153页、第247-298页），包括审判管理权如何界定（是权力还是权能，内涵及外延）；审判权与审判管理权是何种关系（并列关系、主从关系、内核—外辅关系），如何健全审判管理权运行机制，既不妨碍法官/合议庭依法独立公正行使审判权，又能确保人民法院公正高效地为人民群众提供司法公共产品；审判管理权与审判监督权是何种关系；审判委员会的管理审判职能与院长监督审判工作职能（2018年修订的《人民法院组织法》第41条规定："人民法院院长负责本院全面工作，监督本院审判工作，管理本院行政事务。人民法院副院长协助院长工作。"）是何种关系又如何划分与规范运作；

如何区隔与协调审管办的审判管理职责、审判业务庭的审判管理职责、主管副院长的审判管理职责之间的关系，达至最优化的审判管理效能；如何利用智慧法院建设的契机，构建以审判委员会为核心管理主体，融合管人、管案、管信息、管技术为一体的大审判管理格局，等等。

  前述立足于《审判委员会研究》基础上的系列发问，是我结合本职工作所做的若干思考，当然目前是没有答案的、不成熟的片言只语。正如樊玉成博士所言，审判委员会制度"是中国司法故事中最有特色的一章"（第302页），"有着丰富的发展历史记录"（第303页），2018年的立法修改无疑丰富了这一司法制度的历史，又为这一司法故事增添了重要内容，而这当然离不开学界和实务界的学术努力和实践智慧。

附 录

附件一 最高人民法院司法改革纲要性文件

人民法院五年改革纲要（1999—2003）

（1999年10月20日，法发〔1999〕28号）

中国共产党第十五次全国代表大会确定了依法治国的基本方略，明确提出了推进司法改革的任务。第九届全国人民代表大会第二次会议又将依法治国的基本方略载入宪法。人民法院的改革是我国司法改革的重要组成部分，必须积极、稳妥推进，使人民法院在依法治国、建设社会主义法治国家的历史进程中发挥应有重要作用。

一、抓住机遇，推进人民法院改革

1. 人民法院的改革势在必行。随着社会主义市场经济体制的逐步建立，我国经济体制改革、民主与法制建设和社会主义精神文明建设取得了令人瞩目的成就。同时，由于社会关系变化，利益格局调整，社会矛盾交织，使人民法院审判工作面临前所未有的复杂局面，人民法院的管理体制和审判工作机制，受到了严峻的挑战。

——司法活动中的地方保护主义产生、蔓延，严重危害我国社会主义法制的统一和权威。

——现行的法官管理体制导致法官整体素质难以适应审判工作专业化要求，难以抵制拜金主义、享乐主义、特权观念等腐朽思想的侵蚀，人民群众对少数司法人员腐败现象和裁判不公反映强烈，直接损害了党和国家的威信。

——审判工作的行政管理模式，不适应审判工作的特点和规律，严重影响人民法院职能作用的充分发挥。

——人民法院特别是基层人民法院经费困难，装备落后，物质保障不力，严重制约审判工作的发展。

面对挑战，人民法院不改革没有出路。只有通过改革，逐步建立依法独立公正审判的机制，才能适应社会主义市场经济发展和民主法制建设的需要。

2. 人民法院改革面临良好的机遇。

——改革开放和社会主义现代化建设的发展，为人民法院改革提供了良好的政治条件。九届全国人大二次会议通过的宪法修正案，将党的十五大提出的依法治国基本方略载入国家根本大法；会议《关于最高人民法院的工作报告的决议》提出了要发挥人民法院在依法治国、建设社会主义法治国家中重要作用的要求，为人民法院改革奠定了宪法和法律基础。

——社会主义市场经济体制的逐步建立，客观上要求人民法院平等地保护当事人的合法权益，公正、及时地处理当事人之间的纠纷，打击各种侵害市场主体合法权益的违法犯罪活动，改革与社会主义初级阶段经济建设和社会发展不相适应的司法观念、管理模式与运行方式。

——全社会对改革、发展、稳定三者关系认识的逐步深化，人民群众法律意识的增强，理论界对司法改革进行了大量有益的探讨，法院改革已逐渐成为全社会共识，为人民法院改革创造了良好的社会条件。

——人民法院已经进行的改革为今后改革的深入积累了经验。近年来，全国法院为坚持严肃执法，确保司法公正，实施了一系列改革措施。各级人民法院全面落实公开审判制度，进行审判方式改革；强化合议庭和独任审判员的职责，规范审判委员会活动；逐步实行立审分立、审执分立、审监分立的制度。根据法官法的规定，在法官考试、任免和交流等方面，进行了成功的实践和探索。这些改革措施和已经取得的阶段性成果，为今后推进人民法院改革创造了有利的条件。

纵观形势，人民法院改革面临不可多得的历史机遇。我们必须站在时代的高度，立足于现实，着眼于长远发展，进一步解放思想，抓住机遇，开拓进取，满怀信心地把人民法院改革推向深入。

3. 人民法院改革，要以邓小平理论为指导，以党的十五大提出的依法治国、建设社会主义法治国家的基本方略和推进司法改革的要求为依据，坚持解放思想、实事求是的思想路线。

4. 人民法院的改革，必须始终坚持以下原则：

——坚持党的领导；

——坚持人民民主专政的国体和人民代表大会制度的政体；

——坚持依法独立审判；

——坚持国家法制统一；

——坚持从中国的国情出发，借鉴国外在法院和法官管理方面的有益经验。

5. 人民法院改革的总体目标是：紧密围绕社会主义市场经济的发展和建立社会主义法治国家的需要，依据宪法和法律规定的基本原则，健全人民法院的组织体系；进一步完善独立、公正、公开、高效、廉洁，运行良好的审判工作机制；在科学的法官管理制度下，造就一支高素质的法官队伍；建立保障人民法院充分履行审判职能的经费管理体制；真正建立起具有中国特色的社会主义司法制度。

6. 为实现人民法院改革的总体目标，从1999年起至2003年，人民法院改革的基本任务和必须实现的具体目标是：以落实公开审判原则为主要内容，进一步深化审判方式改革；以强化合议庭和法官职责为重点，建立符合审判工作特点和规律的审判管理机制；以加强审判工作为中心，改革法院内设机构，使审判人员和司法行政人员的力量得到合理配备；坚持党管干部的原则，进一步深化法院人事管理制度的改革，建立一支政治强、业务精、作风好的法官队伍；加强法院办公现代化建设，提高审判工作效率和管理水平；健全各项监督机制，保障司法人员的公正、廉洁；对法院的组织体系、法院干部管理体制、法院经费管理体制等改革进行积极探索，为实现人民法院改革总体目标奠定基础。

二、人民法院五年改革的基本内容

（一）进一步深化审判方式改革

7. 1999年底前，全国各级人民法院根据明确职责、分工合理、动转高效的原则，全面实行立审分立、审执分立、审监分立。人民法院的立审分立，结合实际情况进行。

8. 建立科学的案件审理流程管理制度，由专门机构根据各类案件在审理流程中的不同环节，对立案、送达、开庭、结案等不同审理阶段进行跟踪管理，保证案件审理工作的公正、高效。

9. 2000年底前，最高人民法院制定有关再审案件的立案标准。

10. 进一步完善质证和认证制度。

——规范质证制度。质证是法官正确认证的前提,任何证据未经法庭质证,不得作为定案的根据。

——探索公开认证的条件和方法,完善认证制度。

——在总结经验的基础上,2000年底前,对证据适用规则作出规定。

11. 采取有效措施,解决好证人尤其是关键证人出庭的问题。同时,总结审判经验,对证人出庭作证的义务、人身安全、物质保证、法律责任等问题进行研究,适时向全国人大常委会提出制定证人法的议案。

12. 严格执行最高人民法院1999年3月8日发布的《关于严格执行公开审判制度的若干规定》,全面落实公开审判制度。人民法院开庭审判的案件,应当逐步提高当庭宣判率。

13. 加快裁判文书的改革步伐,提高裁判文书的质量。改革的重点是加强对质证中有争议证据的分析、认证,增强判决的说理性;通过裁判文书,不仅记录裁判过程,而且公开裁判理由,使裁判文书成为向社会公众展示司法公正形象的载体,进行法制教育的生动教材。

14. 2000年起,经最高人民法院审判委员会讨论、决定,公布有适用法律问题的典型案件,供下级法院审判类似案件时参考。

15. 严格执行《刑事诉讼法》有关裁判程序的规定,继续深化刑事审判方式改革。

——依法保证被告人有权获得辩护。对于按照普通程序审理的案件,被告人确因经济困难或者其他原因没有委托辩护人的,人民法院要根据最高人民法院、司法部《关于刑事法律援助工作的联合通知》的规定,积极落实指定承担法律援助义务的律师为其提供辩护的工作,以确保审判质量。

——对第二审案件除依法可以不开庭审理的以外,应当做到开庭审理,公开宣判;对于死刑二审案件,上诉人对第一审认定的事实、证据提出异议,或提出新的事实、证据,或社会影响较大的,应当依法开庭审理。

——对于刑事再审案件,要在总结试点经验的基础上,制定刑事再审案件开庭审理的规定。

——审判长要努力提高驾驭、指挥庭审的能力,注重发挥控辩双方在法庭上的诉辩作用,通过证人出庭作证,出示证据,质证,指控与辩护等活动,查清案件事实。

——在充分保护被害人合法权利的前提下,严格对自诉案件的立案审查;在强调自诉案件当事人举证责任的同时,做好指导当事人举证和必要的调查取证工作。

16. 民事、经济审判方式改革要进一步完善举证制度,除继续坚持主张权利的当事人承担举证责任的原则外,建立举证时限制度,重大、复杂、疑难案件庭前交换证据制度,完善人民法院收集证据制度,进一步规范当事人举证、质证活动。

17. 完善行政审判方式。紧紧围绕被诉具体行政行为的合法性进行审查,彻底改变既审查具体行政行为又审查原告行为,甚至只审原告行为的做法;完善行政诉讼的举证、质证、认证规则,建立符合行政诉讼特点的证据制度;根据行政审判实践的发展,进一步完善裁判形式。

(二) 建立符合审判工作规律的审判组织形式

18. 强化合议庭和法官职责,推行审判长和独任审判员选任制度,充分发挥审判长和独任审判员在庭审过程中的指挥、协调作用。2000年底前,对法官担任审判长和独任审判员的条件和责任做出明确规定,建立审判长、独任审判员的审查、考核、选任制度。审判长和独任审判员依审判职责签发裁判文书。

19. 在法律规定范围内,多适用简易程序审理案件。在条件成熟时,向立法机关提出修改刑事诉讼法和民事诉讼法的建议,扩大人民法院适用简易程序审理案件的范围。

20. 在审判长选任制度全面推行的基础上,做到除合议庭依法提请院长提交审判委员会讨论决定的重大、疑难案件外,其他案件一律由合议庭审理并作出裁判,院、庭长不得个人改变合议庭的决定。

21. 推行院长、副院长和庭长、副庭长参加合议庭担任审判长审理案件的做法。各级人民法院应结合本院的实际情况,对院长、副院长、庭长、副庭长担任审判长审理案件提出明确要求。

22. 规范审判委员会的工作职责。审判委员会作为法院内部最高审判组织,在强化合议庭职责,不断提高审理案件质量的基础上,逐步做到只讨论合议庭提请院长提交的少数重大、疑难、复杂案件的法律适用问题,总结审判经验,以充分发挥其对审判工作中具有根本性、全局性问题进行研究和作出权威性指导的作用。

23. 完善人民陪审员制度。对担任人民陪审员的条件、产生程序、参加审判案件的范围、权利义务、经费保障等问题，在总结经验、充分论证的基础上，向全国人大常委会提出完善我国人民陪审员制度的建议，使人民陪审员制度真正得到落实和加强（1999年5月8日，经肖扬院长签署，最高人民法院向全国人民代表大会常务委员会提交了《关于提请审议〈关于完善人民陪审员制度的决定（草案）〉的议案》）。

（三）科学设置法院内设机构

24. 进一步明确审判部门的职责范围和分工，改变目前职能交叉、分工不明的状况。2000年底前，最高人民法院对审判庭、室的职责范围作出明确规定。

25. 充实审判部门，精减、合并、统一设立各级人民法院的司法行政管理部门；对各级人民法院审判部门与司法管理部门的人员比例作出规定；对司法行政管理部门的富余人员做好分流工作。

26. 落实中发〔1999〕11号文件转发的《中共最高人民法院党组关于解决人民法院"执行难"问题的报告》的精神，改革人民法院的执行机构和执行工作体制。

——1999年底前，各省、自治区、直辖市高级人民法院对辖区的人民法院执行工作实行统一管理和协调体制。高级人民法院执行机构负责同辖区外的高级人民法院执行机构协调处理执行争议案件。

——加强执行队伍建设。继续进行执行队伍整顿工作，尽快将不适应执行工作的人员调离执行工作岗位；确保按不少于全体干警现有编制总数15%的比例配备合格的执行人员。加强对执行队伍的科学管理，严肃执行纪律，抓紧业务培训，提高执法水平。尽快在全国建成一支政治坚定、清正廉洁、纪律严明、业务精通、作风过硬、训练有素的执行队伍。

——经过试点，在条件成熟时，在全国建立起对各级人民法院执行机构统一领导、监督、配合得力、运转高效的执行工作体制。

——在总结执行工作经验的基础上，起草强制执行法，尽早提交全国人大常委会审议。

27. 根据便于当事人进行诉讼，便于人民法院审判案件的原则，按照规范化、规模化的要求合理设置人民法庭。各地应在调查研究的基础上，根据本地区的实际情况，实事求是地制定人民法院建设的发展目标和方案。

——人民法庭至少配备3名法官，1名书记员；有条件的地方可以配备法警。在经济发达，道路交通状况较好的地区，应当有计划地撤并部分法庭，建立或者重组具有一定规模的人民法庭。

——1999年底之前完成对现存各种"专业法庭"和不符合条件、不利于依法独立公正地行使审判权的人民法庭的清理、调整和撤并工作。

——2000年底前，撤销城市市辖区内的人民法庭。

28. 规范司法警察统一领导的管理体制。认真执行《人民法院司法警察暂行条例》中规定的"双重领导、编队管理"的规定，加强统一管理、调动；探索改革司法警察的任用制度，试行部分司法警察聘任制，理顺司法警察的进出渠道。

29. 改革、理顺人民法院司法鉴定、信息工作体制。集中人力、资金、技术，以高级人民法院为重点，建立司法鉴定机构，最高人民法院成立人民法院司法鉴定中心，逐步促成建立统一的司法鉴定体系；统一设置通讯、统计等信息机构。

（四）深化法院人事管理制度改革

30. 严格执行中共中央《关于进一步加强政法干部队伍建设的决定》，上级人民法院党组要积极、主动与地方党委配合，加大对下级法院领导班子成员的协管力度，充分发挥各级人民法院党组管理干部的职能。

31. 对1988年以来在一些地区试行的地方法院领导班子成员以上级人民法院党组为主管理，地方党委协助管理的做法进行总结，肯定试点取得的成果，认真研究试点中存在的问题，提出解决的办法。

32. 改革法官来源渠道。逐步建立上级人民法院的法官从下级人民法院的优秀法官中选任以及从律师和高层次的法律人才中选任法官的制度。对经公开招考合格的法律院校的毕业生和其他人员，应首先充实到中级人民法院和基层人民法院。高级人民法院和最高人民法院的审判庭5年之后从下级人民法院和社会的高层次法律人才中选任法官。使法官来源和选任真正形成良性循环，保证实现法院队伍高素质的要求。

33. 随着审判长选任工作的开展，结合人民法院组织法的修改、高级人民法院或以对法官配备法官助理和取消助理审判员工作进行试点，摸索经验。

34. 对各级人民法院法官的定编工作进行研究，在保证审判质量和效率的前提下，有计划有步骤地确定法官编制。

——选择不同地域、不同级别的部分法院进行法官定编工作的试点。

——最高人民法院在总结试点法院经验、进行深入调查研究的基础上，2001年商中央组织、人事部门提出法官编制的具体方案。

35. 进一步加强和完善法官交流和轮岗制度。

——法官交流原则上在法院系统内异地进行或者在上下级法院之间进行。轮换岗位要以不影响法官专业化为前提，以不影响审判工作为原则。

——对法院领导干部实行任职回避、交流制度。各地法院院长实行与长期生活的地区异地任职的办法；副院长实行分管工作轮换制；相近审判庭庭长岗位实行定期轮换。通过实行法官交流、轮岗制度，形成法官的良性互动和人员的合理配置。

36. 加强对法官的培训工作。最高人民法院、各高级人民法院在2001年前，分别对中级以上人民法院正副院长、正副庭长和基层人民法院的正副院长、正副庭长轮训一遍。两年之内各高级人民法院应对法律业大分校进行职能转变，并在其基础上设立法官学院或者其他法官培训机构。2001年后，法官每3年必须在国家法官学院或者其他法官培训机构集中时间脱产培训；新任命的法官，必须脱产培训，学习专门法律知识、审判业务技能。

37. 建立书记员单独职务序列。在总结试点经验的基础上，最高人民法院会同有关部门在2000年制定人民法院书记员管理办法，在2001年后全面建立这项制度。

（五）加强法院办公现代化建设，进一步提高司法效率和法院管理水平

38. 各级人民法院要把加强办公现代化和其他物质装备建设，提高法院管理水平，作为改善执法条件、提高审判质量和效率、实现司法公正的重要方面，认真抓紧抓好。

——适应审判方式改革的需要，进一步抓好审判法庭建设。尽快解决审判法庭不足和设施不配套的问题，审判法庭要配备安全检查、法庭文字录入、录音、录像、投影、闭路电视监控系统等相应的技术设备。

——2001年底前，基本实现计算机等现代化技术手段在庭审记录、诉讼文书制作、法院人事管理、档案管理、统计数据信息处理等方面的应用。加快计

算机信息网络和通信建设，统一网络应用软件。用 3 年时间实现最高人民法院与高、中级人民法院之间的计算机联网，力争 5 年内建立全国法院计算机网络系统，将案件的管理、信息和统计数据收集、传输等纳入网络系统，提高人民法院各项管理工作的科技含量。

39. 2000 年底前，最高人民法院完成对各类案件的司法统计指标体系的改革工作。进一步探索建立符合人民法院审判工作管理需要的，具有快速反应和宏观分析能力的现代司法统计工作和管理体系。

（六）加强制度建设，健全监督机制，保障司法公正廉洁

40. 建立有效的内部制约机制。

——严格审判监督制度，进一步加强上级人民法院对下级人民法院审判监督的权威性、准确性、有效性。

——全面贯彻执行《人民法院审判人员违法审判责任追究办法（试行）》和《人民法院审判纪律处分办法（试行）》，切实加强对审判工作的纪律监督，严肃查处各种利用审判职权违法违纪的行为。

——进一步完善督导员制度。1999 年底前，各高级人民法院要建立督导员制度，充分发挥督导员在法院工作中督办、检查、调查、指导的职责作用。通过修改《人民法院组织法》，使人民法院督导员的工作法制化，从制度上落实审判纪律，进一步强化法官职业道德观念。

——完善并强化审判监督工作机制，2000 年制定关于加强审判监督工作的若干规定。

41. 1999 年底前，制订有关人民法院审判人员在诉讼过程中与当事人、辩护人、律师的关系的规定。

42. 制定人民法院接受社会监督的规范性意见，使人民法院接受监督制度化、程序化、法律化。

——全面贯彻执行《关于人民法院接受人民代表大会及其常务委员会监督的若干意见》。

——进一步规范人民法院接受人民检察院的法律监督工作，尤其是民事、经济、行政抗诉案件的审理。

——会同有关部门制定人民法院审判工作接受新闻监督的规定。

（七）积极探索人民法院深层次的改革

43. 从维护国家法制统一、实现司法公正的要求出发，积极探索人民法院组织体系改革。2001年向全国人大常委会提出修改人民法院组织法的提案，逐步建立起符合我国政体、确保法院依法独立公正地行使审判权的人民法院组织体系。

——对设立海事高级法院进行研究。

——对铁路、农垦、林业、油田、港口等法院的产生、法律地位和管理体制、管辖范围进行研究。逐步改变铁路、农垦、林业、油田、港口等法院由行政主管部门或者企业领导、管理的现状。

44. 根据维护法律权威和司法统一的要求，积极探索人民法院干部管理体制改革，更好地实现党的领导和人大的监督。

45. 在全面落实"收支两条线"规定的基础上，探索建立法院经费保障体系，保证履行审判职能所必需的经费。

三、加强领导，逐步实现改革目标

46. 各级人民法院必须加强领导，坚定不移地落实本纲要提出的各项改革任务。要按照纲要确定的改革措施和目标，结合本地实际情况，分别制定本部门、地区的具体实施方案。2001年进行人民法院改革中期评估；2003年进行纲要实施情况总结。

47. 各级人民法院在结合本地情况制定改革的具体实施方案时，要广泛听取各界群众和有关方面的意见，坚持从群众中来，到群众中去，广开言路，择善而从。

48. 立足当前，考虑长远，确定近期的改革重点。要将纲要确定的，不需要通过立法、修改法律便可进行的改革措施，尤其是审判方式、法院内设机构、审判组织、书记员单独职务序列等项改革纳入近期的改革目标，尽快启动，抓紧落实。

49. 人民法院改革是从司法观念、工作方法、管理机制到司法制度的全面改革，是一项关系审判工作全局的重要工作。各级人民法院在积极实施纲要确定的改革措施的同时，对于一些重大的、深层次的改革总体目标的实现做充分的理论和舆论准备，奠定坚实基础。

50. 在改革进程中，最高人民法院根据国家的经济体制改革和政治体制改革的进展，以及人民法院改革中面临的新情况、新问题，对改革的目标和内容作出适当的修改、补充和完善，以适应形势发展变化的需要。

《人民法院五年改革纲要》作为组织和动员全国各级人民法院推进司法改革的行动规划，明确了人民法院改革的方向，具有重要意义。实现纲要确定的各项改革目标，将使人民法院呈现出新的面貌，有力推进依法治国方略的实施。各级人民法院要在以江泽民同志为核心的党中央的领导下，高举邓小平理论伟大旗帜，进一步振奋精神，扎实工作，开拓进取，大胆创新，勇于实践，为全面实现纲要提出的各项改革任务，建设社会主义法治国家而努力奋斗！

人民法院第二个五年改革纲要（2004—2008）

（2005年10月26日，法发〔2005〕18号）

1999年，最高人民法院根据党的十五大关于推进司法改革的要求，制定并发布了《人民法院五年改革纲要》，对1999—2003年全国法院的司法改革作了统一部署。5年多来，全国各级人民法院以公正与效率为主题，以改革为动力，认真贯彻落实《人民法院五年改革纲要》，基本完成了各项改革任务，初步建立了适合我国国情的审判方式，为司法公正提供了一定制度保障；基本理顺了我国的审判机构，完善了刑事、民事、行政三大审判体系，使法院组织制度更加合理化，扩大了合议庭和独任法官的审判权限，为实现审与判的有机统一打下了基础；实施了法院执行工作新机制，在一定程度上缓解了执行难问题，并为深化体制改革进行了有益的探索；确立了法官职业化建设的目标，合理配置司法人力资源，使人民法院的整体司法能力明显提高；加速了司法装备现代化建设，全国大部分法院的基本建设和物质保障有了较大改善。

2002年，党的十六大提出了积极、稳妥地推进司法体制改革的要求，特别是2004年底，党中央对今后一段时期的司法体制和工作机制改革作了全面部署。目前（2005年），相对滞后的司法体制和工作机制已经不能适应人民群众对司法公平正义日益增长的需求，人民法院的司法改革既面临着不可多得的历史机遇，又面临着多方面的严峻挑战，而这些挑战对司法体制改革提出了更高的要求。为了贯彻落实党中央部署的司法体制和工作机制改革任务，进一步深化人民法院各项改革，完善人民法院的组织制度和运行机制，增强司法能力，提高司法水平，保障在全社会实现公平和正义，现制定《人民法院第二个五年改革纲要（2004—2008）》。

2004年至2008年人民法院司法改革的基本任务和目标是：改革和完善诉讼程序制度，实现司法公正，提高司法效率，维护司法权威；改革和完善执行体制和工作机制，健全执行机构，完善执行程序，优化执行环境，进一步解决"执行难"；改革和完善审判组织和审判机构，实现审与判的有机统一；改革和完善司法审判管理和司法政务管理制度,为人民法院履行审判职责提供充分支持和服务;改革和完善司法人事管理制度,加强法官职业保障,推进法官职业化建设进程;改革和加强人民法院内部监督和接受外部监督的各项制度,完善对审判权、执行权、管理权运行的监督机制,保持司法廉洁;不断推进人民法院体制和工作机制改革,建立符合社会主义法治国家要求的现代司法制度。

推进人民法院司法改革,必须坚持以下基本原则:坚持党的领导,全面贯彻党的路线、方针、政策,从有利于巩固党的执政地位,提高党的执政能力的高度把握法院司法改革的政治方向;坚持人民代表大会制度,自觉接受人民代表大会及其常务委员会的监督,保持我国司法制度的社会主义民主特征;坚持以宪法和法律为依据,维护法制统一,保障人民法院依法独立行使审判权,维护司法权威;坚持公正司法、一心为民的指导方针,实现司法公正,方便群众诉讼,尊重和保障人权;坚持科学发展观,遵循司法客观规律,体现审判工作的公开性、独立性、中立性、程序性、终局性等本质特征;坚持从中国的国情出发,借鉴国外司法改革的有益成果。

2004年至2008年人民法院司法改革的主要内容是:

一、改革和完善诉讼程序制度

1. 改革和完善死刑案件的审判程序。人民法院依照第一审程序审理可能判处死刑的案件,除了被告人认罪或者控辩双方对证据没有争议的外,证人和鉴定人应当出庭。2006年以后,人民法院依照第二审程序审理的死刑案件,均应当开庭审理,相关证人和鉴定人应当出庭。

2. 改革和完善死刑复核程序。落实有关法律的规定和中央关于司法体制改革的部署,由最高人民法院统一行使死刑核准权,并制定死刑复核程序的司法解释。

3. 改革刑事证据制度,制定刑事证据规则,依法排除用刑讯逼供等非法方法获得的言词证据,强化证人、鉴定人出庭,进一步落实保障人权和无罪推定原则,并适时提出刑事证据方面的立法建议。

4. 改革民事案件管辖制度。改变单纯以诉讼标的金额确定级别管辖的标准,改革跨地区民事案件的管辖方式,建立诉讼标的金额与当事人所属地区相结合的一审案件管辖制度,加强提级管辖、指定管辖等规定的适用。逐步做到高级人民法院不审理不具有普遍法律适用意义的第一审案件。

5. 改革和完善行政案件管辖制度，从制度上排除干预行政审判的各种因素。改革和完善行政诉讼程序，为行政诉讼法的修改积累经验，并适时提出立法建议。

6. 继续探索民事诉讼程序的简化形式，在民事简易程序的基础上建立速裁程序制度，规范审理小额债务案件的组织机构、运行程序、审判方式、裁判文书样式等。

7. 加强和完善诉讼调解制度，重视对人民调解的指导工作，依法支持和监督仲裁活动。与其他部门和组织共同探索新的纠纷解决方法，促进建立健全多元化的纠纷解决机制。

8. 改革和完善庭前程序。明确庭前程序与庭审程序的不同功能，规范程序事项裁决、庭前调解、审前会议、证据交换、证据的技术审核等活动，明确办理庭前程序事务的职能机构和人员分工。

9. 改革民事、行政案件审判监督制度，保护当事人合法权利，维护司法既判力。探索建立再审之诉制度，明确申请再审的条件和期限、案件管辖、再审程序等事项，从制度上保证当事人能够平等行使诉讼权利。

10. 进一步落实依法公开审判原则，采取司法公开的新措施，确定案件运转过程中相关环节的公开范围和方式，为社会全面了解法院的职能、活动提供各种渠道，提高人民法院审判工作、执行工作和其他工作的透明度。

二、改革和完善审判指导制度与法律统一适用机制

11. 贯彻罪刑相适应原则，制定故意杀人、抢劫、故意伤害、毒品等犯罪适用死刑的指导意见，确保死刑正确适用。研究制定关于其他犯罪的量刑指导意见，并健全和完善相对独立的量刑程序。

12. 改革下级人民法院就法律适用疑难问题向上级人民法院请示的做法。对于具有普遍法律适用意义的案件，下级人民法院可以根据当事人的申请或者依职权报请上级人民法院审理。上级人民法院经审查认为符合条件的，可以直接审理。

13. 建立和完善案例指导制度，重视指导性案例在统一法律适用标准、指导下级法院审判工作、丰富和发展法学理论等方面的作用。最高人民法院制定关于案例指导制度的规范性文件，规定指导性案例的编选标准、编选程序、发布方式、指导规则等。

14. 改革和完善最高人民法院制定司法解释的程序，进一步提高司法解释的质量。最高人民法院对司法解释的立项、起草、审查、协调、公布、备案等事项实行统一组织、统一协调，并定期对司法解释进行清理、修改、废止和编纂。规范最高人民法院将司法解释报送全国人民代表大会常务委员会备案的制度。

15. 建立法院之间、法院内部审判机构之间和审判组织之间法律观点和认识的协调机制，统一司法尺度。进一步建立健全确保人民法院统一、平等、公正适用法律的其他有效方式。

三、改革和完善执行体制与工作机制

16. 进一步改革和完善人民法院执行体制。最高人民法院执行机构监督和指导全国法院的执行工作。省、自治区、直辖市高级人民法院执行机构统一管理、统一协调本地区的执行工作。

17. 深化执行权运行机制改革。各级人民法院执行机构负责民事、行政案件判决裁定和其他法定执行依据的执行事项，以及刑事案件判决裁定中关于财产部分的执行事项（含财产刑）。对执行工程中需要通过审理程序解决的实体争议事项，应当由执行机构以外的审判组织审理，必要时可以设立专门的审判机构。建立执行案件当事人和案外人对于执行机构就重要程序事项所作决定申请复议等救济途径。

18. 改革和完善执行程序，加强执行司法解释工作，积极推进强制执行立法进程，规范各类执行主体的行为。

19. 建立全国法院执行案件信息管理系统，参与社会信用体系建设，建立执行督促机制，促使被执行人自动履行义务。通过公开执行信息，加强对执行工作的管理与监督，确保执行公正。

20. 改革和完善执行管辖制度，以提高执行效率，节约执行成本，排除各种干扰，确保胜诉的当事人的合法权益及时得以实现。

21. 探索执行工作新方法。与有关部门配合，对不履行执行依据所确定的义务的被执行人实行财产申报、强制审计、限制出境、公布被执行人名单等措施。

22. 改革和完善审理拒不执行人民法院判决、裁定刑事案件的程序制度，并加大对不履行生效裁判、妨碍执行行为的司法制裁力度。

四、改革和完善审判组织与审判机构

23. 改革人民法院审判委员会制度。最高人民法院审判委员会设刑事专业委员会和民事行政专业委员会；高级人民法院、中级人民法院可以根据需要在审判委员会中设刑事专业委员会和民事行政专业委员会。改革审判委员会的成员结构，确保高水平的资深法官能够进入审判委员会。改革审判委员会审理案件的程序和方式，将审判委员会的活动由会议制改为审理制；改革审判委员会的表决机制；健全审判委员会的办事机构。

24. 审判委员会委员可以自行组成或者与其他法官组成合议庭，审理重大、疑难、复杂或者具有普遍法律适用意义的案件。

25. 进一步强化院长、副院长、庭长、副庭长的审判职责，明确其审判管理职责和政务管理职责，探索建立新型管理模式，实现司法政务管理的集中化和专门化。

26. 建立法官依法独立判案责任制，强化合议庭和独任法官的审判职责。院长、副院长、庭长、副庭长应当参加合议庭审理案件。逐步实现合议庭、独任法官负责制。

27. 全面贯彻全国人民代表大会常务委员会《关于完善人民陪审员制度的决定》，健全人民陪审员管理制度，制定关于保障人民陪审员公正行使审判权的司法解释，充分发挥人民陪审员制度的功能。

28. 改革和完善人民法庭工作机制，落实人民法庭直接受理案件、进行诉讼调解、适用简易程序、执行简单案件等方面的制度，密切人民法庭与社会的联系，加强人民法庭的管理和物质保障，提高人民法庭的司法水平。

五、改革和完善司法审判管理与司法政务管理制度

29. 建立健全审判管理组织制度，明确审判管理职责，建立并细化与案件审理、审判权行使直接相关事项的管理办法，改善管理方式，建立案件审判、审判管理、司法政务管理、司法人事管理之间的协调机制，提高审判工作的质量与效率。

30. 健全和完善科学的审判流程管理制度，逐步做到同一级别的法院实行统一的审判流程管理模式。在考虑案件类型、难易程度等因素的前提下建立和完善随机分案制度。

31. 贯彻落实全国人民代表大会常务委员会《关于司法鉴定管理问题的决定》，改革和完善人民法院的司法技术管理工作。最高人民法院、高级人民法院和中级人民法院可以根据法律规定和实际需要配备法医等司法技术人员，发挥其司法辅助功能。

32. 改革司法统计制度，建立能够客观、真实反映各级人民法院审判工作情况并适应司法管理需要的司法统计指标体系。扩大公开数据的范围，加强统计信息的分析和利用。

33. 改革庭审活动记录方式，加强信息技术在法庭记录中的应用，充分发挥庭审记录在诉讼活动和管理工作过程中的作用。有条件的法院可以使用录音、录像或者其他技术手段记录法庭活动。

六、改革和完善司法人事管理制度

34. 推进人民法院工作人员的分类管理，制定法官、法官助理、书记员、执行员、司法警察、司法行政人员、司法技术人员等分类管理办法，加强法官队伍职业化建设和其他各类人员的专业化建设。建立符合审判工作规律和法官职业特点的法官职务序列。在总结试点经验的基础上，逐步建立法官助理制度。

35. 落实法官法的规定，与有关部门协商，推动建立适合法官职业特点的任职制度。在保证法官素质的前提下，适当延长专业水平较高的资深法官的退休年龄。

36. 根据人民法院的管辖级别、管辖地域、案件数量、保障条件等因素，研究制定各级人民法院的法官员额比例方案，并逐步落实。

37. 改革法官遴选程序，建立符合法官职业特点的选任机制。探索在一定地域范围内实行法官统一招录并统一分配到基层人民法院任职的制度。逐步推行上级人民法院法官主要从下级人民法院优秀法官中选任以及从其他优秀法律人才中选任的制度。

38. 加强不同地区法院之间和上下级法院法官的交流任职工作，推进人民法院内部各相近业务部门之间的法官交流和轮岗制度。

39. 建立法官任职前的培训制度，改革在职法官培训制度。初任法官任职前须参加国家法官学院或者其委托的培训机构组织的职业培训。改革法官培训的内容、方式和管理制度，研究开发适合法官职业特点的培训课程和培训教材，改革法官培训机构的师资选配方式。

40. 落实法官法的规定，推动适合法官职业特点的任用、晋升、奖励、抚恤、医疗保障和工资、福利、津贴制度的建立和完善。在确定法官员额的基础上，逐步提高法官待遇。

七、改革和完善人民法院内部监督与接受外部监督的制度

41. 建立科学、统一的审判质量和效率评估体系。在确保法官依法独立判案的前提下，确立科学的评估标准，完善评估机制。

42. 改革法官考评制度和人民法院其他工作人员考核制度，发挥法官考评委员会的作用。根据法官职业特点和不同审判业务岗位的具体要求，科学设计考评项目，完善考评方法，统一法官绩效考评的标准和程序，并对法官考评结果进行合理利用。建立人民法院其他工作的评价机制。

43. 建立健全符合法官职业特点的法官惩戒制度，制定法官惩戒程序规则，规范法官惩戒的条件、案件审理程序以及救济途径等，保障受到投诉或查处法官的正当权利。

44. 完善人民法院自觉接受权力机关监督的方式、程序，健全接受人大代表、政协委员的批评、建议的制度，完善人大代表、政协委员旁听法院审判以及人民法院与人大代表、政协委员联络等制度。

45. 落实人民检察院检察长或者检察长委托的副检察长列席同级人民法院审判委员会的制度。

46. 规范人民法院与新闻媒体的关系，建立既能让社会全面了解法院工作、又能有效维护人民法院依法独立审判的新机制。人民法院建立和完善新闻发言人制度，及时向社会和媒体通报人民法院审判工作和其他各项工作情况，自觉接受人民群众监督。

八、继续探索人民法院体制改革

47. 继续探索人民法院的设置、人财物管理体制改革，为人民法院依法公正、独立行使审判权提供组织保障和物质保障。

48. 改革和完善人民法院经费保障体制，探索建立人民法院的业务经费由国家财政统一保障、分别列入中央财政和省级财政的体制。研究制定基层人民法院的经费基本保障标准。

49. 配合有关部门改革现行铁路、林业、石油、农垦、矿山等部门、企业

管理法院人财物的体制。

50. 完善审理未成年人刑事案件和涉及未成年人权益保护的民事、行政案件的组织机构，在具备条件的大城市开展设立少年法院的试点工作，以适应未成年人司法工作的特殊需要，推动建立和完善中国特色少年司法制度。

人民法院的司法改革是一个不断解放思想、更新观念和不断推动理论创新与制度创新的过程。为此，各级人民法院要按照本纲要的要求，深入研究和把握司法客观规律，深刻理解和牢固树立现代司法理念，以改革的思维推进司法改革；要进一步加强组织领导工作，完善协调机制，健全相关制度，周密组织，妥善安排，认真落实；要及时总结经验，加强理论指导，加强对具体改革方案的论证，把实现"公正与效率"这一主题作为检验改革效果的基本标准，确保改革顺利和健康发展；要坚持依法改革，通过改革促进我国法律制度的不断发展与完善，切实防止自发改革和违法改革。为确保本纲要的正确、统一、有序实施，最高人民法院将就各项改革措施制定具体的实施方案，自上而下，统一实施。各级人民法院要坚持以邓小平理论和"三个代表"重要思想为指导，树立和落实科学发展观，认真贯彻落实中央关于司法体制改革的精神，正确理解本纲要确立的改革指导思想、基本原则、基本目标、主要任务和基本要求，狠抓落实，务求实效，不断将人民法院的司法改革工作和其他各项工作稳步推向前进，为建设我国社会主义现代司法制度，构建社会主义和谐社会而努力奋斗。

人民法院第三个五年改革纲要（2009—2013）

（2009年3月17日，法发〔2009〕14号）

为贯彻党的十七大精神，落实中央关于深化司法体制和工作机制改革的总体要求，维护社会公平正义，满足人民群众对司法工作的新要求、新期待，实现人民法院科学发展，现制定《人民法院第三个五年改革纲要（2009—2013）》。

一、深化人民法院司法改革的指导思想、目标和原则

（一）深化人民法院司法体制和工作机制改革的指导思想

深化人民法院司法体制和工作机制改革的指导思想是：高举中国特色社会主义伟大旗帜，坚持以邓小平理论和"三个代表"重要思想为指导，深入贯彻落实科学发展观，牢固树立社会主义法治理念，贯彻从严治院、公信立院、科技强院的工作方针，从满足人民群众司法需求出发，以维护人民利益为根本，以促进社会和谐为主线，以加强权力制约和监督为重点，从人民群众不满意的实际问题入手，紧紧抓住影响和制约司法公正、司法效率、司法能力、司法权威的关键环节，进一步解决人民群众最关心、最期待改进的司法问题和制约人民法院科学发展的体制性、机制性、保障性障碍，充分发挥中国特色社会主义司法制度的优越性，为社会主义市场经济体制的顺利运行，为中国特色社会主义事业提供坚强可靠的司法保障和和谐稳定的社会环境。

（二）深化人民法院司法体制和工作机制改革的目标

深化人民法院司法体制和工作机制改革的目标是：进一步优化人民法院职权配置，落实宽严相济刑事政策，加强队伍建设，改革经费保障体制，健全司法为民工作机制，着力解决人民群众日益增长的司法需求与人民法院司法能力相对不足的矛盾，推进中国特色社会主义审判制度的自我完善和发展，建设公正高效权威的社会主义司法制度。

(三) 深化人民法院司法体制和工作机制改革的原则

深化人民法院司法体制和工作机制改革的原则：一是始终坚持党的领导。司法体制和工作机制改革是我国政治体制改革的重要组成部分，具有很强的政治性、政策性、法律性，必须在党的统一领导下，科学决策、民主决策、依法决策，积极稳妥，循序渐进，自上而下，总体规划，分步推进；必须牢牢把握司法改革导向，确保人民法院司法改革的正确政治方向。二是始终坚持中国特色社会主义方向。司法体制和工作机制改革必须符合人民民主专政的国体和人民代表大会制度的政体，必须以马克思主义法制思想和社会主义法治理念为指导，必须走中国特色社会主义政治发展、法治建设道路，必须体现党的事业至上、人民利益至上、宪法法律至上的要求，确保有利于经济社会又好又快发展，有利于维护国家安全和社会稳定，有利于社会主义司法制度的自我完善和发展，有利于加强和改进党对人民法院工作的领导。三是始终坚持从我国国情出发。司法体制和工作机制改革必须立足于我国仍处于并长期处于社会主义初级阶段的基本国情和发展阶段性特征，既认真研究和吸收借鉴人类法治文明有益成果，又不照抄照搬外国的司法制度和司法体制；既与时俱进，又不超越现阶段实际提出过高要求。四是始终坚持群众路线。司法体制和工作机制改革必须充分听取人民群众的意见，充分体现人民群众的意愿，着眼于解决人民群众不满意的问题，自觉接受人民群众的监督和检验，真正做到改革为了人民、依靠人民、惠及人民。五是始终坚持统筹协调。司法体制和工作机制改革必须立足于提高人民法院履行法律赋予的职责使命的能力，统筹协调中央和地方、当前和长远的关系，统筹协调上下级法院之间、人民法院与其他政法部门之间的关系，确保各项改革措施既适应我国经济社会发展、民主政治建设、公民法律素养的要求，又适应人民法院和法院干警的职业特点，积极推进人民法院事业科学发展。六是始终坚持依法推进改革。司法体制和工作机制改革的各项措施要以宪法和法律为依据，自觉接受人大监督，维护人民法院的宪法地位和司法权威，凡与现行法律相冲突的，应在修改相关法律法规后实施，确保人民法院各项改革措施完全符合宪法精神和法律的规定。七是始终坚持遵循司法工作的客观规律。司法体制和工作机制改革必须结合审判和执行工作自身特有的规律，注重探索司法规律在特定国情、特定环境下的具体应用和体现。坚持以科学发展观统领司法改革全局，建立符合司法规律的科学的审判制度和有效的执行工作机制，完善司法管理体制，努力提高人民法院的司法能力，确保人民法院各项改革措施适应我国经济社会发展和社会主义民主政治建设的要求。

二、2009—2013年人民法院司法改革的主要任务

（一）优化人民法院职权配置

1. 改革和完善人民法院司法职权运行机制。以审判和执行工作为中心，优化审判业务部门之间、综合管理部门之间、审判业务部门与综合管理部门之间、上下级法院之间的职权配置，形成更加合理的职权结构和组织体系。

2. 改革和完善刑事审判制度。规范自由裁量权，将量刑纳入法庭审理程序，研究制定《人民法院量刑程序指导意见》。完善刑事诉讼第一审程序和第二审程序，落实检察机关和律师在刑事审判中的职能作用的有关规定，切实提高审判质量和效率。建立减刑、假释审理程序的公开制度，严格重大刑事罪犯减刑、假释的适用条件，加强同步监督。配合有关部门促进重大、疑难、复杂案件的审理期限的立法完善；完善保外就医、暂予监外执行、服刑地变更的适用条件和裁定程序；完善刑事附带民事审判制度，规范财产刑和刑事附带民事诉讼裁判的执行工作机制，强化诉讼调解，促进裁判执行；完善刑事证据制度，制定刑事证据审查规则，统一证据采信标准；建立健全证人、鉴定人出庭制度和保护制度，明确侦查人员出庭作证的范围和程序。

3. 改革和完善民事、行政审判制度。进一步完善民事诉讼证据规则。明确军事法院受理军内民事案件的具体条件。建立健全符合知识产权案件特点的审判体制和工作机制，在直辖市和知识产权案件较多的大中城市，探索设置统一受理知识产权案件的综合审判庭。推进行政诉讼法的修改进程，促进行政诉讼审判体制和管辖制度的改革和完善。完善民事、行政诉讼简易程序，明确适用简易程序的案件范围，制定简易程序审理规则。建立新型、疑难、群体性、敏感性民事案件审判信息沟通协调机制，保证裁判标准统一。

4. 改革和完善再审制度。完善刑事审判监督程序，规范按照审判监督程序提出的刑事抗诉案件的审判程序，完善刑事申诉案件立案与再审的职能分工和工作流程。完善民事再审程序，依法保护当事人的申请再审权，正确处理依法纠错与维护司法既判力的关系，切实解决人民群众申诉难和申请再审难问题。

5. 改革和完善审判组织。完善审判委员会讨论案件的范围和程序，规范审

判委员会的职责和管理工作。落实人民检察院检察长、受检察长委托的副检察长列席同级人民法院审判委员会的规定。完善合议庭制度，加强合议庭和主审法官的职责。进一步完善人民陪审员制度，扩大人民陪审员的选任范围和参与审判活动的范围，规范人民陪审员参与审理案件的活动，健全相关管理制度，落实保障措施。

6. 改革和完善民事、行政案件的执行体制。严格规范执行程序和执行行为，提高执行工作效率。规范人民法院统一的执行工作体制。完善高级人民法院对本辖区内执行工作统一管理、统一协调的工作机制。完善执行异议和异议之诉制度。贯彻审执分立原则，建立执行裁决权和执行实施权分权制约的执行体制，当事人提起的执行异议之诉由作出生效裁判的原审判庭审理。规范诉讼中财产控制措施的工作分工，完善评估、拍卖、变卖程序，健全执行程序中的财产调查、控制、处分和分配制度，制裁规避执行行为。配合有关部门建立健全执行威慑机制，依法明确有关部门和单位协助执行的法律义务；推动建立党委政法委组织协调、人民法院主办、有关部门联动、社会各界参与的执行工作长效机制。

7. 改革和完善上下级人民法院之间的关系。加强和完善上级人民法院对下级人民法院的监督指导工作机制，明确上级人民法院对下级人民法院进行司法业务管理、司法人事管理和司法行政管理方面的范围与程序，构建科学的审级关系。规范发回重审制度，明确发回重审的条件，建立发回重审案件的沟通协调机制。规范下级人民法院向上级人民法院请示报告制度。完善委托宣判、委托送达、委托执行工作机制。

8. 改革和完善审判管理制度。健全权责明确、相互配合、高效运转的审判管理工作机制。研究制定符合审判工作规律的案件质量评查标准和适用于全国同一级法院的统一的审判流程管理办法。规范审判管理部门的职能和工作程序。

9. 改革和完善人民法院接受外部制约与监督机制。完善人民法院自觉接受党委对法院领导班子及其成员、党组织、党员干部进行监督的工作机制。健全依法向人大报告工作并接受监督的工作机制。规范人民法院接受检察机关法律监督的内容、方式和程序。规范人民法院接受新闻舆论监督的工作机制。

10. 加强司法职业保障制度建设。加强人民法院依法独立公正行使审判权的保障机制建设。研究建立对非法干预人民法院依法独立办案行为的责任追究制度。研究建立违反法定程序过问案件的备案登记报告制度。加大对不当干预人民法院审判和执行工作的纪检监察力度。完善惩戒妨碍人民法院执行公务、拒不执行人民法院作出的生效裁判等违法犯罪行为的法律规定。完善最高人民法院就司法解释工作与相关部门的协调制度和人大备案制度，保证司法解释的统一和权威。

（二）落实宽严相济刑事政策

11. 建立和完善依法从严惩处的审判制度与工作机制。适应新形势下依法打击严重犯罪的需要，适时制定从严惩处严重犯罪的司法政策，完善有关犯罪的定罪量刑标准。完善死刑复核程序，提高死刑案件复核的质量和效率。配合有关部门研究建立犯罪人员的犯罪登记制度，完善从严惩处严重犯罪的诉讼制度；建立严格的死刑缓期执行和无期徒刑执行制度，明确死刑缓期执行和无期徒刑减为有期徒刑后罪犯应当实际执行的刑期。

12. 建立和完善依法从宽处理的审判制度与工作机制。完善未成年人案件审判制度和机构设置，推行适合未成年人生理特点和心理特征的案件审理方式及刑罚执行方式的改革。探索建立被告人附条件的认罪从轻处罚制度。配合有关部门有条件地建立未成年人轻罪犯罪记录消灭制度，明确其条件、期限、程序和法律后果；研究建立老年人犯罪适度从宽处理的司法机制，明确其条件、范围和程序；研究建立刑事自诉案件和轻微刑事犯罪案件的刑事和解制度，明确其范围和效力；完善在法定刑以下判处刑罚的核准制度；研究建立轻微刑事案件的快速审理制度，扩大简易程序适用范围；依法扩大缓刑制度的适用范围，适当减少监禁刑的适用，明确适用非监禁刑案件的范围。

13. 建立健全贯彻宽严相济刑事政策的司法协调制度与保障制度。配合有关部门建立刑事审判与行政执法、执纪的有效衔接机制。建立体现宽严相济、促进社会和谐稳定的办案质量考评制度和奖惩机制，改进办案考核考评指标体系，完善人民法院错案认定标准和违法审判责任追究制度。

（三）加强人民法院队伍建设

14. 完善法官招录培养体制。配合有关部门完善法官招录办法。最高人民法院、高级人民法院和中级人民法院遴选或招考法官，原则上从具有相关基层工作经验的法官或其他优秀的法律人才中择优录用。建立选任法官的综合素质全面考察标准。通过定向选拔、委托培养、定期工作、定向流动等法官招录办法改革，切实解决中西部少数民族地区和欠发达地区基层人民法院法官短缺与法官断层问题。建立和完善军事法院法官转任地方人民法院法官制度。

15. 完善法官培训机制。加强法官的思想政治教育，形成社会主义法治理念教育的长效机制。建立符合法官职业特点的在职培训制度。推行法官全员定期集中培训制度。完善初任法官任前培训制度和晋升晋级培训制度，切实增强人民法院服务党和国家工作大局与维护人民群众利益的司法能力。加大对少数民族法官的培训力度，尤其是加强对少数民族法官的双语培训，尽快培养一批适应少数民族地区审判工作需要的双语法官。

16. 完善法官行为规范。严格执行"五个严禁"规定，落实监督责任，确保司法廉洁。建立健全审判人员与执行人员违法审判、违法执行的责任追究制度和领导干部失职责任追究制度。研究建立审务督察制度，加强督察督办工作，强化对法官违反司法行为规范的惩戒措施。

17. 完善人民法院反腐倡廉长效工作机制。构建符合法官职业特点的职权明确、考核到位、追究有力的责任体系，推进从源头上防治司法腐败的体制机制改革。完善和落实党风廉政建设责任制和责任追究制度，加强人民法院惩治和预防腐败体系建设，建立与社会主义审判制度相适应的人民法院纪检监察工作体制机制。完善巡视制度，研究建立在各业务庭室派驻廉政监察员制度。建立法官廉政档案制度，研究建立确保司法廉洁的廉政激励机制。健全举报网络，加强内外监督机制之间的信息沟通和相互衔接工作，全面推进人民法院党风廉政建设。

18. 完善人民法院人事管理制度和机构设置。建立健全人民法院科学的选拔任用机制和有效的干部监督管理机制，增强人事管理的透明度和公开性。完善法官及其辅助人员分类管理的制度。改革人民法院司法警察体制，明确司法警察的法律地位、作用、职责和职权，优化司法警察的职能设置，规范人员管理体制和工作机制，建立健全适合审判工作特点的警务保障体系。完善司法技术辅助机构的设置。

19. 完善人民法院编制与职务序列制度。配合有关部门制定与人民法院工作性质和地区特点相适应的政法专项编制标准，研究建立适应性更强的编制制度，逐步实施法官员额制度；研究制定与法官职业特点相适应的职数比例和职务序列的意见，适当提高基层人民法庭法官职级。

20. 改革和完善法官工资福利和任职保障制度。完善法官激励机制。配合有关部门制定与法官职业特点相适应、与法官等级相匹配的工资政策，研究制定有利于稳定基层法官队伍的工资制度，完善法官定期增资制度；统筹解决法官岗位津贴、办案津贴和加班补助；提高法官岗位津贴、审判津贴在法官工资收入中的比例；适当提高法官因公牺牲、伤残的抚恤标准，制定患重病法官的生活补助办法；针对实践中存在的提前离岗、离职等现象，修改完善符合法官职业特点的一线办案法官退休制度；完善法官人身安全保障、任职保障等职业保障制度。

21. 改革和完善人民法院队伍管理制度。配合有关部门完善人民法院主要负责人跨地区跨部门交流任职制度。建立人民法院领导班子成员和中层领导定期轮岗制度。建立健全院长、庭长的"一岗双责"制度，落实院长、庭长一手抓审判、一手抓队伍的双重职责。建立法官流动和交流制度。建立健全以案件审判质量和效率考核为主要内容的审判质量效率监督控制体系，以法官、法官助理、书记员和其他行政人员的绩效和分类管理为主要内容的岗位目标考核管理体系，以综合服务部门保障的能力和水平为主要内容的司法政务保障体系。

（四）加强人民法院经费保障

22. 改革和完善人民法院经费保障体制。配合有关部门改革现行行政经费保障体制，建立"明确责任、分类负担、收支脱钩、全额保障"的经费保障体制；人民法院经费划分为人员经费、公用经费、业务装备经费和基础设施建设经费四大类，根据不同地区和人民法院的工作特点，确定各级财政负担级次和比例，实现人民法院经费由财政全额负担，落实"收支两条线"规定，杜绝"收支挂钩"；根据中央确立的分项目、分区域、分部门的经费分类保障政策，配合有关部门制定适应人民法院实际情况的经费分类保障实施办法；改革和完善人民法院经费管理制度，提高管理能力和水平。

23. 建立人民法院公用经费正常增长机制。配合有关部门完善和落实基层人民法院公用经费保障标准；建立基层人民法院公用经费正常增长机制，高级人民法院配合本级财政部门根据本地区经济社会发展、财力增长水平和人民法院审判工作实际需要，适时调整基层人民法院公用经费标准；研究制定人民法院业务装备标准，确定业务装备配备总体规划和年度计划，落实装备经费。加强人民法院基础设施建设，研究制定和完善人民法院各类基础设施建设标准，确定各类基础设施建设投资由中央、省级和同级财政负担的比例。配合有关部门逐步化解基本建设债务。

24. 加强人民法院信息化建设。促进信息化在人民法院行政管理、法官培训、案件信息管理、执行管理、信访管理等方面的应用。尽快完成覆盖全国各级人民法院的审判业务信息网络建设。研究制定关于改革庭审活动记录方式的实施意见。研究开发全国法院统一适用的案件管理流程软件和司法政务管理软件。加快建立信息安全基础设施。推进人民法院与其他国家机关之间电子政务协同办公的应用。构建全国法院案件信息数据库，加快案件信息查询系统建设。

（五）健全司法为民工作机制

25. 加强和完善审判与执行公开制度。继续推进审判和执行公开制度改革，增强裁判文书的说理性，提高司法的透明度，大力推动司法民主化进程。完善庭审旁听制度，规范庭审直播和转播。完善公开听证制度。研究建立裁判文书网上发布制度和执行案件信息的网上查询制度。

26. 建立健全多元纠纷解决机制。按照"党委领导、政府支持、多方参与、司法推动"的多元纠纷解决机制的要求，配合有关部门大力发展替代性纠纷解决机制，扩大调解主体范围，完善调解机制，为人民群众提供更多可供选择的纠纷解决方式。加强诉前调解与诉讼调解之间的有效衔接，完善多元纠纷解决方式之间的协调机制，健全诉讼与非诉讼相衔接的矛盾纠纷调处机制。

27. 建立健全民意沟通表达机制。健全科学、畅通、有效、透明、简便的民意沟通表达长效机制，充分保障人民群众的知情权、参与权、表达权和监督权。完善人民法院与人大代表、政协委员、民主党派和无党派人士、广大人民群众、律师、专家学者等的沟通联络机制。进一步完善人民法院领导干部定期深入基层倾听民意的机制，及时了解人民群众的司法需求。研究建立人民法院网络民意表达和民意调查制度，方便广大人民群众通过网络渠道直接向人民法院提出意见或建议。建立健全案件反馈和回访制度，及时了解人民群众对审判和执行工作的意见或建议。完善对人民群众意见的分析处理和反馈制度。完善社会舆情汇集工作机制，妥善解决司法工作中涉及民生的热点问题。

28. 完善涉诉信访工作机制。建立涉诉信访综合治理工作机制。推进涉诉信访法治化、规范化。建立"诉"与"访"分离制度。完善涉诉信访工作责任制，实行责任倒查制度。研究建立涉诉信访终结机制，规范涉诉信访秩序。完善涉诉信访工作信息反馈机制。规范人民法院的院长、庭长接访和走访、下访制度。

29. 建立健全司法为民长效机制。健全诉讼服务机构，加强诉讼引导、诉前调解、风险告知、诉讼救助、案件查询、诉讼材料收转、信访接待、文书查阅等工作，切实方便人民群众诉讼。探索推行远程立案、网上立案查询、巡回审判、速裁法庭、远程审理等便民利民措施。建立健全基层司法服务网络，推行基层人民法院及人民法庭聘请乡村、社区一些德高望重、热心服务、能力较强的人民群众担任司法调解员，或邀请人民调解员、司法行政部门、行业组织等协助化解社会矛盾纠纷。

30. 改革和完善司法救助制度。建立刑事被害人救助制度，对因受犯罪侵害而陷入生活困境的受害群众，实行国家救助，研究制定人民法院救助细则。配合有关部门推进国家赔偿制度的完善，规范赔偿程序，加强赔偿执行，增强赔偿实效；完善执行救济程序，建立执行救助基金。

三、深化人民法院司法体制和工作机制改革的工作要求

（一）加强领导，明确责任

深化人民法院司法体制和工作机制改革，是深入学习实践科学发展观的重大举措，是当前和今后一个时期全国各级人民法院的重要政治任务。各级人民法院一定要把此项工作列入重要议事日程，切实加强组织领导，主要领导亲自挂帅，分管领导狠抓落实，并尽快建立联络员制度和项目责任制，每个环节都要明确责任单位、责任人员、时间进度和工作要求，集中力量攻坚克难。最高人民法院司法改革工作领导小组负责各项改革任务的统一部署和组织实施，及时掌握情况，适时协调指导，加强督促检查和评估总结工作。最高人民法院有关部门是落实各项改革任务的直接责任者，各项改革任务的牵头部门具体负责该项目的贯彻实施，与协办部门抓紧制定落实改革意见的实施方案。各协办部门要指派专人负责协作配合，及时完成牵头部门安排的改革工作事项。各牵头部门要及时向最高人民法院司法改革工作领导小组办公室通报贯彻落实情况以及需要研究协调的重大问题。地方各级人民法院要尽快确定有关部门和专人负责，切实抓好各项改革任务的落实和组织实施工作，务必取得新成效。对于涉及不同部门的改革项目，人民法院各相关部门都应当积极参与，通力协作，保证各项改革任务顺利完成。

(二）精心部署，集思广益

深化人民法院司法体制和工作机制改革涉及方方面面，具有很强的联动性，必须集思广益，精心设计，周密部署，统筹协调，把各项改革措施落实到位。各级人民法院在研究制定具体实施方案时，要早谋划、早动手，切实搞好相互衔接和协调工作，争取党委、人大、政府、政协、政法各单位和社会各界的大力支持。人民法院司法改革工作涉及其他部门工作时，要广泛听取意见，充分协商沟通。有重大分歧的，应当及时向同级党委和人大请示汇报，共同研究解决遇到的问题。各级人民法院要自觉接受党委的领导、人大的监督和人民群众的评判，主动征求社会各界的意见和建议，摸准情况，吃透问题，对症下药，确保司法改革工作在广泛的社会和群众基础上扎实推进，尽快在各个方面取得实质性进展。

（三）强化措施，务求实效

深化人民法院司法体制和工作机制改革要求高，任务重，责任大，难题多，必须大力加强监督和指导工作。地方各级人民法院要按照中央的总体部署和最高人民法院的统一要求，根据本地区的实际情况，统筹兼顾，因地制宜，分类实施，狠抓落实，确保取得实际效果。最高人民法院和高级人民法院负责对下级人民法院的司法改革工作进行监督与指导，健全情况通报、请示报告、督促检查制度，做好检查评估、经验总结、督促协调、信息反馈等工作，统一调度，重点督查，保证全国法院司法改革工作始终有序进行。上级人民法院要大力支持下级人民法院的司法改革工作，及时了解各个项目的进展情况，全面把握改革动态，有效解决发现的新问题。基层人民法院和中级人民法院制定的落实本纲要的具体工作方案，应当报请高级人民法院批准后方可实施。地方各级人民法院对于在实施司法改革工作方案过程中发现的新情况新问题，应当及时逐级上报最高人民法院。高级人民法院可以结合最高人民法院的部署和本地实际情况选择一些改革项目进行试点，待实践证明相对成熟并取得实际成效后再全面推广。改革试点方案须报最高人民法院审批同意，重大改革试点方案须经由最高人民法院报中央审批同意后方可实施。各级人民法院要进一步加强司法改革工作的调查研究和理论创新，坚持用科学的理论和科学的方法指导司法改革实践，确保人民法院司法改革工作取得良好的法律效果、政治效果和社会效果，为促进经济又好又快发展、保障社会公平正义、维护社会和谐稳定做出新贡献。

关于全面深化人民法院改革的意见

——人民法院第四个五年改革纲要（2014—2018）

（2015年2月4日，法发〔2015〕3号）

党的十八大从发展社会主义民主政治、加快建设社会主义法治国家的高度，作出了进一步深化司法体制改革的重要战略部署。党的十八届三中全会通过的《中共中央关于全面深化改革若干重大问题的决定》，确定了推进法治中国建设、深化司法体制改革的主要任务。党的十八届四中全会通过的《中共中央关于全面推进依法治国若干重大问题的决定》，将建设中国特色社会主义法治体系、建设社会主义法治国家作为全面推进依法治国的总目标，从科学立法、严格执法、公正司法、全民守法等方面提出了一系列重大改革举措。人民法院司法改革正面临前所未有的重大历史机遇。为贯彻党的十八大和十八届三中、四中全会精神，进一步深化人民法院各项改革，现制定《关于全面深化人民法院改革的意见》，并将之作为《人民法院第四个五年改革纲要（2014—2018）》贯彻实施。

一、全面深化人民法院改革的总体思路

全面深化人民法院改革的总体思路是：紧紧围绕让人民群众在每一个司法案件中感受到公平正义的目标，始终坚持司法为民、公正司法工作主线，着力解决影响司法公正、制约司法能力的深层次问题，确保人民法院依法独立公正行使审判权，不断提高司法公信力，促进国家治理体系和治理能力现代化，到2018年初步建成具有中国特色的社会主义审判权力运行体系，使之成为中国特色社会主义法治体系的重要组成部分，为实现"两个一百年"奋斗目标、实现中华民族伟大复兴的中国梦提供强有力的司法保障。

二、全面深化人民法院改革的基本原则

全面深化人民法院改革应当遵循以下基本原则：

——坚持党的领导，确保正确政治方向。人民法院深化司法改革，应当始终坚持党的领导，充分发挥党总揽全局、协调各方的领导核心作用，真正实现党的领导、人民当家作主、依法治国的有机统一，确保司法改革始终坚持正确的政治方向。

——尊重司法规律，体现司法权力属性。人民法院深化司法改革，应当严格遵循审判权作为判断权和裁量权的权力运行规律，彰显审判权的中央事权属性，突出审判在诉讼制度中的中心地位，使改革成果能够充分体现审判权的独立性、中立性、程序性和终局性特征。

——依法推动改革，确保改革稳妥有序。人民法院深化司法改革，应当坚持以宪法法律为依据，立足中国国情，依法有序推进，实现重大改革于法有据，推动将符合司法规律和公正司法要求的改革举措及时上升为法律。

——坚持整体推进，强调重点领域突破。人民法院深化司法改革，应当着力解决影响司法公正、制约司法能力的深层次问题，破解体制性、机制性、保障性障碍，同时要分清主次、突出重点，以问题为导向，确保改革整体推进。

——加强顶层设计，鼓励地方探索实践。人民法院深化司法改革，应当加强顶层设计，做好重大改革项目的统筹规划，注重改革措施的系统性、整体性和协同性，同时要尊重地方首创精神，鼓励下级法院在中央统一安排部署下先行先试，及时总结试点经验，推动制度创新。

三、全面深化人民法院改革的主要任务

（一）建立与行政区划适当分离的司法管辖制度

建立中国特色社会主义审判权力运行体系，必须从维护国家法制统一、体现司法公正的要求出发，探索建立确保人民法院依法独立公正行使审判权的司法管辖制度。到2017年底，初步形成科学合理、衔接有序、确保公正的司法管辖制度。

1. 设立最高人民法院巡回法庭。最高人民法院设立巡回法庭，审理跨行政区划的重大民商事、行政等案件，确保国家法律统一正确实施。调整跨行政区划重大民商事、行政案件的级别管辖制度，实现与最高人民法院案件管辖范围的有序衔接。

2. 探索设立跨行政区划的法院。以科学、精简、高效和有利于实现司法公正为原则，探索设立跨行政区划法院，构建普通类型案件在行政区划法院受理、

特殊类型案件在跨行政区划法院受理的诉讼格局。将铁路运输法院改造为跨行政区划法院，主要审理跨行政区划案件、重大行政案件、环境资源保护、企业破产、食品药品安全等易受地方因素影响的案件、跨行政区划人民检察院提起公诉的案件和原铁路运输法院受理的刑事、民事案件。

3. 推动设立知识产权法院。根据知识产权案件的特点和审判需要，建立和完善符合知识产权案件审判规律的专门程序、管辖制度和审理规则。

4. 改革行政案件管辖制度。通过提级管辖和指定管辖，逐步实现易受地方因素影响的行政案件由中级以上人民法院管辖。规范行政案件申请再审的条件和程序。

5. 改革海事案件管辖制度。进一步理顺海事审判体制。科学确定海事法院管辖范围，建立更加符合海事案件审判规律的工作机制。

6. 改革环境资源案件管辖制度。推动环境资源审判机构建设。进一步完善环境资源类案件的管辖制度。

7. 健全公益诉讼管辖制度。探索建立与检察机关提起的公益诉讼相衔接的案件管辖制度。

8. 继续推动法院管理体制改革。将林业法院、农垦法院统一纳入国家司法管理体系，理顺案件管辖机制，改革部门、企业管理法院的体制。

9. 改革军事司法体制机制。完善统一领导的军事审判制度，维护国防利益，保障军人合法权益，依法打击违法犯罪。

（二）建立以审判为中心的诉讼制度

建立中国特色社会主义审判权力运行体系，必须尊重司法规律，确保庭审在保护诉权、认定证据、查明事实、公正裁判中发挥决定性作用，实现诉讼证据质证在法庭、案件事实查明在法庭、诉辩意见发表在法庭、裁判理由形成在法庭。到 2016 年底，推动建立以审判为中心的诉讼制度，促使侦查、审查起诉活动始终围绕审判程序进行。

10. 全面贯彻证据裁判原则。强化庭审中心意识，落实直接言词原则，严格落实证人、鉴定人出庭制度，发挥庭审对侦查、起诉程序的制约和引导作用。坚决贯彻疑罪从无原则，严格实行非法证据排除规则，进一步明确非法证据的范围和排除程序。

11. 强化人权司法保障机制。彰显现代司法文明，禁止让刑事在押被告人或上诉人穿着识别服、马甲、囚服等具有监管机构标识的服装出庭受审。强化诉讼过程中当事人和其他诉讼参与人的知情权、陈述权、辩护辩论权、申请权、申诉权的制度保障。完善律师执业权利保障机制，强化控辩对等诉讼理念，禁止对律师进行歧视性安检，为律师依法履职提供便利。依法保障律师履行辩护代理职责，落实律师在庭审中发问、质证、辩论等诉讼权利。完善对限制人身自由司法措施和侦查手段的司法监督，加强对刑讯逼供和非法取证的源头预防，健全冤假错案的有效防范、及时纠正机制。

12. 健全轻微刑事案件快速办理机制。在立法机关的授权和监督下，有序推进刑事案件速裁程序改革。

13. 完善刑事诉讼中认罪认罚从宽制度。明确被告人自愿认罪、自愿接受处罚、积极退赃退赔案件的诉讼程序、处罚标准和处理方式，构建被告人认罪案件和不认罪案件的分流机制，优化配置司法资源。

14. 完善民事诉讼证明规则。强化民事诉讼证明中当事人的主导地位，依法确定当事人证明责任。明确人民法院依职权调查收集证据的条件、范围和程序。严格落实证人、鉴定人出庭制度。发挥庭审质证、认证在认定案件事实中的核心作用。严格高度盖然性原则的适用标准，进一步明确法官行使自由裁量权的条件和范围。一切证据必须经过庭审质证后才能作为裁判的依据，当事人双方争议较大的重要证据都必须在裁判文书中阐明采纳与否的理由。

15. 建立庭审全程录音录像机制。加强科技法庭建设，推动庭审全程同步录音录像。建立庭审录音录像的管理、使用、储存制度。规范以图文、视频等方式直播庭审的范围和程序。

16. 规范处理涉案财物的司法程序。明确人民法院处理涉案财物的标准、范围和程序。进一步规范在刑事、民事和行政诉讼中查封、扣押、冻结和处理涉案财物的司法程序。推动建立涉案财物集中管理信息平台，完善涉案财物信息公开机制。

（三）优化人民法院内部职权配置

建立中国特色社会主义审判权力运行体系，必须优化人民法院内部职权配置，健全立案、审判、执行、审判监督各环节之间的相互制约和相互衔接机制，充分发挥一审、二审和再审的不同职能，确保审级独立。到2016年底，形成定位科学、职能明确、运行有效的法院职权配置模式。

17. 改革案件受理制度。变立案审查制为立案登记制，对人民法院依法应该受理的案件，做到有案必立、有诉必理，保障当事人诉权。加大立案信息的网上公开力度。推动完善诉讼收费制度。

18. 完善分案制度。在加强专业化合议庭建设基础上，实行随机分案为主、指定分案为辅的案件分配制度。建立分案情况内部公示制度。对于变更审判组织或承办法官的，应当说明理由并公示。

19. 完善审级制度。进一步改革民商事案件级别管辖制度，科学确定基层人民法院的案件管辖范围，逐步改变主要以诉讼标的额确定案件级别管辖的做法。完善提级管辖制度，明确一审案件管辖权从下级法院向上级法院转移的条件、范围和程序。推动实现一审重在解决事实认定和法律适用，二审重在解决事实和法律争议、实现二审终审，再审重在依法纠错、维护裁判权威。

20. 强化审级监督。严格规范上级法院发回重审和指令再审的条件和次数，完善发回重审和指令再审文书的公开释明机制和案件信息反馈机制。人民法院办理二审、提审、申请再审及申诉案件，应当在裁判文书中指出一审或原审存在的问题，并阐明裁判理由。人民法院办理已经立案受理的申诉案件，应当向当事人出具法定形式的结案文书；符合公开条件的，一律在中国裁判文书网公布。

21. 完善案件质量评估体系。建立科学合理的案件质量评估体系。废止违反司法规律的考评指标和措施，取消任何形式的排名排序做法。强化法定期限内立案和正常审限内结案，建立长期未结案通报机制，坚决停止人为控制收结案的错误做法。依托审判流程公开、裁判文书公开和执行信息公开三大平台，发挥案件质量评估体系对人民法院公正司法的服务、研判和导向作用。

22. 深化司法统计改革。以"大数据、大格局、大服务"理念为指导，改革司法统计管理体制，打造分类科学、信息全面的司法统计标准体系，逐步构建符合审判实际和司法规律的实证分析模型，建立全国法院裁判文书库和全国法院司法信息大数据中心。

23. 完善法律统一适用机制。完善最高人民法院的审判指导方式，加强司法解释等审判指导方式的规范性、及时性、针对性和有效性。改革和完善指导性案例的筛选、评估和发布机制。健全完善确保人民法院统一适用法律的工作机制。

24. 深化执行体制改革。推动实行审判权和执行权相分离的体制改革试点。

建立失信被执行人信用监督、威慑和惩戒法律制度。加大司法拍卖方式改革力度，重点推行网络司法拍卖模式。完善财产刑执行制度，推动将财产刑执行纳入统一的刑罚执行体制。

25. 推动完善司法救助制度。明确司法救助的条件、标准和范围，规范司法救助的受理、审查和决定程序，严格资金的管理使用。推动国家司法救助立法，切实发挥司法救助在帮扶群众、化解矛盾中的积极作用。

26. 深化司法领域区际国际合作。推动完善司法协助体制，扩大区际、国际司法协助覆盖面。推动制定刑事司法协助法。

（四）健全审判权力运行机制

建立中国特色社会主义审判权力运行体系，必须严格遵循司法规律，完善以审判权为核心、以审判监督权和审判管理权为保障的审判权力运行机制，落实审判责任制，做到让审理者裁判，由裁判者负责。到2015年底，健全完善权责明晰、权责统一、监督有序、配套齐全的审判权力运行机制。

27. 健全主审法官、合议庭办案机制。选拔政治素质好、办案能力强、专业水平高、司法经验丰富的审判人员担任主审法官。独任制审判以主审法官为中心，配备必要数量的审判辅助人员。合议制审判由主审法官担任审判长。合议庭成员都是主审法官的，原则上由承办案件的主审法官担任审判长。完善院、庭长、审判委员会委员担任审判长参加合议庭审理案件的工作机制。改革完善合议庭工作机制，明确合议庭作为审判组织的职能范围，完善合议庭成员在交叉阅卷、庭审、合议等环节中的共同参与和制约监督机制。改革裁判文书签发机制。

28. 完善主审法官、合议庭办案责任制。按照权责利相统一的原则，明确主审法官、合议庭及其成员的办案责任与免责条件，实现评价机制、问责机制、惩戒机制、退出机制与保障机制的有效衔接。主审法官作为审判长参与合议时，与其他合议庭成员权力平等，但负有主持庭审活动、控制审判流程、组织案件合议、避免程序瑕疵等岗位责任。科学界定合议庭成员的责任，既要确保其独立发表意见，也要明确其个人意见、履职行为在案件处理结果中的责任。

29. 健全院、庭长审判管理机制。明确院、庭长与其职务相适应的审判管理职责。规范案件审理程序变更、审限变更的审查报批制度。健全诉讼卷宗分类归档、网上办案、审判流程管控、裁判文书上网工作的内部督导机制。

30. 健全院、庭长审判监督机制。明确院、庭长与其职务相适应的审判监督职责，健全内部制约监督机制。完善主审法官会议、专业法官会议机制。规范院、庭长对重大、疑难、复杂案件的监督机制，建立院、庭长在监督活动中形成的全部文书入卷存档制度。依托现代信息化手段，建立主审法官、合议庭行使审判权与院、庭长行使监督权的全程留痕、相互监督、相互制约机制，确保监督不缺位、监督不越位、监督必留痕、失职必担责。

31. 健全审判管理制度。发挥审判管理在提升审判质效、规范司法行为、严格诉讼程序、统一裁判尺度等方面的保障、促进和服务作用，强化审判流程节点管控，进一步改善案件质量评估工作。

32. 改革审判委员会工作机制。合理定位审判委员会职能，强化审判委员会总结审判经验、讨论决定审判工作重大事项的宏观指导职能。建立审判委员会讨论事项的先行过滤机制，规范审判委员会讨论案件的范围。除法律规定的情形和涉及国家外交、安全和社会稳定的重大复杂案件外，审判委员会主要讨论案件的法律适用问题。完善审判委员会议事规则，建立审判委员会会议材料、会议记录的签名确认制度。建立审判委员会决议事项的督办、回复和公示制度。建立审判委员会委员履职考评和内部公示机制。

33. 推动人民陪审员制度改革。落实人民陪审员"倍增计划"，拓宽人民陪审员选任渠道和范围，保障人民群众参与司法，确保基层群众所占比例不低于新增人民陪审员三分之二。进一步规范人民陪审员的选任条件，改革选任方式，完善退出机制。明确人民陪审员参审案件职权，完善随机抽取机制。改革陪审方式，逐步实行人民陪审员不再审理法律适用问题，只参与审理事实认定问题。加强人民陪审员依法履职的经费保障。建立人民陪审员动态管理机制。

34. 推动裁判文书说理改革。根据不同审级和案件类型，实现裁判文书的繁简分流。加强对当事人争议较大、法律关系复杂、社会关注度较高的一审案件，以及所有的二审案件、再审案件、审判委员会讨论决定案件裁判文书的说理性。对事实清楚、权利义务关系明确、当事人争议不大的一审民商事案件和事实清楚、证据确实充分、被告人认罪的一审轻微刑事案件，使用简化的裁判文书，通过填充要素、简化格式，提高裁判效率。重视律师辩护代理意见，对于律师依法提出的辩护代理意见未予采纳的，应当在裁判文书中说明理由。完善裁判文书说理的刚性约束机制和激励机制，建立裁判文书说理的评价体系，将裁判文书的说理水平作为法官业绩评价和晋级、选升的重要因素。

35. 完善司法廉政监督机制。改进和加强司法巡查、审务督察和廉政监察员工作。建立上级纪委和上级法院为主、下级法院协同配合的违纪案件查处机制，实现纪检监察程序与法官惩戒程序的有序衔接。建立法院内部人员过问案件的记录制度和责任追究制度。依法规范法院人员与当事人、律师、特殊关系人、中介组织的接触、交往行为。

36. 改革涉诉信访制度。完善诉访分离工作机制，明确诉访分离的标准、范围和程序。健全涉诉信访终结机制，依法规范涉诉信访秩序。建立就地接访督导机制，创新网络办理信访机制。推动建立申诉案件律师代理制度。探索建立社会第三方参与机制，增强涉诉信访矛盾多元化解合力。

（五）构建开放、动态、透明、便民的阳光司法机制

建立中国特色社会主义审判权力运行体系，必须依托现代信息技术，构建开放、动态、透明、便民的阳光司法机制，增进公众对司法的了解、信赖和监督。到 2015 年底，形成体系完备、信息齐全、使用便捷的人民法院审判流程公开、裁判文书公开和执行信息公开三大平台，建立覆盖全面、系统科学、便民利民的司法为民机制。

37. 完善庭审公开制度。建立庭审公告和旁听席位信息的公示与预约制度。对于依法应当公开审理，且受社会关注的案件，人民法院应当在已有条件范围内，优先安排与申请旁听者数量相适应的法庭开庭。有条件的审判法庭应当设立媒体旁听席，优先满足新闻媒体的旁听需要。

38. 完善审判流程公开平台。推动全国法院政务网站建设。建立全国法院统一的诉讼公告网上办理平台和诉讼公告网站。继续加强中国审判流程信息公开网网站建设，完善审判信息数据及时汇总和即时更新机制。加快建设诉讼档案电子化工程。推动实现全国法院在同一平台公开审判流程信息，方便当事人自案件受理之日起，在线获取审判流程节点信息。

39. 完善裁判文书公开平台。加强中国裁判文书网网站建设，完善其查询检索、信息聚合功能，方便公众有效获取、查阅、复制裁判文书。严格按照"以公开为原则，不公开为例外"的要求，实现四级人民法院依法应当公开的生效裁判文书统一在中国裁判文书网公布。

40. 完善执行信息公开平台。整合各类执行信息，推动实现全国法院在同一平台统一公开执行信息，方便当事人在线了解执行工作进展。加强失信被执

行人名单信息公布力度，充分发挥其信用惩戒作用，促使被执行人自动履行生效法律文书。完善被执行人信息公开系统建设，方便公众了解执行工作，主动接受社会监督。

41. 完善减刑、假释、暂予监外执行公开制度。完善减刑、假释、暂予监外执行的适用条件和案件办理程序，确保相关案件公开、公正处理。会同刑罚执行机关、检察机关推动网上协同办案平台建设，对执法办案和考核奖惩中的重要事项、重点环节，实行网上录入、信息共享、全程留痕，从制度和技术上确保监督到位。建立减刑、假释、暂予监外执行信息网，实现三类案件的立案公示、庭审公告、文书公布统一在网上公开。

42. 建立司法公开督导制度。强化公众对司法公开工作的监督，健全对违反司法公开规定行为的投诉机制和救济渠道。充分发挥司法公开三大平台的监督功能，使公众通过平台提出的意见和建议成为人民法院审判管理、审判监督和改进工作的重要参考依据。

43. 完善诉讼服务中心制度。加强诉讼服务中心规范化建设，完善诉讼服务大厅、网上诉讼服务平台、12368司法服务热线。建立网上预约立案、送达、公告、申诉等工作机制。推动远程调解、信访等视频应用，进一步拓展司法为民的广度和深度。

44. 完善人民法庭制度。优化人民法庭的区域布局和人员比例。积极推进以中心法庭为主、社区法庭和巡回审判点为辅的法庭布局形式。根据辖区实际情况，完善人民法庭便民立案机制。优化人民法庭人员构成。有序推进人民法庭之间、人民法庭和基层人民法院其他庭室之间的人员交流。

45. 推动送达制度改革。推动建立当事人确认送达地址并承担相应法律后果的约束机制，探索推广信息化条件下的电子送达方式，提高送达效率。

46. 健全多元化纠纷解决机制。继续推进调解、仲裁、行政裁决、行政复议等纠纷解决机制与诉讼的有机衔接、相互协调，引导当事人选择适当的纠纷解决方式。推动在征地拆迁、环境保护、劳动保障、医疗卫生、交通事故、物业管理、保险纠纷等领域加强行业性、专业性纠纷解决组织建设，推动仲裁制度和行政裁决制度的完善。建立人民调解、行政调解、行业调解、商事调解、司法调解联动工作体系。推动多元化纠纷解决机制立法进程，构建系统、科学的多元化纠纷解决体系。

47. 推动实行普法责任制。强化法院普法意识，充分发挥庭审公开、文书说理、案例发布的普法功能，推动人民法院行使审判职能与履行普法责任的高度统一。

（六）推进法院人员的正规化、专业化、职业化建设

建立中国特色社会主义审判权力运行体系，必须坚持以审判为中心、以法官为重心，全面推进法院人员的正规化、专业化、职业化建设，努力提升职业素养和专业水平。到2017年底，初步建立分类科学、分工明确、结构合理和符合司法职业特点的法院人员管理制度。

48. 推动法院人员分类管理制度改革。建立符合职业特点的法官单独职务序列。健全法官助理、书记员、执行员等审判辅助人员管理制度。科学确定法官与审判辅助人员的数量比例，建立审判辅助人员的正常增补机制，切实减轻法官事务性工作负担。拓宽审判辅助人员的来源渠道，探索以购买社会化服务的方式，优化审判辅助人员结构。探索推动司法警察管理体制改革。完善司法行政人员管理制度。

49. 建立法官员额制度。根据法院辖区经济社会发展状况、人口数量（含暂住人口）、案件数量、案件类型等基础数据，结合法院审级职能、法官工作量、审判辅助人员配置、办案保障条件等因素，科学确定四级法院的法官员额。根据案件数量、人员结构的变化情况，完善法官员额的动态调节机制。科学设置法官员额制改革过渡方案，综合考虑审判业绩、业务能力、理论水平和法律工作经历等因素，确保优秀法官留在审判一线。

50. 改革法官选任制度。针对不同层级的法院，设置不同的法官任职条件。在国家和省一级分别设立由法官代表和社会有关人员参与的法官遴选委员会，制定公开、公平、公正的选任程序，确保品行端正、经验丰富、专业水平较高的优秀法律人才成为法官人选，实现法官遴选机制与法定任免机制的有效衔接。健全初任法官由高级人民法院统一招录，一律在基层人民法院任职机制。配合法律职业人员统一职前培训制度改革，健全预备法官训练制度。逐当提高初任法官的任职年龄。建立上级法院法官原则上从下一级法院遴选产生的工作机制。完善将优秀律师、法律学者，以及在立法、检察、执法等部门任职的专业法律人才选任为法官的制度。健全法院和法学院校、法学研究机构人员双向交流机制，实施高校和法院人员互聘计划。

51. 完善法官业绩评价体系。建立科学合理、客观公正、符合规律的法官

业绩评价机制,完善评价标准,将评价结果作为法官等级晋升、择优遴选的重要依据。建立不适任法官的退出机制,完善相关配套措施。

52. 完善法官在职培训机制。严格以实际需求为导向,坚持分类、分级、全员培训,着力提升法官的庭审驾驭能力、法律适用能力和裁判文书写作能力。改进法官教育培训的计划生成、组织调训、跟踪管理和质量评估机制,健全教学师资库、案例库、精品课件库。加强法官培训机构和现场教学基地建设。建立中国法官教育培训网,依托信息化手段,大力推广网络教学,实现精品教学课件由法院人员免费在线共享。大力加强基层人民法院法官和少数民族双语法官的培训工作。

53. 完善法官工资制度。落实法官法规定,研究建立与法官单独职务序列配套的工资制度。

(七) 确保人民法院依法独立公正行使审判权

建立中国特色社会主义审判权力运行体系,必须坚持在党的领导下,推动完善确保人民法院依法独立公正行使审判权的各项制度,优化司法环境,树立司法权威、强化职业保障,提高司法公信力。到 2018 年底,推动形成信赖司法、尊重司法、支持司法的制度环境和社会氛围。

54. 推动省级以下法院人员统一管理改革。配合中央有关部门,推动建立省级以下地方法院人员编制统一管理制度。推动建立省级以下地方法院法官统一由省级提名、管理并按法定程序任免的机制。

55. 建立防止干预司法活动的工作机制。配合中央有关部门,推动建立领导干部干预审判执行活动、插手具体案件处理的记录、通报和责任追究制度。按照案件全程留痕要求,明确审判组织的记录义务和责任,对于领导干部干预司法活动、插手具体案件的批示、函文、记录等信息,建立依法提取、介质存储、专库录入、入卷存查机制,相关信息均应当存入案件正卷,供当事人及其代理人查询。

56. 健全法官履行法定职责保护机制。合理确定法官、审判辅助人员的工作职责、工作流程和工作标准。明确不同主体、不同类型过错的甄别标准和免责事由,确保法官依法履职行为不受追究。非因法定事由,未经法定程序,不得将法官调离、辞退或者作出免职、降级等处分。完善法官申诉控告制度,建立法官合法权益因依法履职受到侵害的救济机制,健全不实举报澄清机制。在国家和省一级分别设立由法官代表和社会有关人员参与的法官惩戒委员会，制定公开、公正的法官惩戒程序，既确保法官的违纪违法行为及时得到应有惩戒，又保障其辩解、举证、申请复议和申诉的权利。

57. 完善司法权威保障机制。推动完善拒不执行判决、裁定、藐视法庭权威等犯罪行为的追诉机制。推动相关法律修改，依法惩治当庭损毁证据材料、庭审记录、法律文书和法庭设施等严重藐视法庭权威的行为，以及在法庭之外威胁、侮辱、跟踪、骚扰法院人员或其近亲属等违法犯罪行为。

58. 强化诉讼诚信保障机制。建立诉讼诚信记录和惩戒制度。依法惩治虚假诉讼、恶意诉讼、无理缠诉行为，将上述三类行为信息纳入社会征信系统。探索建立虚假诉讼、恶意诉讼受害人损害赔偿之诉。

59. 优化行政审判外部环境。健全行政机关负责人依法出庭应诉制度，引导、规范行政机关参加诉讼活动。规范司法建议的制作和发送，促进依法行政水平提升。

60. 完善法官宣誓制度。完善法官宣誓制度，经各级人大及其常委会选举或任命的法官，正式就职时应当公开向宪法宣誓。

61. 完善司法荣誉制度。明确授予法官、审判辅助人员不同类别荣誉的标准、条件和程序，提升法院人员的司法职业尊荣感和归属感。

62. 理顺法院司法行政事务管理关系。科学设置人民法院的司法行政事务管理机构，规范和统一管理职责，探索实行法院司法行政事务管理权和审判权的相对分离。改进上下级法院司法行政事务管理机制，明确上级法院司法行政事务管理部门对下级法院司法行政事务的监管职能。

63. 推动人民法院财物管理体制改革。配合中央有关部门，推动省级以下地方法院经费统一管理机制改革。完善人民法院预算保障体系、国库收付体系和财务管理体系，推动人民法院经费管理与保障的长效机制建设。严格"收支两条线"管理，地方各级人民法院收取的诉讼费、罚金、没收的财物，以及追缴的赃款赃物等，统一上缴省级国库。加强"两庭"等场所建设。建立人民法院装备标准体系。

64. 推动人民法院内设机构改革。按照科学、精简、高效的工作要求，推进扁平化管理，逐步建立以服务审判工作为重心的法院内设机构设置模式。

65. 推动人民法院信息化建设。加快"天平工程"建设，着力整合现有资源，推动以服务法院工作和公众需求的各类信息化应用。最高人民法院和高级人民法院主要业务信息化覆盖率达到100%，中级人民法院和基层人民法院分别达到95%和85%以上。

四、全面深化人民法院改革的工作要求

全面深化人民法院改革，任务艰巨、责任重大、时间紧迫。各级人民法院要认真贯彻中央决策部署，加强组织领导，完善工作机制，有重点、有步骤、有秩序地抓好落实和推动工作，确保改革措施取得实际效果，改革成果惠及全体人民。

最高人民法院司法改革领导小组是人民法院司法改革的议事、协调和指导机构，不定期召开小组会议，研究确定改革要点、审议改革方案、听取进度汇报、讨论决定重大问题。

最高人民法院建立情况通报、督导检查、评估总结制度，及时掌握改革动态，加强督促指导，纠正错误做法，总结成功经验，做到每项改革任务都有布置、有督促、有检查，确保各项任务不折不扣完成。

各高级人民法院应当成立司法改革领导小组，监督指导、统筹协调辖区内法院的司法改革工作。各级人民法院要建立健全司法改革事务报批备案和请示报告制度，及时总结改革经验、报告工作进展、反映问题困难。各高级人民法院拟就部分改革项目开展试点的，试点方案须报最高人民法院审批同意，重大改革试点方案须经最高人民法院报中央审批同意方可实施。

关于深化人民法院司法体制综合配套改革的意见

——人民法院第五个五年改革纲要（2019—2023）

（2019年2月27日，法发〔2019〕8号）

党的十八大以来，在以习近平同志为核心的党中央坚强领导下，人民法院司法体制改革全面深入推进，在重要领域和关键环节取得突破性进展，中国特色社会主义审判权力运行体系初步形成。党的十九大从发展社会主义民主政治、深化依法治国实践的高度，作出深化司法体制综合配套改革、全面落实司法责任制的重要战略部署。第十三届全国人民代表大会常务委员会第六次会议修订通过的《中华人民共和国人民法院组织法》，进一步规范了人民法院的组织体系、机构设置、管理体制、队伍建设和履职保障，为深化司法体制改革提供了法律依据，从立法层面巩固了司法体制改革成果。

为深入贯彻习近平总书记全面依法治国新理念、新思想、新战略，全面贯彻落实党的十九大和十九届二中、三中全会精神，进一步深化新时代人民法院各项改革，现制定《关于深化人民法院司法体制综合配套改革的意见》，并将之作为《人民法院第五个五年改革纲要（2019—2023）》贯彻实施。

一、总体要求

（一）指导思想

以习近平新时代中国特色社会主义思想为指导，紧扣我国社会主要矛盾变化，紧紧围绕统筹推进"五位一体"总体布局和协调推进"四个全面"战略布局，坚持以人民为中心的发展思想，坚持稳中求进工作总基调，统筹推进党中央部署的各项司法体制改革任务，在更高站位、更深层次、更宽领域、以更大力度深化新时代人民法院司法体制综合配套改革，全面落实司法责任制，加快形成系统完备、科学规范、运行有效的制度体系，推动公正高效权威的中国特色社会主义司法制度更加成熟更加定型，全面提升司法能力、司法效能和司法公信，推动营造更加良好的社会主义法治环境，创造更高水平的社会主义司法文明,履行好维护国家政治安全、确保社会大局稳定、促进社会公平正义、保障人民安居乐业的职责任务,努力让人民群众在每一个司法案件中感受到公平正义。

(二) 基本原则

——坚持正确政治方向。牢固树立"四个意识",坚定"四个自信",坚决做到"两个维护",始终坚持党对人民法院工作的绝对领导,始终坚持司法改革在党的领导下进行,充分发挥党总揽全局、协调各方的领导核心作用,实现党的领导、人民当家作主、依法治国的有机统一。

——坚持以人民为中心。始终坚持司法为民宗旨,站稳人民立场,贯彻群众路线,确保人民法院司法改革始终为了人民、依靠人民、造福人民。准确把握人民日益增长的美好生活需要同司法工作发展不平衡、不适应之间的矛盾,着力解决人民群众最关切的公共安全、权益保障、公平正义问题,做到人民有所呼、改革有所应,织密扎牢民生司法保障网,不断提升人民群众的获得感、幸福感、安全感。

——坚持遵循司法规律。准确把握审判权作为判断权的特征和中央事权属性,完善符合审判权力运行规律的配套监督和保障机制。始终坚持问题导向和目标导向相统一,坚持试点先行和全面推进相促进,坚持用改革思维和方法解决前进中的问题,通过改革进一步释放潜力、盘活资源、激发活力。

——坚持服务保障大局。立足人民法院司法职能,正确认识大局、精准把握大局、全力服务大局,牢固树立新发展理念,为推动经济高质量发展提供优质司法服务,为优化营商环境、推动形成更高层次改革开放新格局营造良好法治环境,为保持经济持续健康发展和社会大局稳定提供有力司法保障。

——坚持依法有序推进。坚持以宪法法律为依据,坚持人民代表大会制度,做到以法治引领改革、用改革完善法治。制定改革方案时,同步研究是否符合法律规定、是否确有必要修改法律,确保改革于法有据。重大改革试点需要得到法律授权的,严格按照法律程序进行。

——坚持加强系统集成。提升改革的系统性、整体性、协同性,既抓落实、补短板、强弱项,又谋长远、破难题、克难关。加强统筹谋划和整体推进,厘清各项改革举措之间的整体关联性、层次结构性、先后时序性,确保改革在政策取向上相互配合、在实施过程中相互促进、在实际成效上相得益彰,不断提升改革精准化、精细化水平。

——坚持鼓励基层创新。既发挥顶层设计的引领作用，又发挥基层探索的探路作用，统筹不同区域进行差别化探索，推动顶层设计和基层探索良性互动、有机结合。尊重和保护基层首创精神，完善落实容错机制，鼓励基层探索实践，激励基层积极作为，推动将有益经验上升为普遍长远的制度设计，确保改革行稳致远。

——坚持强化科技驱动。贯彻实施网络强国战略，全面建设智慧法院。牢牢把握新一轮科技革命历史机遇，充分运用大数据、云计算、人工智能等现代科技手段破解改革难题、提升司法效能，推动人民法院司法改革与智能化、信息化建设两翼发力，为促进审判体系和审判能力现代化提供有力科技支撑。

（三）总体目标

——把党的政治建设摆在首位，把执行党的政策与执行国家法律统一起来，确保党的领导和党的建设统领人民法院司法改革全领域、贯穿司法改革全过程，推动实现党的组织覆盖审判执行工作基本单元，构建人民法院坚持党的领导制度体系。

——坚持围绕中心、服务大局，充分发挥积极性、主动性、创造性，从更高层次、更高站位上找准切入点、着力点，通过依法履行职能、锐意改革创新，推动人民法院各项工作深度融入党和国家工作大局，构建人民法院服务和保障大局制度体系。

——把满足人民群众不断增长的司法需求作为人民法院工作基本导向，加强诉讼服务体系建设，深化多元化纠纷解决机制改革，推动把非诉讼纠纷解决机制挺在前面，完善司法救助和涉诉信访制度，努力实现司法更加亲民、诉讼更加便民、改革更加惠民，构建以人民为中心的诉讼服务制度体系。

——进一步深化司法公开，不断完善审判流程公开、庭审活动公开、裁判文书公开、执行信息公开四大平台，全面拓展司法公开的广度和深度，健全司法公开形式，畅通当事人和律师获取司法信息渠道，构建更加开放、动态、透明、便民的阳光司法制度体系。

——全面落实司法责任制，完善审判监督管理机制和法律统一适用机制，健全司法履职保障和违法审判责任追究机制，让法官集中精力尽好责、办好案，推动实现有权必有责、用权必担责、失职必问责、滥权必追责，构建以司法责任制为核心的中国特色社会主义审判权力运行体系。

——优化四级法院职能定位和审级设置,健全适应国家发展战略需要的人民法院组织体系,深化人民法院内设机构改革,加强人民法庭建设和专业化审判机制建设,完善司法经费保障配套机制,构建优化协同高效的人民法院组织体系和机构职能体系。

——推动民事、行政诉讼制度改革,深化以审判为中心的刑事诉讼制度改革,改革法律文书送达机制,推动实现审判资源优化配置、司法效能全面提升,构建顺应时代进步和科技发展的诉讼制度体系。

——全面推进执行信息化、规范化建设,健全完善综合治理执行难工作格局,深入推进失信被执行人联合惩戒工作,推动完善社会诚信体系,依法保障胜诉当事人及时实现权益,推动完善和发展中国特色社会主义现代化执行制度,构建切实解决执行难长效制度体系。

——全面推进人民法院队伍革命化、正规化、专业化、职业化建设,遵循干部成长规律,完善法官培养、选任和培训机制,强化干警政治训练、知识更新、能力培训、实践锻炼,努力提升队伍政治素质、职业素养、司法能力和专业水平,确保各类人员职能分工明晰、职业保障到位,构建中国特色社会主义法院人员分类管理和职业保障制度体系。

——全面推进智慧法院建设,推动建立跨部门大数据办案平台,促进语音识别、远程视频、智能辅助、电子卷宗等科技创新手段深度运用,有序扩大电子诉讼覆盖范围,推动实现审判方式、诉讼制度与互联网技术深度融合,构建中国特色社会主义现代化智慧法院应用体系。

二、主要任务

(一) 完善人民法院坚持党的领导制度体系

1. 全面加强党对人民法院工作的绝对领导。认真贯彻落实《中国共产党政法工作条例》,健全维护党中央权威和集中统一领导工作机制,严格执行政法机关党组织向党委请示报告重大事项规定。严格落实各级人民法院党组的主体责任,健全完善党组责任清单、党组议事规则、党组成员依照工作程序参与重要业务和重要决策、重大业务工作督查反馈等制度,发挥好党组把握政策取向、改革方向、办案导向的作用,确保党的基本理论、基本路线、基本方略在人民法院各项工作中不折不扣落到实处。健全人民法院配合参与巡视巡察机制，切实增强政治督察。

2. 全面加强人民法院党的建设工作。按照新时代党的建设总要求，以政治建设为统领，不断推进人民法院党的建设工作。加强人民法院基层党组织建设，以提升组织力为重点，突出政治功能，优化组织设置，严格组织生活，创新活动方式，充分发挥基层党组织战斗堡垒作用和党员先锋模范作用。坚持抓党建、带队建、促审判，切实加强审判执行机构、人民法庭、审判执行团队的政治建设和业务建设，提升创造力、凝聚力、战斗力。

3. 完善党的政治建设工作机制。完善人民法院理论教育、政治轮训制度，教育引导法院干警深入学习贯彻习近平新时代中国特色社会主义思想，确保在政治立场、政治方向、政治原则、政治道路上同以习近平同志为核心的党中央保持高度一致。完善推动社会主义核心价值观深度融入审判执行工作的配套机制，确保人民法院的司法解释、司法政策、裁判规则发挥价值引领功能，促进用法治思维和法治方式深化改革、推动发展、化解矛盾、维护稳定，让遵法守纪者扬眉吐气，让违法失德者寸步难行。坚持以社会主义核心价值观引领法院文化建设，健全司法职业精神培育机制，激励法院干警坚定法治信仰、忠诚司法事业。

4. 贯彻落实新时代党的组织路线。坚持把政治标准作为第一标准，在法官遴选任命、考核评价、监督管理、培养锻炼、奖励惩戒等工作中全面加强政治把关。严格落实党管干部原则，按照政治过硬、业务过硬、责任过硬、纪律过硬、作风过硬的要求，打造忠诚干净担当的高素质专业化法院队伍。结合人民法院实际，建立干部素质培养、知事识人、选拔任用、从严管理、正向激励体系，健全发现培养选拔优秀年轻干部工作机制，健全激励干部担当作为工作机制。

5. 加强人民法院党风廉政建设。坚持全面从严治党，持之以恒正风肃纪，坚定不移推进反腐败斗争。统筹深化司法体制综合配套改革与党风廉政建设，健全与中国特色社会主义审判权力运行体系相适应的廉政风险防控体系，确保公正廉洁司法。完善内部巡视、司法巡查、审务督察制度，整合监督力量。加强关键岗位定期轮换交流。完善岗位职权利益回避制度，规范法官与当事人、律师、特殊关系人、中介组织的接触、交往行为。

(二) 健全人民法院服务和保障大局制度体系

6. 健全为打好三大攻坚战提供司法服务和保障机制。围绕坚决打好防范化解重大风险、精准脱贫、污染防治三大攻坚战，强化审判指导，完善工作机制，营造良好法治环境。完善金融审判领域风险监测预警机制，建立金融案件大数据资源库，健全金融风险防范信息共享机制。积极回应农业供给侧结构性改革、农村土地制度改革中的司法需求，服务脱贫攻坚和乡村振兴战略实施。适应特定区域、流域生态环境整体保护的现实需要，完善重大环境资源案件管辖制度，完善生态环境损害赔偿与环境公益诉讼之间的衔接机制。探索惩罚性赔偿制度在环境污染和生态破坏纠纷案件中的适用。

7. 健全为国家重大发展战略提供司法服务和保障机制。积极创新司法协同机制，为京津冀协同发展、雄安新区建设、长江经济带发展、粤港澳大湾区建设和自贸区建设等提供更有力的司法服务和保障。完善与港澳特区民商事司法协助体系，健全相互认可和执行民商事案件判决机制。支持海南全面深化改革开放，对海南建设自由贸易试验区、自由贸易港提供有力司法支持。

8. 健全打造国际化、法治化、便利化营商环境司法服务和保障机制。配合中央有关部门研究制定建设法治营商环境的实施规划。进一步优化与执行合同和办理破产相关的诉讼服务和程序保障，探索构建既符合我国国情、又接轨国际标准的法治营商环境评价指标体系，逐步在全国法院推广实施。

9. 健全"一带一路"国际商事争端解决机制。加强最高人民法院国际商事法庭建设。推动调解、仲裁机构积极参与最高人民法院国际商事法庭国际商事争端解决机制，完善调解、仲裁、诉讼相互衔接的"一站式"国际商事纠纷解决平台。完善最高人民法院国际商事专家委员会工作机制。完善外国法查明机制。推动建立域外送达网络平台。

10. 健全产权司法保护配套机制。健全以公平为核心原则的产权保护制度，研究完善产权司法保护政策，坚决防止将经济纠纷当作犯罪处理，坚决防止将民事责任变为刑事责任。推动建立产权保护协调工作机制。健全涉企业错案依法甄别纠正的常态化机制，进一步强化以案释法工作，及时公布有代表性的典型案例。

11. 健全知识产权司法保护机制。充分发挥司法保护知识产权的主导作用，更好服务创新驱动发展战略。完善符合知识产权案件特点的案件管辖、证据规则、审理方式等诉讼制度。完善知识产权侵权损害赔偿制度。强化对知识产权授权确权行政行为和行政执法行为合法性的全面审查和深度审查，切实推动知识产权授权确权标准、行政执法标准与司法标准相一致。

（三）健全以人民为中心的诉讼服务制度体系

12. 加强诉讼服务体系建设。加快推进诉讼服务中心现代化建设，努力提供普惠均等、便捷高效、智能精准的诉讼服务。健全线上"一网通办"、线下"一站服务"的集约化诉讼服务机制。引入社会第三方参与诉讼服务工作，提升诉讼服务社会化水平。普遍推行"分流、调解、速裁、快审"机制改革，健全相应信息系统，促进纠纷及时快速解决。加快推进跨域立案改革，推动诉讼事项跨区域远程办理、跨层级联动办理，解决好异地诉讼难等问题。完善当场立案、网上立案、自助立案、跨域立案服务相结合的便民立案机制，实现诉讼服务"就近能办、同城通办、异地可办"。推进智慧诉讼服务建设，研发智能辅助软件，为当事人提供诉讼风险评估、诉前调解建议、自助查询咨询、业务网上办理等服务，切实减轻人民群众诉累。

13. 深化多元化纠纷解决机制改革。创新发展新时代"枫桥经验"，完善"诉源治理"机制，坚持把非诉讼纠纷解决机制挺在前面，推动从源头上减少诉讼增量。完善调解、仲裁、行政裁决、行政复议、诉讼等有机衔接、相互协调的多元化纠纷解决体系，促进共建共治共享的社会治理格局建设。加大对行业专业调解工作的指导力度，完善多方参与的调解机制，健全完善律师调解机制，进一步发挥专业调解作用。对具备调解基础的案件，按照自愿、合法原则，完善先行调解、委派调解工作机制，引导鼓励当事人选择非诉方式解决纠纷。推动建立统一的在线矛盾纠纷多元化解平台，实现纠纷解决的在线咨询、在线评估、在线分流、在线调解、在线确认。推广线上线下相结合的司法确认模式，促进调解成果当场固定、矛盾纠纷就地化解。

14. 健全司法救助制度。进一步研究细化司法救助经费保障、救助范围、标准程序等规定，增强可操作性。

15. 深化涉诉信访机制改革。进一步完善诉访分离工作机制，健全涉诉信访终结移交机制。强化涉诉信访源头治理，维护群众合法权益。全面推进律师代理申诉制度。完善社会第三方参与化解机制，增强涉诉信访矛盾化解合力。提升涉诉信访信息化应用水平。完善执行申诉信访系统，与网上申诉平台、执行案件办理系统、全国法院涉诉信访系统互联互通，实现对执行申诉信访案件的常态化监管。加大对违法信访行为的制裁力度，促进依法理性表达诉求。

（四）健全开放、动态、透明、便民的阳光司法制度体系

16. 健全完善司法公开工作机制。贯彻主动、依法、全面、及时、实质公开原则，坚持"以公开为原则，以不公开为例外"，不断拓宽司法公开范围、健全公开形式、畅通公开渠道、加强平台建设、强化技术支撑。深入推进裁判文书、庭审活动、审判流程、执行工作、诉讼服务、司法改革、司法行政事务等方面信息公开的规范化、标准化、信息化建设。健全完善司法公开制度体系，准确划分向当事人公开和向社会公众公开的标准，研究出台相关业务指引、技术标准和操作规程，明确司法公开责任主体。加大司法公开"四大平台"建设整合力度，优化平台功能，更加突出移动互联网时代新特点，促进平台从单向披露转为多向互动，让诉讼活动更加透明、诉讼结果更可预期。

17. 深化审判流程信息公开。加强中国审判流程信息公开网建设，全面落实通过互联网公开审判流程信息的规定，完善相关业务规范和技术标准，推进网上办案数据自动采集，推动实现全国法院依托统一平台自动、同步向案件当事人和诉讼代理人公开审判流程信息。

18. 深化庭审活动公开。进一步健全庭审公开的范围、流程和保障机制。完善中国庭审公开网功能，扩大庭审公开范围，以有典型意义、社会关注度高的案件为重点，充分运用网络直播、视频录播、图文直播等形式，实现庭审公开常态化，主动接受社会监督，促进提升司法能力，深入开展法治教育。

19. 深化裁判文书公开。加大裁判文书全面公开力度，严格不上网核准机制，杜绝选择性上网问题。升级中国裁判文书网，提升上网裁判文书技术处理自动化智能化水平，着力提升用户体验。加强裁判文书数据资源研究利用，探索建立与政法机关、政府部门、高等院校、科技企业共享合作的长效工作机制，为规范诉讼活动、统一裁判尺度、繁荣理论研究、促进社会治理提供有力支持。

20. 深化执行信息公开。优化整合各类执行信息公开平台功能，拓展执行信息公开范围，推动实现执行案件流程信息、被执行人信息、失信被执行人名单信息、网络司法拍卖信息等在同一平台集中统一公开。加强与社会征信体系的对接，规范失信被执行人信息公开的方式和机制，推动完善"一处失信、处处受限"的信用惩戒格局。

（五）健全以司法责任制为核心的审判权力运行体系

21. 健全审判权力运行机制。全面贯彻"让审理者裁判，由裁判者负责"，强化独任庭、合议庭的法定审判组织地位，依法确定职责权限，确保权责一致。全面加强基层人民法院审判团队建设。理顺审判机构、审判组织、审判团队的关系，完善内部组织架构，优化审判资源配置。进一步健全"随机分案为主，指定分案为辅"的案件分配机制。根据审判领域类别和繁简分流安排，完善承办法官与合议庭审判长确定机制。

22. 健全院长、庭长办案常态化机制。坚持法官入额必须办案原则，合理确定院长、庭长办案工作量，推动减少其非审判事务负担。科学确定院长、庭长审理的案件类型，配套完善分案机制和审判辅助人员配备模式，确保院长、庭长通过审理案件，及时发现、解决审判监督管理、统一法律适用工作中存在的问题。完善对院长、庭长办案情况的考核监督机制，配套建立内部公示、定期通报机制，促进院长、庭长办案常态化。

23. 完善审判委员会制度。强化审判委员会总结审判经验、统一法律适用、研究讨论审判工作重大事项的宏观指导职能，健全审判委员会讨论决定重大、疑难、复杂案件法律适用问题机制。建立拟提交审判委员会讨论案件的审核、筛选机制。深化审判委员会事务公开，建立委员履职情况和讨论事项在办公内网公开机制。完善审判委员会讨论案件的决定及其理由依法在裁判文书中公开机制。规范审判委员会组成，完善资深法官出任审判委员会委员机制。规范列席审判委员会的人员范围和工作程序。

24. 完善审判监督管理机制。明确院长、庭长的权力清单和监督管理职责，健全履职指引和案件监管的全程留痕制度。完善对信访申诉、长期未结、二审改判、发回重审、指令再审、抗诉再审案件的审判监督机制。通过信息化办案平台自动识别、审判组织主动提交、院长和庭长履行职责发现、专门审判管理机构案件质量评查、人民法院主动接受当事人监督和社会监督等途径，推动建立全面覆盖、科学规范、符合规律的审判监督管理制度体系。

25. 加强审判流程标准化建设。编制涵盖刑事、民事、行政、国家赔偿等专业领域的审判流程标准。规范案件报结、归档标准，优化卷宗移送流程。推动将从立案到结案归档各个节点的工作要点、时限要求、流程标准、岗位指引和文书样式嵌入信息化办案平台，实现对已完成事项的全程留痕、待完成事项的提示催办、将到期事项的定时提醒、有瑕疵事项的实时预警、违规性事项的及时冻结等自动化、静默化辅助功能。

26. 完善统一法律适用机制。加强和规范司法解释工作，健全司法解释的调研、立项、起草、论证、审核、发布、清理和废止机制，完善归口管理和报备审查机制。完善指导性案例制度，健全案例报送、筛选、发布、评估和应用机制。建立高级人民法院审判指导文件和参考性案例的备案机制。健全主审法官会议与合议庭评议、赔偿委员会、审判委员会讨论案件的工作衔接机制。完善类案和新类型案件强制检索报告工作机制。

27. 强化司法履职保障机制。进一步健全审判执行人员履行法定职责保护机制、受到侵害救济保障机制和不实举报澄清机制，研究完善法院干警人身意外伤害保险等制度，强化履职保障设施建设，保障和维护法院干警人格尊严和合法权益，对坚持原则、秉公办案、严格执法的法院干警，坚决予以保护支持。研究制定科学合理、简便易行的审判绩效考核办法。进一步规范督查检查考核工作，清理取消不合理、不必要的考评指标，切实为基层减负、为干警减压。

28. 健全完善法官惩戒制度。设立最高人民法院法官惩戒委员会，推动在省一级全面设立法官惩戒委员会。研究制定法官惩戒工作相关规定，健全与纪检监察机关的工作衔接机制，完善保障当事法官陈述、举证、辩解、异议、复议和申诉权利的工作机制。

(六) 完善人民法院组织体系和机构职能体系

29. 优化四级法院职能定位。完善审级制度，充分发挥其诉讼分流、职能分层和资源配置的功能，强化上级人民法院对下监督指导、统一法律适用的职能。健全完善案件移送管辖和提级审理机制，推动将具有普遍法律适用指导意义、关乎社会公共利益的案件交由较高层级法院审理。推动完善民事、行政案件级别管辖制度。推动完善民事、行政再审申请程序和标准，构建规范公正透明的审判监督制度。

30. 深化最高人民法院巡回法庭制度改革。完善最高人民法院巡回法庭职能定位和工作机制，健全综合配套保障措施。

31. 规范专门法院建设。根据经济社会发展需要，研究完善专门法院的设立标准、职能定位和配套机制。加强知识产权法院建设，完善专利等案件审判机制。加强金融法院建设，完善金融审判体系，营造良好金融法治环境。加强海事法院建设，全面提升我国海事司法国际地位。

32. 深化互联网法院改革。进一步加强互联网法院建设，完善互联网法院案件管辖、审判制度。结合互联网法院业务特色和技术特点，改造优化电子诉讼平台，完善与国家机关、相关机构和主要电子商务平台的数据对接方式。

33. 深化与行政区划适当分离的司法管辖制度改革。科学界定人民法院跨行政区划管辖案件的范围和标准，推动形成有利于打破诉讼"主客场"现象的新型诉讼格局。配合人民法院组织体系改革，推动整合铁路运输法院、林区法院、农垦法院等机构，进一步优化司法资源配置。

34. 深化人民法院内设机构改革。统筹推进内设机构改革和审判执行组织建设。规范基层人民法院内设机构的数量、职责、名称和规格，优化工作流程，提高运行质效。根据政工党务、司法政务、经费管理、辅助事务等职能，综合设置相应机构。合理利用原有领导职数，妥善分流使用干部。中级以上人民法院结合审级职能、案件数量、人员编制等情况，优化内设机构设置，建立职能划分明确、运行高效顺畅的内设机构体系。完善人民法院综合业务机构职能定位。

35. 加强专业化审判机制建设。积极推进环境资源审判机制改革，完善环境资源审判规则。加强金融、清算与破产审判机制建设，加大审判队伍培训力度，全面提升专业化水平。强化家事审判机制建设，健全完善家事调解、心理疏导、回访帮扶等制度，研究完善家事诉讼程序。探索家事审判与未成年人审判统筹推进、协同发展。

36. 加强人民法庭建设。进一步优化城乡人民法庭布局，充分发挥人民法庭面向基层、面向群众和便利群众诉讼、便利法院审判的优势，依法促进基层社会治理。规范人民法庭领导职数设置，加强人民法庭人员配备，合理保障人民法庭正常履职所需经费。坚持和完善人民法庭巡回审判制度，不断提高巡回审判的效果和水平。

37. 推动部分事务集约化、社会化管理。配合内设机构改革，在人民法院内部推行文书送达、财产保全、执行查控、网络公告等事务集约化管理。充分利用市场化、社会化资源，探索实施网拍辅助、文书上网、案款发放等审判辅助事务和部分行政综合事务外包。健全完善人民法院购买社会化服务工作机制，确保公开竞标、质量评估、运营监督、保密协议、业务培训等各类行为合法合规、外包机制公平公开。

38. 加强人民法院政务标准化建设。加强会议组织、公文处理、机要收发、后勤保障等司法政务工作标准化建设，促进政务标准化与信息化应用融合，切实提升司法政务工作效率和水平，为审判执行工作提供更加优质的服务和保障。

39. 稳妥推进省以下地方法院编制、人事管理改革。推动完善省以下地方法院机构编制由省级机构编制部门管理为主，高级人民法院协同管理的体制。配合有关部门健全完善中级、基层人民法院领导干部管理体制。

40. 研究完善人民法院司法经费保障机制。研究完善财物管理机制，研究建立经费动态调整机制。

(七) 健全顺应时代进步和科技发展的诉讼制度体系

41. 推进民事诉讼制度改革。推动完善诉讼收费制度。进一步完善案件繁简分流机制，健全完善立体化、多元化、精细化的诉讼程序，推进案件繁简分流、轻重分离、快慢分道。优化司法确认程序适用。探索扩大小额诉讼程序适用范围。进一步简化简易程序，完善简易程序与普通程序的转换适用机制。探索推动扩大独任制适用范围。探索构建适应互联网时代需求的新型管辖规则、诉讼规则，推动审判方式、诉讼制度与互联网技术深度融合。深入总结司法实践经验，推动修改民事诉讼法。

42. 推进行政诉讼制度改革。围绕推进法治政府建设，改革完善行政审判工作机制，依法保护行政相对人合法权益，推动行政争议实质性化解，监督和支持行政机关依法行政。促进行政执法规范化、法治化，服务和保障"放管服"改革。规范行政案件管辖机制，完善案件管辖标准及类型，优化行政审判资源配置。

43. 推进刑事诉讼制度改革。深化以审判为中心的刑事诉讼制度改革，推进落实庭前会议制度、非法证据排除制度，完善法庭调查程序，落实证人、鉴定人、侦查人员出庭作证制度，落实和完善技术侦查证据的随案移送和法庭调查规则，确保庭审发挥实质性作用。规范认罪案件和不认罪案件的量刑程序。严格落实刑事缺席审判制度和被告人逃匿、死亡案件违法所得没收制度，细化相关操作性规定。推广应用刑事案件智能辅助办案系统，完善刑事案件不同诉讼阶段基本证据指引，配合中央有关部门将其嵌入跨部门大数据办案平台。进一步支持刑事案件律师辩护全覆盖试点，完善工作衔接机制，充分保障刑事辩护律师依法执业权利。探索建立死刑复核案件通知辩护制度，健全相关工作程序。完善刑罚执行制度，推动统一刑罚执行体制。推动完善"病残孕"罪犯的刑罚交付执行工作机制，解决判前未羁押罪犯交付执行难问题。完善刑事裁判涉财产部分执行案件移送执行机制和退出执行机制。全面推进涉案财物跨部门集中管理信息平台系统在全国法院上线运行，完善相关数据汇聚上传机制。规范刑事申诉案件立案审查标准，完善审查刑事申诉案件的程序和要求。

44. 健全完善民事、行政案件法律文书送达机制。在民事、行政诉讼和执行工作中，综合运用电子送达、委托送达、约定送达等方式，探索完善送达新模式，推动完善相关规定。搭建全国统一的电子送达平台，进一步扩大电子送达法律文书的范围。推动落实当事人送达地址确认书制度。推广集约化、分段化送达工作机制，积极探索利用社会化服务方式开展送达工作。

（八）健全切实解决执行难长效制度体系

45. 推动健全完善综合治理执行难工作大格局。持续健全完善"党委领导、政法委协调、人大监督、政府支持、法院主办、部门联动、社会参与"的综合治理执行难工作大格局。推动将执行工作作为社会治理创新和法治建设重要内容，强化目标责任考核。推动建立基层协助执行网络，充分发挥社会治安综合治理部门、基层组织和网格员作用。

46. 健全切实解决执行难的源头治理机制。推动制定强制执行法。强化生效法律文书的确定性、可执行性，建立生效法律文书执行内容不明确的处理机制。进一步完善执行转破产机制，大力推进信息化应用，完善执行与破产的信息交流和共享机制，推进"执转破"案件的快速审理，促进执行积案化解。研究推动建立个人破产制度及相关配套机制，着力解决针对个人的执行不能案件。推动完善公司法律制度，限制随意变更法定代表人和高级管理人员，强化公司账簿管理，健全公司交易全程留痕制度，防止随意抽逃公司资产。健全司法救助与社会救助的衔接配合机制。

47. 深化执行体制机制改革。深入推进审执分离体制改革，优化执行权配置。推行以法官为核心的执行团队办案模式，完善执行警务保障机制，细化执行程序中各类人员职责权限。强化统一管理、统一指挥、统一协调的执行工作机制。完善执行指挥中心运行机制。推进执行案件和执行事务的繁简分流、分权实施，打破"一人包案到底"的办案模式，切实提升执行工作的集约化、精细化、规范化水平。完善立案、审判与执行工作的协调运行机制。加大诉讼保全适用力度，完善保全和执行协调配合机制，鼓励财产保全保险担保，完善保全申请与执行网络查控有序衔接工作机制，以保全促调解、促和解、促执行。

48. 加强执行信息化建设。积极应用各种新型技术手段，坚持边开发、边运用、边完善，优化升级各类执行信息化系统平台，进一步完善执行指挥系统、流程节点管理系统、网络查控系统、信用惩戒系统、款物管理系统、终结本次执行案件单独动态管理系统、执行信访办理系统。深化以网络司法拍卖为中心的资产定价和处置模式改革，完善网络评估拍卖系统，建立在线询价评估系统。完善四级法院一体化的执行案件办案平台，强化节点管控，实现案件管理的信息化、智能化。建设符合执行实施工作特点的移动办案平台，切实提升工作效率和管理水平。推进智能辅助和大数据分析技术的应用，减轻执行人员工作负担。

49. 加强执行规范化、标准化建设。建立完善以操作规程为核心的执行行为规范体系，完善各类程序节点、执行行为的规范化、标准化流程。完善协同执行、委托执行机制，规范指定执行、提级执行、异地交叉执行的提起和审批程序。严格规范无财产可供执行案件的结案、恢复和退出程序，全面推行终结本次执行案件集中、动态管理。

50. 进一步加大强制执行力度。不断扩大网络查控范围，强化冻结、扣划功能，推动实现网络查控系统对各类财产的全覆盖。进一步完善被执行人财产报告制度，加大对拒绝报告、虚假报告或者无正当理由逾期报告财产被执行人的惩戒力度。健全委托审计、委托调查、悬赏举报等工作机制，加强对被执行人或者协助执行人重大资产处置和重要事项变更等事项的监督。密切与有关方面协作，全面推进信息共享，完善失信被执行人信用监督、警示和惩戒体系，推动形成多部门、多行业、多领域、多手段联合信用惩戒工作新常态。依法充分适用罚款、拘留、限制出境等强制执行措施，加大对抗拒执行、阻碍执行、暴力抗法行为的惩治力度。完善反规避执行工作机制，依法严厉打击拒不执行判决、裁定的犯罪行为。

（九）健全人民法院人员分类管理和职业保障制度体系

51. 完善编制动态调整机制。健全完善政法专项编制的统筹管理、动态调整机制，推动由省级机构编制部门会同高级人民法院将政法专项编制向人案矛盾突出地区和基层人民法院倾斜。调整优化各省（自治区、直辖市）人民法院现有政法专项编制的布局结构。

52. 完善法院人员分类管理制度。健全法官员额管理制度，完善法官交流和退出机制，明确退出的情形、程序、相应后果及救济办法等，实现员额进出常态化、制度化。完善人民法院综合业务部门人员交流机制和人才培养机制。完善审判辅助人员培训考核、培养选拔等机制，建设专业化审判辅助人员队伍。根据人民法院职能特点，结合公务员职务与职级并行制度，建立健全内部岗位交流机制，拓宽审判辅助人员、司法行政人员的职业发展通道。

53. 完善法官选任机制。配合有关部门统一规范法官遴选委员会的设置、职能。推动强化法官遴选委员会的专业把关职能，适当增加法律专业人士比重，规范遴选标准、程序，推动建立常态性和机动性相结合的遴选机制，确保空缺员额及时增补。完善从符合条件的法官助理中遴选法官的选任标准和工作机制，配套健全分别适应地方法院、专门法院职能特点的初任法官培养机制。健全法官逐级遴选制度配套措施。进一步完善从律师、专家学者和其他法律工作者中公开选拔法官的工作机制。

54. 完善法官单独职务序列配套举措。研究制定法官单独职务序列规定、法官等级比例设置办法和法官等级升降办法，推动形成法官等级按期晋升和择优选升的常态化机制，落实向基层人民法院倾斜的政策导向。健全完善从符合条件的法官中选拔产生人民法院领导干部的工作机制。协调相关部门明确与法官单独职务序列对应的配套生活待遇保障制度。

55. 健全法院人员待遇保障机制。全面落实法院人员工资制度改革，健全与法官工作实绩紧密联系的薪酬分配机制。推动落实法官基本工资标准正常调整机制，其他公务员调整基本工资标准时相应调整法官基本工资标准。完善审判辅助人员和司法行政人员职业保障政策。

56. 健全审判辅助人员配备机制。完善不同层级法院审判辅助人员的配备模式和标准。在坚持规范招录、严格把关的同时，探索适合市、县两级法院招录法官助理的有效措施，把党中央对艰苦边远地区公务员招考的倾斜政策落到实处。探索建立下级人民法院法官到上级人民法院交流担任短期法官助理工作机制。健全完善聘用制书记员的招录、管理机制。进一步加强司法技术专业队伍建设。建立健全法学院校学生到人民法院实习的常态化机制。

57. 推动司法警察管理体制改革。进一步落实编队管理要求，建立符合司法警务工作特点的管理体制。推动完善司法警察相关法律制度。推进司法警察执法勤务警员职务序列改革，进一步推动建立司法警察便捷招录机制、警务督察制度。健全完善警务辅助人员管理机制。积极推进司法警务信息化建设。

58. 完善法院人员教育培训机制。完善人民法院各类人员教育培训体系，着力提高法律政策运用能力、防控风险能力、群众工作能力、科技应用能力、舆论引导能力，建立覆盖职业生涯的终身学习制度。完善法官定期培训机制，确保每名法官每年至少参加一次脱产业务培训、每年参加业务培训不少于10天。完善法官教育培训师资库建设。坚持网络视频培训常态化、开放性，推进"云课堂"建设，建好在线精品课程库，完善相关配套措施。健全完善少数民族地区双语法官培训机制。完善人民法院与法学院校、科研机构双向交流制度。

59. 完善人民陪审员管理配套制度。贯彻落实人民陪审员法，细化人民陪审员参审案件范围、庭审程序、评议规则等问题。完善人民陪审员选任、培训、考核、奖惩管理办法。健全制度规定，推动完善人民陪审员履职经费保障体制。

60. 完善全国法院组织人事系统。建立统一、高效、标准的信息化管理平台，支持与人民法院各业务平台的数据共享互用，实现人事、案件、政务信息共享，推动全国法院人事管理系统化、专业化。

（十）建设现代化智慧法院应用体系

61. 深入推进智慧法院基础设施建设。构建以云计算为支撑的全要素一体化信息基础设施。提升全国法院信息基础设施配置水平、法院专网性能和网络安全防御能力。优化整合各类办公办案平台，避免重复建设、闲置浪费。推动建立跨部门大数据办案平台，实现办案系统互联互通、数据自动推送、资源共享共用。建立人民法院关键信息基础设施安全保护制度，同步规划、同步建设、同步使用分层级的安全防护体系。

62. 推动科技创新手段深度运用。全面提升语音识别技术在庭审语音同步转录中的应用效能，建成全国法院智能语音云平台，实现全国法院语音识别的模型共享和统一管理。加强远程视频庭审、提讯和数字化出庭等软件和基础设施建设，减少办案在途时间。加强智能辅助办案系统建设，完善类案推送、结果比对、数据分析、瑕疵提示等功能。进一步完善道路交通事故等纠纷网上数据一体化处理机制。

63. 有序扩大电子诉讼覆盖范围。充分利用我国移动互联网普及应用的先发优势，进一步提升电子诉讼在全国法院的覆盖范围、适用比例和应用水平。

逐步实现在线立案、在线缴费、电子送达三类应用覆盖全国法院，打造世界领先的移动诉讼服务体系。

64. 完善电子卷宗生成和归档机制。健全电子卷宗随案同步生成技术保障和运行管理机制，实现电子卷宗随案同步上传办案系统、电子卷宗自动编目、原审卷宗远程调阅、诉讼文书辅助生成和类案智能推送应用覆盖全国法院。逐步推动实行电子档案为主、纸质档案为辅的案件归档方式。建立全国统一的电子档案管理系统。

65. 完善司法大数据管理和应用机制。丰富扩展司法数据资源，深入开展司法大数据研究，不断提升数据汇聚、分析、应用水平。加强大数据在司法管理、廉洁司法中的应用。围绕经济社会发展大局，探索构建司法社会治理指数，深刻揭示审判执行活动与经济社会发展的内在关联，为科学决策提供参考。

三、组织实施

全面深化司法体制综合配套改革，必须加强组织领导、强化主体责任、科学周密部署、做好舆论引导和思想工作，推动各项改革举措全面落实到位。各级人民法院要把讲政治的要求转化为推进改革的实际行动，提高政治站位，强化政治担当，把坚决执行党中央改革部署作为与以习近平同志为核心的党中央保持高度一致的试金石，把推进改革是否坚实有力作为检验"四个意识"强不强的重要标准，以钉钉子精神抓好抓细改革措施的落地见效，确保改革蹄疾步稳、久久为功，努力让人民群众在每一个司法案件中感受到公平正义。

——加强组织领导。最高人民法院司法改革领导小组负责对本纲要任务的统筹协调、推进实施、督促落实、总结评估，通过建立台账、挂账管理、跟踪督办、督察问责，确保有重点、有步骤、有秩序地推进改革任务落实。各高级人民法院、解放军军事法院、新疆维吾尔自治区高级人民法院生产建设兵团分院要健全司法改革领导小组及其工作机构，发挥好统筹协调、组织实施、督察指导作用。拟就重大改革项目开展试点的，试点方案须报最高人民法院审批同意，中央部署的重大改革试点方案须经最高人民法院报中央审批同意方可实施。各级人民法院要健全完善司法改革重大问题、重大事项报批备案和请示报告制度，及时总结改革经验、报告工作进展、反映问题困难。

——强化主体责任。要把提高方案质量、按时完成任务、抓好工作落实作为重中之重，加强改革任务分解，逐项明确改革的时间表、路线图、责任人、任务书，确保每项任务有人盯、有人抓。要加强对改革落实情况的督察问效，推动改革督察扩点拓面、究根探底。要拓宽政策解读渠道，通过印发问题口径、编写政策读本、组织专题培训，讲明说清改革政策，引导法院干警理解改革、支持改革、投身改革。

——科学周密部署。要充分把握立足当前与谋划长远的关系，在逻辑上注重有序衔接，在成效上注重巩固提升，在配套上注重系统集成，既推动各项改革举措紧密相嵌，又努力做到改革效果压茬拓展，最大程度凸显改革的制度效应和整体效果。要按照"老试点带新试点""好典型做好教员"的路径，梳理先做先行者的经验方法，发挥善作善成者的示范效应，定期编印司法改革案例，积极推广基层创新举措，推动改革举措持续发展。

——加强舆论引导。要坚持改革方案与宣传舆论工作方案同步制定，改革实施和宣传舆论引导同步推进。要主动适应互联网时代的传播规律，深入宣传人民法院深化司法体制综合配套改革的好经验好成效，通过优化宣传平台、创新宣传方式，讲好人民法院司法改革故事，让人民群众有更多的获得感。

附件二 最高人民法院司法责任制改革文件

关于完善人民法院司法责任制的若干意见

(2015年9月21日,法发〔2015〕13号)

为贯彻中央关于深化司法体制改革的总体部署,优化审判资源配置,明确审判组织权限,完善人民法院的司法责任制,建立健全符合司法规律的审判权力运行机制,增强法官审理案件的亲历性,确保法官依法独立公正履行审判职责,根据有关法律和人民法院工作实际,制定本意见。

一、目标原则

1. 完善人民法院的司法责任制,必须以严格的审判责任制为核心,以科学的审判权力运行机制为前提,以明晰的审判组织权限和审判人员职责为基础,以有效的审判管理和监督制度为保障,让审理者裁判、由裁判者负责,确保人民法院依法独立公正行使审判权。

2. 推进审判责任制改革,人民法院应当坚持以下基本原则:

(1)坚持党的领导,坚持走中国特色社会主义法治道路;

(2)依照宪法和法律独立行使审判权;

(3)遵循司法权运行规律,体现审判权的判断权和裁决权属性,突出法官办案主体地位;

(4)以审判权为核心,以审判监督权和审判管理权为保障;

(5)权责明晰、权责统一、监督有序、制约有效;

(6)主观过错与客观行为相结合,责任与保障相结合。

3. 法官依法履行审判职责受法律保护。法官有权对案件事实认定和法律适用独立发表意见。非因法定事由，非经法定程序，法官依法履职行为不受追究。

二、改革审判权力运行机制

（一）独任制与合议庭运行机制

4. 基层、中级人民法院可以组建由一名法官与法官助理、书记员以及其他必要的辅助人员组成的审判团队，依法独任审理适用简易程序的案件和法律规定的其他案件。

人民法院可以按照受理案件的类别，通过随机产生的方式，组建由法官或者法官与人民陪审员组成的合议庭，审理适用普通程序和依法由合议庭审理的简易程序的案件。案件数量较多的基层人民法院，可以组建相对固定的审判团队，实行扁平化的管理模式。

人民法院应当结合职能定位和审级情况，为法官合理配置一定数量的法官助理、书记员和其他审判辅助人员。

5. 在加强审判专业化建设基础上，实行随机分案为主、指定分案为辅的案件分配制度。按照审判领域类别，随机确定案件的承办法官。因特殊情况需要对随机分案结果进行调整的，应当将调整理由及结果在法院工作平台上公示。

6. 独任法官审理案件形成的裁判文书，由独任法官直接签署。合议庭审理案件形成的裁判文书，由承办法官、合议庭其他成员、审判长依次签署；审判长作为承办法官的，由审判长最后签署。审判组织的法官依次签署完毕后，裁判文书即可印发。除审判委员会讨论决定的案件以外，院长、副院长、庭长对其未直接参加审理案件的裁判文书不再进行审核签发。

合议庭评议和表决规则，适用《人民法院组织法》、诉讼法以及《最高人民法院关于人民法院合议庭工作的若干规定》《最高人民法院关于进一步加强合议庭职责的若干规定》。

7. 进入法官员额的院长、副院长、审判委员会专职委员、庭长、副庭长应当办理案件。院长、副院长、审判委员会专职委员每年办案数量应当参照全院法官人均办案数量，根据其承担的审判管理监督事务和行政事务工作量合理确定。庭长每年办案数量参照本庭法官人均办案数量确定。对于重大、疑难、复杂的案件，可以直接由院长、副院长、审判委员会委员组成合议庭进行审理。

按照审判权与行政管理权相分离的原则，试点法院可以探索实行人事、经费、政务等行政事务集中管理制度，必要时可以指定一名副院长专门协助院长管理行政事务。

8. 人民法院可以分别建立由民事、刑事、行政等审判领域法官组成的专业法官会议，为合议庭正确理解和适用法律提供咨询意见。合议庭认为所审理的案件因重大、疑难、复杂而存在法律适用标准不统一的，可以将法律适用问题提交专业法官会议研究讨论。专业法官会议的讨论意见供合议庭复议时参考，采纳与否由合议庭决定，讨论记录应当入卷备查。

建立审判业务法律研讨机制，通过类案参考、案例评析等方式统一裁判尺度。

（二）审判委员会运行机制

9. 明确审判委员会统一本院裁判标准的职能，依法合理确定审判委员会讨论案件的范围。审判委员会只讨论涉及国家外交、安全和社会稳定的重大复杂案件，以及重大、疑难、复杂案件的法律适用问题。强化审判委员会总结审判经验、讨论决定审判工作重大事项的宏观指导职能。

10. 合议庭认为案件需要提交审判委员会讨论决定的，应当提出并列明需要审判委员会讨论决定的法律适用问题，并归纳不同的意见和理由。

合议庭提交审判委员会讨论案件的条件和程序，适用《人民法院组织法》、诉讼法以及《最高人民法院关于人民法院合议庭工作的若干规定》《最高人民法院关于改革和完善人民法院审判委员会制度的实施意见》。

11. 案件需要提交审判委员会讨论决定的，审判委员会委员应当事先审阅合议庭提请讨论的材料，了解合议庭对法律适用问题的不同意见和理由，根据需要调阅庭审音频视频或者查阅案卷。

审判委员会委员讨论案件时应当充分发表意见，按照法官等级由低到高确定表决顺序，主持人最后表决。审判委员会评议实行全程留痕，录音、录像，作出会议记录。审判委员会的决定，合议庭应当执行。所有参加讨论和表决的委员应当在审判委员会会议记录上签名。

建立审判委员会委员履职考评和内部公示机制。建立审判委员会决议事项的督办、回复和公示制度。

（三）审判管理和监督

12. 建立符合司法规律的案件质量评估体系和评价机制。审判管理和审判监督机构应当定期分析审判质量运行态势,通过常规抽查、重点评查、专项评查等方式对案件质量进行专业评价。

13. 各级人民法院应当成立法官考评委员会,建立法官业绩评价体系和业绩档案。业绩档案应当以法官个人日常履职情况、办案数量、审判质量、司法技能、廉洁自律、外部评价等为主要内容。法官业绩评价应当作为法官任职、评先评优和晋职晋级的重要依据。

14. 各级人民法院应当依托信息技术,构建开放动态透明便民的阳光司法机制,建立健全审判流程公开、裁判文书公开和执行信息公开三大平台,广泛接受社会监督。探索建立法院以外的第三方评价机制,强化对审判权力运行机制的法律监督、社会监督和舆论监督。

三、明确司法人员职责和权限

(一) 独任庭和合议庭司法人员职责

15. 法官独任审理案件时,应当履行以下审判职责:

(1) 主持或者指导法官助理做好庭前会议、庭前调解、证据交换等庭前准备工作及其他审判辅助工作;

(2) 主持案件开庭、调解,依法作出裁判,制作裁判文书或者指导法官助理起草裁判文书,并直接签发裁判文书;

(3) 依法决定案件审理中的程序性事项;

(4) 依法行使其他审判权力。

16. 合议庭审理案件时,承办法官应当履行以下审判职责:

(1) 主持或者指导法官助理做好庭前会议、庭前调解、证据交换等庭前准备工作及其他审判辅助工作;

(2) 就当事人提出的管辖权异议及保全、司法鉴定、非法证据排除申请等提请合议庭评议;

(3) 对当事人提交的证据进行全面审核,提出审查意见;

(4) 拟定庭审提纲,制作阅卷笔录;

(5) 自己担任审判长时,主持、指挥庭审活动;不担任审判长时,协助审判长开展庭审活动;

(6) 参与案件评议,并先行提出处理意见;

（7）根据合议庭评议意见制作裁判文书或者指导法官助理起草裁判文书；
（8）依法行使其他审判权力。

17. 合议庭审理案件时，合议庭其他法官应当认真履行审判职责，共同参与阅卷、庭审、评议等审判活动，独立发表意见，复核并在裁判文书上签名。

18. 合议庭审理案件时，审判长除承担由合议庭成员共同承担的审判职责外，还应当履行以下审判职责：

（1）确定案件审理方案、庭审提纲、协调合议庭成员庭审分工以及指导做好其他必要的庭审准备工作；
（2）主持、指挥庭审活动；
（3）主持合议庭评议；
（4）依照有关规定和程序将合议庭处理意见分歧较大的案件提交专业法官会议讨论，或者按程序建议将案件提交审判委员会讨论决定；
（5）依法行使其他审判权力。

审判长自己承办案件时，应当同时履行承办法官的职责。

19. 法官助理在法官的指导下履行以下职责：
（1）审查诉讼材料，协助法官组织庭前证据交换；
（2）协助法官组织庭前调解，草拟调解文书；
（3）受法官委托或者协助法官依法办理财产保全和证据保全措施等；
（4）受法官指派，办理委托鉴定、评估等工作；
（5）根据法官的要求，准备与案件审理相关的参考资料，研究案件涉及的相关法律问题；
（6）在法官的指导下草拟裁判文书；
（7）完成法官交办的其他审判辅助性工作。

20. 书记员在法官的指导下，按照有关规定履行以下职责：
（1）负责庭前准备的事务性工作；
（2）检查开庭时诉讼参与人的出庭情况，宣布法庭纪律；
（3）负责案件审理中的记录工作；
（4）整理、装订、归档案卷材料；
（5）完成法官交办的其他事务性工作。

（二）院长庭长管理监督职责

21. 院长除依照法律规定履行相关审判职责外，还应当从宏观上指导法院各项审判工作，组织研究相关重大问题和制定相关管理制度，综合负责审判管理工作，主持审判委员会讨论审判工作中的重大事项，依法主持法官考评委员会对法官进行评鉴，以及履行其他必要的审判管理和监督职责。

副院长、审判委员会专职委员受院长委托，可以依照前款规定履行部分审判管理和监督职责。

22. 庭长除依照法律规定履行相关审判职责外，还应当从宏观上指导本庭审判工作，研究制定各合议庭和审判团队之间、内部成员之间的职责分工，负责随机分案后因特殊情况需要调整分案的事宜，定期对本庭审判质量情况进行监督，以及履行其他必要的审判管理和监督职责。

23. 院长、副院长、庭长的审判管理和监督活动应当严格控制在职责和权限的范围内，并在工作平台上公开进行。院长、副院长、庭长除参加审判委员会、专业法官会议外不得对其没有参加审理的案件发表倾向性意见。

24. 对于有下列情形之一的案件，院长、副院长、庭长有权要求独任法官或者合议庭报告案件进展和评议结果：

（1）涉及群体性纠纷，可能影响社会稳定的；

（2）疑难、复杂且在社会上有重大影响的；

（3）与本院或者上级法院的类案判决可能发生冲突的；

（4）有关单位或者个人反映法官有违法审判行为的。

院长、副院长、庭长对上述案件的审理过程或者评议结果有异议的，不得直接改变合议庭的意见，但可以决定将案件提交专业法官会议、审判委员会进行讨论。院长、副院长、庭长针对上述案件监督建议的时间、内容、处理结果等应当在案卷和办公平台上全程留痕。

四、审判责任的认定和追究

（一）审判责任范围

25. 法官应当对其履行审判职责的行为承担责任，在职责范围内对办案质量终身负责。

法官在审判工作中，故意违反法律法规的，或者因重大过失导致裁判错误并造成严重后果的，依法应当承担违法审判责任。

法官有违反职业道德准则和纪律规定，接受案件当事人及相关人员的请客送礼、与律师进行不正当交往等违纪违法行为，依照法律及有关纪律规定另行处理。

26. 有下列情形之一的，应当依纪依法追究相关人员的违法审判责任：

（1）审理案件时有贪污受贿、徇私舞弊、枉法裁判行为的；

（2）违反规定私自办案或者制造虚假案件的；

（3）涂改、隐匿、伪造、偷换和故意损毁证据材料的，或者因重大过失丢失、损毁证据材料并造成严重后果的；

（4）向合议庭、审判委员会汇报案情时隐瞒主要证据、重要情节和故意提供虚假材料的，或者因重大过失遗漏主要证据、重要情节导致裁判错误并造成严重后果的；

（5）制作诉讼文书时，故意违背合议庭评议结果、审判委员会决定的，或者因重大过失导致裁判文书主文错误并造成严重后果的；

（6）违反法律规定，对不符合减刑、假释条件的罪犯裁定减刑、假释的，或者因重大过失对不符合减刑、假释条件的罪犯裁定减刑、假释并造成严重后果的；

（7）其他故意违背法定程序、证据规则和法律明确规定违法审判的，或者因重大过失导致裁判结果错误并造成严重后果的。

27. 负有监督管理职责的人员等因故意或者重大过失，怠于行使或者不当行使审判监督权和审判管理权导致裁判错误并造成严重后果的，依照有关规定应当承担监督管理责任。追究其监督管理责任的，依照干部管理有关规定和程序办理。

28. 因下列情形之一，导致案件按照审判监督程序提起再审后被改判的，不得作为错案进行责任追究：

（1）对法律、法规、规章、司法解释具体条文的理解和认识不一致，在专业认知范围内能够予以合理说明的；

（2）对案件基本事实的判断存在争议或者疑问，根据证据规则能够予以合理说明的；

（3）当事人放弃或者部分放弃权利主张的；

（4）因当事人过错或者客观原因致使案件事实认定发生变化的；

（5）因出现新证据而改变裁判的；

（6）法律修订或者政策调整的；

（7）裁判所依据的其他法律文书被撤销或者变更的；
（8）其他依法履行审判职责不应当承担责任的情形。

（二）审判责任承担

29. 独任制审理的案件，由独任法官对案件的事实认定和法律适用承担全部责任。

30. 合议庭审理的案件，合议庭成员对案件的事实认定和法律适用共同承担责任。

进行违法审判责任追究时，根据合议庭成员是否存在违法审判行为、情节、合议庭成员发表意见的情况和过错程度合理确定各自责任。

31. 审判委员会讨论案件时，合议庭对其汇报的事实负责，审判委员会委员对其本人发表的意见及最终表决负责。

案件经审判委员会讨论的，构成违法审判责任追究情形时，根据审判委员会委员是否故意曲解法律发表意见的情况，合理确定委员责任。审判委员会改变合议庭意见导致裁判错误的，由持多数意见的委员共同承担责任，合议庭不承担责任。审判委员会维持合议庭意见导致裁判错误的，由合议庭和持多数意见的委员共同承担责任。

合议庭汇报案件时，故意隐瞒主要证据或者重要情节，或者故意提供虚假情况，导致审判委员会作出错误决定的，由合议庭成员承担责任，审判委员会委员根据具体情况承担部分责任或者不承担责任。

审判委员会讨论案件违反民主集中制原则，导致审判委员会决定错误的，主持人应当承担主要责任。

32. 审判辅助人员根据职责权限和分工承担与其职责相对应的责任。法官负有审核把关职责的，法官也应当承担相应责任。

33. 法官受领导干部干预导致裁判错误的，且法官不记录或者不如实记录，应当排除干预而没有排除的，承担违法审判责任。

（三）违法审判责任追究程序

34. 需要追究违法审判责任的，一般由院长、审判监督部门或者审判管理部门提出初步意见，由院长委托审判监督部门审查或者提请审判委员会进行讨论，经审查初步认定有关人员具有本意见所列违法审判责任追究情形的，人民法院监察部门应当启动违法审判责任追究程序。

各级人民法院应当依法自觉接受人大、政协、媒体和社会监督，依法受理对法官违法审判行为的举报、投诉，并认真进行调查核实。

35. 人民法院监察部门应当对法官是否存在违法审判行为进行调查，并采取必要、合理的保护措施。在调查过程中，当事法官享有知情、辩解和举证的权利，监察部门应当对当事法官的意见、辩解和举证如实记录，并在调查报告中对是否采纳作出说明。

36. 人民法院监察部门经调查后，认为应当追究法官违法审判责任的，应当报请院长决定，并报送省（区、市）法官惩戒委员会审议。

高级人民法院监察部门应当派员向法官惩戒委员会通报当事法官的违法审判事实及拟处理建议、依据，并就其违法审判行为和主观过错进行举证。当事法官有权进行陈述、举证、辩解、申请复议和申诉。

法官惩戒委员会根据查明的事实和法律规定作出无责、免责或者给予惩戒处分的建议。

法官惩戒委员会工作章程和惩戒程序另行制定。

37. 对应当追究违法审判责任的相关责任人，根据其应负责任依照《中华人民共和国法官法》等有关规定处理：

（1）应当给予停职、延期晋升、退出法官员额或者免职、责令辞职、辞退等处理的，由组织人事部门按照干部管理权限和程序依法办理；

（2）应当给予纪律处分的，由纪检监察部门依照有关规定和程序依法办理；

（3）涉嫌犯罪的，由纪检监察部门将违法线索移送有关司法机关依法处理。

免除法官职务，必须按法定程序由人民代表大会罢免或者提请人大常委会作出决定。

五、加强法官的履职保障

38. 在案件审理的各个阶段，除非确有证据证明法官存在贪污受贿、徇私舞弊、枉法裁判等严重违法审判行为外，法官依法履职的行为不得暂停或者终止。

39. 法官依法审判不受行政机关、社会团体和个人的干涉。任何组织和个人违法干预司法活动、过问和插手具体案件处理的，应当依照规定予以记录、通报和追究责任。

领导干部干预司法活动、插手具体案件和司法机关内部人员过问案件的，分别按照《领导干部干预司法活动、插手具体案件处理的记录、通报和责任追究规定》和《司法机关内部人员过问案件的记录和责任追究规定》及其实施办法处理。

40. 法官因依法履职遭受不实举报、诬告陷害，致使名誉受到损害的，或者经法官惩戒委员会等组织认定不应追究法律和纪律责任的，人民法院监察部门、新闻宣传部门应当在适当范围以适当形式及时澄清事实，消除不良影响，维护法官良好声誉。

41. 人民法院或者相关部门对法官作出错误处理的，应当赔礼道歉、恢复职务和名誉、消除影响，对造成经济损失的依法给予赔偿。

42. 法官因接受调查暂缓等级晋升的，后经有关部门认定不构成违法审判责任，或者法官惩戒委员会作出无责或者免责建议的，其等级晋升时间从暂缓之日起连续计算。

43. 依法及时惩治当庭损毁证据材料、庭审记录、法律文书和法庭设施等妨碍诉讼活动或者严重藐视法庭权威的行为。依法保护法官及其近亲属的人身和财产安全，依法及时惩治在法庭内外恐吓、威胁、侮辱、跟踪、骚扰、伤害法官及其近亲属等违法犯罪行为。

侵犯法官人格尊严，或者泄露依法不能公开的法官及其亲属隐私，干扰法官依法履职的，依法追究有关人员责任。

44. 加大对妨碍法官依法行使审判权、诬告陷害法官、藐视法庭权威、严重扰乱审判秩序等违法犯罪行为的惩罚力度，研究完善配套制度，推动相关法律的修改完善。

六、附则

45. 本意见所称法官是指经法官遴选委员会遴选后进入法官员额的法官。

46. 本意见关于审判责任的认定和追究适用于人民法院的法官、副庭长、庭长、审判委员会专职委员、副院长和院长。执行员、法官助理、书记员、司法警察等审判辅助人员的责任认定和追究参照执行。

技术调查官等其他审判辅助人员的职责另行规定。

人民陪审员制度改革试点地区法院人民陪审案件中的审判责任根据《人民

陪审员制度改革试点方案》另行规定。

47. 本意见由最高人民法院负责解释。

48. 本意见适用于中央确定的司法体制改革试点法院和最高人民法院确定的审判权力运行机制改革试点法院。

关于进一步全面落实司法责任制的实施意见

(2018年12月4日,法发〔2018〕23号)

为深入学习贯彻习近平新时代中国特色社会主义思想,全面贯彻党的十九大和十九届二中、三中全会精神,严格执行新修订的《人民法院组织法》,确保司法责任制改革落地见效,切实解决当前部分地方改革落实不到位、配套不完善、推进不系统等突出问题,促进司法效能和司法公信力整体提升,结合人民法院工作实际,对进一步全面落实司法责任制提出如下实施意见。

一、坚定不移推进司法责任制改革

1. 深刻认识全面落实司法责任制的重大意义。全面落实司法责任制是党的十九大部署的重大改革任务,是人民法院贯彻落实习近平新时代中国特色社会主义思想,深化司法体制综合配套改革,推进审判体系和审判能力现代化的重要措施,对于确保人民法院依法独立公正行使审判权,充分发挥审判职能作用,为统筹推进"五位一体"总体布局和协调推进"四个全面"战略布局提供有力司法服务和保障,具有重要意义。各级人民法院要始终坚持以习近平新时代中国特色社会主义思想武装头脑、指导实践、推动工作,牢固树立"四个意识",坚定"四个自信",始终做到"两个维护",坚决做到维护核心、绝对忠诚、听党指挥、勇于担当,始终在思想上政治上行动上同以习近平同志为核心的党中央保持高度一致,坚定不移深化司法体制改革,全面落实司法责任制,确保以习近平同志为核心的党中央关于司法体制改革的各项决策部署在人民法院不折不扣落实到位。

2. 牢牢把握全面落实司法责任制的目标导向和问题导向。全面落实司法责任制应当坚持目标导向和问题导向相统一,严格遵照法律规定、遵循司法规律,坚持司法为民、公正司法,坚持"让审理者裁判,由裁判者负责"。要着力破解司法责任制改革中存在的职能分工不明、审判责任不实、监督管理不力、裁判尺度不一、保障激励不足、配套机制不完善等突出问题,健全完善权责明晰、权责统一、监管有力、运转有序的审判权力运行体系，不断提升司法责任制改革的系统性、整体性、协同性，确保改革落到实处、见到实效。

二、完善新型审判权力运行机制，切实落实"让审理者裁判"的要求

3. 坚持一岗双责、权责一致。加强法院基层党组织建设，以提升组织力、强化政治功能为重点，深入推进人民法院基层党组织组织力提升工程，调整优化基层党组织设置，加强党支部标准化规范化建设，切实把基层党组织建设成为推进人民法院改革发展的坚强战斗堡垒。坚持抓党建带队建促审判，切实加强审判执行机构、审判执行团队的政治建设和业务建设，健全完善审判执行团队的党团组织，提升团队组织力和战斗力。各级人民法院领导干部要在严格落实主体责任上率先垂范，充分尊重独任法官、合议庭法定审判组织地位，除审判委员会讨论决定的案件外，院长、副院长、庭长不再审核签发未直接参加审理案件的裁判文书，不得以口头指示等方式变相审批案件，不得违反规定要求法官汇报案件。严格落实《人民法院落实〈领导干部干预司法活动、插手具体案件处理的记录、通报和责任追究规定〉的实施办法》《人民法院落实〈司法机关内部人员过问案件的记录和责任追究规定〉的实施办法》，法官应当将过问、干预案件情况在网上办案系统如实记录，并层报上级人民法院。

4. 加强基层人民法院审判团队建设。基层人民法院应当根据案件数量、案件类型、难易程度和人员结构等因素，适应独任制、合议制的不同需要，统筹考虑繁简分流和审判专业化分工，因地制宜地灵活组建审判团队。审判团队中法官与审判辅助人员实行双向选择与组织调配相结合，完善团队内部分工，强化审判团队作为办案单元和自我管理单元的功能，切实增强团队合力。统筹内设机构改革与审判团队建设，人员编制较少的基层人民法院可以设置综合审判庭或者不设审判庭，实行"院—综合审判庭"或者"院—审判团队"管理模式；人员编制较多的基层人民法院一般实行"院—审判庭—审判团队"的管理模式。

5. 明确司法人员岗位职责。各级人民法院应当根据法律规定和司法责任制要求，结合法院审级、案件类型、案件数量等实际情况，细化法官、法官助理、书记员等各岗位职责清单和履职指引，并嵌入办案平台。

6. 完善案件分配机制。各级人民法院应当健全随机分案为主、指定分案为辅的案件分配机制。根据审判领域类别和繁简分流安排，随机确定案件承办法官。系列性、群体性或者关联性案件原则上由同一审判组织办理。已组建专业化合议庭、专业审判团队或者速裁审判团队的，可以在合议庭或者审判团队内部随机分案。承办法官一经确定，不得擅自变更。因存在回避情形或者工作调动、身体健康、廉政风险等事由确需调整承办法官的，应当由院长、庭长按权限审批决定，调整结果应当及时通知当事人并在办案平台记载。

7. 全面推进院长、庭长办案常态化。各高级人民法院应当结合实际，科学合理、统一确定辖区内三级法院院长、庭长办案工作量。院领导办案工作量可以本院法官平均办案工作量或办理案件所属审判业务类别法官平均办案工作量为计算基数。科学统筹院领导办案类型，完善配套分案办法，健全院领导主要审理重大疑难复杂案件机制。加强对院长、庭长办案的网上公示和考核监督，充分发挥院长、庭长办案示范引领作用。担任领导职务的法官无正当理由不办案或者办案达不到要求的，应当退出员额。

8. 健全专业法官会议制度和审判委员会制度。各级人民法院应当健全专业法官会议制度，切实发挥专业法官会议统一法律适用、为审判组织提供法律咨询的功能。专业法官会议成员不以职务、等级为必要条件，参会人员地位平等。完善专业法官会议会前准备程序和议事规则，完善配套考核机制，提升专业法官会议质量。

健全专业法官会议与合议庭评议、审判委员会讨论的工作衔接机制。判决可能形成新的裁判标准或者改变上级人民法院、本院同类生效案件裁判标准的，应当提交专业法官会议或者审判委员会讨论。合议庭不采纳专业法官会议一致意见或者多数意见的，应当在办案系统中标注并说明理由，并提请庭长、院长予以监督，庭长、院长认为有必要提交审判委员会讨论的，应当按程序将案件提交审判委员会讨论。除法律规定不应当公开的情形外，审判委员会讨论案件的决定及其理由应当在裁判文书中公开。

9. 健全完善法律统一适用机制。各级人民法院应当在完善类案参考、裁判指引等工作机制基础上，建立类案及关联案件强制检索机制，确保类案裁判标准统一、法律适用统一。存在法律适用争议或者"类案不同判"可能的案件，承办法官应当制作关联案件和类案检索报告，并在合议庭评议或者专业法官会议讨论时说明。

10. 切实减轻审判事务性工作负担。审判辅助事务可以实行集约化管理，建立专门实施文书送达、财产保全、执行查控、文书上网、网络公告等事务的工作团队,提升工作效能。充分运用市场化、社会化资源,探索将通知送达、材料扫描、卷宗归档等辅助事务外包给第三方机构,将协助保全、执行送达等辅助事务委托给相关机构,提高办案效率。

三、完善新型监督管理机制和惩戒制度,切实落实"由裁判者负责"的要求

11. 健全信息化全流程审判监督管理机制。全面支持网上办案、全程留痕、智能管理,智能预警监测审判过程和结果偏离态势,推动审判监督管理由盯人盯案、层层审批向全院、全员、全过程的实时动态监管转变,确保放权与监督相统一。

12. 加强审判、执行工作标准化、规范化建设。完善刑事、民事、行政、国家赔偿、执行等领域审判、执行流程标准,推进标准化、规范化建设与信息化建设深度融合,将立案、分案、送达、庭审、合议、宣判、执行到结案、归档的每个节点均纳入审判监督管理范围,严格落实审限管理,将监督事项嵌入办案平台,实现司法活动全程留痕、违规操作自动拦截、办案风险实时提示。

13. 细化落实院长、庭长审判监督管理权责清单。院长、庭长审判监督管理权力职责一般包括:(1) 配置审判资源,包括专业化合议庭、审判团队组建模式及其职责分工;(2) 部署综合工作,包括审判工作的安排部署、审判或者调研任务的分配、调整;(3) 审批程序性事项,包括法律授权的程序性事项审批、依照规定调整分案、变更审判组织成员的审批等;(4) 监管审判质效,包括根据职责权限,对审判流程进行检查监督,对案件整体质效的检查、分析、评估,分析审判运行态势,提示纠正不当行为,督促案件审理进度,统筹安排整改措施,对存在的案件质量问题集中研判等;(5) 监督"四类案件",对《最高人民法院关于完善人民法院司法责任制的若干意见》第24条规定的"四类案件"进行个案监督;(6) 进行业务指导,通过审理案件、参加专业法官会议或者审判委员会等方式加强业务指导;(7) 作出综合评价,在法官考评委员会依托信息化平台对法官审判绩效进行客观评价基础上,对法官及其他工作人员绩效作出综合评价;(8) 检查监督纪律作风,通过接待群众来访、处理举报投诉、日常监督管理,发现案件审理中可能存在的问题,提出改进措施等。各级人民法院要根据法律规定和司法责任制要求,分别制定院长、副院长、审判委员会专职委员、庭长、副庭长的审判监督管理权力职责清单。院长、庭长在权力职责清单范围内按程序履行监督管理职责的，不属于不当过问或者干预案件。院长、庭长应当履行监督管理职责而不履行或怠于履行的，应当追究监督管理责任。

14. 进一步完善"四类案件"识别监管制度。各高级人民法院应当细化"四类案件"监管范围、发现机制、启动程序和监管方式。立案部门负责对涉及群体性纠纷、可能影响社会稳定等案件进行初步识别；承办法官在案件审理过程中发现属于"四类案件"范围的，应当主动向庭长、分管副院长报告；审判长认为案件属于"四类案件"范围的，应当提醒承办法官将案件主动纳入监督管理；审判管理机构、监察部门等经审查发现案件属于"四类案件"范围的，应当及时报告院长。探索"四类案件"自动化识别、智能化监管，对于法官应当报告而未报告的，院长、庭长要求提交专业法官会议、审判委员会讨论而未提交的，审判管理系统自动预警并提醒院长、庭长予以监督。院长、庭长对"四类案件"可以查阅卷宗、旁听庭审、查看案件流程情况，要求独任法官、合议庭在指定期限内报告案件进展情况和评议结果、提供类案裁判文书或者检索报告。院长、庭长行使上述审判监督管理权时，应当在办案平台标注、全程留痕，对独任法官、合议庭拟作出的裁判结果有异议的，可以决定将案件提交专业法官会议、审判委员会进行讨论，不得强令独任法官、合议庭接受自己意见或者直接改变独任法官、合议庭意见。

15. 强化案件质量评查。坚持案件常规随机评查、重点评查、专项评查相结合，重点评查发回重审案件、改判案件、信访案件以及曾纳入长期未结、久押不决督办范围的案件。依托信息化平台对已上网裁判文书、庭审公开情况进行质量评查，质量评查范围应当覆盖所有法官，全面提升法官责任意识。重点从案件评查中发现违法审判线索，并依照有关程序进行调查。严格区分审判质量瑕疵责任与违法审判责任，确保法官依法裁判不受追究、违法裁判必问责任。

16. 严格落实违法审判责任追究制度。各级人民法院对法官涉嫌违反审判职责行为要认真调查，法官惩戒委员会根据调查情况审查认定法官是否违反审判职责、是否存在故意或者重大过失，并提出审查意见，相关法院根据法官惩戒委员会的意见作出惩戒决定。法官违反审判职责行为涉嫌犯罪的，应当移交纪检监察机关、检察机关依法处理。法官违反审判职责以外的其他违纪违法行为，由有关部门调查，依照法律及有关规定处理。

17. 完善司法廉政风险防控体系。各级人民法院应当认真落实党风廉政建设主体责任和监督责任,自觉接受纪律监督、法律监督、舆论监督和社会监督,不断提高公正裁判水平。各级人民法院内部应当充分发挥司法巡查、审务督察、廉政监察员等功能作用,组织人事、纪检监察、审判管理部门与审判业务部门应当加强协调配合,形成内部监督合力。全面梳理办案流程、审限管理等关键节点,分析研判每个节点可能存在的办案风险,加强审判执行活动风险监控智能预警,促进司法廉政风险早发现、早预警、早处置。

四、统筹推进司法责任制配套改革,提升司法责任制改革整体效能

18. 统筹推进法官员额和政法编制合理配置。各高级人民法院应当严格控制法官员额比例,综合考虑区域经济社会发展、人口数量、办案数量等因素,完善法官员额动态管理机制,员额分配向基层和人案矛盾突出的法院倾斜。

各高级人民法院应当配合省级编制部门,健全完善省以下地方法院编制统一管理制度,强化审判运行态势分析,加强对法官工作量的科学测算,统筹考虑各市(区、县)法院的案件数量、类型、难易程度、增幅大小和辖区面积、人口数量、自然条件、发展状况、人民法庭数量等因素,精准分析测算各市(区、县)法院所需政法编制,将编制向编制紧缺、急需补充的法院倾斜,实现编制、案件量、人员的合理匹配。

19. 完善法官员额退出机制。各高级人民法院应当针对审判绩效不达标、辞职、辞退、被开除、违纪违法、任职回避、调出、转任、退休、个人申请退出等不同情形,规范员额退出程序,明确退出员额但仍在法院工作人员的职级、待遇等问题。各级人民法院应当保障法官对退出决定进行陈述、举证、申辩、申请复议的权利。员额法官因工作需要调整到法院非员额岗位,五年内重新回到基层或者中级人民法院审判业务岗位的,经所在法院党组审议后,层报高级人民法院批准入额;五年内重新回到高级或者最高人民法院审判业务岗位的,分别经本院党组决定入额。

20. 进一步完善法官初任和逐级遴选制度。健全完善从优秀法官助理中选任法官机制,配套建立科学完备的初任法官职前培训制度。有条件的地方可以开展跨院遴选,引导审判力量向人案矛盾突出的法院流动。

21. 加强法官助理、书记员的配备和培养。建立健全符合司法职业特点的法官助理招录机制,完善法官助理统一招录、保障机制。推行法学院校学生担任实习法官助理常态化制度,探索下级人民法院法官到上级人民法院交流担任短期助理制度，多渠道拓宽法官助理来源。积极研究建立法官后备人才培养体系，认真落实法官助理、书记员职务序列改革，创新完善法官助理培养模式，符合条件的法官助理可以申请参加法官遴选。各高级人民法院应当积极争取人社、财政等部门支持，加强聘用制书记员招录工作，落实聘用制书记员管理制度改革，切实稳定聘用制书记员队伍。

22. 完善司法人员业绩考核制度。坚持客观量化和主观评价相结合，以量化考核为主，充分考虑地域、审级、专业、部门之间的差异，注重采用权重测算等科学计算方法，合理设置权重比例。暂时不具备案件权重系数测算条件的地方，可以探索简便易行的案件工作量折算办法。将法官作为合议庭其他成员时的工作量、办理涉诉信访工作量、参加专业法官会议、审判委员会的工作量、案件评查工作量等纳入业绩考核。根据各级人民法院承担职能的不同，科学设置司法人员业绩考核内容。对法官和法官助理的业绩考核，应当考虑综合调研、审判指导等工作任务量，避免简单以办案数量作为考核业绩。对审判辅助人员的绩效考核，应当以岗位职责和承担工作为基本依据，注重与所在团队绩效相结合，听取法官和所在团队的意见。绩效考核奖金的发放，不与法官职务等级以及审判辅助人员职务挂钩，主要依据责任轻重、办案质量、办案数量和办案难度等因素，向一线办案人员倾斜。

23. 进一步深化司法公开。严格执行《最高人民法院关于人民法院在互联网公布裁判文书的规定》，不断提升裁判文书公开的信息化、常态化水平，确保应当公开的裁判文书全面、及时、准确公开。积极推广使用裁判文书自动纠错及技术处理软件，着力杜绝各类低级错误和质量瑕疵，切实减轻裁判文书公开工作量，不断提升裁判文书公开水平。各级人民法院应当抓好《最高人民法院关于人民法院通过互联网公开审判流程信息的规定》的贯彻实施，及时升级完善相关信息化平台，主动对接全国审判流程信息公开统一平台，切实将审判流程信息公开各项要求落到实处。主动适应互联网时代庭审公开新要求，切实发挥中国庭审公开网统一平台优势，将人民法院庭审公开工作不断推向深入。

各级人民法院要充分认识全面落实司法责任制的重大意义，切实加强组织领导，紧密结合工作实际，认真抓好本实施意见的贯彻落实。要进一步完善改革督察机制，对全面落实司法责任制紧盯不放、动态跟踪。贯彻落实本实施意见中的重大问题，要及时按程序向最高人民法院报告。

关于深化司法责任制综合配套改革的实施意见

（2020年7月31日，法发〔2020〕26号）

为深入贯彻党的十九大和十九届二中、三中、四中全会精神，全面落实司法责任制，努力让人民群众在每一个司法案件中感受到公平正义，根据中共中央办公厅印发的《关于深化司法责任制综合配套改革的意见》，结合人民法院工作实际，提出如下意见。

一、加强人民法院政治建设，落实全面从严治党主体责任

1. 坚持把党的政治建设摆在首位。坚持用习近平新时代中国特色社会主义思想武装头脑、指导实践、推动工作，教育引导广大干警始终在政治立场、政治方向、政治原则、政治道路上同以习近平同志为核心的党中央保持高度一致。扎实推进党的创新理论学习，持续开展分层次、全覆盖的政治轮训，实现学习教育制度化常态化。强化政治机关意识教育，严明党的政治纪律和政治规矩，引导广大干警坚持党对司法工作的绝对领导，坚持中国特色社会主义法治道路，坚守初心使命，增强"四个意识"、坚定"四个自信"、做到"两个维护"，确保党中央决策部署在人民法院得到不折不扣贯彻落实。

2. 坚持突出政治标准选人用人。坚持把政治标准作为第一标准，健全法院干警政治素质识别评价机制，细化考察内容，优化路径方法，提高政治素质考察的科学性、精准度和操作性，在遴选任命、提拔晋升、监督管理、考核评价、培养锻炼、表彰奖励等工作中严把政治关。探索建立干部政治素质档案，加强对政治忠诚、政治定力、政治担当、政治能力、政治自律方面的常态化考核考察。注重掌握在承办重大案件、完成重大任务、参与重大斗争、面临重大考验等关键时刻的具体表现，通过疫情防控等急难险重工作考察识别干部。

3. 全面落实从严治党主体责任。各级人民法院应当建立全面从严治党责任清单，健全可操作、可监督、可问责的从严治党责任体系。加强常态化政治督察和经常性管理监督，严肃组织纪律、工作纪律和审判纪律，严厉查处违规违纪行为。强化基层党组织政治功能，推进标准化规范化建设，切实提升组织力，履行好直接教育、管理、监督党员的职责。按照政治过硬、业务过硬、责任过硬、纪律过硬、作风过硬的要求，打造忠诚干净担当、敬畏信守法律的革命化、正规化、专业化、职业化法院队伍。

二、完善审判权力运行体系，健全审判监督管理机制

4. 完善审判权力和责任清单。各级人民法院应当深刻把握全面落实司法责任制和严格执行民主集中制的关系，细化完善本院审判权力和责任清单，区分院长、副院长、审判委员会专职委员、其他审判委员会委员、庭长、副庭长、独任法官、合议庭审判长、承办法官及其他成员等人员类型，逐项列明各类审判人员的权责内容和履职要求，重点就确保规范有序行权、强化审判监督管理等事项作出细化规定。推动将院庭长（含审判委员会专职委员，下同）、其他审判人员、法官助理、书记员的岗位职责清单和履职指引嵌入办案平台，实现对各类履职行为可提示、可留痕、可倒查、可监督。

5. 完善"四类案件"识别监管机制。各级人民法院应当结合审级职能定位和审判工作实际，进一步细化明确《最高人民法院关于完善人民法院司法责任制的若干意见》第24条规定的"四类案件"范围，完善院庭长监督管理"四类案件"的发现机制、启动程序和操作规程，探索"四类案件"自动化识别、智能化监管，提高审判监督管理的信息化、专业化、规范化水平。各高级人民法院应当建立统一的"四类案件"自动识别监测系统，对审判组织应当报告而未报告、应当提交专业法官会议或审判委员会讨论而未提交的案件，系统自动预警并提醒院庭长监督。

对于"四类案件"，院庭长有权要求独任庭或合议庭报告案件进展和评议结果，对审理过程或评议结果有异议的，可以将案件提交专业法官会议、审判委员会讨论，不得要求独任庭、合议庭接受本人意见或直接改变独任庭、合议庭意见。院庭长履行审判监督管理职责时，应当在卷宗或办案平台标注，全程留痕。各级人民法院应当将履行审判监督管理职责情况、分管领域审判质效总体情况，作为院庭长综合考核评价的重要内容。

6. 优化审判团队组建。基层、中级人民法院应当综合考虑人员结构、案件类型、难易程度、综合调研等因素，适应繁简分流和专业化分工需要，灵活组建多种类型的审判团队。强化审判团队作为办理案件单元、自我管理单元的功能，根据职能需要合理确定人员配比。以优化协同高效、利于监督管理为原则，进一步完善内部组织架构，理顺审判团队、审判组织与审判机构之间的关系，确保审判团队负责人、独任法官、审判长、副庭长、庭长工作权责明晰合理、事务分配衔接有序。法官与审判辅助人员配备可以实行双向选择与组织调配相结合，赋予法官对审判辅助人员的工作分配权、考核建议权以及一定的人事管理建议权。

7. 完善案件分配机制。各级人民法院应当坚持"以随机分案为原则，以指定分案为例外"。已组建专业化合议庭、专业化审判团队或小额诉讼、速裁快审等审判团队的，应当合理确定案件类型搭配方式、灵活配置人力资源，尽可能在不同审判组织之间随机分案，避免一类案件长期由固定审判组织办理。对于相对固定的审判团队和合议庭，人员应当定期调整。指定分案情况，应当在办案平台上全程留痕。因回避或工作调动、身体健康、廉政风险等事由，分案后确需调整审判组织人员的，由院庭长按权限决定，调整结果应当及时通知当事人，并在办案平台标注原因。

8. 健全院庭长办案机制。各高级人民法院应当综合考虑人员数量、案件规模、分管领域、监督任务和行政事务等因素，区分不同地区、层级、岗位，科学合理确定辖区法院院庭长办案数量标准。院庭长不得以主持或参加专业法官会议、协调督办重大敏感案件、监督"四类案件"、接待来访、指挥执行等充抵办案数量，但相关事务可以计入工作量，纳入绩效考核评价内容。

各高级人民法院应当进一步细化由辖区法院院庭长办理的具体案件类型，完善案件识别、分配机制，推动实现智能识别、标签处理、自动分配。各级人民法院院庭长办案以指定分案为主，重点办理"四类案件"、发回重审案件等，基层人民法院院庭长也可以参与随机分案，但应当优先办理前述类型案件。

各高级人民法院应当建立监督管理与办案平衡机制，优化辖区法院审判监督、审判管理、行政管理职责，协调减少院庭长事务性工作负担，不参加超出法院和法官法定职责范围的事务。高级人民法院审判管理部门负责指导辖区法院测算核定院庭长办案量。上级人民法院审判管理部门每季度应当通报辖区下一级人民法院入额院领导的办案任务完成情况。本院审判管理部门应当定期通报庭长、副庭长办案任务完成情况。

9. 完善统一法律适用机制。进一步完善关联案件和类案检索机制、专业法官会议机制和审判委员会制度，确保各项机制有机衔接、形成合力。通过类案检索初步过滤、专业法官会议研究咨询、审判委员会讨论决定，有效解决审判组织内部、不同审判组织以及院庭长与审判组织之间的分歧，促进法律适用标准统一。

承办法官应当按照相关文件要求，对于应当类案检索的案件，在合议庭评议、专业法官会议讨论和审理报告中说明情况，或制作专门的类案检索报告。各级人民法院可以根据案件类型、所涉事项，视情况召开跨团队、跨庭室的专业法官会议。上级人民法院为推动法律统一适用，可以就类型化案件组织辖区法院召开跨审级、跨地域的专业法官会议。对于依法应当提交审判委员会讨论决定、但不存在内部分歧的案件，可以不提交专业法官会议讨论。各级人民法院应当建立务实管用的法律适用分歧解决机制，探索建立当事人和其他诉讼参与人反映法律适用不一致问题的渠道，配套完善监测、反馈和公开机制。

各高级人民法院应当进一步规范办案指导文件、参考性案例发布程序，及时向最高人民法院备案，杜绝不同地区办案标准的不合理差异。

10. 严格违法审判责任追究。健全法官惩戒工作程序，完善调查发现、提请审查、审议决议、权利救济等程序规则，坚持严肃追责与依法保障有机统一，严格区分办案质量瑕疵责任与违法审判责任，细化法官和审判辅助人员的责任划分标准，提高法官惩戒工作的专业性、透明度和公信力。各高级人民法院应当积极推动在省一级层面设立法官惩戒委员会，进一步规范惩戒委员会的设置和组成，配合制定本级法官惩戒委员会章程、惩戒工作规则，科学设立法官惩戒工作办事机构，制定实施细则。

理顺法官惩戒调查与纪检监察调查、法官惩戒委员会审查程序与纪检监察审查程序的关系，确保权责明晰、衔接顺畅。各级人民法院在工作中发现法官或法院其他工作人员涉嫌违纪、职务违法、职务犯罪的问题线索，依照有关法律和规定应当由纪检监察机关调查处置的，应当及时移送。纪检监察机关依法对法官涉嫌违纪、职务违法、职务犯罪进行调查的，法官惩戒委员会可以从专业角度提出审查意见，供纪检监察机关参考。

三、落实防止干预司法"三个规定"，加强廉政风险防控机制建设

11. 健全落实"三个规定"工作机制。各级人民法院应当严格执行《领导干部干预司法活动、插手具体案件处理的记录、通报和责任追究规定》《司法机关内部人员过问案件的记录和责任追究规定》《关于进一步规范司法人员与

当事人、律师、特殊关系人、中介组织接触交往行为的若干规定》及其实施办法。畅通信息直报系统，建立干预过问案件情况月报告和"零报告"制度，健全对记录违规干预过问案件办案人员的保护和激励机制。将法院工作人员违反规定过问案件和干预办案情况，以及办案人员记录过问案件情况，纳入党风廉政建设责任制和政绩考核体系，与部门领导班子履行主体责任直接挂钩，作为考核评价干部的重要依据。上级人民法院履行对下监督指导职责，或者院庭长在本院审判权力和责任清单规定范围内履行审判监督管理职责的，不属于违反规定过问和干预案件。

12. 健全廉政风险防控体系。各级人民法院应当充分发挥党内监督、监察监督和政法系统内部监督的综合效能，加大违规违纪行为追责问责力度，坚持零容忍惩治司法腐败。梳理办案流程、审限管理等关键节点，分析研判每个节点可能存在的办案风险，加强审判风险监控智能预警，促进司法廉政风险早发现、早预警、早处置。

13. 完善自觉接受外部监督制约机制。各级人民法院应当依法依规自觉接受人大监督、民主监督、群众监督、舆论监督和检察机关法律监督，确保审判活动在受监督和约束环境下有序开展。贯彻落实《人民陪审员法》，切实做好人民陪审员的选任、参审、培训、管理、宣传等工作，保障人民群众有效参与和监督司法。各级人民法院应当积极运用司法公开"四大平台"，积极构建开放动态透明便民的阳光司法机制，拓展司法公开的广度和深度。

四、完善人员分类管理制度，加强履职保障体系建设

14. 推进法官员额动态管理。省级以下人民法院法官员额，由高级人民法院在核定总量内统筹管理，原则上以设区的市（地区）为单位，在省级范围内合理分配、动态调整。基层人民法院的法官员额配置，应当以核定编制、办案总量、法官人均办案量为主要依据，高级、中级人民法院的法官员额配置可适当考虑对下业务指导等工作量。

法官员额配置应当向基层和办案一线倾斜，高级人民法院法官员额比例不得高于辖区基层人民法院平均水平。上级人民法院对辖区法院法官员额进行调整配置的，可以调整使用预留的法官员额，也可以对已经配置的法官员额进行统筹调整。上级人民法院为动态调整预留的法官员额，原则上不得用于本院。法院员额动态调整后，适时相应调整相关法院法官等级比例核算基数，员额缩减的法院的法官等级职数可以逐步解决。

15. 推进政法专项编制动态管理。各高级人民法院应当加强与省级机构编制部门的沟通协调，明确协同管理方式，完善工作运行机制，理顺编制事项审批程序，妥善解决政法专项编制省级统一管理改革后面临的问题。在法院政法专项编制总量内，按照统筹兼顾、突出重点、实事求是的原则，综合考虑辖区面积、自然条件、人口数量、经济社会发展水平、案件规模以及现有编制数等因素，推动编制向人均办案量较大的地区、法院倾斜。按照盘活存量、动态调整、优化结构的原则，统筹考虑本省（自治区、直辖市）法官员额调整与政法专项编制调配的均衡性、准确性和协同性，强化政法专项编制科学管理，促进编制资源有序流动，提高编制使用效能。依托人事信息管理系统，及时更新编制、员额信息，准确、全面掌握变动情况。

16. 健全法官遴选制度。各高级人民法院应当建立法官常态化增补机制，对辖区法院预留或空出的员额定期开展遴选，每年开展法官遴选原则上不少于一次；探索开展法官跨地域遴选工作，跨地市遴选法官的，应当报经高级人民法院同意；跨省（自治区、直辖市）遴选法官的，应当报经最高人民法院同意。法官遴选过程中，在向省级法官遴选委员会推荐拟入额人选时，可以综合考虑法官人均办案工作量、近期拟退休法官人数等因素，按照不高于法官空缺数30%的比例推荐递补人选。下次遴选工作启动前，法官员额空缺的，可以直接从递补人选中推荐拟入额人选，按程序报高级人民法院审批后办理任职手续。未能递补入额的，在下次法官遴选时，按照与其他人员相同的程序和标准重新参加遴选。

17. 完善法官退出机制。担任领导职务的法官不办案、办案达不到要求，或挂名办案、虚假办案，拒不改正的，应当退出员额。法官具有退出员额情形，所在法院未启动退出程序的，上级人民法院应当及时督促。法官对涉及本人退出员额的决定有异议的，可以在收到决定后七日内向所任职法院申请复核。法官退出员额后需要免除法律职务的，应当及时提请办理相关免职手续。法官因惩戒委员会意见退出员额五年后，或因自愿申请、办案业绩考核不达标退出员额两年后，可以重新申请入额。

18. 健全法官逐级遴选制度。落实《法官法》关于法官逐级遴选的规定，健全上级人民法院法官助理到下级人民法院参加入额遴选的工作机制，完善与法官逐级遴选制度相配套的保障政策。最高人民法院、高级人民法院法官助理初任法官的，除原则上到基层人民法院任职外，也可以根据需要到中级人民法院任职。

员额制实施前在下级人民法院担任法官达到一定年限，符合现任职法院入额条件，且仍在审判部门协助办案的，可以在现任职法院参加入额遴选。经最高人民法院同意，各高级人民法院可对辖区内民族地区、边远地区遴选法官的学历和在下级人民法院的任职年限等条件适当放宽。最高人民法院会同有关部门，适时开展逐级遴选工作效果评估，不断完善逐级遴选制度。

19. 规范交流任职程序。各级人民法院法官因工作需要，由组织安排调整到非办案岗位或调离法院系统，退出员额五年内回到法院办案岗位且符合任职法院法官条件的，由高级人民法院批准或决定入额；上述人员如退出员额超过五年，需回到法院办案岗位参与办案满一年，经绩效考核合格后，按照上述程序办理入额手续。因工作需要在本省（自治区、直辖市）或跨省（自治区、直辖市）调到同级或下级人民法院办案岗位，或通过干部选拔任用程序选任到上级人民法院办案岗位，符合新任职法院员额法官条件的，由高级人民法院批准或决定入额；通过逐级遴选程序选任到上级人民法院担任法官的，即为员额法官，依照法定程序办理审判职务任命手续，无需再办理入额手续。经组织选派到法院办案岗位挂职锻炼的干部，符合挂职法院法官条件的，由各高级人民法院批准或决定入额；挂职锻炼干部入额的，不占用挂职法院的员额和职数。

20. 规范审判辅助人员和司法行政人员管理。中央政法专项编制的法官助理按综合管理类公务员管理，同时实行职级管理。在严把政治关、能力关和强化管理基础上，探索建立法学教师、法律院校学生等人员到法院交流、实习、担任法官助理的制度机制。书记员一般应当具有大学专科以上学历、熟练的速录技能和一定的法律专业知识，除部分办案岗位因涉密等需要保留部分政法编制书记员外，原则上不再占用中央政法专项编制，可以结合实际实行聘用制、雇员制等方式管理。编制内书记员按综合管理类公务员管理，同时实行职级管理。推动符合条件的编制内书记员适时转任法官助理。制定警务辅助人员管理办法，明确岗位职责、管理方式等。严格控制司法行政人员所占比例，基层人民法院司法行政人员原则上不得超过中央政法专项编制的15%。积极畅通司法行政人员与法官、审判辅助人员的交流渠道。

各级人民法院可以结合实际，对编制外书记员、警务辅助人员实行等级管理，不断完善激励措施，协调当地财政、人社等部门，将编制外书记员和警务辅助人员所需经费列入法院年度预算，予以统筹保障；合理确定编制外书记员和警务辅助人员的薪酬标准，并建立动态调整机制，健全与工作绩效挂钩的考核机制。加强编制外书记员和警务辅助人员基本养老、医疗、失业、生育、工伤等社会保险和住房公积金等社会保障待遇。

21. 完善法官单独职务序列管理制度。最高人民法院会同有关部门，制定法官单独职务序列管理相关规定。法官按照单独职务序列管理，采取按期晋升和择优选升相结合，特别优秀或工作特殊需要的一线办案岗位法官可以特别选升。择优选升应当控制在规定的等级比例或数量范围内，鼓励特别优秀的法官实行特别选升，特别选升可突破任职资格或越级晋升。法官年度考核被确定为基本称职、不进行年度考核，或参加年度考核不定等次的，该考核年度不计为晋升法官等级的年限。在党纪政务处分影响期内的，不得晋升法官等级。

法官因工作需要转任审判辅助人员、司法行政人员或交流到其他党政机关，根据法官等级晋升审批权限，综合考虑任职资历、工作经历等条件，比照确定职级：一级、二级高级法官可以确定为一级、二级巡视员，三级、四级高级法官可以确定为一级至四级调研员，一级至五级法官可以确定为一级至四级主任科员。交流到专业技术类、行政执法类职位的，比照交流到综合管理类职位的有关原则确定职级。

22. 健全薪酬待遇制度。健全落实法官单独职务序列改革试点实施后养老保险有关政策，完善落实与法官单独职务序列相配套的工资制度，推动落实法官工资正常调整机制，其他公务员调整工资待遇标准时，相应调整法官工资待遇标准。分配发放法官绩效考核奖金，应当按照"突出实绩、奖优罚劣、倾斜一线"的原则，不与法官职务等级挂钩，注重向一线办案人员倾斜。各级人民法院应当根据实际情况，合理确定奖励性绩效考核奖金档次标准和人员比例，真正拉开档次、体现差别。因违纪违法受到党纪政务处分的，影响期内不予发放奖励性绩效考核奖金；处分期间不足一年的，按比例核减发放奖励性绩效考核奖金。各高级人民法院应当积极争取当地党委、政府支持，加强与组织、财政、人社等部门沟通协调，全面落实与法官单独职务序列相配套的医疗、差旅、公务交通补贴、住房等待遇。

23. 健全绩效考核制度。各级人民法院应当遵循司法规律，综合考虑办案数量、办案质效等因素，区分人员类别、岗位特点以及案件类型，分层分级制定针对性强、级差合理、简便易行的绩效考核办法。法官绩效考核采取定量与定性相结合、量化为主的方式，科学制定和使用量化指标，采用加权测算等计算方法，合理设置权重比例。法官绩效考核包括办案数量、办案质量、办案效率和办案效果等基本内容，各级人民法院可以根据审判工作重点，进行相应调整。

对法官在完成办案任务的同时，根据组织安排参与专项工作、审判调研、业务指导等，应当科学设置考核指标，全面体现法官工作量。探索将智能化应用嵌入办案平台，自动抓取办案、办公数据，实时生成考核过程，动态更新考核内容，全程公开考核流程，确保考核结果客观、精准、可追溯。法官考核采取平时考核与年度考核相结合，年度考核以平时考核为基础。考核结果记入审判业绩档案，作为对法官奖惩、晋升、调整职务职级和工资、离岗培训、免职、降职、辞退的重要依据。考核不合格的，按规定调整岗位、降低等级、停发绩效奖金或退出员额。

24. 加强依法履职保护。进一步明确法官权益保障委员会职责，完善工作机制，加强安全教育培训。法官因依法履职遭受不实举报的，各级人民法院应当协调有关单位，及时澄清事实，消除不良影响，依法追究相关单位或个人的责任。各级人民法院应当依法健全与公安机关的联防联动机制，依法从严惩治对法院干警及其近亲属实施威胁恐吓、侮辱诽谤、报复陷害、暴力侵害等违法犯罪行为；法院干警及其近亲属受到人身威胁的，协调当地公安机关采取必要保护措施；认真落实关于依法惩治袭警违法犯罪行为的指导意见，依法加强对司法警察的履职保护。推动完善法院因公伤亡干警特殊补助政策。积极落实中央有关因公牺牲法官、司法警察抚恤政策，认真做好"两金"申报、发放和备案工作。进一步规范督察检查考核工作，坚决清理、取消不合理、不必要的考评项目和指标，切实为基层减负，为干警减压。

五、优化司法资源配置机制，切实提升审判效能

25. 健全多元化纠纷解决机制。各级人民法院应当按照一站式多元解纷和诉讼服务体系建设的要求，积极完善诉讼与非诉讼解纷方式分流对接机制，加强在线诉非分流和诉调对接工作，加快人民法院调解平台与仲裁机构、公证机构、人民调解、行政调解、行业调解等非诉讼解纷平台对接，充分运用线上平台，统筹集成法学会、行业协会、行业组织、商会、律师等解纷力量，实现大量纠纷在诉前多元化解。针对婚姻家庭、道路交通、物业纠纷、消费争议、劳动争议、医疗纠纷、银行保险、证券期货等类型化纠纷，加强与有关部门对接，建立健全线上线下诉前联动调解机制，明确程序衔接细则，促进诉前高效化解纠纷。

26. 深化案件繁简分流。各级人民法院应当加强多元纠纷解决机制与繁简分流机制的有效衔接，可以根据民事、刑事、行政和执行案件繁简分流要求，结合本地实际制定具体标准，研发繁简分流系统算法，嵌入立案系统，形成"智能识别为主，人工分流为辅"的繁简分流模式。完善程序适用激励机制，精准区分"繁案"和"简案"，建立科学合理的办案考核指标和机制，通过快审快执、绩效激励等方式，引导当事人、鼓励法官依法依规选择小额诉讼程序、简易程序办理案件。民事诉讼程序繁简分流改革试点地区高级人民法院应当加强试点指导管理，研究制定实施细则，鼓励探索创新，为推动立法修改完善奠定基础。非试点地区法院应当在不突破法律和司法解释前提下，积极借鉴试点法院经验，做好推广准备。

27. 推进审判辅助事务集约化、社会化管理。各级人民法院应当结合实际，梳理适合购买社会化服务的审判辅助事务范围和项目，规范有序开展向社会购买服务，建立健全公开竞标、运营监管、业务培训等制度，所需经费列入法院年度预算统筹保障。完善审判辅助事务集约化管理工作流程，探索组建专业工作团队，集中办理文书送达、财产保全、执行查控等事务。

28. 加强智慧数据中台建设。各高级人民法院应当依托智慧法院建设，大力推进辖区法院区块链技术应用，积极探索智能合约深度应用，加强以司法大数据管理和服务平台为基础的智慧数据中台建设。各级人民法院应当进一步探索拓展人工智能、5G等现代科技在审判工作中的应用形态，推进以电子卷宗自动编目、网上阅卷、法律文书辅助生成、电子档案自动生成为代表的深度应用，完善"电子档案为主，纸质档案为辅"的案件归档方式。

各级人民法院应当充分认识深化司法责任制综合配套改革的重大意义，切实加强组织领导，认真履行主体责任，紧密结合工作实际，抓好本实施意见的推进实施，发挥好改革的突破和先导作用，依靠改革应对变局、开拓新局。各高级人民法院应当主动担当作为，杜绝"等靠要"思想，紧紧依靠党委领导，积极争取政府等各方面支持，结合本地实际，做好基础性工作，配套完善实施细则，切实加强改革督察，充分调动辖区法院积极性、主动性、创造性，认真推进落实法院自身可为的改革措施，确保各项具体改革任务抓实抓细抓落地。

对贯彻落实本实施意见中遇到的新问题新情况，各级人民法院应当认真研究并提出建议，由高级人民法院汇总后，及时报最高人民法院。

本实施意见自 2020 年 8 月 4 日起实施，之前有关规定与本实施意见不一致的，按照本实施意见执行。

附件三　出访日本考察司法改革报告

关于日本司法改革进展的考察报告

根据最高人民法院与亚洲开发银行合作项目安排，2019年12月15日至20日，最高人民法院组团[1]访问日本。访问期间，代表团先后拜访了日本法务省、最高裁判所、东京大学、东京高等裁判所、东京地方裁判所、日本辩护士联合会等单位，与各方人士开展了广泛深入交流，全面了解日本法院构成、司法制度实际运作及司法改革最新进展，同时积极宣传我国改革开放、法治建设和司法改革重大成就。此次访问行程安排紧凑、考察内容丰富，达到了加强友谊、增进互信、扩大合作的预期目的，圆满完成了相关任务，取得了良好效果。现将有关情况报告如下。

一、项目背景

最高人民法院在亚洲开发银行（Asian Development Bank）的支持下，借助专家与学者力量，设立了"中国司法改革：利用大数据提升司法公正"（PRC Judicial Reform: Using Big Data to Improve Delivery of Justice）项目，拟对相关问题进行深入研究，并在研究基础上提出切实可行的改革建议。该课题一项重要的研究内容是如何更好地结合已有的地方法院实践，在大数据的支持下，更加

---

[1] 代表团人员具体包括：刘树德，最高人民法院审判管理办公室副主任；罗敏，最高人民法院刑三庭二级高级法官；侍东波，最高人民法院政治部法官管理部政策法规处处长；胡帅，最高人民法院审判管理办公室案件评查处处长；徐姝玮，最高人民法院国际合作局亚非处干部；刘明胜，最高人民法院信息中心数据管理处干部；范跃如，北京市高级人民法院审判管理办公室副主任；吴道敏，重庆市高级人民法院审判管理办公室主任；李忠义，吉林省高级人民法院审判管理办公室主任。

科学地测量法官工作量,并如何把科学的测量方法用于审判管理与司法改革中去。该课题由最高人民法院审判管理办公室负责组织管理,上海交通大学文科资深教授季卫东担任首席专家,上海交通大学凯原法学院副院长程金华教授担任课题协调人,并邀请国内外的相关专家与学者参加。

日本传统上属于大陆法系国家,"二战"后吸收了大量英美法系当事人主义制度因素,呈现出独具特色的混合模式特征。近年来,为实现"更加贴近国民、更加迅速、更有信赖度的司法"目标,日本法院系统采取了一系列司法改革举措,包括推动各领域诉讼制度改革构筑符合国民期待的司法制度,实施裁判员制度强化司法群众基础,利用数据分析工具提高法院系统工作效率,改革司法从业人员产生方式扩充司法力量等。中国和日本的法律与司法交往有密切的历史渊源,考察日本法院系统与相关科研机构、社会团体,全面了解日本法院的实践做法,客观评价其改革成效,深入总结其成功经验与问题不足,对于我国法院推进司法改革和信息化建设具有重要的参考价值。

二、基本情况

(一)访问日本法务省

法务省是日本维持基本法制、制定法律、维护国民权利、统一处理与国家利害有关诉讼的行政机关,类似于我国的司法部。在法务省访问期间,代表团重点围绕日本民事审判程序IT化议题,与负责该改革项目的法务省民事局民事法制管理官堂蘭幹一郎、参事官室参事官大野晃宏、参事官室局付神吉康二等开展座谈交流。

1. 日本民事审判程序IT化改革背景

2017年6月,日本内阁决议通过《未来投资战略2017》,该报告在"制度改革、行政手续简化、IT化三位一体推进"这一部分中提到,"日本未来将力图实现迅速有效的审判,为此将在综合各国情况基础上,从包括与审判相关的手续保障、信息安全等层面的综合观点出发,争取相关机构的协助,站在使用者的角度迅速探讨推进审判手续等相关环节IT化的方案,并在今年内得出结论"。日本法院实施此项改革,主要动因在于日本司法严重依赖纸质文件,电子化改革远远落后于世界先进国家。这不仅影响社会公众易于理解和使用民事诉讼目标的实现,也导致国际社会对日本商业环境的评价近年来呈持续下降趋势。在国内外的双重压力下，日本法院系统不得不直面这一问题并迅速寻找应对措施。

2. 日本民事审判程序IT化改革主要内容

所谓民事审判程序IT化，是指将电子化以后的数据在民事审判程序中应用，即从提起诉讼开始直到最后的送达与归档，包括案件分配、审理预定管理、判决、强制执行、诉讼资料管理等全部信息资料电子化。各阶段的改革目标有：支持在线提起诉讼、支持使用案件管理系统送达、实现网络会议等方式进行口头辩论和争点整理、放宽利用电视会议等方式询问证人的程序条件、实现阅览案件管理系统中的电子书证开展证据调查、制作电子判决书，实现当事人在线诉讼记录、利用电子数据预防滥诉、创设特别诉讼程序等。

3. 日本民事审判程序IT化改革现状及下一步规划

日本法务省和最高裁判所目前正致力于推进民事审判程序IT化改革，但受到司法惯例、现行法规定、预算经费等影响，此项改革尚处于理论研讨和工作准备阶段，改革效果还不明显，如在提起诉讼阶段，目前日本法院对于起诉状还只接受窗口递交或邮寄方式，未实现网上立案；询问证人原则上需要证人出庭，在法官面前作证，电话会议运用有限；判决书均为纸质，法官签名盖章后以邮寄方式送达当事人，电子送达尚未实现；诉讼资料电子化程度低，当事人和律师阅览和复印诉讼记录，需到法院向书记员申请，等等。截至2019年年底，关于民事审判程序IT化改革，法务省主要的工作是制作民事审判程序IT化研讨会报告书，在部分法院推广运用网络会议、开展线上争点整理等。根据下一步改革规划，2020年日本将在专门的部门会议上对民事审判程序IT化改革进行调查审议，进一步扩大网络会议的运用以实现覆盖全国；2021年将在专门的部门会议上调查审议中期实行方案、大纲草案等，着手构建完善的网络环境，推动在线诉讼；2022年拟将大纲草案呈报法制审议会，并向国会提交修正法案，以实现无需当事人双方出庭即可使用网络会议进行争点整理；2023年将健全相关法律法规，实现无需相关人员出庭即可完成口头辩论，全面实施在线诉讼和诉讼资料电子化。

（二）访问日本最高裁判所

在最高裁判所访问期间，代表团参观了中厅、大法庭等场所，座谈中重点围绕日本法院组织结构、司法数据统计应用、裁判员制度等，分别与最高裁判所事务总局秘书课长大须贺宽之、事务总局秘书课坂庭正将、事务总局总务局付直江泰辉，事务总局刑事局付小西隆博、伊藤圭子等进行交流。

1. 日本法院组织结构和职能设置

日本法院依据审级从上至下分为最高裁判所、高等裁判所（全国8个，设支部6个，设置于东京、大阪等较大城市）、地方裁判所（全国50个，设支部203个）、家庭裁判所（全国50个，设支部203个）、简易裁判所（全国438个），实行三审终审。最高裁判所拥有司法终审权，设置大法庭1个，适用15人（由全体大法官组成）合议制审理案件；小法庭3个，适用5人合议制审理案件。最高裁判所除行使审判权外，还作为最高司法行政机关行使司法行政权，主要包括规则制定权和司法行政事务权。司法行政权的最高决策机关是全体大法官组成的法官会议。高等裁判所适用3人合议制审理案件，主要审理地方法院、家庭法院的上诉案件和区域内重大的第一审案件。家庭裁判所和地方裁判所均适用3人合议制和独任制审理案件，家庭裁判所专门负责审理家事、少年和人身相关的诉讼。简易裁判所只适用独任制审理案件，负责处理标的在140万日元（约合人民币87 000元）以下的民事案件及比较轻微的刑事案件，并负责民事调解。

2. 日本法院司法数据统计应用

根据日本最高裁判所统计，2018年（平成30年）日本全裁判所共新收各类案件3 622 502件，其中民事行政案件1 552 708件，刑事案件937 191件，家事案件1 066 384件，少年案件66 219件。最高裁判所负责审理的上告案件中，民事诉讼案件新收3826件，已结3775件（含旧存），未结999件（含旧存），行政诉讼案件新收852件，已结865件（含旧存），未结192件（含旧存）。地方裁判所第一审民事诉讼平均审理周期为9个月，第一审行政诉讼平均审理周期为14.5个月，简易裁判所受理的普通诉讼案件平均审理周期为2.2个月。在人员结构上，日本法院主要由法官、书记官、速记官、家庭法院调查官、事务官、执行官等组成。2018年日本全国法院共有人员25 716人（不包括执行官、调解官和其他委员），其中法官3881人（女性法官773人），书记官、调查官、事务官等一般职员21 835人。相当于每位法官有2.5名书记官和事务官，协助完成司法及行政事务。另有执行官286人，民事调解与家事调解官120人，民事调解委员及家事调解委员20 280人，司法委员5097人，参与员4933人，医疗、建筑、知识产权等专门委员2027人，劳动审判员1506人。

上述司法统计数据，是日本最高裁判所编制法院预算、统筹开展全国法官任免调动的重要决策依据。在预算编制上，根据日本法律规定，最高裁判所在每一财政年度都要向国会提交经费预算方案。最高裁判所在起草法院经费预算方案时，要根据全国各裁判所的人员数量、办案需要等，统一编制全国法院司法经费预算方案；在人员调配上，为保证司法公正，日本法官实行转勤制度，无论是新任还是资深法官，每隔2到3年必须轮换到其他地方工作，最高裁判所依据各地裁判所审判任务和人员配备情况，在全国范围内定期实现法官的调动交流。同时，为适应案件变化趋势，最高裁判所每年下发通知对各地裁判所的法官定额进行调整，以实现人案相匹配。

3. 日本裁判员制度

日本于2009年5月21日开始实施裁判员制度，即国民作为裁判员参与刑事诉讼，对被告人是否有罪以及处于何种刑罚与法官共同决断。裁判员制度是日本司法改革中推进国民司法参与的重要一环，目的是深化国民对司法的理解，增强司法公信力。裁判员参与审理的案件为被告人可能被判处死刑或者无期徒刑的一审案件，主要是杀人、抢劫、故意伤害等重罪案件，合议庭原则上由3名法官与6名裁判员组成，简单案件可以由1名法官与4名裁判员组成。关于是否有罪与量刑的决定，必须由合议庭过半数表决通过，但多数意见最少要1名法官与1名裁判员，如果是关于法律解释和诉讼程序问题，则必须有法官半数以上支持。在日本，国民20岁以上有选举权者，每年从中抽取人员作为候补裁判员进行登记，裁判员从候补裁判员中随机抽选。无民事行为能力人、限制民事行为能力人、就职禁止者、当事人等不能担任案件的裁判员。从实施情况来看，日本裁判员制度是一项比较成功的改革举措，不仅扩大了司法裁判的民意基础，而且带动刑事审判程序从"精密司法"向"核心司法"转型，社会评价总体良好。

（三）访问东京大学

在东京大学访问期间，代表团主要就法律人工智能和判例制度，与东京大学桥爪隆教授、太田胜造教授、佐藤安信教授、佐藤建教授、平野温郎教授、大泽裕教授等进行座谈交流。

1. 日本法律人工智能运用

东京大学现正致力于法律人工智能研究，佐藤健教授作为项目负责人与日本国立情报学研究所合作，共同研发司法领域的AI技术，目前主要技术成果是PROLOG（判决推论支持系统），该系统的底层数据包括现行法律法规、最高裁判所判例、民事案件因果关系定式、法律例外情形等，主要功能包括民事案件要件事实推理、类案检索推送、智能辅助办案。从实际运用来看，日本法律人工智能目前仍停留在浅层次，PROLOG尚属于实验室产品，处于研发阶段，并未在现实司法中得以应用。造成这一困境的主要原因在于，人工智能尚无法从技术层面妥善解决法的价值判断和政策考量问题，加之日本法院电子化程度低，大量纸质诉讼资料需要通过人工手动方式输入系统，极大地制约了法律人工智能的技术研发、自我学习和深度运用。

2. 日本判例制度

在日本，判例不是法律，也不是正式的法律渊源，没有普遍的拘束力，仅有"事实上的拘束力"。但是，《日本民事诉讼法》《日本刑事诉讼法》明确规定，下级法院作出判决有违最高裁判所先例的，可以成为上告理由。日本原则上只承认最高裁判所的判例具有作为先例的拘束力。从理论上来讲，凡是最高裁判所作出的法律判断都是判例，但实际上最高裁判所每年审理的案件中，能够公开刊行的仅为少数，主要登载于最高裁判所编纂的《最高裁判所判例集》，这些判例包括判示事项、要旨、解说、参照条文等内容。判例作为裁判依据的拘束力主要表现为：首先，判例是任意性法源，法官在裁判时可以援引，但法律不予强制，法官拒绝适用判例，不会受到任何处罚。其次，判例的拘束力是间接拘束，最高裁判所不能直接强制法官遵循先例，但由于最高裁判所具有终审裁决权，如果法官不希望自己的判决被推翻，就须遵循最高裁判所适用和解释法律的思路，因此，法官遵循判例，不是法律规范义务，而是一种职业惯例。最后，法官在一定情况下可以不适用判例。对于法官而言，判例在某种程度上代表了最高裁判所的价值判断，如果法官认为正在审理的案件不适用先例更为妥当，其在判决理由部分将进行说理论证，作出更具说服力的裁决，从而促使最高裁判所变更判例。

（四）访问东京地方裁判所

在东京地方裁判所，代表团与民事第6部部总括杜下弘记，围绕审判部门设置及人员配备、案件流程管理方式进行座谈交流，并在刑事法庭事务室管理系长小林启基的带领下，参观了刑事审判法庭。

1. 审判部门人员配备情况

在日本法院，审判部门主要是指民事审判部和刑事审判部两大类别，各个裁判所根据案件量的多少来确定审判部（相当于合议庭）数量。东京地方裁判所作为全日本受案数量最多的法院，共有51个民事审判部，其中除不分专业的"通常部"以外，还设有劳动部、行政部、建筑部、交通运输部、商事部等若干专业部门。刑事审判部共有13个，基本上都是通常部。每个审判部由4到5名法官组成，其中总括（审判长）1名进行审判工作指导和管理，另配备6名书记官辅助法官完成案件审判相关法律事务，1名事务官负责一般行政事务性工作。开庭时坐在审判长左边的通常是案件主审法官，案件审理结果由合议庭讨论决定，判决书也由合议庭成员共同修改定稿。

2. 案件流程管理模式

东京地方裁判所有内部的案件管理系统。法官登录系统后，既可查看宏观的统计数据，如新收案件数、已结案件数、案件平均审理周期等，也可查看具体案件的当事人信息、证据目录、办理进展等。但该系统的主要功能是开展案件流程管理，以电子卡片方式显示案件相关信息，并非线上办案系统，起诉书、证据材料、裁判文书等仍以纸质形式线下存在。在职责定位上，每个案件的流程管理都由书记官负责，所有信息录入工作都由书记官完成，法官无从干涉，目的是确保案件得到公正无偏私的处理。

3. 刑事法庭功能设置

东京地方裁判所的刑事法庭按先进的科技法庭标准建设，主要是为实施裁判员制度做好设施配套。法庭用于展示证据的显示屏均可根据庭审需要进行实时控制，法官和裁判员可使用电子笔直接在显示屏上对证据材料等进行勾画批注，并可当庭打印。庭审记录采用电子和书面两种方式。书记官负责操作法庭相关设备，无需进行庭审记录，通过语音识别系统即可直接将法庭发言转为文字存档。同时，法庭设有摄像机，对庭审进行全程录音录像，制作成DVD光盘。如案件上诉到高等裁判所，庭审光盘将随案一并移送；如不上诉则移交检方。日本法院不实行庭审直播，庭审光盘向检方和辩方开示，不向社会公开。

（五）访问日本辩护士联合会

在日本辩护士联合会（日本律师联合会，以下简称日辩联），代表团围绕日辩联组织结构及职能、律师与法官交流情况，与日辩联会长菊地裕太郎、副会长筱塚力、事务总长菰田優、事务次长大坪和敏、奥国範、佐藤真纪子进行座谈交流。

1. 日辩联组织结构及职能

日本现有律师 41 020 人,其中女性律师 7743 人,律师法人 1270 个。日本律师实行自治,其律师组织在律师制度中占有重要地位。日辩联是全国性律师组织,使命是保护律师品格,谋求律师改善和进步,对律师和律师会进行监督指导和业务联系。日辩联的决议机关包括总会(最高意思决定机关,决定预算、章程等重要事项)、代议员会(决定副会长、监事任免等事项)、理事会(决定总会议案、意见书等事项),执行机关包括会长 1 名(由会员律师直接选举,任期 2 年)、副会长 13 名(任期 1 年)、理事 71 名(任期 1 年),监察机关为监事 5 名(任期 1 年),事务机关包括事务总长 1 名(由会长指名),事务次长 6 名,职员 156 名。日辩联的工作主要有:一是审查律师资格,监督律师行为、惩戒违法律师、监督律师会工作,这是日辩联最重要的日常性工作。二是对立法、司法的完善进行调查研究。根据日本法律规定,有关司法制度法规的改正、修订,要经日辩联与最高裁判所共同研究后,再向国会提出。三是从事维护人权的活动。

2. 律师与法官交流情况

日辩联和最高裁判所目前正致力于推动律师与法官人员交流。日本律师担任法官,主要有两条途径:一是常勤法官(专职法官),目前全日本在任法官中有 60 人是律师转任法官。具体程序为律师向所在律协提出申请,经日辩联将申请递至最高裁判所,最高裁判所组织资格审查和面试,再由法官会议决定是否录用并发放通知,最后由最高裁判所将拟任命法官名单送至内阁会议,由内阁会议进行任命,所有程序完结后,于每年 4 月 1 日正式以法官身份开始工作。二是非常勤法官(兼职法官),目前全日本有 123 名律师兼职法官,每周一天去简易裁判所、家庭裁判所担任民事和家事案件调停官,任期 2 年。此外,在日本,法官、检察官、律师称为法曹三者,是专业化的职业共同体,具有法曹资格者,不同职业之间转换不受特别限制。法官辞职或退休后做律师,没有离职时间限制,也无执业区域限制。

三、访问成果与认识

此次访日,代表团较为全面地掌握了日本最新的司法改革情况和法院体系实际运作状况,取得了很大收获。日本是我国一衣带水的近邻,两国传统文化和司法交流密切。日本法院的司法实践,无论是成功做法还是经验教训,对于我国法院都有重要的参鉴意义，值得深入总结。通过此次访问，代表团形成了以下认识。

一是日本融合吸收世界先进法律制度优势，呈现出明显的混合司法特征。日本是善于学习的国家。古代日本深受中国传统文化影响，法律上吸收了大量中华法系特别是唐律的制度因素。明治维新后的日本几乎全面移植大陆法。"二战"后，日本在美国主导下重塑自身法律体系。这一法律发展史使得当前日本法律文化和司法实践呈现出明显的多元法系特征。典型的如日本裁判员制度，兼具英美法和大陆法特点，其裁判员的选任类似英美陪审团，人员随机选任、无固定任期，而裁判员的职权又近似于德国参审制，裁判员要与法官共同决定案件的事实认定与法律适用。再如判例制度，日本作为成文法国家不承认判例作为正式法源的地位，不承认其有普遍的法律拘束力。但在司法实践中，最高裁判所的判例又具有"事实上的拘束力"，特别是那些全体大法官意见一致、理论争议较少的"强判例"，法官无特殊情形原则上要遵循先例。

二是日本司法制度民意基础良好，法官职业群体素质普遍较高。日本司法注重维护公民权利，司法救济体系完备，民众信赖度较高。尽管在制度上设计了复杂的分权制约和国民监督制度，如针对最高裁判所法官的国民审查制度，但到目前为止，还没有一位最高裁判所法官因未通过国民审查而被罢免。日本法官的高素质源于其养成机制，在日本要成为法官，必须经过严格的司法考试、系统的司法研修和长期的实践历练，只有最优秀的法律人才能最终进入法官队伍。法官职业群体的精英化，也使得日本法院对人和案的管理都比较宽松，不仅案件审理没有法定期限，法院内部也未设定结案率等考核指标。尽管如此，日本司法效率依然较高。根据日本最高裁判所统计，日本法院每年的收案数与结案数基本持平，未产生案件大量积压情形，这说明法官自觉勤勉，表现出较高的职业水准和道德修养。

三是日本法院注重贯彻司法平均化理念，为全体国民提供"同质量的司法服务"。受经济发展水平、人口数量、地域文化等因素影响，日本各地裁判所受理案件数量实际并不均衡，内设审判部门数量差别较大。全日本受案数量最多的东京地方裁判所，下设51个民事审判部，13个刑事审判部，而案件数量相对较少的山口地方裁判所，仅设1个民事部，1个刑事部，两个裁判所审判任务之悬殊，可见一斑。为完成办案任务，各个裁判所工作人员的绝对数量不等，但最高裁判所在全国范围内调配使用法官时，特别注重法官的均衡化，绝不会因为某地裁判所案件压力大就更多地分配能力强的法官。在日本，全国法官必须保持平等的流动性，各个裁判所的法官水准要基本一致。日本独具特色的法官转勤制度实际上也是司法平均化理念的产物，在全国范围内对法官进行定期的交流轮换，不仅克服了地方裙带关系对司法公正的消极影响，也在最大程度上确保了全日本司法服务水平的平均化。

四是日本推进司法改革规范缜密，重视倾听民意评估改革成效。日本的司法改革有其特色：首先，注重改革的合法性，推进改革修法为先；其次，注重改革的调研论证，最大限度降低改革风险；最后，注重吸纳民意，持续完善改革举措。以裁判员制度改革为例，为确保此项改革的合法性，日本于2004年5月21日通过《日本裁判员法》，但并未立即实施该制度，而是进行了长达五年的精心准备。在各项配套措施陆续到位、硬件设施建设均已完成的情况下，才于2009年5月21日正式开始实施新的裁判员制度。正是由于前期充分扎实的准备工作，该制度一经实施即运转顺畅，表现得比较成熟。在实施过程中，最高裁判所始终注重收集各方民意，每年均开展一次社会问卷调查，并定期制作工作报告总结得失，不断改进完善相关制度安排。根据最近一次面向裁判员的调查问卷反馈，有96.7%的人认为担任裁判员是一个很好的经历，89.5%的人认为合议庭评议氛围良好，自己的发言得到尊重。可以说，裁判员制度改革之所以取得成功，主要得益于其充分的改革论证和有效的改革实施。

五是日本加强法律职业共同体建设，确保了日本法官与律师之间形成良性互动关系。日本向来重视法律专业人士培养，努力锻造法律职业共同体。法官、检察官、律师在日本社会享有较高地位，被称为法曹三者，历经共同的养成制度，即通过司法考试、统一司法研修、司法研修后的第二次考试、考试合格赋予法曹资格等各阶段。相同的学科学历背景，加之严格的考试研修经历，一方面确保了法官、检察官、律师均具有较高的职业素质和道德修养。在日本社会，法官地位崇高、待遇优渥、人际关系简单，形成相对封闭的"司法孤岛"，律师也自觉避免与法官发生不正当接触，两者私下勾结渔利弄权几无所闻。另一方面法官、检察官、律师之间具有高度的"认同感"与"同质性"，从一开始就没有泾渭分明的职业隔阂，律师经选拔转任法官，法官离职或退休后从事律师职业都没有特别限制，形成了良好的互动关系。

四、有关工作建议

本次代表团访问日本取得了预期成果，同时也深感中日之间司法交流合作空间巨大、潜力巨大，有必要在已有交流成果基础上，进一步加强司法交流与合作。为此，提出如下建议：

一是加强中日司法交流的广度和深度。日本司法系统长期以来秉持保守主义，对外交流不多。此次在亚洲开发银行的大力支持和日本外务省的积极协调下，访日活动成行，机会弥足珍贵。六天时间的参访，代表团不仅近距离接触到了日本最高审判机关和司法行政机关，而且深入基层裁判所与审判一线法官进行面对面交流；不仅从系统内部了解了日本法院的组织架构、人员队伍及管理模式等情况，而且也听取了法学理论界、律师界对日本法院系统的认识评价。这种深层次、多维度的中日间司法交流在以往的访问中并不多见，为下一步继续扩大交流与合作奠定了良好基础。为巩固既有成果，建议在加大中日法院系统代表团互访频次和人数的同时，不断丰富中日之间司法交流的具体形式，综合采取业务培训、法官访学、课题合作等方式不断拓展中日司法交流的广度和深度。

二是加大对中国司法体制改革成果和经验的对外宣传力度。相较于日本的司法改革，我国司法体制改革实际上无论是理念创新还是制度探索，都有不少领先日本之处。日本于1999年6月9日公布《司法制度改革审议会设置法》，正式开启新一轮司法改革，比我国十八大后开展的司法改革早了十六年。但时至今日，日本各项改革实际进展较为缓慢，典型的如日本民事审判程序IT化改革，早自2004年即开始筹划，但目前仍停留在研究论证阶段，不仅相关法律规则尚未完备，案件管理系统也未搭建，还属于"纸面上的改革"。而我国法院系统司法改革，在各领域均取得突破性进展，司法责任制改革、以审判为中心的刑事诉讼制度改革、多元化纠纷解决机制改革、家事审判改革、司法公开、智慧法院建设等亮点纷呈，完全可以为日本及世界其他国家深化司法改革提供成熟经验。建议继续高度重视国际司法交流的价值与功能，充分利用代表团互访、组织或参加国际会议等形式，积极宣传习近平总书记全面依法治国新理念、新思想、新战略，全面展现法治中国建设成就和中国法院司法改革的最新成果，为地区乃至世界法治文明发展贡献中国智慧、中国方案。

三是加快建立常态化的信息共享与协作工作机制。从访日情况来看，日本司法改革的一些做法经验，如增强司法的民意基础、加强法律职业共同体建设等，值得我国学习借鉴。日本司法实务部门和法学理论界也非常关注我国司法改革的最新进展情况。如法务省在推进民事审判程序IT化改革当中，每次都向国会报告中国法院信息化建设的巨大成效，希望向中国学习相关经验，以加快改革进程，尽快改善世界银行对日本营商环境的评价。再如，东京大学在研发法律人工智能时，关注到了中国互联网法院人工智能运用情况，特别是对北京互联网法院发布全球首个AI虚拟法官表现出极大兴趣，认为两国法律AI技术已完全不在一个技术层面，希望了解更多信息。为深化国际司法交流，建议加快建立常态化的信息共享与协作工作机制，定期与有关国家特别是亚洲各国分享法院可公开的改革信息，在条件具备的情形下，还可协同开展部分改革项目合作，以此充分展现中国法治建设的新成效、新经验，持续深化国际司法领域的交流与合作。

后 记

"司法改革正在向'让法官真正像法官样干法官活'的目标迈进，这必然会避免今后法院再出现像我这样的挂着法官的头衔干着研究活儿的人，而让那些保持一份研究兴趣者回到驾驭庭审和撰写裁判文书等审判业务中去展示庭审驾驭能力、文字表达能力和学理研究水平。这样的目标远么，能实现么，又能实现到何种程度呢，我期待着、准备着，并为其重新作出自己的选择和调整……如此，这或许也就是我最后一本有关司法改革的书"。这是我第四本有关司法改革的著作《司法改革：深水区与细说理》（法律出版社2015年版）后记中的一段话。就工作性质而言，我于2019年5月被从司改办调到审管办之后，似乎离审判业务工作更近了些，当然还不是"真正法官"干的审判工作，也就是说，我还得继续"期待、准备"。随着岗位的调整和工作职责的变化，我显然不能像以前在司改办那样"聚焦""专注"于司法改革，至多"旁观""侧目"而已，与之相适应，我研究司法改革的兴趣与成果也开始递减。当然，作为一名较长时间从事司法改革的工作者（自2003年至2019年在最高人民法院研究室和司改办从事司法改革工作，并先后于2004年和2012年被借调到中央司改办工作），在司法责任制改革和司法体制综合配套改革如火如荼开展之际，受"路径依赖"的影响，我仍对关涉此轮司法改革的若干问题充满探索的热情。

某日，好友吴宏耀教授在将其夫人魏晓娜教授的专著《人民陪审员制度改革研究》（中国政法大学出版社2021年版）转送我之际，热情地邀请我支持一下"崇明中青年刑事法文库"。盛情难却，我遂开始整理这六年多来的研究成果，于是就有了我第五本有关司法改革的著作，即《司法改革：新时代与再进阶》。第四本后记中的"或许"二字，意味着我还未完全"食言"吧。

后 记

  感谢周维平、江珞伊、杨惠惠、喻娟的良好合作！感谢吴宏耀教授盛情相邀将其纳入"崇明中青年刑事法文库"出版！感谢中国政法大学编辑团队认真细致地编辑！感谢家人长期不变的关心、宽容、理解与支持！

刘树德

2021 年 12 月 24 日晚上初记